KB041115

반부패법

홍탁균

Anti-Corruption Law

박영사

머리말

　　부정청탁금지법 시행과 함께 부패행위 규제에 대한 관심이 높아지고 있다. 국제적으로는 2000년대 후반부터 미국에서 해외부패방지법(FCPA)을 적용한 조사를 강화하면서 반부패법 및 반부패 컴플라이언스에 대한 관심이 고조되고 있다. 이에 따라 국내외에서 사업을 하는 우리나라 기업들도 국내 및 해외의 반부패 법령에 대하여 충분히 이해하고 그 준수를 위한 교육 및 내부통제시스템을 강화할 필요가 있다. 이 책은 기업의 법무, 준법, 감사 부서에서 종사하거나 국내외 반부패법령의 해석, 적용, 준수와 관련한 실무에 종사하는 분들을 상대로 기존의 형법 등 교과서, 주석서에서 자세히 다루지 않는 반부패 업무 관련 실무상의 이슈들을 주제로 설명을 하였다. 먼저 반부패법령 일반 및 부정청탁금지법에 대해 설명하고, 다음으로 반부패 업무와 관련성이 있다고 할 수 있는 자금세탁방지 법규, 범죄수익몰수 법규, 부패범죄와 관련된 기업의 조세문제, 해외의 반부패 관련 법규, 기업의 반부패컴플라이언스 제도, 기업이 수행하는 내부조사와 관련된 법률이슈를 살펴보고, 마지막으로 범죄의 피해자가 피해재산의 소재를 파악하고 회수하는 데 도움이 되는 여러 소송절차에 대하여도 서술하였다. 평소 많은 가르침을 주신 조승식 변호사님, 정호열 교수님과 법무법인 세종의 동료 변호사님들께 감사드린다. 이 책이 법무, 준법, 반부패, 윤리경영 실무에 종사하는 분들에게 조금이나마 도움이 되기를 소망한다.

2023. 7. 저자 씀

차례

제1편 반부패법 일반

제2편 청탁금지법

제3편 자금세탁 규제 및 범죄수익 몰수제도

제4편 부패범죄와 조세

제5편 해외 반부패 관련 법규

제6편 반부패 컴플라이언스와 기업의 내부조사

제1장 금융회사의 자금세탁방지관련 조치의무 ····································· 161

제2장 ISO 37001 인증제도 ··· 165

법령약어표

검사와 사법경찰관의 상호협력과 일반적 수사준칙에 관한 규정(이하 '수사준칙')

개인정보보호법(이하 '개인정보법')

공공기관의 운영에 관한 법률(이하 '공공기관운영법')

공공기관의 정보공개에 관한 법률(이하 '정보공개법')

공무원범죄에 관한 몰수 특례법(이하 '공무원범죄몰수법')

공직자의 이해충돌 방지법(이하 '이해충돌방지법')

국가를 당사자로 하는 계약에 관한 법률(이하 '국가계약법')

국제상거래에 있어서 외국공무원에 대한 뇌물방지법(이하 '국제뇌물방지법')

금융실명거래 및 비밀보장에 관한 법률(이하 '금융실명법')

금융투자회사의 영업 및 업무에 관한 규정(금융투자협회 제정, 이하 '금투협 영업규정')

기부금품의 모집 및 사용에 관한 법률(이하 '기부금품법')

독점규제 및 공정거래에 관한 법률(이하 '공정거래법')

마약류 불법거래 방지에 관한 특례법(이하 '마약거래방지법')

범죄수익은닉의 규제 및 처벌 등에 관한 법률(이하 '범죄수익법')

부가가치세법(이하 '부가세법')

부동산 실권리자명의 등기에 관한 법률(이하 '부동산실명법')

부정청탁 및 금품등 수수의 금지에 관한 법률(이하 '청탁금지법')

부패방지 및 국민권익위원회의 설치와 운영에 관한 법률(이하 '부패방지법')

부패재산의 몰수 및 회복에 관한 특례법(이하 '부패재산몰수법')

불법정치자금 등의 몰수에 관한 특례법(이하 '불법정치자금몰수법')

신문 등의 진흥에 관한 법률(이하 '신문법')

신용정보의 이용 및 보호에 관한 법률(이하 '신용정보법')

언론중재 및 피해구제 등에 관한 법률(이하 '언론중재법')

자본시장과 금융투자업에 관한 법률(이하 '자본시장법')

자금세탁방지 및 공중협박자금 조달금지에 관한 업무규정(금융분석원 고시, 이하 '자금세탁방지 업무규정')

정보통신망 이용촉진 및 정보보호 등에 관한 법률(이하, '정보통신망법')

주식회사 등의 외부감사에 관한 법률(이하 '외부감사법')

지방자치단체를 당사자로 하는 계약에 관한 법률(이하 '지방계약법')

특정경제범죄 가중처벌 등에 관한 법률(이하 '특정경제범죄법')

특정 금융거래정보의 보고 및 이용 등에 관한 법률(이하 '특정금융정보법')

특정범죄 가중처벌 등에 관한 법률 (이하 '특정범죄가중법')

채무자 회생 및 파산에 관한 법률(이하 '채무자회생법')

행정기관 소속 위원회의 설치·운영에 관한 법률(이하 '행정기관위원회법')

명칭, 용어 약어표

국민권익위원회(이하 '권익위')

대법원 판결(이하 '대판')

헌법재판소(이하 '헌재')

2022 부정청탁 및 금품등 수수의 금지에 관한 법률 행정기관 및 공직유관단체 매뉴얼, 권익위(이하 '권익위 청탁금지법 매뉴얼(2022, 행정기관용)')

2022 부정청탁 및 금품등 수수의 금지에 관한 법률 학교 및 학교법인 매뉴얼, 권익위 (이하 '권익위 청탁금지법 매뉴얼(2022, 학교용)')

부정청탁 및 금품등 수수의 금지에 관한 법률 해설집, 2020, 권익위(이하 '권익위, 청탁 금지법 해설집 2020')

제1편 반부패법 일반

제1장
반부패법의 개념

　반부패(Anti-corruption)라는 용어는 우리나라의 법률상 용어는 아니고 주로 실무상 사용되는 용어이다. 2000년대 후반부터 미국을 위시로 하여 기업에 의한 공적 영역에서의 뇌물죄에 대한 수사 및 처벌 수위를 강화하면서 반부패라는 용어가 많이 사용되고 있다. 이익의 수령자가 공무원이라는 점에서 뇌물죄를 '공적 뇌물[(public) official bribery]'이라고 하고 이익의 수령자가 사인(私人)인 배임증재나 배임수재 유형의 범죄를 '사적 뇌물[(private) commercial bribery]'이라고 하기도 한다.[1] 이 책에서는 공적 뇌물 규제 및 사적 뇌물 규제를 포함하는 의미로 반부패라는 용어를 사용하고, 횡령, 배임 등을 포함하는 부패범죄를 대상으로 그와 관련된 실무적 이슈들을 다룬다.

---

1) 부패재산의 몰수 및 회복에 관한 특례법(이하 이 책에서 '부패재산몰수법') 제2조 제1호는 형법상 뇌물관련 범죄를 포함하여 29가지 법률 위반행위를 '부패범죄'로 규정하고 있다. 이 **'부패범죄'**를 유형별로 나누어보면, 1) 공무원의 수뢰나 공무원에 대한 증뢰, 알선수재나 변호사법 제109조 내지 제111조 위반, 2) 형법상 경매입찰방해죄나 독점규제 및 공정거래에 관한 법률(이하 이 책에서 '공정거래법')위반 중 부당공동행위, 3) 형법상 횡령, 배임, 배임증재, 배임수재죄, 4) 일부 선거범죄, 5) 공적 성격을 띠는 일정한 私人(금융회사나 금융지주회사의 임직원, 회생절차의 관리인, 관리위원, 조사위원 등)이 직무와 관련하여 경제적 이익을 받거나 그러한 사인에게 경제적 이익을 제공하는 범죄, 6) 개별 법령이 존재하는 경우의 私人(예를 들어 공인회계사, 상법상 회사의 주주, 이사나 발기인, 건설회사 임직원 등)이 직무와 관련하여 부정한 청탁을 받고 경제적 이익을 받는 행위나 그러한 사인들에게 부정한 청탁을 하고 경제적 이익을 제공하는 범죄 등이다.
반면, 부패방지 및 국민권익위원회의 설치와 운영에 관한 법률(이하 이 책에서 '부패방지법') 제2조는 **'부패행위'**를 공적 영역의 부정에 한하여 사용한다. 즉, 공직자가 권한을 남용하거나 법령을 위반하여 자기 또는 제3자의 이익을 도모하는 행위, 공공기관의 예산사용에 있어서 법령에 위반하여 공공기관에 손해를 가하는 행위 등을 '부패행위'로 정의하고 있다.

제2장
공무원에 대한 부패규제

제1절 형법의 공무원 뇌물 규제

전통적 의미의 뇌물죄인 수뢰, 사전수뢰, 제3자뇌물제공, 수뢰후부정처사, 사후수뢰, 알선수뢰, 뇌물공여에 대한 규제는 형법 제129조 내지 제135조가 규정하고 있다. 뇌물죄가 성립하기 위해서는 공무원의 '직무와 관련하여[2]' 어떠한 '대가관계[3]'를 가지고 금품을 제공하여야 한다. 수뢰 금액이 3천만원 이상이면 금액에 따라 가중처벌된다.[4] 이 부분은 형법 교과서나 형법 주석서에서 많이 다루고 있으므로 자세한 논의를 생략한다.

제2절 특별법의 공무원 부패규제

1. 형법 적용에 있어서의 공무원 의제

국가 또는 지자체가 직·간접적으로 자본금의 50% 이상을 출자한 기관이나 단체 등으로서 특정범죄가중법 시행령에 열거한 46개 기관[5]의 간부직원은, 형법의 수뢰죄

---

2) 법령상 관장하는 직무뿐만 아니라 그 직무와 밀접한 관계가 있는 행위 또는 관례상이나 사실상 처리하는 직무행위 및 결정권자를 보좌하거나 영향을 줄 수 있는 직무행위도 포함한다(대판 2002. 5. 10. 2000도2252 등).

3) 금품과 공무원의 직무 사이에 전체적으로 대가관계(포괄적 대가관계)가 있으면 성립하고, 개개의 직무행위와 대가적 관계(구체적 대가관계)가 있을 필요는 없다(대판 2000. 1. 28. 99도4022 등).

4) 특정범죄 가중처벌 등에 관한 법률(이하 이 책에서 '특정범죄가중법') 제2조

5) 1. 한국은행 2. 한국산업은행 3. 중소기업은행 4. 한국조폐공사 5. 한국수출입은행 6. 신용보증기금 7. 기술보증기금 8. 금융감독원 9. 한국거래소 10. 한국소비자원 11. 한국국제협력단 12. 한국소방산업기술원 13. 국립공원관리공단 14. 한국마사회 15. 한국농수산식품유통공사 16. 한국농어촌공사 17. 한국전력공사 18. 대한석탄공사 19. 대한무역투자진흥공사 20.

(형법 제129조 내지 제132조) 적용에 있어서는 공무원으로 의제된다(특정범죄가중법 제4조, 특정범죄가중법 시행령 제2조, 제3조). 동일한 방식으로 형법의 수뢰죄에서 공무원으로 의제되는 자들의 범위를 확대하는 개별 법률은 많다.[6]

이와 같이 공무원으로 의제되는 자가 직무와 관련하여 금품을 받으면 형법의 수뢰죄로 처벌된다. 다만 이러한 공무원 의제규정에서 형법의 증뢰죄에서 공무원으로 의제된다는 규정을 찾기는 어렵다. 따라서 공무원 의제규정에 따라 공무원으로 의제되는 자에게 금품을 제공하였다고 하여 형법의 증뢰죄로 처벌되는 경우는 거의 없을 것으로 보이고, 그와 같이 공무원으로 의제되는 자에게 부정한 청탁을 하면서 금품을 제공하였다면 형법 제357조 제2항의 배임증재죄 성립여부가 문제될 것이다.

2. 알선수재 규제

공무원의 직무에 속한 사항의 '알선'에 관하여 금품 등을 수수하는 행위는 특정범죄가중법 제3조 위반,[7] 공무원이 취급하는 사무에 관하여 '청탁 또는 알선'을 한다는 명목으로 금품 등을 수수하는 행위는 변호사법 제111조 위반으로도 처벌된다.[8]

한국광물자원공사 21. 한국전기안전공사 22. 한국지역난방공사 23. 한국가스공사 24. 한국가스안전공사 25. 한국에너지공단 26. 중소기업진흥공단 27. 한국석유공사 28. 한국방송통신전파진흥원 29. 한국환경공단 30. 국민건강보험공단 31. 근로복지공단 32. 한국산업인력공단 33. 한국토지주택공사 34. 한국수자원공사 35. 한국도로공사 36. 한국관광공사 37. 한국감정원 38. 인천국제공항공사 39. 한국공항공사 40. 한국철도시설공단 41. 한국방송공사 42. 농업협동조합중앙회 및 그 회원조합 43. 수산업협동조합중앙회 및 그 회원조합 44. 산림조합중앙회 및 그 회원조합 45. 항만공사 46. 한국철도공사

6) "…는 형법 제129조 내지 제132조의 적용에서는 이를 공무원으로 본다(공공기관의 운영에 관한 법률(이하 이 책에서 '공공기관운영법') 제53조)"는 문구가 주로 사용되는 것으로 보이나, "…는 형법이나 그 밖의 법률에 따른 벌칙을 적용할 때 이를 공무원으로 본다(한국은행법 제106조)"와 같이 형법 전체 내지 형사처벌을 규정하는 다른 법률에서 모두 공무원으로 의제하는 방식도 있다. 벌칙 적용에서 공무원 의제 규정을 두는 법률로는 개인정보법(제69조), 건축법(제105조), 공공기관운영법(제53조) 등 매우 많다.

7) 형법 제132조의 알선수뢰는 알선행위자가 공무원이어야 하는 반면, 특정범죄가중법 제3조 알선수재는 알선행위자의 자격에 대한 제한이 없다는 점에서 차이가 있다. 특정범죄가중법 제3조는 1966. 2. 23. 이 법률을 제정하면서 규정되었다.

8) 변호사법 제11조는 '청탁'을 포함한다는 점에서 특정범죄가중법 제3조 알선수재와 차이가 있다. 이 규정은 1961. 10. 17. 법률사무취급단속법을 제정하면서 규정되었다. 법률사무취급단속법에서 이미 공무원에 대한 청탁과 알선행위를 모두 처벌하고 있음에도 불구하고 1966. 2. 23. 특정범죄가중법을 제정하면서 특정범죄가중법 제3조의 알선수재죄를 별도로 입법한 것은, 가중처벌을 하기 위한 것으로 보인다. 법률사무취급단속법 제2조의 청탁목적

공무원의 사무에 관하여 (청탁·알선한 내용의 적법성 여부 혹은 청탁·알선의 실행 여부를 불문하고) 청탁 또는 알선한다는 명목으로 금품을 받는 것 자체를 처벌하는 입법례는 흔하지 않으나, 헌법재판소는 위 규정들이 합헌이라는 입장이다.[9] 변호사법의 알선수재죄는, 일반인이 공무원과의 친분관계를 이용하여 공무원이 취급하는 사건 또는 사무에 청탁하는 행위를 근절시켜 공무의 공정성과 불가매수성 및 이에 대한 사회일반의 신뢰성을 확보하기 위한 것이고, 특히 변호사가 아닌 자가 공무원이 취급하는 사건 또는 사무에 관하여 사건 해결을 명목으로 금품을 수수하는 '사건브로커' 행위를 근절시키기 위해 변호사법에 규정을 두게 되었다고 한다.[10] 변호사에 대하여는 특정범죄가중법이나 변호사법의 알선수재죄 적용에서 해석상의 예외가 인정된다.[11]

3. 부패방지법 및 공무원 행동강령에 따른 규제

부패방지법 제8조에 따라 정부기관은 공무원 행동강령을 규정하여, 공무원들의 부패를 규제하고 있다. 공무원 행동강령의 주요 내용은 다음과 같다. **(1) 부당지시에 대한 거부:** 공무원은 상급자로부터 공정한 직무수행을 현저히 해치는 지시를 받았을 때에는 사유를 소명하고 지시에 따르지 아니하거나 행동강령책임관과 상담할 수 있고, 같은 지시가 반복되는 때에는 행동강령책임관과 상담해야 한다(공무원 행동강령 제4조[12]). **(2) 부당이득 수수 등 금지:** 공무원은 직위를 직접 이용하여 부당한 이익을 얻거나 타인이 부당한 이익을 얻도록 해서는 아니 되고, 직위를 사적으로 이용하거나 부당한 이익을 위하여 다른 공직자에게 알선, 청탁을 해서는 아니 되며, 직무와 관련하여 일정한 금품, 기부, 후원 등을 수령해서는 아니 된다(공무원 행동강령 제10조 내지 제14조의2). **(3) 직무관련정보이용 금지:** 공무원은 직무수행 중 알게 된 정보를 이용하여

금품수수 금지규정 위반에 대한 법정형은 3년 이하의 징역이었으나, 특정범죄가중법 제3조의 알선수재죄의 법정형은 5년 이하의 징역 또는 5만원 이하의 벌금이었기 때문이다.

9) 헌재 2005. 11. 24. 2003헌바108 결정, 헌재 2012. 4. 24. 2011헌바40 결정.
10) 헌재 2012. 4. 24. 2011헌바40 결정의 이유 참조.
11) 특정범죄가중법이나 변호사법의 알선수재죄는, 변호사가 그 위임의 취지에 따라 수행하는 적법한 청탁이나 알선행위까지 처벌대상으로 한 규정이라고는 볼 수 없고, 접대나 향응 뇌물의 제공 등 공공성을 지닌 법률 전문직으로서의 정상적인 활동이라고 보기 어려운 방법을 내세워 의뢰인의 청탁 취지를 공무원에게 전하거나 의뢰인을 대신하여 스스로 공무원에게 청탁하는 등을 명목으로 금품을 받는 것과 같이 금품 등의 수수의 명목이 변호사의 지위 및 직무범위와 무관하다고 평가할 수 있는 경우에 한하여 적용된다(대판 2007. 6. 28. 2002도3600 등).
12) 정치인으로부터 받은 부당청탁에 대하여는 제8조 참조.

거래나 투자를 하거나 타인에게 그 정보를 제공하여 거래나 투자를 돕는 행위를 해서는 아니 된다(공무원 행동강령 제12조). **(4) 경조사통지 제한:** 공무원은 일정한 경우를 제외하고는 직무관련자나 직무관련공무원에게 경조사를 알려서는 아니 된다(공무원 행동강령 제17조). 그 외에도 외부강의등의 사례금 수수 제한, 특혜제공 금지, 예산의 목적외사용 금지, 사적 노무요구 금지, 영향력 행사를 통한 부당행위 금지 등의 의무가 있다.[13]

공무원 행동강령은 법률이 아닌 대통령령이고, 그 위반에 대한 제재는 공무원에 대한 징계에 한정된다는 점에서(부패방지법 제8조 제3항, 공무원행동강령 제20조), 법률로 규정되어 있고 형사처벌을 가하는 공직자윤리법, 부정청탁 및 금품등 수수의 금지에 관한 법률(이하 이 책에서 '청탁금지법') 등과 차이가 있다.

4. 공직자윤리법에 따른 규제

공직자윤리법은 공직자의 재산 등록, 공직자 소유 주식의 신탁, 퇴직한 공직자의 취업제한 등을 통해서 공무집행의 공정성을 확보하고자 하는 법이다. 주요 내용은 다음과 같다. **(1) 재산등록:** 일정한 공직자는 재산을 등록하고 그 변동사항을 신고해야 하며, 공직자윤리위원회가 그 적정성을 심사한다(공직자윤리법 제3조 내지 제14조의3). **(2) 주식 등의 매각, 신탁:** 일정한 공직자는 일정한 소유 주식을 매각 또는 신탁하여야 하고, 보유하거나 신탁한 주식을 발행한 기업의 경영이나 재산상 권리에 영향을 미칠 수 있는 직무에 관여해서는 아니 된다(공직자윤리법 제14조의11 내지 제14조의16). **(3) 외국으로부터 받은 선물의 신고:** 공직자가 외국, 외국인 또는 외국단체로부터 선물을 받으면 이를 신고하고 그 선물을 소속기관에 귀속시켜야 한다(공직자윤리법 제15조, 제16조). **(4) 퇴직공직자의 취업 등 제한:** 퇴직공직자는 별도의 승인이 없는 한 퇴직 후 일정기간 동안 직무와 관련성이 있는 일정 단체에 취업하지 못하고, 재직 중 직접 처리한 사건이나 업무를 퇴직 후에 취급하지 못한다(공직자윤리법 제17조 내지 제19조의4).

공직자윤리법 위반에 대하여는 징계, 과태료 또는 형사처벌 등이 가해질 수 있다(공직자윤리법 제22조 내지 제30조).

---

13) 금품등의 수수금지, 외부강의 등의 사례금 수수 제한 규정은 청탁금지법의 내용과 대체로 동일하므로 청탁금지법 부분에서 살펴본다.

5. 이해충돌방지법에 따른 규제

공직자의 이해충돌 방지법(이하 이 책에서 '이해충돌방지법')은 공직자[14]가 이해충돌이 발생하는 상황에서 직무를 수행하는 것을 방지하고 직무수행과 관련하여 사적 이익을 추구하는 것 등을 금지하기 위한 법률이다. 동법은 공직자를 수범자로 하여 크게 5가지의 의무를 부과하고, 5가지의 행위를 금지하고 있는데, 의무의 주요 내용은 다음과 같다. **(1) 사적이해관계 신고 및 회피, 기피의무:** 인허가, 조달, 감사, 검사, 채용, 평가, 조사, 수사, 재판 등 일정한 직무를 수행하는 공직자는 그 직무와 관련된 개인, 법인, 단체 등의 직무관련자[15]와 사적이해관계가 있는 경우, 즉 직무관련자가 사적이해관계자[16]인 경우에는, 이를 신고하고 해당 업무에서 배제되도록 회피신청을 해야 한

---

14) "공직자"란, (1) 국가공무원법 또는 지방공무원법에 따른 공무원과 그 밖에 다른 법률에 따라 그 자격, 임용, 교육훈련, 복무, 보수, 신분보장 등에 있어서 공무원으로 인정된 사람, (2) 공직자윤리법 제3조의2에 따른 공직유관단체나 공공기관운영법 제4조에 따른 공공기관의 장과 그 임직원, (3) 초중등교육법, 고등교육법 또는 그 밖의 다른 법령에 따라 설치된 각급 국, 공립학교의 장과 교직원을 말한다(이해충돌방지법 제2조 제2호). 따라서 청탁금지법에서 공직자로 취급되는 '사립학교의 장과 교직원, 사립학교 학교법인의 임직원, 언론사의 대표자와 그 임직원'은, 이해충돌방지법에서는 공직자로 취급되지 않는다.

15) "직무관련자"란 공직자가 법령(조례, 규칙을 포함함), 기준(공직자윤리법 제3조의2에 따른 공직유관단체, 공공기관운영법 제4조에 따른 공공기관, 초중등교육법, 고등교육법 그 밖의 다른 법령에 따라 설치된 각급 국공립학교의 규정, 사규 및 기준 등을 포함함)에 따라 수행하는 직무와 관련되는 자로서 다음 각 목의 어느 하나에 해당하는 개인, 법인, 단체 및 공직자를 말한다.
   가. 공직자의 직무수행과 관련하여 일정한 행위나 조치를 요구하는 개인이나 법인 또는 단체
   나. 공직자의 직무수행과 관련하여 이익 또는 불이익을 직접적으로 받는 개인이나 법인 또는 단체
   다. 공직자가 소속된 공공기관과 계약을 체결하거나 체결하려는 것이 명백한 개인이나 법인 또는 단체
   라. 공직자의 직무수행과 관련하여 이익 또는 불이익을 직접적으로 받는 다른 공직자. 다만, 공공기관이 이익 또는 불이익을 직접적으로 받는 경우에는 그 공공기관에 소속되어 해당 이익 또는 불이익과 관련된 업무를 담당하는 공직자를 말한다(이해충돌방지법 제2조 제5호).

16) "사적이해관계자"란 다음 각 목의 어느 하나에 해당하는 자를 말한다.
   가. 공직자 자신 또는 그 가족(「민법」 제779조에 따른 가족을 말함)
   나. 공직자 자신 또는 그 가족이 임원, 대표자, 관리자 또는 사외이사로 재직하고 있는 법인 또는 단체
   다. 공직자 자신이나 그 가족이 대리하거나 고문, 자문 등을 제공하는 개인이나 법인 또는 단체
   라. 공직자로 채용, 임용되기 전 2년 이내에 공직자 자신이 재직하였던 법인 또는 단체

다.[17] 해당 공직자의 직무관련자나 해당 공직자의 직무수행과 관련하여 직접적인 이해관계를 가지는 자도 해당 공직자에게 위와 같은 사정이 있다고 판단할 경우 해당 공직자의 소속기관장에게 기피를 신청할 수 있다.[18]

(2) 직무관련 부동산 보유, 매수 신고의무: 한국토지주택공사 등 부동산을 직접적으로 취급하는 일정한 공공기관의 소속 공직자는 본인, 배우자, 생계를 같이 하는 직계존비속 등이 업무와 관련된 부동산을 보유하고 있거나 매수하는 경우 이를 소속기관장에게 신고해야 한다.[19]

(3) 고위공직자의 민간부분 업무내역 제출의무: 민간부분에서 활동하다가 고위공직자로 임용된 자는, 임용일 또는 임기개시일 전 3년 이내의 민간부문 업무활동 내역을 소속 기관장에게 제출해야 한다.[20]

(4) 직무관련자와의 거래 신고의무: 공직자 본인, 배우자, 직계존비속[21] 또는 공직자의 특수관계사업자[22]가 공직자의 직무관련자와 금전이나 유가증권의 대여, 부동산

마. 공직자로 채용, 임용되기 전 2년 이내에 공직자 자신이 대리하거나 고문, 자문 등을 제공하였던 개인이나 법인 또는 단체

바. 공직자 자신 또는 그 가족이 대통령령으로 정하는 일정 비율 이상의 주식, 지분 또는 자본금 등을 소유하고 있는 법인 또는 단체 [이해충돌방지법 시행령 제3조: 공직자 자신이나 그 가족이 단독으로 또는 합산하여 발행주식 총수 또는 출자지분 총수의 30% 이상을 소유하고 있는 법인이나 단체, 자본금 총액의 50% 이상을 소유하고 있는 법인이나 단체를 의미함]

사. 최근 2년 이내에 퇴직한 공직자로서 퇴직일 전 2년 이내에 제5조 제1항 각 호의 어느 하나에 해당하는 직무를 수행하는 공직자와 국회규칙, 대법원규칙, 헌법재판소규칙, 중앙선거관리위원회규칙 또는 대통령령으로 정하는 범위의 부서에서 같이 근무하였던 사람

아. 그 밖에 공직자의 사적 이해관계와 관련되는 자로서 국회규칙, 대법원규칙, 헌법재판소규칙, 중앙선거관리위원회규칙 또는 대통령령으로 정하는 자(이상, 이해충돌방지법 제2조 제6호)

17) 이해충돌방지법 제5조 제1항.
18) 이해충돌방지법 제5조 제2항.
19) 이해충돌방지법 제6조.
20) 이해충돌방지법 제8조.
21) 공직자의 배우자의 직계존비속으로서 공직자와 생계를 같이하는 경우는 여기에 포함된다(이해충돌방지법 제9조 제1항).
22) 공직자 자신, 배우자 또는 직계존비속이 대통령령으로 정하는 일정 비율 이상의 주식, 지분 등을 소유하고 있는 법인 또는 단체를 말한다(이해충돌방지법 제9조 제1항). 구체적으로 공직자 자신, 배우자나 직계존비속(배우자의 직계존비속으로서 생계를 같이하는 경우를 포함함)이 단독으로 또는 합산하여 발행주식 총수 또는 출자지분 총수의 30% 이상을 소유하고 있는 법인이나 단체, 자본금 총액의 50% 이상을 소유하고 있는 법인이나 단체를 말한다(이해충돌방지법 시행령 제12조 제1항).

거래, 그 외의 물품, 용역, 공사 등의 계약을 하는 경우 이를 소속기관장에게 신고해야 한다.[23]

(5) 퇴직자 사적 접촉 신고의무: 공직자가 직무관련자인 소속기관의 퇴직자로서 공직자가 아니게 된 지 2년 이내인 자와 골프, 여행, 사행성 오락을 하는 경우 소속기관에 이를 신고해야 한다.[24]

금지되는 5가지 행위의 주요 내용은 다음과 같다. **(1) 직무관련 외부활동 제한:** 공직자는 직무관련자에게 사적으로 노무, 조언, 자문 등을 제공하고 대가를 받는 행위, 소관 직무와 관련된 지식이나 정보를 타인에게 제공하고 대가를 받는 행위,[25] 소속 공공기관이 당사자이거나 직접 이해관계를 가지는 사안에서 자신이 소속된 공공기관의 상대방을 대리하거나 그 상대방에게 조언, 자문 또는 정보를 제공하는 행위, 외국의 기관, 법인, 단체를 대리하는 행위,[26] 직무와 관련된 다른 직위에 취임하는 행위[27]를 하여서는 아니 된다.

(2) 가족채용 제한: 공공기관, 공공기관으로부터 출연금, 보조금 등을 받거나 업무를 위탁받는 공공기관의 산하기관 및 상법 제342조의2에 따른 공공기관의 자회사는, 공개경쟁채용시험 등 일정한 경쟁절차를 거치지 않고는 해당 공공기관에 소속된 일정한 공직자 등의 가족을 채용할 수 없다.[28]

(3) 수의계약 체결 제한: 공공기관, 공공기관으로부터 출연금, 보조금 등을 받거나 업무를 위탁받는 공공기관의 산하기관 및 상법 제342조의2에 따른 공공기관의 자회사

---

23) 신고대상인 거래의 구체적인 내용은 아래와 같다.
   1. 금전을 빌리거나 빌려주는 행위 및 유가증권을 거래하는 행위. 다만, 금융실명거래 및 비밀보장에 관한 법률(이하 이 책에서 '금융실명법')에 따른 금융회사등, 대부업 등의 등록 및 금융이용자 보호에 관한 법률에 따른 대부업자등이나 그 밖의 금융회사로부터 통상적인 조건으로 금전을 빌리는 행위 및 유가증권을 거래하는 행위는 제외한다.
   2. 토지 또는 건축물 등 부동산을 거래하는 행위. 다만, 공개모집에 의하여 이루어지는 분양이나 공매, 경매, 입찰을 통한 재산상 거래 행위는 제외한다.
   3. 제1호 및 제2호의 거래 행위 외의 물품, 용역, 공사 등의 계약을 체결하는 행위. 다만, 공매, 경매, 입찰을 통한 계약 체결 행위 또는 거래관행상 불특정다수를 대상으로 반복적으로 행하여지는 계약 체결 행위는 제외한다(이해충돌방지법 제9조 제1항).
24) 이해충돌방지법 제15조.
25) 다만 청탁금지법에 따른 외부강의 등의 대가로서 사례금 수수가 허용되는 경우와 소속기관장이 허가한 경우는 허용된다(이해충돌방지법 제10조 제2호 단서).
26) 다만 소속기관장이 허가한 경우는 허용된다(이해충돌방지법 제10조 제4호 단서).
27) 다만 소속기관장이 허가한 경우는 허용된다(이해충돌방지법 제10조 제5호 단서).
28) 이해충돌방지법 제11조.

는, 불가피한 사유29)가 있는 경우를 제외하고 소속 고위공직자 등30)과 물품, 용역, 공사 등의 수의계약을 체결할 수 없다.

(4) 물품의 사적 사용, 수익 금지: 공직자는 공공기관이 소유, 임차한 물품, 차량, 건물, 토지, 시설 등을 사적인 용도로 사용, 수익하거나 제3자로 하여금 사용, 수익하게 해서는 아니 된다. 다만 다른 법령, 기준 또는 사회상규상 허용되는 경우는 그러하지 아니하다.31)

(5) 직무상 비밀 등 이용 금지: 공직자는 직무수행 중 알게 된 비밀 또는 소속 공공기관의 미공개정보를 이용하여 재물 또는 재산상 이익을 취득하거나 제3자로 하여금 재물 또는 재산상 이익을 취득하게 해서는 아니 되고, 사적 이익을 위해서 이를 이용하거나 제3자로 하여금 이를 이용하게 해서는 아니 된다.32) 공직자의 직무상 비밀 또는 소속 공공기관의 미공개정보임을 알면서도 공직자로부터 이를 제공받거나 부정한

---

29) 특정인의 기술이 필요하거나 해당 물품의 생산자가 1인뿐인 경우 등으로서 국가를 당사자로 하는 계약에 관한 법률(이하 이 책에서 '국가계약법') 시행령 제26조 제1항 제2호 또는 지방자치단체를 당사자로 하는 계약에 관한 법률(이하 이 책에서 '지방계약법') 시행령 제25조 제1항 제4호에 해당하는 경우를 말한다(이해충돌방지법 제12조 제1항, 동법 시행령 제14조 제1항).

30) 공공기관 등이 수의계약 체결을 할 수 없는 상대방은 아래와 같다.
   1. 소속 고위공직자
   2. 해당 계약업무를 법령상, 사실상 담당하는 소속 공직자
   3. 해당 산하 공공기관의 감독기관 소속 고위공직자
   4. 해당 자회사의 모회사인 공공기관 소속 고위공직자
   5. 해당 공공기관이 국회법 제37조에 따른 상임위원회의 소관인 경우 해당 상임위원회 위원으로서 직무를 담당하는 국회의원
   6. 지방자치법 제41조에 따라 해당 지방자치단체 등 공공기관을 감사 또는 조사하는 지방의회의원
   7. 제1호부터 제6호까지의 어느 하나에 해당하는 공직자의 배우자 또는 직계존비속(배우자의 직계존속·비속으로 생계를 같이하는 경우를 포함함)
   8. 제1호부터 제7호까지의 어느 하나에 해당하는 사람이 대표자인 법인 또는 단체
   9. 제1호부터 제7호까지의 어느 하나에 해당하는 사람과 관계된 특수관계사업자(이상, 이해충돌방지법 제12조 제1항).

31) 이해충돌방지법 제13조.

32) 이해충돌방지법 제14조 제1항, 제3항. 이 조항은 공직자가 아니게 된 날부터 3년이 경과되지 아니한 사람도, 다른 법률의 규정이 없는 한, 공직자에 포함되는 것으로 규정하고 있다. 여기서 '사적 이익'이란 경제적인 이익에 한정되지 않는 것으로 보아야 한다. 예를 들어 입시나 공공기관의 승진관련 시험문제를 유출, 이용하거나, 선거에서 경쟁 상대인 다른 후보자의 명예와 관련되는 비밀정보를 이용하는 것 등이 이에 해당할 수 있다(공직자의 이해충돌방지법 설명자료, 권익위, 2021. 6., 87면).

방법으로 이를 취득한 자는, 이를 이용하여 재물 또는 재산상 이익을 취득해서는 아니 된다.[33]

이해충돌방지법의 주무기관은 국민권익위원회(이하 이 책에서 '권익위')이고, 누구든지 이 법의 위반사실에 대하여 위반행위가 발생한 공공기관, 그 감독기관, 감사원, 수사기관 또는 권익위에 이를 신고할 수 있다. 신고를 받은 기관은 그에 대하여 조사, 감사 또는 수사를 행한 후 신고자에게 결과를 통보해야 하고, 누구든지 신고 등을 이유로 신고자에게 불이익조치를 취해서는 아니 되며, 신고로 인하여 공공기관에 재산상 이익을 가져오거나 손실을 방지하거나 공익을 증진시킨 경우에는 권익위가 신고자에게 포상금을 지급할 수 있다.[34]

공공기관의 장은 해당 공공기관에서 법에 위반한 직무처리가 발생하면 이를 시정하도록 명하는 등 조치를 취해야 하고, 소속 공직자가 사적이해관계 신고 및 회피, 기피의무를 위반하거나, 직무관련 부동산 보유, 매수 신고의무를 위반하여 수행한 업무가 위법한 것으로 확정되거나 소속 공직자가 물품 등의 사적 사용, 수익 금지 의무에 위반한 때에는 그 공직자 또는 제3자가 얻은 재산상 이익을 환수해야 한다.[35] 직무상 비밀 등 이용 금지 의무를 위반한 공직자 또는 그러한 공직자로부터 직무상 비밀 또는 미공개정보임을 알면서 이를 제공받거나 부정한 방법으로 이를 취득하고 이를 이용하여 재물 또는 재산상 이익을 취득한 자가 그로 인하여 취득한 재물 또는 재산상 이익은 몰수 또는 추징한다.[36]

이 법 위반행위에 대하여는 형사처벌 또는 과태료가 부과되고, 징계처분이 이루어진다.[37]

---

33) 이해충돌방지법 제14조 제2항.
33) 이해충돌방지법 제14조 제2항.
34) 이해충돌방지법 제17조 내지 제20조.
35) 이해충돌방지법 제21조, 제22조.
36) 이해충돌방지법 제27조 제6항.
37) 이해충돌방지법 제26조 내지 제28조.

제3장
사경제주체 간 부패규제

형법의 배임수증재

　타인의 사무를 처리하는 자가 그 '임무에 관하여[38]' '부정한 청탁[39]'을 받고 경제적 이익을 취득[40]하거나 제3자로 하여금 이를 취득하도록 하면[41] 배임수재죄로 형사처벌되고, 타인의 사무를 처리하는 자 또는 그러한 사정을 아는 제3자가 취득한 재물은 몰수하며, 그 재물을 몰수하기 불가능하거나 재산상 이익을 취득한 경우에는 그 가액을 추징한다. 그러한 재물이나 이익을 제공한 자는 배임증재죄로 형사처벌된다.[42]

　2016. 5. 29. 형법이 개정되면서, 타인의 사무를 처리하는 자가 본인이 아닌 제3자에게 재물이나 재산상 이익을 제공하도록 한 경우에도 처벌 및 몰수, 추징이 가능하다. 형법상 배임증재, 배임수재에 대하여는 형법 교과서들이나 형법 주석서에서 자세히 다루고 있으므로 여기서는 자세한 논의를 생략한다. 청탁금지법과 관련된 이슈는 별도의 장에서 검토한다.

---

38) 형법의 뇌물죄에 있어서의 '직무에 관하여' 요건과 유사한 의미를 가지는 것이다.
39) 청탁의 내용이 사회상규와 신의성실의 원칙에 반하는 것을 말한다. 이를 판단함에 있어서는 청탁의 내용, 이익의 액수 및 형식, 수령자의 청렴성 등을 종합적으로 고찰하여야 하고, 명시적인 청탁에 한정되지 않는다(대판 2002. 4. 9. 99도2165 등). 뇌물죄에서는 '대가관계'만 있으면 족하고 '부정한 청탁'은 불필요하다는 점과 다르다.
40) 뇌물죄에서 뇌물을 요구, 약속하거나 제공, 제공의 의사표시를 하는 것만으로도 처벌되는 점과 다르다.
41) 예를 들어 회사의 구매 담당자가 제품을 구입하는 대가로 거래처로부터 개인적으로 부당한 금품을 지급받으면서, 이를 직접 받지 아니하고 자신의 지인이 받도록 하는 경우가 이에 해당한다. 이때 그 지인이 사정을 알면서 해당 금품을 제공받았다면 몰수나 추징이 가능하다.
42) 형법 제357조.

특별법상 사경제주체 간 부패규제

배임수재죄 내지 배임증재죄에 해당할 수 있는 경제적 이익의 제공이나 수령을 개별 산업별로 별도 법령으로 금지하는 경우가 있다. 주요 내용은 아래와 같다.

1. 의약 산업

의약품은 의료인의 처방을 통해 소비여부가 결정되고 건강보험제도를 통해 대가가 지급되는 경우가 많아, 그 구입 및 대가 지불과정에서 소비자인 환자가 관여하지 않는다는 특징이 있다. 이에 따라 제약회사가 자사제품의 판매촉진을 위하여 처방권을 가진 의료인이나 약사 등에게 경제적 이익을 제공하는 것이 문제된다. 의약산업의 리베이트를 규율하는 법률로는 의료법, 약사법, 의료기기법, 공정거래법 등이 있다. 의료법령은 의료인들에게 음성적인 리베이트를 제공하게 되면 결과적으로 그만큼이 의약품 판매가격에 전가되어 건강보험의 지출액이 증가하고 이는 국민전체에 대한 양질의 의료서비스 제공하고자 하는 정책 목적에 반한다는 차원에서 리베이트를 규제하고, 공정거래법은 음성적인 리베이트가 제약회사들 사이의 공정하고 자유로운 경쟁을 저해한다는 차원에서 이를 규제한다.[43]

1.1 의료법령의 경제적 이익 제공 규제

약사, 한약사, 의료인, 의료기관개설자[44] 및 의료기관 종사자는, 의약품공급자로부터 의약품이나 의료기기의 채택, 처방(사용)유도, 거래유지 등 판매촉진을 목적으로 제공되는 경제적 이익을 받거나, 약국 또는 의료기관으로 하여금 이를 받게 하여서는 아니 된다.[45][46]

의약품공급업자[47]는 위와 같은 판매촉진을 목적으로 위에서 열거된 의료인 등에게

---

43) 공정거래법은 산업분야에 상관없이 적용되는 법령이고, 의료법령은 의약산업에 한하여 적용되는 법령이라는 점도 차이점이다.
44) 법인의 대표자, 이사, 그 밖에 이에 종사하는 자를 포함한다.
45) 의료법 제23조의5 제1항, 약사법 제47조 제3항.
46) 의료기기에 대하여도 동일하다. 의료인, 의료기관 개설자 및 의료기관 종사자는 의료기기의 제조, 수입, 판매, 임대업자로부터 의료기기의 채택, 사용유도, 거래유지 등 판매촉진을 목적으로 제공되는 경제적 이익을 제공받거나 의료기관으로 하여금 이를 받게 하여서는 아니된다(의료법 제23조의5 제2항).
47) 의약품공급업자인 법인의 대표자나 이사, 그 밖에 이에 종사하는 자를 포함하고, 법인이 아

경제적 이익을 제공하거나, 의료인 등으로 하여금 약국 또는 의료기관이 경제적 이익을 취득하게 해서는 아니 된다.[48]

다만 견본품 제공, 학술대회 지원, 임상시험 등의 지원, 제품설명회, 대금결제조건에 따른 비용할인, 시판후 조사 등 약사법과 동법 시행규칙이 정하는 일정한 경제적 이익은 제공이 허용된다.[49][50]

닌 경우 그 종사자를 포함한다(약사법 제47조 제2항).
48) 의료기기에 대하여도 동일하다. 의료기기의 제조, 수입, 판매, 임대업자나 의료기기 제조업자로부터 의료기기의 판매촉진 업무를 위탁받은 자도 의료기기의 채택, 사용유도, 거래유지 등 판매촉진을 목적으로 의료인이나 의료기관개설자, 의료기관 종사자에게 경제적 이익을 제공하거나 의료인, 의료기관 개설자 또는 의료기관 종사자로 하여금 의료기관에게 경제적 이익을 취득하게 해서는 아니 된다(의료기기법 제13조 제3항, 제15조 제6항, 제16조 제4항, 제18조 제2항).
49) 의료법 제23조의5, 약사법 제47조 제2항. 의료기기법 제13조 제3항, 제15조 제6항, 제16조 제4항, 제18조 제2항, 약사법 시행규칙 제44조 제4항 및 별표 2. 약사법 시행규칙 별표 2는 아래와 같다.
  - **견본품 제공**: 의약품 품목허가를 받은 자, 수입자(이하 이 표에서 "사업자"라 한다)가 최소 포장단위로 "견본품" 또는 "sample"이라는 문자를 표기하여 「국민건강보험법」 제42조 제1항에 따른 요양기관(이하 이 표에서 "요양기관"이라 한다)에 해당 의약품의 제형 등을 확인하는 데 필요한 최소 수량의 견본품을 제공하는 경우. 이 경우 제공받은 견본품은 환자에게 판매할 수 없다.
  - **학술대회 지원**: 다음 각 목의 어느 하나에 해당하는 자가 주최하는 의학·약학 관련 학술연구 목적의 학술대회(학술대회 중에 개최되는 제품설명회를 포함한다)에 참가하는 발표자·좌장(座長)·토론자가 학술대회 주최자로부터 지원받는 교통비·식비·숙박비·등록비 용도의 실제비용
    가. 의학·약학 관련 학술연구를 목적으로 설립된 비영리법인
    나. 「의료법」 제28조 제1항에 따른 의사회·치과의사회·한의사회, 같은 법 제52조 제1항에 따른 의료기관단체 또는 「약사법」 제11조·제12조에 따른 대한약사회·대한한약사회(이하 "보건의료단체"라 한다)
    다. 「고등교육법」 제2조 제1호의 대학 또는 「산업교육진흥 및 산학연협력촉진에 관한 법률」 제25조 제1항에 따른 산학협력단
    라. 보건의료단체 또는 사업자들로 구성된 단체가 승인 또는 인정한 학회(국외 학회를 포함한다), 학술기관·학술단체 또는 연구기관·연구단체
  - **임상시험 등의 지원**: 다음 각 목의 어느 하나에 해당하는 임상시험 또는 임상연구를 실시하는데 필요한 수량의 의약품(나목의 경우 「첨단재생의료 및 첨단바이오의약품 안전 및 지원에 관한 법률」에 따른 인체세포등을 포함한다)과 적절한 연구비. 이 경우 해당 요양기관에 설치된 관련 위원회의 사전 승인을 받은 비임상시험을 포함한다.
    가. 법 제34조 제1항 및 제7항에 따라 식품의약품안전처장의 임상시험계획 승인을 받은 임상시험(「의약품 등의 안전에 관한 규칙」 제24조 제8항에 해당하는 경우에는 임상시험 심사위원회의 임상시험계획 승인을 받은 임상시험을 말한다)
    나. 「첨단재생의료 및 첨단바이오의약품 안전 및 지원에 관한 법률」 제12조 제2항에 따라

첨단재생의료 연구계획의 적합 통보를 받거나 같은 조 제3항에 따라 식품의약품안전처
장의 승인을 받은 첨단재생의료 임상연구

− **제품설명회:**

가. 사업자가 국내에서 여러 요양기관을 대상으로 그 사업자의 의약품에 대한 정보 제공을
목적으로 주최하는 제품설명회에 참석한 의사·치과의사·한의사·약사 및 한약사(이하
이 표에서 "의사등" 이라 한다)에게 제공하는 실제 비용의 교통비, 5만원 이하의 기념품,
숙박, 식음료(세금 및 봉사료를 제외한 금액이 1회당 10만원 이하인 경우로 한정한다)

나. 사업자가 개별 요양기관을 방문하여 의사등에게 그 사업자의 의약품에 대한 정보를 제
공하는 방식으로 주최하는 제품설명회에 참석한 의사등에게 제공하는 1일 10만원 이하
(월 4회 이내로 한정한다)의 식음료 및 자사의 회사명 또는 제품명이 표시된 1만원 이
하의 판촉물

비고: 제품설명회는 의약품에 대한 정보 제공을 목적으로 개최하는 것만을 말하며, 「보건
의료기본법」 제3조 제3호의 보건의료인의 모임 등에 필요한 식음료를 지원하기 위하여
개최하는 것은 포함하지 않는다.

− **대금결제조건에 따른 비용할인:** 의약품 거래금액을 결제하는 경우로서 다음 각 목의 구분
에 따른 비용할인

가. 거래일부터 3개월 이내에 결제하는 경우: 거래금액의 0.6퍼센트 이하의 비용할인

나. 거래일부터 2개월 이내에 결제하는 경우: 거래금액의 1.2퍼센트 이하의 비용할인

다. 거래일부터 1개월 이내에 결제하는 경우(계속적 거래에서 1개월을 단위로 의약품 거래
금액을 결제하는 경우에는 그 기간의 중간인 날부터 1개월 이내에 결제하는 것을 포함
한다): 거래금액의 1.8퍼센트 이하의 비용할인

비고: 1. "거래일"이란 의약품이 요양기관에 도착한 날을 말한다.

　　　2. 거래금액의 일부를 결제하는 경우에는 전체 거래금액에 대한 그 일부의 비율에 따라
비용할인을 한다.

− **시판후 조사:** 법 제32조 및 법 제42조 제5항에 따른 재심사 대상 의약품의 시판 후 조사
에 참여하는 의사, 치과의사, 한의사에게 제공하는 사례보고서에 대한 건당 5만원(희귀질
환, 장기적인 추적조사 등 추가 작업이 필요한 경우는 30만원 이하) 이하의 사례비. 이 경
우 사례비를 줄 수 있는 사례보고서의 개수는 「의약품 등의 안전에 관한 규칙」 제22조 및
제23조에 따라 제출하여야 하는 사례보고서의 최소 개수로 하되, 연구목적, 해외허가 또는
해외등록 등을 위하여 특정품목에 대한 사례보고서가 필요한 경우에는 식품의약품안전처장
이 정하여 고시하는 바에 따라 그 수를 추가할 수 있다.

− **기타:** 금융회사가 신용카드 또는 직불카드(이하 "신용카드"라 한다) 사용을 유도하기 위해
지급하는 의약품 결제금액의 1퍼센트 이하의 적립점수(항공마일리지 및 이용적립금을 포함
하되, 의약품 대금결제 전용이 아닌 신용카드 또는 의약품 대금결제를 주목적으로 하지 않
는 신용카드를 사용하여 그 신용카드의 기본 적립률에 따라 적립한 적립점수는 제외한다).
이 경우 사업자 및 의약품 도매상은 1퍼센트를 초과하는 적립점수 또는 무이자 할부혜택
등을 주기 위하여 금융회사에 신용카드 가맹점 수수료를 추가로 지급해서는 안 된다.

50) 의료인등과 특수관계에 있는 자가 의약품 도매상으로서 해당 의료인등에게 의약품 등을 공
급하는 경우, 의약품공급업자는 위 의약품 도매상에게 대폭 할인된 금액으로 의약품을 공급
함으로써 간접적으로 의료인등에게 경제적 이익을 제공할 수도 있으므로, 의료인등과 특수
관계에 있는 자는 의약품 도매상으로서 해당 의료인에게 의약품 등을 판매하는 것이 제한

의약품 공급자 및 의약품 공급자로부터 의약품의 판매촉진 업무를 위탁받은 자는 약사, 한약사, 의료인, 의료기관 개설자 또는 의료기관 종사자에게 제공한 경제적 이익에 대한 지출보고서를 작성하고 관련 장부 및 근거자료를 5년간 보관하여야 한다.[51]

의약품 공급업자, 의료기기 제조, 수입, 판매, 임대업자가 위 규정을 위반하여 경제적 이익을 제공한 경우에는 형사처벌이나,[52] 허가·승인·등록의 취소 또는 1년 이내의 업무의 전부 또는 일부 정지 등의 행정제재를 받을 수 있다.[53] 위 규정을 위반하여 이익을 제공받은 약사, 한약사, 의료인, 의료기관 개설자, 의료기관 종사자 등도 형사처벌을 받을 수 있고,[54] 약사, 한약사, 의사의 경우 1년 이내의 자격정지를 받을 수 있다.[55] 경제적 이익 지출보고서 등의 작성보관의무를 위반하는 경우에도 형사처벌이나 행정제재를 받을 수 있다.[56]

1.2 공정거래법의 경제적 이익 제공 규제

의료인 등에 대한 이익 제공이 '부당하게 경쟁자의 고객을 자기와 거래하도록 유인하는 행위'에 해당하면 불공정거래행위가 된다.[57] 의약업계는 제공이 허용되는 경제적 이익의 범위를 명확히 하기 위하여 공정위의 심사를 받은 공정경쟁규약을 자율적으로 제정하여 시행하고 있다.[58] 이러한 공정경쟁규약은 허용되는 경제적 이익의 유형에 대하여 약사법 시행규칙보다 더 상세한 규정을 두고 있고, 규약 위반행위에 대한 신고,

---

된다(약사법 제47조 제4항).

51) 약사법 제47조의2 제1항. 의료기기의 제조, 수입, 판매, 임대업자 및 의료기기 판매, 임대업자로부터 판매, 임대촉진 업무를 위탁받은 자도, 의료인, 의료기관 개설자 또는 의료기관 종사자에게 제공한 경제적 이익 등의 내역에 대한 지출보고서를 작성, 공개하고 관련 장부와 근거자료를 5년간 보관해야 한다(의료기기법 제13조의2, 제15조 제6항, 제18조 제3항).

52) 3년 이하의 징역 또는 3천만원 이하의 벌금에 해당한다(약사법 제94조 제1항 5의2, 의료기기법 제53조). 행위자 개인이 형사처벌을 받는 것과 별도로, 양벌규정에 따라 법인에게도 벌금이 부과될 수 있다(약사법 제97조, 의료기기법 제55조).

53) 약사법 제76조 제1항 5의7호, 의료기기법 제36조 제1항 10호.

54) 3년 이하의 징역 또는 3천만원 이하의 벌금에 해당한다. 이 경우 취득한 경제적 이익 등은 몰수되고 몰수될 수 없을 때에는 그 가액이 추징된다(약사법 제94조 제1항 5의2, 의료법 제88조 제2호). 행위자 개인이 형사처벌을 받는 것과 별도로, 양벌규정에 따라 법인에게도 벌금이 부과될 수 있다(약사법 제97조, 의료법 제91조).

55) 약사법 제79조 제3항 제2호, 의료법 제66조 제1항 제9호.

56) 시정명령이나 1년 이하의 징역 또는 1천만원 이하의 벌금을 받을 수 있다(약사법 제69조의4 제3호, 약사법 제95조 제1항 8의2, 의료기기법 제35조의2, 제53조의2 제2호).

57) 공정거래법 제45조 제1항 제4호.

58) 공정거래법 제45조 제5항, 제6항. 한국제약바이오협회, 한국글로벌의약산업협회, 한국의료기기산업협회, 한국건강기능식품협회 등이 공정경쟁규약을 두고 있다. 각 협회 홈페이지 참조.

조사, 자율 제재 규정 등도 두고 있다.

법원은 의약품의 판매를 촉진하기 위하여 제공한 이익이, 제약업계에서 제정한 공정경쟁규약에서 허용하는 범위를 벗어나고 그 금액 또는 규모가 사회통념상 정상적인 상관행 또는 정당한 영업활동으로 인정될 수 있는 범위를 초과하는지를 기준으로 공정거래법의 부당한 고객유인행위 해당 여부를 판단한다.[59] 불공정거래행위에 대하여는 시정조치나 과징금이 부과될 수 있고, 형사처벌이 부과될 수 있다.[60]

한편 경제적 이익을 제공받는 의사나 약사 등이 공직자인 경우에는, 청탁금지법의 적용대상이 된다. 이 경우 약사법이나 공정경쟁규약에서 제공을 허용하는 경제적 이익이지만 청탁금지법에서는 제공이 허용되지 않을 수 있다.[61] 권익위는 약사법 시행규칙에서 제공을 허용하고 있는 경제적 이익은 청탁금지법 제8조 제3항 제8호의 '그 밖의 다른 법령, 기준 또는 사회상규에 따라 허용되는 금품 등'에 해당하므로 해당 이익을 제공하는 것은 청탁금지법 위반이 아니라고 본다. 다만 제약협회 등이 제정한 공정경쟁규약에서 허용하는 경제적 이익은, 이에 해당하지 않아 청탁금지법 위반이 될 수 있다는 입장이다.[62]

2. 금융 산업

자본시장과 금융투자업에 관한 법률(이하 이 책에서 '자본시장법')과 하위법령 및 그 위임을 받아 금융위가 제정한 금융투자업규정, 한국금융투자협회가 제정한 '금융투자회사의 영업 및 업무에 관한 규정'(이하, '금투협 영업규정')은, 금융투자업자[63]나 신용평가

---

59) 대판 2010. 11. 25. 2009두9543.
60) 시정조치나 관련매출액의 4% 이내의 과징금(공정거래법 제49조, 제50조), 2년 이하의 징역 또는 1억5천만원 이하의 벌금에 처해질 수 있다(공정거래법 제125조 제4호). 개인에 대한 형사처벌과 별도로, 양벌규정에 의해 법인에게도 벌금이 부과될 수 있다(공정거래법 제70조).
61) 예를 들어, '사업자가 개별 요양기관을 방문하여 의사등에게 그 사업자의 의약품에 대한 정보를 제공하는 방식으로 주최하는 제품설명회에 참석한 의사등에게 제공하는 1일 10만원 이하(월 4회 이내로 한정한다)의 식음료 및 자사의 회사명 또는 제품명이 표시된 1만원 이하의 판촉물'은 약사법 시행규칙에서 제공이 허용되지만, 청탁금지법의 음식물 한도액 3만원에 위배될 수 있다.
62) 그 이유는 청탁금지법에서 말하는 '그 밖의 다른 법령, 기준'이란 법령이나 공공기관이 제정한 기준이어야 하는데, 공정경쟁규약은 이에 해당하지 않기 때문이라는 것이다, 부정청탁 및 금품 등 수수의 금지에 관한 법률 행정기관 및 공직유관단체 매뉴얼, 권익위, 2022, 100~101면.
63) 금융위로부터 인가를 받거나 금융위에 등록하여 금융투자업을 영위하는 자를 말한다(자본시장법 제8조 제1항). 금투협 영업규정은 같은 의미로 '금융투자회사'라는 용어를 사용하는 것

회사가 업무와 관련하여 일정한 범위의 경제적 이익을 수수하는 행위를 투자자보호 또는 건전한 거래질서를 해할 우려가 있는 '불건전영업행위'로 규제한다.

규제 대상은, 1) 투자매매업자, 투자중개업자가 투자매매계약의 체결 또는 투자중개계약의 체결과 관련하여 투자자 또는 거래상대방과의 사이에 주거나 받는 이익,[64] 2) 집합투자업자가 집합투자증권의 판매 또는 운용과 관련하여 투자매매업자, 투자중개업자와의 사이에 주거나 받는 이익,[65] 3) 투자일임업자가 투자일임계약의 체결 또는 투자일임재산의 운용과 관련하여 투자자 또는 거래상대방과의 사이에 주거나 받는 이익,[66] 4) 신탁업자가 신탁계약의 체결 또는 신탁재산의 운용과 관련하여 수익자 또는 거래상대방과의 사이에 주거나 받는 이익,[67] 5) 신용평가회사가 그 업무와 관련하여 신용평가의 요청인 또는 그의 이해관계자와의 사이에 주거나 받는 이익이다.[68]

주요 규제 내용은 아래와 같다. 1) 3만원 이하의 물품·식사·신유형상품권·실적연동 포인트나 마일리지, 2) 20만원 이하의 경조비 및 조화·화환 3) 국내에서 불특정다수인을 상대로 개최되는 세미나·설명회로서 1인당 제공되는 금액을 산정하기 어려운 경우의 그 비용 중 금융투자업자의 대표이사 또는 준법감시인이 그 비용의 적정성을 사전 확인한 금액, 4) 금융투자업자가 자체적으로 작성한 조사분석자료, 5) 금융투자상품에 대한 가치분석·매매정보 또는 주문의 집행 등을 위하여 자체적으로 개발한 소프트웨어 및 해당 소프트웨어의 활용에 불가피한 컴퓨터 등 전산기기 등은 제공이 허용된다.[69]

으로 보인다(금투협 영업규정 제1−1조)

64) 자본시장법 제71조 제7호, 동법 시행령 제68조 제5항 제3호, 금융투자업규정 제4−18조, 금투협 영업규정 제2−63조 내지 제2−68조.

65) 자본시장법 제85조 제8호, 동법 시행령 제87조 제4항 제3호, 제4호, 금융투자업규정 제4−61조, 제4−62조. 집합투자업자가 이익 제공자인 경우에는, 1) 집합투자증권에 대한 설명·교육 또는 판매촉진을 위하여 제공되는 것, 2) 집합투자증권 판매와 관련된 투자매매업자·투자중개업자의 광고·인쇄비의 일부를 부담하는 것으로서 일반인이 통상적으로 이해하는 수준에 반하지 않는 것에 한하여 제공이 허용된다(금융투자업규정 제4−61조 제1항).

66) 자본시장법 제98조 제2항 제10호, 동법 시행령 제99조 제4항 제4호, 금융투자업규정 제4−76조.

67) 자본시장법 제108조 제9호, 동법 시행령 제109조 제3항 제4호, 금융투자업규정 제4−92조.

68) 자본시장법 제335조의11 제7항 제3호, 동법 시행령 제324조의8 제4항 제2호, 금융투자업규정 제8−19조의10, 금투협 영업규정 제2−68조의2. 위 규정들에서 집합투자업자, 투자매매업자, 투자중개업자, 투자일임업자, 신용평가회사, 투자자, 신용평가 요청인, 거래상대방 등에는 법인이나 단체뿐만 아니라 그 임직원도 포함된다. 따라서 해당 법인이나 단체가 수수(授受)하는 이익뿐만 아니라 그 법인이나 단체의 임직원이 수수하는 이익도 규제대상이다.

69) 금투협 영업규정 제2−63조 제2항.

그러나 1) 경제적 가치의 크기가 일반인이 통상적으로 이해하는 수준을 초과하는 것, 2) 재산상 이익의 내용이 사회적 상규에 반하거나 거래상대방의 공정한 업무수행을 저해하는 것, 3) 재산상 이익의 제공 또는 수령이 비정상적인 조건의 금융투자상품 매매거래, 투자자문계약, 투자일임계약 또는 신탁계약의 체결 등의 방법으로 이루어지는 것, 4) 집합투자회사, 투자일임회사 또는 신탁회사 등 타인의 재산을 일임받아 이를 금융투자회사가 취급하는 금융투자상품 등에 운용하는 것을 업무로 영위하는 자(그 임원 및 재산의 운용에 관하여 의사결정을 하는 자를 포함함), 법인 기타 단체의 고유재산관리업무를 수행하는 자 또는 집합투자회사가 자신이 운용하는 집합투자기구의 집합투자증권을 판매하는 투자매매회사, 투자중개회사 및 그 임직원과 투자권유대행인에게 제공하는 경우로서, 금전, 상품권, 금융투자상품을 제공하는 것,[70] 5) 재산상 이익의 제공 또는 수령이 위법·부당행위의 은닉 또는 그 대가를 목적으로 하는 것, 6) 거래상대방만 참석한 여가 및 오락활동 등에 수반되는 비용을 제공하는 것, 7) 금융투자상품 및 경제정보 등과 관련된 전산기기의 구입이나 통신서비스 이용에 소요되는 비용을 제공하거나 제공받는 것,[71] 8) 집합투자회사가 자신이 운용하는 집합투자기구의 집합투자증권의 판매실적에 연동하여 이를 판매하는 투자매매회사, 투자중개회사(그 임직원 및 투자권유대행인을 포함함)에게 재산상 이익을 제공하는 것, 9) 투자매매회사 또는 투자중개회사가 판매회사의 변경 또는 변경에 따른 이동액을 조건으로 하여 재산상 이익을 제공하는 것은 금지된다.[72]

여기서 재산상 이익의 가치는 다음과 같이 산정한다. 1) 금전의 경우 해당 금액, 2) 물품의 경우 구입비용, 3) 접대의 경우 해당 접대에 소요된 비용(다만, 금융투자회사 임직원과 거래상대방이 공동으로 참석한 경우 해당 비용은 전체 소요경비 중 거래상대방이 점유한 비율에 따라 산정된 금액으로 한다), 4) 연수·기업설명회·기업탐방·세미나의 경우 거래상대방에게 직접적으로 제공되었거나 제공받은 비용, 5) 위 제1호부터 제4호까지에 해당하지 아니하는 재산상 이익의 경우 해당 재산상 이익의 구입 또는 제공에 소요된 실비.[73]

---

70) 다만, 사용범위가 공연, 운동경기 관람, 도서, 음반 구입 등 문화활동으로 한정된 상품권을 제공하는 경우는 제외된다(금투협 영업규정 제2-68조 제1항 제4호).
71) 다만, 금융투자상품에 대한 가치분석·매매정보 또는 주문의 집행 등을 위하여 자체적으로 개발한 소프트웨어 및 해당 소프트웨어의 활용에 불가피한 컴퓨터 등 전산기기는 제외된다(금투협 영업규정 제2-68조 제1항 제4호).
72) 금투협 영업규정 제2-68조.
73) 금투협 영업규정 제2-64조.

그리고 1) 수수(授受)하는 이익은 일반인이 통상적으로 이해하는 수준에 반하지 않아야 하고, 2) 최근 5개 사업연도를 합산하여 동일한 상대방과의 사이에 수수한 이익이 10억원을 초과하면 이를 인터넷 홈페이지 등에 공시해야 하며,[74] 3) 수수의 목적·내용·일자·상대방 등에 대한 기록을 5년 이상 유지해야 하고,[75] 4)파생상품[76]과 관련하여 추첨 등으로 동일한 일반투자자에게 1회에 제공할 수 있는 이익은 300만원 이하이다. 또한 금융투자업자는, 1) 거래상대방으로부터 1회 및 연간(또는 동일 회계연도 내) 받을 수 있는 이익의 한도를 사회상규를 초과하지 않는 범위 내에서 정해야 하고,[77] 2) 이익의 제공에 대한 적정성 점검 및 평가절차 등이 포함된 내부통제기준[78]을 만들어야 하며, 3) 이익 제공과 관련하여 거래상대방에게 비정상적인 조건의 금융투자상품의 매매거래나 투자자문계약, 투자일임계약 또는 신탁계약의 체결 등을 요구해서는 아니 되고, 4) 임직원 내지 투자권유대행인이 규정을 위반하여 제공한 이익을 보전해주어서는 아니 된다.[79] 신용평가회사에 대한 규정은 약간 다르다.[80]

---

74) 아래에서 살펴보는 바와 같이 신용평가회사에 대하여는 종전 규정이 유지되므로 이 규정은 적용되지 아니한다.

75) 금투협 영업규정 제2-67조 제1항.

76) 다만 유사해외통화선물 및 주식워런트증권과 관련해서는 금액을 불문하고 추첨 등을 통해서 일반투자자에게 경제적 이익을 제공할 수 없다(금투협 영업규정 제2-65조 제5항 단서).

77) 단, 연수, 기업설명회, 기업탐방, 세미나 참석과 관련하여 제공받은 교통비 및 숙박비는 대표이사 또는 준법감시인의 확인을 받아 한도산정 시 이를 제외할 수 있다(금투협 영업규정 제2-66조 제2항).

78) 금융투자회사는, 1) 거래상대방에게 재산상 이익을 제공하거나 제공받은 경우 목적, 내용, 일자, 상대방 등을 5년 이상 기록·보관하고, 2) 이사회(외국 금융투자회사의 지점 그 밖의 영업소의 경우 국내대표자)가 정한 금액을 초과하는 이익을 제공하고자 하는 경우에는 미리 이사회의 의결을 거쳐야 하며, 3) 이익의 제공에 대한 적정성 점검 및 평가절차 등이 포함된 내부통제기준을 제정·운영하고, 4) 이익의 제공 현황, 적정성 점검 결과 등을 매년 이사회에 보고하며, 5) 거래상대방이 서면에 의하여 이익의 제공 내역을 요청하는 경우 (해당 임직원등이 동의하지 않는 경우를 제외하고) 이에 응하여야 한다(금투협 영업규정 제2-67조).

79) 금투협 영업규정 제2-68조 제3항.

80) 즉, 신용평가회사는 1) 거래상대방에게 금전, 상품권, 금융투자상품을 제공하거나 제공받아서는 아니 되고, 2) 동일 거래상대방에게 제공할 수 있는 재산상 이익은 1회 20만원, 연간 또는 동일 회계연도 내에 100만원(단, 준법감시인 사전승인 있는 경우에는 500만원)이며, 3) 모든 거래상대방에게 제공할 수 있는 재산상 이익의 합계액은 '직전연도 또는 직년 회계연도 영업수익의 3%와 10억원 중 큰 금액'(영업수익이 1천억원을 초과하는 경우에는 영업수익의 1%와 30억원 중 더 큰 금액)을 연간 한도로 한다는 점 등이 다르다(금투협 영업규정 제2-68조의2). 신용평가회사의 경우 공정한 업무수행을 위해 높은 수준의 규제가 필요하여 종전 규제체계를 유지하였다고 한다(2017. 4. 27.자 규정 개정문).

위 규정을 위반한 자는 1억원 이하의 과태료에 처해질 수 있고, 금융투자업자는 6개월 이내의 업무정지 등에 처해질 수 있으며, 금융위는 해당 임직원에게 해임요구 등을 할 수 있다.[81]

한편 재산적 이익을 제공받는 자가 공직자인 경우에는, 청탁금지법의 적용대상이 된다. 이 경우 자본시장법, 금융투자업규정 및 금투협 영업규정에서 제공을 허용하지만 청탁금지법에서는 제공이 허용되지 않을 수 있다.[82] 자본시장법, 금융투자업규정 및 금투협 영업규정에서 제공을 허용하고 있는 경제적 이익이 청탁금지법 제8조 제3항 제8호의 '그 밖의 다른 법령, 기준 또는 사회상규에 따라 허용되는 금품 등'에 해당하는지 여부에 대한 권익위의 해석은 아직 확인되지 않는다.[83]

3. 기타 산업

건설산업의 발주자·수급인·하수급인·이해관계인,[84] 국가·지방자치단체 또는 일정한 공공기관이 발주한 건설공사의 업체선정에 심사위원으로 참여한 자나 그러한 업체선정에 참여한 법인[85]이 도급계약의 체결이나 건설공사의 시공 또는 해당 직무에 관하여 관하여 부정한 청탁을 하거나 부정한 청탁을 받고 재산상의 이익을 수수(授受)하면 형사처벌된다.[86] 건설업자에게는 1년 이내의 영업정지나 영업정지에 갈음한 10억원 이하의 과징금을 부과할 수 있다.[87]

그 밖에 특정 산업 혹은 특정한 직업군에서 업무와 관련하여 부정한 청탁을 받고

---

81) 자본시장법 제449조 제1항 제29호, 제420조 제3항 및 별표 1, 제422조.
82) 예를 들어, 금투협 영업규정에 의하여 '20만원 이하의 경조비 및 조화화환'의 제공이나 수령이 허용되지만, 이는 청탁금지법의 축의금, 조의금의 한도 5만원, 조화, 화환의 한도 10만원을 초과한다.
83) 권익위는 '그 밖의 다른 법령, 기준'이란 법령이나 공공기관이 제정한 기준이어야 한다는 입장이고(부정청탁 및 금품 등 수수의 금지에 관한 법률 행정기관 및 공직유관단체 매뉴얼, 권익위, 2022, 100~101면), 금투협은 공공기관이 아닌 것으로 보이므로, 권익위의 논리에 따르면 금투협 영업규정은 청탁금지법 제8조 제3항 제8호의 '그 밖의 다른 법령, 기준'에 해당하지 않을 가능성이 있다.
84) 발주자, 수급인, 하수급인이 법인인 경우 임직원도 포함된다(건설산업기본법 제38조의2 제1항).
85) 공공기관이 발주한 건설공사의 업체선정에 참여한 법인의 대표자, 상업 사용인, 그 밖의 임직원도 포함된다(건설산업기본법 제38조의2 제3항).
86) 5년 이하의 징역이나 5천만원 이하의 벌금이 부과되고, 양벌규정에 의하여 법인에게 벌금이 부과될 수 있다(건설산업기본법 제38조의2, 제95조의2, 제98조 제2항).
87) 건설산업기본법 제82조의2 제1항.

금품을 교부받거나 제공하는 행위를 별도로 처벌하는 주요 법률은 다음과 같다.

1) **상법:** 회사의 발기인, 업무집행사원, 이사, 이사의 직무대행자, 집행임원, 감사위원회 위원, 감사, 감사의 직무대행자, 지배인, 회사의 영업에 관한 어느 종류 또는 특정한 사항의 위임을 받은 사용인, 청산인, 사채권자집회의 대표자 또는 그 사채권자집회의 결의를 집행하는 자, 검사인, 합병으로 신회사를 설립하는 경우의 설립위원 등이 직무에 관하여 부정한 청탁을 받고 재산상 이익을 수수, 요구, 약속하는 행위 또는 회사의 발기인 등에게 그러한 재산상 이익을 약속, 공여, 공여의 의사표시를 하는 행위는 형사처벌될 수 있다.[88] 회사의 창립총회, 사원총회, 주주총회 또는 사채권자집회에서 발언, 의결권 행사, 상법 제3편에 규정된 회사관련 소의 제기, 일정한 주주나 사원의 권리행사, 일정한 채권자의 권리행사, 회사를 상대로 한 위법행위 유지청구권 행사나 주식발행 유지청구권 행사 등과 관련하여 부정한 청탁을 받고 재산상 이익을 수수, 요구, 약속하는 행위 또는 주주 등에게 그러한 이익을 약속, 공여, 공여의 의사표시를 하는 행위는 형사처벌될 수 있다.[89]

2) **특정경제범죄법:** 금융회사등의 임직원이 그 직무에 관하여 부정한 청탁을 받고 제3자에게 금품이나 그 밖의 이익을 공여하게 하거나 공여하게 할 것을 요구, 약속하는 행위 또는 금융회사등의 임직원에게 그러한 이익을 약속, 공여, 공여의 의사를 표시하는 행위는 형사처벌될 수 있다.[90]

---

88) 상법 제630조.

89) 상법 제631조.

90) 특정경제범죄 가중처벌 등에 관한 법률(이하 이 책에서 '특정경제범죄법') 제5조 제2항, 제6조 제1항. 참고로 금융회사등의 임직원에 대하여는, 부정한 청탁이 없더라도 '직무와 관련하여' 금품등을 수수, 요구, 약속하는 것(특정경제범죄법 제5조 제2항), 금융회사등의 임직원이 그 직위를 이용하여 소속 금융회사등 또는 다른 금융회사등의 임직원의 직무에 속하는 사항의 알선에 관하여 금품등을 수수, 요구, 약속하는 것(특정경제범죄법 제5조 제3항), 제3자가 금융회사등의 임직원의 직무에 속하는 사항의 알선에 관하여 금품 등을 요구, 약속하는 것(특정경제범죄법 제7조) 등을 모두 형사처벌함으로써, 금융회사등의 임직원을 수재나 증재에 관하여 거의 공무원에 준하게 취급하고 있다. "이 사건 법률조항은, 1983년 경 금융기관의 임·직원이 관련된 이○희·장○자 사건, ○○사건, ○○은행 사건과 같은 거액의 재산범죄 사건과 거액의 외화도피사건이 잇따라 발생하자, 금융기관 임·직원의 금품 수수 등 비위 행위에 대하여 엄히 가중처벌함으로써 이에 대처하겠다는 국가형벌권의 의지를 표명하여 1983. 12. 31. 법률 제3693호로 신설된 조항이다 … 특정경제범죄법 제2조 소정의 금융기관이 비록 영리를 목적으로 하는 사기업이지만, 특별법령에 의하여 설립되고 그 사업 내지 업무가 공공적 성격을 지니고 있어 국가의 경제정책과 국민경제에 중대한 영향을 미치기 때문에 그 임·직원에 대하여 일반 공무원과 마찬가지로 엄격한 청렴의무를 부과하여 그 직무의 불가매수성을 확보하고자 하는 데에 이 사건 법률조항의 입법 취지가 있고, 이러한 금융기관 임·

3) 외부감사법: 공인회계사가 직무를 수행하면서 부정한 청탁을 받고 금품이나 이익을 수수, 요구 또는 약속하면 형사처벌될 수 있고,[91] 외부감사를 받는 회사의 감사인, 감사인에 소속된 공인회계사, 감사, 감사위원회의 위원 또는 감사인선임위원회의 위원이 그 직무에 관하여 부정한 청탁을 받고 금품 등을 수수, 요구 또는 약속하는 행위 또는 외부감사를 받는 회사의 감사인 등에게 그러한 금품 등을 약속, 공여하거나 공여의 의사표시를 하는 행위는 형사처벌될 수 있다.[92]

4) 공공기관운영법: 공공기관에 대한 회계감사인, 회계감사인에 소속된 공인회계사, 감사 또는 회계감사인 선임위원회의 위원이 그 직무에 관하여 부정한 청탁을 받고 금품이나 이익을 받거나 요구 또는 약속하는 행위 또는 공공기관의 회계감사인 등에게 그러한 금품이나 이익을 약속·제공 또는 제공의 의사를 표시하는 행위는 형사처벌될 수 있다.[93]

5) 도시교통정비촉진법: 사업자 또는 사업자로부터 교통영향평가 대행을 의뢰받은 자가 부정한 청탁을 하고 금품 등을 제공하거나 금품 등을 수령하는 행위는 형사처벌될 수 있다.[94]

6) 증권관련 집단소송법: 증권관련 집단소송을 제기하는 자, 대표당사자, 원고측 소송대리인 또는 분배관리인이 그 직무에 관하여 부정한 청탁을 받고 금품 등을 수수, 요구, 약속하는 행위 또는 증권관련 집단소송을 제기하는 자 등에게 그러한 금품 등을 약속, 공여, 공여의 의사표시를 하는 행위는 형사처벌될 수 있다.[95]

7) 신탁법: 신탁사채권자집회에서의 발언이나 의결권 행사에 관하여 부정한 청탁을 받고 재산상 이익을 수수, 요구, 약속하는 행위 또는 그러한 이익을 약속, 공여 또는 공여의 의사표시를 하는 행위는 형사처벌 될 수 있다. [96][97]

직원의 청렴성과 불가매수성이 그 보호법익이다."(헌재 2006. 4. 27. 2006헌가5 결정)
91) 공인회계사법 제22조 제4항, 제53조 제1항 제1호.
92) 주식회사 등의 외부감사에 관한 법률(이하 이 법에서 '외부감사법') 제40조.
93) 공공기관운영법 제55조.
94) 도시교통정비촉진법 제27조 제1항 제5호, 제2항 제5호, 제58조 제1항 제5호, 제9호.
95) 증권관련 집단소송법 제60조, 제61조.
96) 신탁법 제143조.
97) 그 외에도 기상산업진흥법 제26조, 선주상호보험조합법 제59조, 국민체육진흥법 제14조의3, 제47조 제1호, 한국마사회법 제51조, 경륜경정법 제29조 등에 유사한 규정이 있다.

제2편 청탁금지법

제1장
'공직자등'의 의미

제1절 공공기관의 범위

　청탁금지법에서 규정하는 '공공기관'에는, 1) 국회·법원·헌법재판소·선거관리위원회·감사원·국가인권위원회·고위공직자범죄수사처·중앙행정기관과 그 소속기관 및 지방자치단체, 2) 공직자윤리법에 따른 공직유관단체, 3) 공공기관운영법에 따른 공공기관,[1] 4) 초중등교육법, 고등교육법, 유아교육법 및 그 밖의 다른 법령에 따라 설치된 각급 학교 및 사립학교법에 따른 학교법인, 5) 언론중재 및 피해구제 등에 관한 법률(이하 이 책에서 '언론중재법')에 따른 언론사가 포함된다.[2]

　위에 해당하는 단체의 구체적인 리스트는, 공직유관단체는 인사혁신처, 공공기관은 기획재정부, 각급 학교 및 학교법인은 교육부, 언론중재법에 따른 언론사는 방송통신위, 과학기술정보통신부, 문화체육부에서 각각 작성, 관리한다. 권익위 홈페이지에도 그 리스트가 게시되어 있다. 공공기관에 해당하는 학교에는, 유아교육법에 따른 유치원, 초중등교육법에 따른 초, 중, 고등학교, 외국인학교, 고등교육법에 따른 전문대, 일반대, 대학원, 기타 법령에 따른 경찰대학, 육, 해, 공군 사관학교, 한국농수산대학, 공군항공과학고등학교, 한국예술종합학교, 재외국민의 교육지원에 관한 법률에 따른 한국학교 등이 포함된다.[3] 공공기관에 해당하는 언론사에는 방송사업자, 신문사업자, 잡지 등 정기간행물사업자, 뉴스통신사업자 및 인터넷신문사업자가 포함된다.[4]

---

1) 청탁금지법 제2조 제1호 다목은 공공기관에 포함되는 단체로서 '공공기관운영법 제4조에 따른 기관'을 열거하고 있는데, 그 의미는 공공기관운영법 제4조에 따라 기획재정부장관이 공공기관으로 지정한 단체를 의미하는 것으로 보인다. 권익위, 청탁금지법 매뉴얼(2022 행정기관용), 6면.
2) 청탁금지법 제2조 제1호.
3) 권익위 청탁금지법 매뉴얼(2022, 학교용), 6면.
4) 언론중재법 제2조 제12호. 방송사업자에는 지상파방송사업자, 위성방송사업자, 방송채널사용사업자, 공동체라디오방송사업자 등이 포함되고(방송법 제2조 제3호), 신문사업자에는 일반일간신문, 특수일간신문, 일반주간신문, 특수주간신문을 발행하는 자가 포함되며(신문 등의 진흥에 관한 법률 제2조), 뉴스통신사업자란 뉴스통신 진흥에 관한 법률에 따라 뉴스통신사

공직자의 범위

청탁금지법의 적용을 받는 '공직자등'에는 5가지 유형이 있다. 1) '전통적 의미의 공무원'으로, 국가공무원법, 지방공무원법에 따른 공무원과 그 밖에 다른 법률에 따라 그 자격·임용·교육훈련·복무·보수·신분보장 등에 있어 공무원으로 인정된 사람이다. 2) 공직유관단체 또는 공공기관의 장과 그 임직원이다. 3) 앞서 살펴본 공공기관에 해당되는 각급 학교의 장과 교직원 및 학교법인의 임직원이다. 4) 언론중재법에 따른 언론사의 대표자와 그 임직원이다. 5) 청탁금지법 제11조에 따른 '공무수행사인'도 청탁금지법 일부 규정의 적용을 받으므로 광의의 '공직자등'에 포함시킬 수 있다. 다만 '임직원', '교직원'의 범위가 어디까지인지, '공무수행사인'의 범위가 어디까지인지는 문제된다.

공공기관에 소속된 '공무원', '임직원', '교직원'의 범위가 어디까지인지에 관한 법률의 규정은 없다. 권익위의 입장은 아래와 같다. 1) 행정기관의 기간제근로자와 무기계약직근로자는, 공무원 또는 공무원으로 인정된 자가 아니므로 '공직자등'에 해당하지 않는다.[5] 2) 공직유관단체나 공공기관운영법에 따른 공공기관의 '임원'은 이사 및 감사(상임·비상임을 포함함)를 의미하고, 계약직 등 비정규직 직원도 공직유관단체나 공공기관과 직접 근로계약을 체결한 경우에는 '공직자등'에 포함되나, 공직유관단체나 공공기관과 용역계약이나 도급계약을 체결하고 용역을 제공하는 외부업체에 소속된 직원은 '공직자등'에 포함되지 않는다.[6] 3) 학교의 장이나 교원(총장, 학장, 교장, 원장, 교수, 부교수, 조교수, 강사, 교감, 원감, 교사 등), 직원(학교와 직접 근로계약을 체결한 행정직원, 조교, 운동부 지도자 등), 초·중·고교의 기간제교사, 학교법인의 이사장, 이사, 감사(상임·비상임을 포함함)는 '공직자등'에 포함되나, 대학의 겸임교원, 명예교수, 초·중·고교의 방과

업을 하기 위하여 등록한 자(뉴스통신 진흥에 관한 법률 제2조 제3호), 인터넷신문사업자란 인터넷신문을 전자적으로 발행하는 자이다(신문등의 진흥에 관한 법률 제2조 제4호).

'잡지 등 정기간행물사업자'란 잡지 등 정기간행물의 진흥에 관한 법률(이하 이 책에서 '정기간행물법')에 따른 정기간행물사업자 중 잡지 또는 기타간행물을 발행하는 자로서 등록하거나 신고한 자를 말하고, 정보간행물(보도, 논평 또는 여론 형성의 목적 없이 일상생활 또는 특정사항에 대한 안내고지 등 정보전달의 목적으로 발행되는 간행물), 전자간행물(통신망을 이용하지 아니하고 컴퓨터 등의 정보처리장치를 이용하여 읽거나 보고 들을 수 있도록 전자적으로 발행한 간행물)을 발행하는 자는 제외된다는 것이 권익위 입장이다. 권익위, 청탁금지법 매뉴얼(2022, 언론사용), 7면.

5) 권익위, 청탁금지법 매뉴얼(2022, 행정기관용), 8면.

6) 공공기관과 용역계약을 체결한 용역업체에 속한 경비, 환경미화원, 시설관리원, 식당책임자 등이 이에 해당할 수 있다. 권익위, 청탁금지법 매뉴얼(2022, 행정기관용), 9면.

후교사, 자원봉사자 또는 학교와 용역계약이나 도급계약을 체결하고 용역을 제공하는 외부업체에 소속된 직원7)은 '공직자등'에 포함되지 않는다.8) 4) 언론사의 임원은 이사 및 감사(상임·비상임을 포함함)를 의미하고 취재, 보도 등의 직무뿐만 아니라 경영, 기술, 지원 등에 종사하거나 인턴기자와 같은 단기간근로자도 언론사와 직접 근로계약을 체결한 경우에는 직원에 해당하나,9) 기업 등이 부수적으로 언론활동을 하는 경우에는 언론활동 종사자만 포함된다.10) 언론사와 프로그램 공급계약을 체결한 외주제작사, 언론사와 뉴스공급계약을 체결한 지사나 프리랜서 기자와 같이 언론사와 용역계약이나 도급계약을 체결한 자는 언론사의 직원에 해당하지 않는다.11)

제3절 공무수행사인

공무수행사인이란, 1) 행정기관 소속 위원회의 설치 운영에 관한 법률(이하 이 책에서 '행정기관위원회법') 또는 다른 법령에 따라 설치된 각종 위원회의 위원 중 공직자가 아닌 위원, 2) 법령에 따라 공공기관의 권한을 위임·위탁받은 법인·단체 또는 그 기관이나 개인, 3) 공무를 수행하기 위하여 민간부문에서 공공기관에 파견 나온 사람, 4) 법령에 따라 공무상 심의·평가 등을 하는 개인 또는 법인·단체를 말한다.12)

여기서 첫째, 각종 위원회와 관련하여 '법령에 따라 설치'된다는 의미가 문제된다. 청탁금지법에서 규정하는 '법령'은 조례, 규칙을 포함한다.13) 권익위는 '법령'에는 법률

---

7) 학교가 건물관리 또는 구내식당 운영 등을 위해 전문업체와 용역계약을 체결했을 때 그 전문업체의 종사자, 위탁계약에 의한 방과후 과정 담당자 등이 이에 해당할 수 있다. 권익위, 청탁금지법 매뉴얼(2022, 학교용), 8면.
8) 권익위, 청탁금지법 매뉴얼(2022, 학교용), 8~9면.
9) 언론사의 지사, 지국과 근로계약을 체결한 사람도 언론사의 직원에 해당한다는 것이 권익위 입장이다. 권익위, 청탁금지법 매뉴얼(2022, 언론사용), 11면.
10) 사보 등 정기간행물을 발행하여 부수적으로 언론활동을 하는 기업이 언론사에 해당하는 경우, 정기간행물 발행업무 종사자만 직원에 포함되어 공직자에 해당하게 된다는 취지이다. 권익위, 청탁금지법 매뉴얼(2022, 언론사용), 11면.
11) 프리랜서 작가, 출연계약을 체결하여 방송 등에 출연하는 자, 원고료를 지급받는 만평작가나 기고제공자, 해외통신원, 언론사와 용역계약을 체결하고 건물관리(환경, 미화, 시설관리 등), 구내식당 운영 등을 하는 자도 언론사와 직접 근로계약을 체결한 것이 아니므로 언론사의 직원이 아니라는 것이 권익위 입장이다. 권익위, 청탁금지법 매뉴얼(2022, 언론사용), 12면.
12) 청탁금지법 제11조 제1항.
13) 청탁금지법 제5조 제1항 제1호.

·대통령령·총리령·부령(조례·규칙을 포함함)과 법령에 위임 또는 그에 근거한 고시·훈령·지침 등이 포함된다고 해석한다.[14] 따라서 공공기관과 관련되어 있는 위원회이더라도 '법령'이나 법령의 위임이 없이 공공기관의 내부규정에 의하여 설치된 경우에는 '법령에 따라 설치된 위원회'라 할 수 없으므로 그 소속 위원을 공무수행사인이라고 할 수 없을 것이다.[15]

둘째, '공공기관의 권한을 위임, 위탁받은 법인, 단체'에서 위탁의 대상인 '공공기관의 권한'의 의미가 문제된다. 광의로 공공기관의 모든 업무나 권한을 의미한다는 견해가 있을 수 있고, 협의로는 공공기관의 업무 중 국민의 권리, 의무에 직접적으로 영향을 미치는 업무나 권한(행정법상 '처분')에 한정된다는 견해가 가능하며,[16] 절충적으로 공공기관이 고유한 설립의 목적 범위 내에서 수행하는 사무나 권한을 의미한다는 해석도 가능할 것이다.[17] 권익위는 법률사무종사 현황조사를 위탁받은 대한변호사협회를 공무수행사인으로 본다.[18]

셋째, '공공기관의 권한을 위임, 위탁받은 법인, 단체 또는 그 기관과 개인'에서 '법

---

14) 따라서 초·중등교육법에 따른 학교운영위원회, 학교폭력 예방 및 대책에 관한 법률에 따른 학교폭력대책자치위원회, 고등교육법에 따른 등록금심의위원회, 교육공무원법에 따른 인사위원회, 방송법에 따른 시청자위원회, 신문 등의 진흥에 관한 법률(이하 이 책에서 '신문법')에 따른 편집위원회, 신문법에 따른 독자권익위원회 등이 이에 포함된다는 것이 권익위 입장이다. 권익위, 청탁금지법 매뉴얼(2022, 행정기관용), 10면.
15) 권익위, 청탁금지법 매뉴얼(2022, 행정기관용), 10면.
16) 행정소송법 제2조, 제3조는 항고소송의 대상으로 '행정청이 행하는 구체적 사실에 관한 법집행으로서의 공권력의 행사 또는 그 거부와 그밖에 이에 준하는 행정작용'(처분)과 '행정청이 당사자의 신청에 대하여 상당한 기간 내에 일정한 처분을 하여야 할 법률상 의무가 있음에도 불구하고 이를 하지 아니하는 것'(부작위)을 규정하고 있고, 판례는 항고소송의 대상인 행정처분이란 '원칙적으로 행정청의 공법상 행위로서 특정사항에 대하여 법규에 의한 권리의 설정 또는 의무의 부담을 명하거나 기타 법률상 효과를 직접 발생하게 하는 등 국민의 권리의무에 직접 관계가 있는 행위'라고 본다(2011. 4. 21. 2010무111 결정 등). 다만 공공기관의 권한을 '행정처분'과 관련된 것으로 한정하면, 공무수행사인의 개념이 지나치게 축소된다는 비판이 있을 수 있다.
17) 이 경우 예를 들어 공공기관인 국민연금공단으로부터 '국민연금기금의 관리·운용'을 위임·위탁받은 자는 국민연금공단의 권한을 위임·위탁받은 것으로 볼 수 있지만, '국민연금공단 청사에 대한 청소, 보안 업무'를 위탁받은 자는 국민연금공단의 권한을 위임·위탁받은 것이 아니라는 해석이 가능하다.
18) 공인회계사 등록·등록취소 등의 업무를 위탁받은 공인회계사회, 법률사무종사 현황조사를 위탁받은 대한변호사협회, 감정평가사 등록 및 등록갱신 업무를 위탁받은 한국감정평가사협회 등이 법령에 따라 공공기관의 권한을 위임, 위탁받은 법인, 단체에 포함된다는 것이 권익위 입장이다. 권익위, 청탁금지법 매뉴얼(2022, 행정기관용), 11면.

인·단체 또는 그 기관이나 개인'의 의미가 문제된다. 여기서 '그 기관'이란 법인·단체가 공공기관의 권한을 위임·위탁받았을 때 그 법인·단체 내에서 해당 수임·수탁업무를 담당하는 기관을 의미하는 것으로 볼 여지가 있고, '개인'이란 법인·단체가 공공기관의 권한을 위임·위탁받았을 때 그 법인단체 내에서 해당 수임·수탁업무를 담당하는 개인뿐만 아니라 단독으로 공공기관의 권한을 위임·위탁받은 개인도 포함하는 것으로 볼 여지가 있다. 권익위는 '법인이나 단체'가 공공기관의 권한을 위임·위탁받았을 때, 법인·단체를 대표하여 행하는 대표자가 공무수행사인에 포함되고 소속 구성원 개인은 위임·위탁받은 사무를 실질적으로 수행하더라도 공무수행사인에 포함되지 않는다는 입장이다.[19] 청탁금지법의 적용을 받는 공직자의 범위가 지나치게 확대되는 것을 방지하기 위한 해석으로 보인다. 이 문제는 청탁금지법이 '공공기관'과 '공직자등'을 구분하면서 자연인인 '공직자등'을 수범대상으로 하고 있음에도 불구하고 '공무수행사인'의 정의에 법인이나 단체를 포함시킴으로서 혼란이 발생하는 것이므로 입법적으로 명확히 할 필요가 있다.

넷째, '민간부문에서 공공기관에 파견'되었다는 것은 반드시 법령에 근거한 파견만을 의미하지 않고 계약에 따라 파견된 경우도 포함한다는 것이 권익위 입장이다.[20]

다섯째, 법령에 따라 공무상 심의, 평가 등을 하는 개인 또는 법인에서 '심의, 평가 등'에는 검토를 거쳐 판단, 결정을 내리는 감리, 기술검토, 검사, 인증 등이 포함된다는 것이 권익위의 입장이다.[21]

공무수행사인의 공무수행에 관하여는 청탁금지법 제5조 내지 제9조(금품수수금지규정, 부정청탁금지규정, 수수금품이나 부정청탁에 대한 신고 및 처리규정)을 준용한다. 따라서 공무수행사인에게 청탁금지법 제8조에서 금지하는 금품을 제공해서는 아니 되고, 공무수행사인은 그러한 금품을 지급받아서는 아니 된다. 공무수행사인에게 청탁금지법 제5조에서 금지하는 부정청탁을 해서는 아니 되고, 공무수행사인은 부정청탁에 따라 직무를 수행해서는 아니 된다. 공무수행사인은 금지된 금품을 제공받거나 부정청탁을 받았을 때에는 소속기관장에게 신고하는 등의 조치를 취해야 한다. 청탁금지법 제10조의

---

19) 권익위, 청탁금지법 매뉴얼(2022, 행정기관용), 11면.
20) 권익위, 청탁금지법 매뉴얼(2022, 행정기관용), 11면.
21) 경관법 제28조의 건축물의 경관 심의, 감염병의 예방 및 관리에 관한 법률 제70조의 감염병 관련 손실보상에 관한 심의, 산업재해보상보험법 제50조의 산재보험 의료기관 평가, 건축법상 공사감리자의 감리, 자동차관리법상 자동차검사, 고등교육법 제11조의2의 학교운영 전반과 교육과정 운영에 대한 평가인증 등이 이에 해당한다는 것이 권익위 입장이다. 권익위, 청탁금지법 매뉴얼(2022, 행정기관용), 11면.

외부강의 등의 사례금 제한 규정은 공무수행사인에게 준용되지 않는다. 한편 공무수행사인은 공무수행에 관하여만 청탁금지법 규정의 적용을 받으므로, 직무관련 여부에 상관없이 일정금액 이상의 금품수수를 금지하는 청탁금지법 제8조 제1항은 공무수행사인에 대하여는 적용되기 어렵다고 보인다.[22]

제4절 공직자의 배우자

공직자등의 배우자는 공직자등의 직무와 관련하여 공직자등이 받는 것이 금지되는 금품을 수령·요구·약속해서는 아니 되고, 공직자등의 배우자에게 공직자등의 직무와 관련하여 이러한 금품을 제공·약속·제공의 의사표시를 해서는 아니 된다.[23] 이를 위반한 공직자등의 배우자를 처벌하는 규정은 없다. 그러나 공직자등은 이를 안 경우 지체없이 서면으로 신고하고, 금품등을 지체없이 제공자에게 반환하거나 반환하도록 하거나 거부의 의사를 밝히거나 밝히도록 해야 한다.[24]

공직자등의 배우자가 '공직자등의 직무와 관련하여' 금품등을 수령하는 것만 금지되므로, 공직자등의 배우자가 '공직자등의 직무와 무관하게' 금품등을 수령하거나 공직자등의 배우자에게 '공직자등의 직무와 무관하게' 금품등을 제공하는 것은 금지되지 않는다.

권익위는 '배우자'가 법률혼 배우자만을 의미한다고 해석한다.[25] 금품등의 수령자가 공직자등의 배우자이더라도, 배우자가 수단이나 도구에 불과하여 실질적으로 공직자등에게 제공한 것과 동일하게 평가될 수 있다면 공직자등에게 직접 금품등을 제공한 것으로 평가될 수 있을 것이다.[26] 공무원인 공직자등의 배우자가 자신의 배우자에게 청

---

22) 권익위, 청탁금지법 매뉴얼(2022, 행정기관용), 11면.
23) 청탁금지법 제8조 제4항, 제5항.
24) 청탁금지법 제9조 제1항 제2호, 제2항.
25) 권익위, 청탁금지법 해설집 2017, 133면.
26) 형법 제129조 제1항 뇌물수수죄는 공무원이 직무에 관하여 뇌물을 수수한 때에 적용되는 것으로서, 공무원이 직접 뇌물을 받지 아니하고 증뢰자로 하여금 다른 사람에게 뇌물을 공여하도록 한 경우라도 다른 사람이 공무원의 사자(使者) 또는 대리인으로서 뇌물을 받은 경우 등과 같이 사회통념상 다른 사람이 뇌물을 받은 것을 공무원이 직접 받은 것과 같이 평가할 수 있는 관계가 있는 경우에는 형법 제129조 제1항 뇌물수수죄가 성립하고, 이러한 법리는 공무원으로 의제되는 정비사업전문관리업자의 임직원이 직무에 관하여 자신이 아닌 정비사업전문관리업자 또는 그 밖의 제3자에게 뇌물을 공여하게 하는 경우에도 마찬가지이

탁·알선을 한다는 명목으로 제3자로부터 금품등을 교부받으면 특정범죄가중법 알선수재죄나 변호사법위반이 성립할 수 있다.[27]

제5절 장소적 적용범위

청탁금지법 위반행위가 대한민국 내에서 발생한 경우에는 내국인과 외국인에게 모두 법이 적용된다.[28] 행위와 그 결과 어느 것이라도 대한민국 영역 내에서 발생하면 대한민국 내에서 발생한 것으로 보아야 한다는 것이 권익위의 입장이다.[29] 대한민국 국민이 외국에서 법위반행위를 하더라도 청탁금지법이 적용된다.[30] 외국인이 대한민국 영역 외에서 청탁금지법 위반행위를 하였을 경우에는 청탁금지법을 적용하기는 어려워 보인다.[31]

다(대판 2011. 11. 24. 2011도9585).

27) 특정범죄가중법 제3조(알선수재) 공무원의 직무에 속한 사항의 알선에 관하여 금품이나 이익을 수수·요구 또는 약속한 사람은 5년 이하의 징역 또는 1천만원 이하의 벌금에 처한다. 변호사법 제111조(벌칙) ① 공무원이 취급하는 사건 또는 사무에 관하여 청탁 또는 알선을 한다는 명목으로 금품·향응, 그 밖의 이익을 받거나 받을 것을 약속한 자 또는 제3자에게 이를 공여하게 하거나 공여하게 할 것을 약속한 자는 5년 이하의 징역 또는 1천만원 이하의 벌금에 처한다. 이 경우 벌금과 징역은 병과할 수 있다.

28) 형법 제2조, 제8조, 질서위반행위규제법 제4조, 제5조.

29) 형법의 경우, 형법 제2조의 범죄지라 함은 범죄구성사실(행위와 결과)의 전부 또는 일부가 발생한 지역을 의미하고, 공범의 경우 정범의 행위지뿐 아니라 공범의 행위지도 범죄지로 볼 수 있으며, 공모공동정범의 경우 공모지도 범죄지에 포함한다는 취지의 판결이 있다(대판 1998. 11. 27. 98도2734). 외국인이 대한민국 공무원에게 알선한다는 명목으로 금품을 수수하는 행위가 대한민국 영역 내에서 이루어진 이상, 비록 금품수수의 명목이 된 알선행위를 하는 장소가 대한민국 영역 외라 하더라도 대한민국 영역 내에서 죄를 범한 것이라고 하여야 할 것이므로, 형법 제2조에 의하여 대한민국의 형벌법규인 변호사법이 적용된다는 판결도 있다(대판 2000. 4. 21. 99도3403).

30) 형법 제3조, 제8조, 질서위반행위규제법 제4조 제2항, 제5조.

31) 대한민국 국민인 공직자등이 외국에서 외국인으로부터 금품등을 받거나 부정청탁을 받는 경우에 그 공직자등은, 대한민국 국민이 외국에서 법위반행위를 한 것이므로 청탁금지법 적용대상이다.

제1절 금지되는 금품

1. 형사처벌 대상 금품

공무원에게 그 직무와 관련하여 금품을 제공한 경우 공무원은 형법상 수뢰죄로 5년 이하의 징역 또는 10년 이하의 자격정지에 처해지고, 금품 제공자는 형법상 증뢰죄로 5년 이하의 징역 또는 2천만원 이하의 벌금에 처해진다.[32] 형법상 '뇌물'이 되기 위해서는 직무관련성[33]뿐만 아니라 대가관계[34]도 필요하다는 것이 판례이다.

청탁금지법은 공직자등이 동일인으로부터 1회에 100만원 또는 매 회계연도에 300만원을[35] 초과하는 금품등을 수령·요구·약속하거나, 제공자가 공직자등에게 위와 같

---

[32] 형법 제129조 제1항, 제133조 제1항. 수뢰액이 3천만 원 이상이면 특정범죄가중법 제2조에 의하여 가중처벌되고, 일정한 공공기관의 임직원은 특정범죄가중법 제4조에 의하여 형법상 수뢰죄 규정의 공무원으로 의제된다.

[33] 교부된 금품과 공무원의 직무와의 관련성이 인정되기 위하여 반드시 해당 공직자가 직접 관장하는 직무에 대하여 금품이 교부될 필요는 없다는 것이 판례이다. 뇌물죄에서 말하는 직무에는 공무원이 법령상 관장하는 직무 그 자체뿐만 아니라 직무와 밀접한 관계가 있는 행위 또는 관례상이나 사실상 관여하는 직무행위 및 결정권자를 보좌하거나 영향을 줄 수 있는 직무행위도 포함된다. 구체적인 행위가 공무원의 직무에 속하는지는 그것이 공무의 일환으로 행하여졌는가 하는 형식적인 측면과 함께 공무원이 수행하여야 할 직무와의 관계에서 합리적으로 필요하다고 인정되는 것인가 하는 실질적인 측면을 아울러 고려하여 결정하여야 한다(대판 2011. 5. 26. 2009도2453; 대판 2001. 1. 19. 99도5753).

[34] 교부된 금품과 공무원의 직무가 대가관계가 있는지를 판단하기 위해서는 여러 가지 사정을 고려해야 한다는 것이 판례이다. 공무원이 수수한 금품이 직무와 대가관계가 있는 부당한 이익으로서 뇌물에 해당하는지 여부는 당해 공무원의 직무 내용, 직무와 이익제공자와의 관계, 쌍방간에 특수한 사적인 친분관계가 존재하는지 여부, 이익의 다과, 이익을 수수한 경위와 시기 등의 제반 사정을 참작하여 결정하여야 할 것이고, 뇌물죄가 직무집행의 공정과 이에 대한 사회의 신뢰를 그 보호법익으로 하고 있음에 비추어 볼 때, 그 성립을 위하여 반드시 직무에 관한 청탁이나 부정한 행위를 필요로 하는 것이 아니고, 공무원이 금원을 수수하는 것으로 인하여 사회일반으로부터 직무집행의 공정성을 의심받게 되는지의 여부도 하나의 판단 기준이 된다(대판 1998. 3. 10. 97도3113 등).

은 액수의 금품을 제공·약속·제공의 의사표시를 한 경우에는, 직무관련성이나 대가관계를 불문하고 제공자와 공직자등을 모두 형사처벌[36]함으로써 종래 형법상 수뢰죄나 증뢰죄로 처벌할 수 없었던 금품수수에 대하여도 처벌을 확대하였다.

청탁금지법 규정의 요건을 검토하면 아래와 같다. 1) '공직자등'이 받는 금품이 금지되는 것이므로 공직자등이 소속된 '공공기관'이 공식적으로 받는 금품은 금지된다고 보기 어렵다.[37] 다만, 형식적으로 공공기관이 수령하거나 공공기관에게 제공하는 것이라도 제공자와 수령자의 관계, 제공 및 수령의 의도와 동기, 제공시기와 액수, 수령한 금품등의 사용방법 등을 종합적으로 고려할 때 실질적으로는 공공기관이 아니라 개인인 공직자등에게 제공하는 것으로 평가될 수 있다면, '공직자등'에게 제공한 것으로 평가될 가능성은 있을 것이다.

2) 권익위는, '동일인으로부터'의 의미에 관하여, 형식적 요소보다는 금품의 실질적인 제공자가 누구인지를 기준으로 판단하여야 하고 금품의 출처가 중요한 판단기준이 될 수 있으며 법인도 하나의 동일인으로 판단될 수 있다는 입장이다.[38] 이러한 입장에 따르면 하나의 법인에 소속된 서로 다른 개인인 임직원이 해당 법인 자금을 원천으로 하여 한 명의 공직자에게 중복되게 경조사비 등을 제공한다면, 경우에 따라 그 경조사비 제공금액이 합산되어 평가될 수도 있게 된다.

3) 권익위는 '1회'의 의미에 관하여 시간적·장소적으로 근접되어 있거나 계속성이 있으면 1회로 판단할 수 있고, 특히 금액한도를 회피하기 위하여 소위 '쪼개기'를 한 경우에는 합산하여 1회로 볼 수 있다는 입장이다.[39]

4) '회계연도'의 기간 산정에 대하여는 금품등을 수령한 공직자등이 소속된 공공기

---

35) "매 회계연도에 300만원"이란, 한 회계연도에 제공한 금품 가액의 합산액이 300만원이라는 의미로 해석된다.

36) 금품제공자와 공직자등에게는 각 3년 이하의 징역 또는 3천만원 이하의 벌금이 부과된다 (청탁금지법 제22조 제1항 제1호, 제3호).

37) 개인이나 단체가 공공기관에 기부를 하거나 공공기관이 기부를 받기 위해서는 일정한 절차에 따라야 한다. 기부금품의 모집 및 사용에 관한 법률(이하 이 책에서 '기부금품법')에 따르면 기부금품을 모집하기 위하여 필요한 자격·절차가 존재하고, 국가·지자체·그 소속기관 등은 법령에 규정이 없는 한 자발적으로 기탁하는 금품이라도 이를 접수할 수 없다(기부금품법 제4조, 제5조 제2항).

38) 권익위, 청탁금지법 매뉴얼(2022, 행정기관용), 78면.

39) 권익위, 청탁금지법 매뉴얼(2022, 행정기관용), 79면. 같은 날 식사를 제공한 후 연이어 술을 제공하였다면, 식사제공과 주류제공이 시간적, 장소적으로 근접되어 합산하여 '1회에' 제공된 것으로 볼 수 있다는 것이 권익위의 입장이다. 권익위, 청탁금지법 해설집 2020, 107면 사례 참조.

관의 회계연도를 적용한다는 입장이다.[40]

5) '요구'는 공직자등이 상대방에게 금품등의 교부를 청구하는 의사표시를 말하고, 상대방이 응했는지는 불문한다. '제공'은 공직자등이 받을 수 있는 상태에 두면 족하다.[41]

6) '금품등'이란 금전·물품·할인권 등 일체의 재산적 이익, 음식·향응·교통 등 편의 제공, 취업제공·이권부여 등 그 밖의 유·무형의 경제적 이익을 포함한다.[42] 권익위는 금품의 가액은 행위시점을 기준으로 산정하고, 시가와 현저한 차이가 없는 이상 실제 지불된 비용을 기준으로 하며, 실제 지불된 비용을 알 수 없으면 시가(통상의 거래가격)를 기준으로 한다는 입장이다.[43] 권익위는 제공자가 공직자등과 함께 향응을 누린 경우 실제 공직자등이 소비한 금액을 기준으로 금품등의 가액을 판단하고, 이를 확인하기 어려우면 참석인원에게 균등 분할하는 것으로 해석하는데, 뇌물죄에 대한 판례 취지와 동일하다.[44]

공무원인 공직자등이 수령하거나 그에게 제공한 금품등이 직무관련성이나 대가관계가 있고 동일인으로부터 1회에 100만원 또는 매 회계연도에 300만원을 초과하여 형법상 수뢰죄 내지 증뢰죄와 청탁금지법 제8조 제1항, 제5항 위반죄에 모두 해당하는 경우에 양 죄의 죄수관계가 문제될 수 있다. 뇌물죄가 법정형이 더 높고 직무관련성과 대가관계가 모두 요구되지만 청탁금지법은 일정 수준 이상의 금액이 요구되는 점을 고

---

40) 권익위, 청탁금지법 매뉴얼(2022, 행정기관용), 79면. 국가재정법 제2조와 지방재정법 제6조는 국가나 지방자치단체의 회계연도를 매년 1. 1.부터 12. 31.까지로 규정하고, 초·중등교육법 제30조의3은 학교회계의 회계연도를 매년 3. 1.부터 다음 해 2.말일까지로 규정한다.
41) 권익위, 청탁금지법 해설집 2020, 139면.
42) 권익위, 청탁금지법 해설집 2020, 139면.
43) 권익위, 청탁금지법 매뉴얼(2022, 행정기관용), 80면.
44) 권익위, 청탁금지법 매뉴얼(2022, 행정기관용), 81면. 형법상 뇌물액수 판단에서 판례는, 피고인이 증뢰자와 함께 향응을 하고 증뢰자가 이에 소요되는 금원을 지출한 경우 이에 관한 피고인의 수뢰액을 인정함에 있어서는 먼저 피고인의 접대에 요한 비용과 증뢰자가 소비한 비용을 가려내어 전자의 수액을 가지고 피고인의 수뢰액으로 하여야 하고 만일 각자에 요한 비용액이 불명일 때에는 이를 평등하게 분할한 액을 가지고 피고인의 수뢰액으로 인정하여야 할 것이고, 피고인이 향응을 제공받는 자리에 피고인 스스로 제3자를 초대하여 함께 접대를 받은 경우에는, 그 제3자가 피고인과는 별도의 지위에서 접대를 받는 공무원이라는 등의 특별한 사정이 없는 한 그 제3자의 접대에 요한 비용도 피고인의 접대에 요한 비용에 포함시켜 피고인의 수뢰액으로 보아야 한다는 입장이다(대판 2001. 10. 12. 99도5294). 권익위는, 공직자가 제3자를 초대하여 함께 접대를 받은 경우 특별한 사정이 없는 한 공직자의 접대비용에 제3자의 접대비용을 합산한다는 입장이다. 권익위, 청탁금지법 매뉴얼(2022, 행정기관용), 81면.

려하면, 청탁금지법위반이 형법상 수뢰죄나 증뢰죄와 법조경합 관계이거나 특별법 관계는 것은 아닌 것으로 보이고 하나의 행위가 두 죄에 모두 해당하는 상상적 경합관계로 보는 게 타당해 보인다.

2. 과태료 대상 금품

공직자등은 1회 100만원 이하이고 매 회계연도 합계 300만원 이하인 금품일지라도 직무와 관련하여 이를 수령·요구·약속해서는 아니 되고, 누구든지 공직자등에게 이러한 금품을 제공·약속하거나 제공의 의사표시를 해서는 아니 된다.45) 이를 위반한 제공자, 공직자는 금품등 가액의 2배 이상 5배 이하의 과태료에 처해진다.46)

권익위는 청탁금지법 제8조 제2항의 '직무와 관련하여'가 형법상 뇌물죄에서의 '직무관련성'과 동일한 의미라고 해석한다.47) 다만 형법상 뇌물죄에 대한 판례를 통해서 직무관련성에 대한 명확한 기준을 찾기는 쉽지 않다.48)

3. 예외적으로 허용되는 금품

청탁금지법 제8조 제3장에서 규정하는 일정한 금품등은 청탁금지법 제8조 제1항

---

45) 청탁금지법 제8조 제2항, 제5항.
46) 청탁금지법 제23조 제5항 제1호, 제3호.
47) 권익위, 청탁금지법 해설집 2020, 127면.
48) 판례는, 대통령이 국책사업의 사업자 선정에 관하여 돈을 받은 경우(대판 1997. 4. 17. 96도3377), 국회의원이 특정 협회로부터 요청받은 자료를 제공하고 그 대가로 후원금 명목의 돈을 받은 경우(대판 2009. 5. 14. 2008도8852), 경매사건의 기록을 검토하여 경락허부결정문의 문안작성 등 사무를 사실상 처리해 온 경매사건 관여 주사보가 경락 허부 결정 등을 좌우해 달라는 취지의 청탁을 받고 금원을 수수한 경우(대판 1985. 2. 8. 84도2625), 개인택시 면허 결정에 중간결재자인 시의 개인택시 면허사무 담당부서 과장이 면허발급과 관련한 금품을 수수한 경우(대판 1987. 9. 22. 87도1472) 경찰관이 그가 담당하는 수사사건의 피의자에게 특정 변호사를 변호인으로 선임하도록 알선하거나 그 사무장에게 사건의 내용을 알려주는 등의 편의를 제공한 경우(대판 2007. 4. 27. 2005도4204)에는 직무관련성이 있다고 판단하였으나, 경찰청 정보과 근무 경찰관의 직무와 중소기업협동조합중앙회장의 외국인 산업연수생에 대한 국내 관리업체 선정 업무(대판 1999. 6. 11. 99도275), 구 해양수산부 소속 공무원이 해운회사의 대표이사 등에게서 중국의 선박운항허가 담당부서가 관장하는 중국국적선사의 선박에 대한 운항허가를 받을 수 있도록 노력해달라는 부탁을 받고 돈을 받은 경우(대판 2011. 5. 26. 2009도2453), 공판참여주사가 형량 감경의 명목으로 금품을 수수한 경우(대판 1980. 10. 14. 80도1373)에는 직무관련성이 없다고 판단하였다.

또는 제2항에서 수수를 금지하는 금품등에 해당하지 아니한다.[49]

청탁금지법 제8조 제3항의 예외사유에 해당하면 그 금액에 상관없이 제공이 허용되는 것인지, 아니면 청탁금지법 제8조 3항에 해당하더라도 청탁금지법 제8조 제1항, 제2항의 금액규정이 적용 하에 허용되는 것인지 문제될 수 있다. 이는 청탁금지법 제8조 제3항과 제8조 제1항·제2항 사이의 관계에 대한 문제이다. 우선 제8조 제3항이 제1항·제2항에 대한 보충적·종속적 조항이라는 견해가 가능하다. 즉, 1) 직무관련성과 대가성이 모두 없는 금품의 제공은 제8조 제1항에 따라 '1회 100만원 또는 회계년도 합계 300만원을 초과'하는 것만 금지되고, 2) 직무관련성이 있는 금품제공은 제8조 제2항에 따라 '1회 100만원 또는 회계년도 합계 300만원' 이하의 금품등을 수수하는 것도 금지되며, 3) 제8조 제3항에서 열거하는 예외사유 중 직무관련성과 대가성이 모두 없는 예외사유는 제8조 제1항에 관한 예외이므로 '1회 100만원 또는 회계년도 합계 300만원을 초과'하는 금액에도 적용되지만, 4) 제8조 제3항에서 열거하는 예외사유 중 직무관련성이 있는 예외사유는 제8조 제1항·제2항의 내용에 따라 '1회 100만원 또는 회계년도 합계 300만원을 초과'하지 않는 금액 범위에서만 적용된다는 입장이다.[50] 그러나 청탁금지법 제8조 제3항이 제8조 제1항·제2항의 보충적·종속적 조항이라는 명

---

49) 청탁금지법 제8조 제3항.
50) 헌재 2016. 7. 28. 2015헌마236, 412·662·673 결정의 다수의견이 이와 같은 입장으로 보인다. "금품수수금지조항은 직무관련성이나 대가성이 없더라도 동일인으로부터 1회에 100만원을 초과하는 금품등을 수수하는 것을 금지하고 처벌하도록 하고 있고, 대가성이 없더라도 직무관련성이 있으면 동일인으로부터 1회에 100만 원 이하의 금품등을 수수하는 것도 금지하고 과태료를 부과하도록 하고 있다. 이러한 규정의 상호관계 등에 비추어 보면, 청탁금지법 제8조 제3항에 해당하는 금품등은 직무관련성과 대가성이 인정되지 않는 경우에는 제1항의 예외에 해당하여 1회에 100만 원 또는 매 회계연도에 300만 원을 초과하는 금품등의 수수가 허용되고, 직무관련성이 있는 경우에는 제2항의 예외에 해당하여 100만 원 이하의 금품등의 수수가 허용되는 것으로 해석함이 상당하다. 이와 같이 위임조항이 추구하는 입법목적 및 관련 법조항을 유기적·체계적으로 종합하여 보면, 결국 위임조항에 의하여 대통령령에 규정될 수수허용 금품등의 가액이나 외부강의등 사례금은, 직무관련성이 있는 경우이므로 100만 원을 초과하지 아니하는 범위 안에서 누구나 납득할 수 있는 정도, 즉 일반 사회의 경조사비 지출 관행이나 접대·선물 관행 등에 비추어 청탁금지법상 공공기관의 청렴성을 해하지 아니하는 정도의 액수가 될 것임을 충분히 예측할 수 있다."
이러한 견해를 따르면 청탁금지법 제8조 제3항 제6호의 '공직자등의 직무와 관련된 공식적인 행사에서 주최자가 참석자에게 제공하는 교통, 숙박, 음식물 등의 금품'은 직무관련성이 있는 경우이므로 제8조 제2항의 적용을 받아 1회 100만원, 매 회계년도 합계 300만원 이내의 금액범위 내에서만 허용된다고 해석될 것으로 보이고, 청탁금지법 제8조 제3항 제7호의 '불특정다수인에게 배포하기 위한 기념품, 홍보용품이나 경연, 추첨을 통하여 받는 보상, 상품 등'은 직무관련성이 없는 경우로 볼 수 있으므로 청탁금지법 제8조 제1항의 적용을 받아 그러한 금액제한이 없이 허용되는 것으로 해석해야 할 것이다.

시적 근거는 없다는 점,[51] 제3항의 예외사유를 직무관련성이 있는 것과 없는 것으로 나누는 것이 쉽지 않고 제3항의 예외사유를 직무관련성을 기준으로 서로 달리 취급할 근거도 찾기 어렵다는 점에서, 이러한 해석에 의문이 제기될 수 있다. 청탁금지법 제8조 제3항의 예외에 해당하는 경우에는, 추가로 금액에 따른 제한은 없는 것으로 보는 것이 타당해 보인다.[52]

청탁금지법 제8조 제3항의 예외규정이 청탁금지법 이외의 법령에 대하여도 예외를 허용하는 것은 아니기 때문에, 예외사유에 해당하더라도 그것이 공무원인 공직자등의 직무와 관련하여 대가관계 하에 지급된 것이면 형법상 뇌물죄로 처벌될 수 있다.[53]

3.1 외부강의 등에 관한 기준에 따른 사례금

공직자등은 자신의 직무와 관련되거나 그 지위·직책 등에서 유래되는 사실상의 영향력을 통하여 요청받은 교육·홍보·토론회·세미나·공청회 또는 그 밖의 회의 등에서 한 강연·강의·기고(이하 '외부강의등')의 대가로서 대통령령으로 정하는 금액을 초과하는 사례금을 받아서는 아니 되고, 공직자등에게 이를 제공하거나 그 제공의 약속 내지 의사표시를 해서는 아니 된다.[54] 공직자등에게 외부강의등을 명목으로 우회적으로 부당한 금품이 지급되는 것을 방지하면서 공직자등의 전문지식이 활용·공유되는 것을 저해하지 않도록 하기 위하여, 사례금 수수는 허용하되 그 한도를 제한하는 규정이다.

요건을 검토하면 아래와 같다. 외부강의등은 '직무와 관련되거나 그 지위·직책 등에서 유래되는 사실상의 영향력을 통하여 요청받은' 것에 한한다. 직무관련성은 청탁금지법의 금품수수 금지규정에서의 직무관련성과 동일하게 판단할 수 있을 것이다. 직무 내지 직무에서 유래되는 영향력과 무관한 외부강의(예를 들어 취미활동과 관련한 동호인 모임에서의 강연)는 이 조항이 적용되지 아니한다. '교육·홍보·토론회·세미나·공청회 그 밖의 회의 등에서 한 강의·강연·기고'란 다수인을 대상으로 의견·지식을 전달하

---

51) 청탁금지법 제8조 제3항의 예외사유들이 제8조 제1항 또는 제2항의 단서 문단으로서 "다만, … 경우에는 그러하지 아니하다"와 같이 규정되었다면 그와 같은 해석이 가능할 수도 있을 것이다. 그러나 제8조 제3항이 "… 경우에는 제1항 또는 제2항에서 수수를 금지하는 금품 등에 해당하지 아니한다"라고 규정하여 처음부터 제1항, 제2항의 적용이 배제되는 것으로 규정하고 있어 다르다.

52) 물론 예외사유에 해당하는지를 판단함에 있어 금품의 액수도 중요한 고려사유가 되기 때문에, 청탁금지법 제8조 제1항의 액수를 넘는 금품등은 예외사유로 인정받기가 쉽지 않을 것이다.

53) 예를 들어, 공직자등이 친족으로부터 받는 금품은 금액에 상관없이 청탁금지법상 금지되지 않으나, 해당 금품이 직무와 관련하여 대가관계 하에 지급되었다면 뇌물죄가 될 수 있다.

54) 청탁금지법 제10조 제1항, 제8조 제1항 내지 제3항.

는 것이거나 회의 형태이어야 하고, 다수인 대상의 회의형태인 이상 강의, 강연, 기고 뿐만 아니라 발표, 토론, 심사, 평가, 의결, 자문 등도 포함한다는 것이 권익위 입장이다.[55] 다만 다수인을 대상으로 하지 않거나 회의형태가 아닌 용역이나 자문은 여기에 해당하지 않는다.[56]

사례금의 한도는 강의등 1시간 당 내지 기고 1건 당, 1) 공무원 또는 공직유관단체·공공기관의 장과 임직원(청탁금지법 제2조 제2호 가목·나목의 공직자등)은 40만원,[57] 2) 학교·학교법인·언론사의 장·교직원·대표자·임직원(청탁금지법 제2조 제2호 다목·라목의 공직자등)은 100만원이다. 이 상한액에는 강의료·원고료·출연료 등 명목에 관계없이 외부강의등 사례금 제공자가 외부강의등과 관련하여 공직자등에게 제공하는 일체의 사례금이 포함되나, 공직자등이 소속기관에서 교통비·숙박비·식비 등 여비를 지급받지 못한 경우에는 공무원 여비규정 등 공공기관별로 적용되는 여비 규정의 기준 내에서 실비수준으로 제공되는 교통비·숙박비 및 식비는 제1호의 사례금에 포함되지 않는다.[58] 1시간을 초과하여 강의등을 하는 경우에도 사례금 총액은 강의 시간과 관계없이 1시간 상한액의 100분의 150에 해당하는 금액을 초과하지 못한다.[59] 1시간 이내의 강의도 1시간을 기준으로 한 위 상한액이 적용된다는 것이 권익위의 해석이다.[60] 다만, 국제기구·외국정부·외국대학·외국연구기관·외국학술단체·그 밖에 이에 준하는 외국기관에서 지급하는 경우에는 지급하는 자의 기준에 따른다.[61]

공직자등은 외부강의등을 할 때는 대통령령으로 정하는 바에 따라 소속기관장에게 서면으로 신고해야 하고,[62] 소속기관장은 공정한 직무수행을 저해할 우려가 있는 경우 이를 제한할 수 있다.[63] 공직자는 규정을 초과하는 사례금을 받은 경우에는 대통령령이

---

55) 온라인 강의도 포함된다. 권익위, 청탁금지법 매뉴얼(2022, 행정기관용), 149, 160면.
56) 권익위, 청탁금지법 매뉴얼(2022, 행정기관용), 148면. 용역이나 자문은 청탁금지법 제8조 제3항 제3호의 정당한 권원에 의하여 제공되는 금품인지가 문제될 것이고, 관련법령·기준 상 허용여부, 직무의 특성·전문성, 공직자등이 소속된 기관의 특성·설립목적 등을 고려해서 정당한 권원 유무를 판단해야 할 것이다.
57) 과거에는 공무원, 공직유관단체·공공기관의 장이나 임직원에 대하여는 직급별로 한도액 구분이 있었으나, 2018. 1. 17. 시행령 개정으로 일률적으로 40만원이 되었다.
58) 청탁금지법 시행령 별표 2. 제2호 다목, 라목.
59) 청탁금지법 시행령 별표 2. 제2호 나목.
60) 권익위, Q&A 사례집 166. 1시간 미만의 강의일 경우 상한액.
61) 청탁금지법 시행령 별표 2. 제1호 다목.
62) 구체적인 신고사항은 청탁금지법 시행령에 규정되어있다. 사전신고시 사례금 총액 등을 미리 알 수 없는 경우 해당 사항을 제외하고 신고한 후 해당 사항을 안 날로부터 5일 이내에 신고하면 된다(청탁금지법 시행령 제26조 제2항).
63) 청탁금지법 제10조 제2항, 제4항.

정하는 바에 따라 소속기관장에게 신고하고, 그 제공자에게 그 초과금액을 지체없이 반환해야 한다.[64] 이를 위반하여 사례금을 제공하거나 사례금 제공의 약속 또는 의사표시를 한 자는 금품등의 가액의 2배 이상 내지 5배 이하의 과태료에 처해지고, 위에 따른 신고 및 반환조치를 하지 아니한 공직자등은 500만원 이하의 과태료에 처해진다.[65]

3.2 공공기관·상급 공직자등이 하급 공직자등에게 지급하는 금품등

공공기관이 소속 공직자등이나 파견 공직자등에게 지급하거나 상급 공직자등이 위로·격려·포상 등의 목적으로 하급 공직자등에게 제공하는 금품등은 허용된다.[66] 권익위는, 정부조직법 등 여러 법령에서 인사·복무·징계 등의 지휘감독권에 대하여 다양한 상황이 존재하므로, 여기에 해당하는지 여부는 '공공기관 소속 공직자등이나 파견 공직자등' 해당여부, '상급 공직자와 하급 공직자' 해당여부를 구체적 상황을 고려하여 개별적으로 판단해야 한다는 입장이다.[67]

3.3 원활한 직무수행·사교·의례·부조를 위한 음식물·선물·경조사비

원활한 직무수행 또는 사교·의례 또는 부조의 목적으로 제공되는 음식물, 선물, 경조사비는 허용된다.[68] '사교·의례의 목적으로 제공되는'이란 다른 사람과 사귈 목적 또는 예의를 지킬 목적으로 대가없이 제공되는 것을 의미한다.[69] 따라서 공직자등의 직무수행에 부당한 영향을 미칠 수 있는 상황에서 그러한 의도로 제공하는 경우에는 이 사유에 해당한다고 하기 어려울 것이다.[70] 권익위는 공직자와 제공자의 관계, 사적 친분관계의 존재 여부, 수수 경위와 시기, 직무관련성의 밀접성 정도 등을 종합적으로 고려하여 공정한 직무수행을 저해할 수 있는지를 개별적으로 판단하여 이 사유에 해당

---

64) 청탁금지법 제10조 제1항, 제5항.
65) 청탁금지법 제23조 제5항 제3호, 제4항.
66) 청탁금지법 제8조 제3항 제1호.
67) 권익위, 청탁금지법 매뉴얼(2022, 행정기관용), 86면.
68) 청탁금지법 제8조 제3항 제2호.
69) 헌재 2016. 7. 28. 2015헌마236, 412, 662, 673(병합) 결정.
70) 하급심은 고소인이 자신의 사건을 처리하는 경찰관에게 45,000원 상당의 떡을 준 경우(춘천지법 2016. 12. 6. 2016과20 결정), 막구조물 등 제조업체의 종업원이 막구조물 등 직접 생산 여부를 조사 중인 담당 공무원에게 69,600원 상당의 과자류를 준 경우(청주지법 2017. 1. 20. 2016과934 결정, 광주지법 목포지원 2016. 12. 29. 2016과1366 결정), 행정심판 청구사건의 피청구인 담당 공무원들이 행정심판 업무 담당 공무원에게 10,800원 상당의 음료수를 준 경우(대구지법 2017. 3. 10. 2016과3521 결정) 각각 5만원 이내이지만 청탁금지법 위반이라고 판단하였다. 권익위, 청탁금지법 매뉴얼(2022, 행정기관용), 88~89면.

하는지 판단하여야 한다는 입장이다. 따라서 조사대상자나 불이익처분 대상자와 담당 공직자, 인허가를 신청한 민원인과 담당 공직자, 성적이나 수행평가 등과 관련한 학부모와 담임교사 간에는 '원활한 직무수행 또는 사교·의례 또는 부조의 목적'으로 제공된 것으로 볼 수 없으므로 가액 이하의 선물 등을 수수하더라도 청탁금지법 위반이다.[71]

'음식물'이란 제공자와 공직자등이 함께하는 식사·다과·주류·음료 및 이에 준하는 것으로, 3만원 이하는 허용된다.[72] '선물'은 금전·유가증권[73]·음식물·경조사비를 제외한 일체의 물품 및 이에 준하는 것으로, 5만원 이하는 허용된다. 다만, 농수산물[74]·농수산가공품[75]인 선물은 10만원[76] 이하까지 허용된다. 경조사비는 (1) 축의금·조의금은 5만원 이하, (2) 이를 대신하는 화환·조화는 10만원 이하까지 허용된다.[77] 음식물·선물·경조사비 중에서 2가지 이상을 함께 수수(授受)하거나, 서로 다른 유형의 선물[78]이나 서로 다른 유형의 경조사비[79]를 함께 수수한 경우에는, 전체를 합산한 금액이 가장 높은 한도를 가지는 구성품의 상한금액을 넘지 않고 각 구성품도 개별적인 한도액을 넘지 않아야 한다.[80]

---

71) 권익위, 청탁금지법 해설집 2020, 146면.
72) 청탁금지법 시행령 제17조 별표 1.
73) 2018. 1. 17. 개정되기 전 청탁금지법 시행령 별표 1에는 선물을 '금전 및 제1호에 따른 음식물을 제외한 일체의 물품 또는 유가증권, 그 밖에 이에 준하는 것'으로 규정하였다. 이에 따라 권익위는 유가증권의 일종인 상품권이 선물에 포함되는 것으로 해석하였고, 5만원 이하의 상품권은 선물로서 허용되는 것으로 보았다. 그러나 개정 시행령은 유가증권이 선물에서 제외되는 것으로 규정하므로, 상품권은 더 이상 시행령에 의하여 허용되는 선물이 될 수 없다. 권익위, 청탁금지법 매뉴얼(2022, 행정기관용), 87면.
74) 농작물재배업·축산업·임업·어업 활동으로부터 생산되는 산물을 말한다. 다만 소금산업진흥법 제2조 제1호에 따른 소금은 제외된다(청탁금지법 시행령 별표 1. 제3호, 농수산물 품질관리법 제2조 제1항 제1호, 농업·농촌 및 식품산업기본법 제3조 제6호, 동법 시행령 제2조, 제5조, 수산업·어촌발전 기본법 제3조 제1호 가목).
75) 농수산물을 원료 또는 재료의 50퍼센트를 넘게 사용하여 가공한 제품만을 말한다(청탁금지법 시행령 별표 1. 제3호, 농수산물 품질관리법 제2조 제1항 제13호).
76) 농수산물과 농수산가공품은 설날, 추석 전 24일부터 설날, 추석 후 5일까지(그 기간 중 우편 등을 통해 발송하여 그 기간 후에 수수한 경우에는 그 수수한 날까지)의 기간 수수되는 경우에는 금액 상한이 20만원까지이다(청탁금지법 제8조 제3항 2호 단서, 동법 시행령 제17조 제2항).
77) 법문에는 '대통령령으로 정하는 가액 범위 안의 금품등'이 허용되는 것으로 규정되어 있어서 '범위 안'의 의미가 '이하'인지 '미만'인지 명확하지는 않다. 권익위는 '이하'로 해석한다. 권익위, 청탁금지법 매뉴얼(2022, 행정기관용), 87면 이하.
78) 농수산물·농수산가공품이 아닌 선물과 농수산물·농수산가공품인 선물을 함께 수수하는 경우.
79) 축의금·조의금과 화환·조화를 함께 수수하는 경우.
80) 청탁금지법 제8조 제3항 제2호, 동법 시행령 제17조, 별표 1호. 예를 들어 음식물과 농수산

청탁금지법 제8조 제3항이 다른 법령의 적용에 대하여도 예외를 허용하는 것은 아니므로, 청탁금지법에서 허용하는 금액범위 내 일지라도 공무원의 직무와 관련하여 대가관계를 가지고 제공된 경우에는, 형법상 뇌물죄가 성립할 수 있다.[81] 동일한 행위로 형사처벌을 받은 경우에는 과태료를 부과하지 아니하고, 과태료를 부과한 후 형사처벌을 받은 경우에는 그 과태료 부과를 취소한다.[82]

3.4 정당한 권원(權原)에 의하여 지급하는 금품등

사적 거래로 인한 채무의 이행 등 정당한 권원에 의하여 제공되는 금품등은 허용된다.[83] 공직자등이 사적 거래로 인하여 금품등을 수령할 권원이 있더라도 그것이 '정당'하여야 한다. 정당성 여부는 금품등의 액수, 제공의 목적·동기, 공직자등의 직무의 내용, 당사자들의 관계, 거래계의 관행, 법령·기준상 허용여부 등을 종합적으로 고려하여야 할 것이고,[84] 사적 거래로 인한 권원의 경우에는 절차상 대등한 거래당사자 간에 이루어지는 협상·흥정 등이 있었는지, 내용상 그러한 결과물로 볼 수 있는지가 기준이 될 것이다. 법문에 따라 '증여'는 정당한 권원에서 제외되고, 권익위는 무이자 소비대차나 무상의 사용대차도 대가를 받지 않는다는 점에서 정당한 권원으로 볼 수 없다는 입장이다.[85]

물인 선물을 함께 수수하는 경우에는 그 합산액이 가장 높은 한도액을 가지는 구성품인 농수산물 선물의 상한액 10만원을 넘지 않고, 구성품인 음식물도 개별 한도액인 3만원을 넘지 않아야 한다. 조의 목적으로 조의금과 화환을 함께 수수하는 경우에도 그 합산액이 가장 높은 한도액을 가지는 구성품인 화환의 상한액 10만원을 넘지 않아야 할 뿐만 아니라 구성품인 조의금도 개별 한도액인 5만원을 넘지 않아야 한다(2018. 1. 16. 권익위 보도자료).

81) 청탁금지법 시행전의 판례이기는 하지만, 대법원은, 재건축추진위원장인 피고인이 재건축조합의 조속한 설립인가를 위해 관할구청 주택과장에게 두 차례에 걸쳐 18,750원과 12,000원 상당의 점심 식사를 제공한 사안에서, 수령자의 직무내용, 그 직무와 피고인과의 관계, 피고인과 수령자 사이에 특수한 사적 친분관계는 없었던 점 및 이익을 수수한 경위와 시기 등을 종합하여 보면 그와 같은 이익은 수령자의 직무와 관련한 뇌물이라고 볼 수 있고, 그것이 단순히 사교적·의례적 범위 내의 것이라고 볼 수는 없다고 판시하였다(대판 2008. 11. 27. 2006도8779).

82) 청탁금지법 제23조 제5항 단서.

83) 청탁금지법 제8조 제3항 제3호.

84) 권익위, 청탁금지법 매뉴얼(2022, 행정기관용), 90면.

85) 권익위, 청탁금지법 매뉴얼(2022, 행정기관용), 90면.

3.5 친족이 제공하는 금품등

공직자등의 친족이 제공하는 금품은 허용된다.[86] 전통적으로 친족간에 금전적 도움을 주고받는 경우가 많다는 점에서 허용되었다고 알려져 있다. '친족'은 민법 제777조의 친족을 의미하고, 8촌 이내의 혈족,[87] 4촌 이내의 인척[88] 및 배우자가 친족에 해당된다. 권익위는 '배우자'에 법률상 배우자만 포함되고 사실혼 배우자는 포함되지 않는다는 입장이다.[89]

3.6 직원상조회 등의 단체에서 구성원에게 지급하는 금품등

공직자등과 관련된 직원상조회·동호인회·동창회·향우회·친목회·종교단체·사회단체 등이 정하는 기준에 따라 구성원에게 제공하는 금품등 및 그 소속 구성원 등 공직자등과 특별히 장기적·지속적인 친분관계를 맺고 있는 자가 질병·재난 등으로 어려운 처지에 있는 공직자등에게 제공하는 금품등은 허용된다.[90]

권익위는 '공직자등과 직원상조회 등의 관련된 단체'로 인정되기 위해, (1) 장기적인 고유한 목적을 가지고 구성원의 변경과 관계없이 존속할 것, (2) 내부적 의사결정기관과 대외적 집행기관인 대표자가 존재할 것, (3) 정관, 규약, 회칙 등과 같은 내부규정이나 기준이 존재할 것, (4) 단체가 정하는 기준에 따라 제공되는 경우라 하더라도 해당 제공 금품등이 구성원들 전체가 참여하는 회비 등으로 구성되어야 하고, 단체 구성원 일부의 후원으로만 이루어진 경우가 아닐 것의 요건을 구비하여야 한다는 입장이다.[91] 이러한 해석에 따르면 직원상조회·동호인회·동창회·향우회·친목회·종교단체·사회단체라는 명칭을 사용하는 단체이더라도 위 요건을 갖추어야 하고, 그 단체가 내부적으로 정하는 기준에 따라 제공되는 금품등이어야 이 조항의 적용을 받는다. 한편 권익위는 이러한 단체가 내부기준을 초과하여 금품을 제공하였다면 그 초과한 부분

---

86) 청탁금지법 제8조 제3항 제4호.
87) 민법 제768조(혈족의 정의) 자기의 직계존속과 직계비속을 직계혈족이라 하고 자기의 형제자매와 형제자매의 직계비속, 직계존속의 형제자매 및 그 형제자매의 직계비속을 방계혈족이라 한다.
88) 민법 제769조(인척의 계원) 혈족의 배우자, 배우자의 혈족, 배우자의 혈족의 배우자를 인척으로 한다.
89) 권익위, 청탁금지법 매뉴얼(2022, 행정기관용), 90면.
90) 청탁금지법 제8조 제3항 제5호.
91) 권익위, 청탁금지법 해설집 2020, 158면.

만 수수금지금품이라는 입장이다.[92]

'공직자등과 특별한 친분관계를 맺고 있는 자'란 공직자등과 관련된 단체 소속 구성원 등 공직자등과 특별히 장기적·지속적인 친분관계를 맺고 있는 자이다. 권익위는 단순한 지연·학연·혈연 등의 관계가 있는 것만으로 특별한 친분관계가 인정되는 것은 아니고, 친분관계의 원인이나 계기, 교류·접촉 기간 및 회수 등을 종합적으로 고려해서 판단해야 한다는 입장이다. 또한 '질병·재난 등으로 어려운 처지'란 공직자등 자신뿐만 아니라 생계를 같이 하는 친족의 질병·재난도 포함하나, 질병·재난이 아닌 주식투자·자녀유학 등 다른 사유로 어려운 처지에 있는 경우는 해당하지 않는다는 입장이다.[93]

3.7 직무와 관련된 공식적 행사에서 통상적·일률적으로 지급되는 금품등

공직자등의 직무와 관련된 공식적인 행사에서 주최자가 참석자에게 통상적인 범위에서 일률적으로 제공하는 교통, 숙박, 음식물 등의 금품등은 허용된다.[94]

권익위는 '공직자등의 직무와 관련된 공식적인 행사'인지는, (1) 행사 목적 및 내용과 관련하여 행사가 주최자의 업무 및 사업의 시행과 직접적인 연관성이 있는지, 행사의 목적에 부합되는 프로그램이 구성되었는지(식사·향응·접대 위주의 프로그램으로 구성된 경우 직무 관련 공식적 행사로 보기 어려움), 사전에 행사 계획이 수립되어 있는지, (2) 참석 대상과 관련하여 행사 성격이나 목적에 비추어 참석자 선정 경위가 적정한지, 참석자와 행사의 목적·내용이 연관성이 있는지(행사 목적상 특정 집단으로 대상을 한정하는 것이 합리적인 이유가 있는 경우 특정 집단을 고루 대표하는 참석자 구성도 가능하나, 특정 집단 내에서도 일부 대상만이 참석하는 등 참석 대상이 극히 한정되어 있는 경우는 공식적 행사로 보기 어려움) (3) 공개성과 관련하여 행사의 전체 또는 일부분에 대한 공개가 이루어지는지(비공개로 이루어지는 경우에도 행사의 결과에 대한 사후 공개가 있는 경우 비공개로 주최할 만한 상당한 사유가 있는 경우에는 비공개 공식 행사 가능), (4) 준비 절차와 관련하여 초청기관의 공문, 메일 등 공식적인 초청이 있는지, 행사 계획 및 운영에 관한 내부결재가 있는지 등을 기준으로 판단한다는 입장이다.[95]

---

92) 예를 들어 초등학교 동창회 회칙에는 자녀 결혼시 100만원의 경조사비를 줄 수 있도록 되어 있는데 회원인 공무원 A의 자녀 결혼시 해당 동창회장이 250만원의 경조사비를 제공하였다면, 동창회의 내부규정을 초과하는 150만원이 법위반 금액이 된다고 한다. 청탁금지법 해설집 2020, 160면.
93) 권익위, 청탁금지법 해설집 2020, 160~161면.
94) 청탁금지법 제8조 제3항 제6호.

'통상적인 범위'에서 제공하는 것인지는, 동일·유사한 행사에서 제공되거나 제공될 수 있는 수준인지를 기준으로 하되, 행사의 장소·내용·빈도·소요시간, 참석자의 수·지위, 제공되는 금품등의 내용·액수, 정상적인 비용처리절차를 거쳐서 집행되는지 여부 등을 종합적으로 고려하여 사회통념상 적절한지를 판단해야 할 것이다. 해외 개최 행사의 경우 교통, 숙박등 제공되는 금품의 가액이 높을 것이므로 해외에서 개최할만한 합리적인 이유가 있는 경우에 통상적인 범위로 인정될 것이다.[96] '일률적으로 제공'한다는 것은 모든 참가자에게 절대적으로 동일하게 제공되어야 한다는 의미는 아니지만, 합리적인 이유 없이 참석자 중 특정 개인이나 집단에게만 제공하는 경우에는 일률적으로 제공하는 금품등으로 볼 수 없을 것이다.[97][98]

---

95) 권익위, 청탁금지법 해설집 2020, 162면.
96) 권익위, 청탁금지법 해설집 2020, 163면.
97) 권익위, 청탁금지법 해설집 2020, 163면.
98) 하급심은 소프트웨어 개발 및 판매 영업을 하는 정보통신장비업체가 개최한 영화세미나에 참석하여 현실적으로 외부 발주나 계약 체결 업무 등을 직접적으로 담당하고 있지 않지만 위 업체가 개발·판매하는 상품에 상응하는 공공기관의 전산시스템을 직접 관리·운영하는 직원들이 영화 관람(1인당 2만원), 식사(1인당 3만원), 기념품 수건(2천5백원)을 제공받은 사안에서, 이 사건 영화세미나는 위반자 C가 약 10년 간 200회가 넘도록 개최하여 온 신기술 홍보 및 문화행사로서 민간기업의 공식적인 행사로 볼 수 있는 점, 이 사건 영화세미나의 참석대상은 위반자 C의 고객사, IT관련업체의 임직원 등 IT 관련 업무담당자로서 위반자 C는 담당하는 업무를 위주로 초대 대상을 정하였을 뿐 공무원 기타 특정 집단으로 참석자를 제한하지 아니하였고 대관한 영화관의 수용 인원 한계상 선착순으로 참가신청을 받은 점, 이 사건 영화세미나의 행사내용은 IT신기술 홍보 및 설명에 이은 최신 영화 상영으로 영화세미나의 목적과 내용에 부합하게 이루어졌으며, 당시 제공된 식사는 1인당 3만 원, 영화는 1인당 2만 원 상당으로 통상적인 수준을 벗어나지 않는 것으로 보이는 점, 영화세미나는 다양한 업계에서 홍보행사로 활용하여 온 세미나 방식으로서 식사에 영화, 음악, 공연 감상 등 문화예술공연을 함께 제공하는 형태의 세미나가 사회통념상 특별히 과도하거나 비정상적이라고 보이지 아니하는 점, 위반자 C는 영화세미나 외에도 등산, 마라톤, 가족동반 현장체험 등 다수의 문화체육행사를 지속적으로 개최하여 왔으며, 오히려 이 사건 영화세미나는 문화예술산업을 활성화하고 기업의 건전한 접대문화를 조성하기 위하여 문화접대비 제도를 확대한다는 정부의 방침에도 부합하는 측면이 있는 점 등을 종합하여 보면, 위반자 A, B가 이 사건 영화세미나에 참석하여 식사, 영화관람을 하거나 기념품을 지급받은 것은 청탁금지법 제8조 제3항 제6호에서 정한 직무와 관련하여 공식적인 행사에서 통상적인 범위에서 일률적으로 제공되는 금품등을 지급받은 경우에 해당한다고 봄이 상당하다고 판시하였다(대전지법 2017. 3. 27. 2016과527 결정).
권익위는 공공기관장이 주관하여 언론사 대상 오만찬 간담회를 개최하면서 합리적 이유 없이 특정 언론사 데스크를 대상으로 하는 경우, 민간기업이 골프장을 만들어 오픈행사를 하면서 해당 지역의 지방자치단체장 등 특정 공직자등에게만 사전에 골프라운딩을 할 수 있도록 하는 경우는 직무와 관련된 공식적 행사에 해당하지 않는다는 입장이다. 권익위, 청탁금지법 매뉴얼(2022, 행정기관용), 99면.

3.8 불특정다수인에게 주는 기념품·홍보품이나 경연·추첨으로 주는 보상·상품

불특정 다수인에게 배포하기 위한 기념품 또는 홍보용품 등이나 경연·추첨을 통하여 받는 보상 또는 상품 등은 허용된다.[99] 불특정다수인에게 제공되는 기념품·홍보용품은 공직자등의 직무수행의 공정성을 저해할 우려가 적기 때문에 인정된 조항이다. 권익위는 '불특정 다수인'이란 단순한 수의 개념이 아니라 제공의 상대방이 특정인, 특정군으로 특정되지 않아 대상자 선정의 무작위성이 보장되는 것을 의미한다고 한다.[100] '기념품, 홍보용품'에 해당하는지는 기관의 로고, 명칭 표시 여부, 제작목적, 가액, 수량 등을 종합적으로 고려하여 판단하고, 가격에 대한 특별한 제한은 없으나 사회통념상 기념품, 홍보용품으로 볼 수 있을 정도의 가격이어야 한다.[101]

경연, 추첨을 통해 제공하는 보상이나 상품의 경우, 공정한 방식에 의하고 응모, 신청의 대상자가 불특정 다수인이면 이에 해당한다.[102]

3.9 다른 법령·기준·사회상규에 따라 허용되는 금품등

그 밖에 다른 법령·기준 또는 사회상규에 따라 허용되는 금품등도 허용된다.[103] 권익위는 '다른 법령'에 따라 허용되는 금품으로서, 정치자금법의 절차를 거쳐 지급되는 후원금,[104] 의료법 제23조의5 제1항 단서, 제2항 단서에서 의료인 등이 예외적으로 수령할 수 있는 경제적 이익, 약사법 제47조 제2항 단서에서 의약품공급업자가 의료인 등에게 예외적으로 제공할 수 있는 경제적 이익, 동조 제3항 단서에서 약사 등이 예외

---

99) 청탁금지법 제8조 제3항 제7호.
100) 권익위, 청탁금지법 해설집 2017, 151면. 다만 제공의 상대방이 특정군에 해당한다고 하더라도 (예: 고객 중 우수고객, 거래처 임직원 중 임원급) 특정군 내에서 무작위로 선정하여 지급하는 경우에는 불특정 다수인에게 배포하는 것으로 해석할 수 있을 것이다.
101) 권익위, 청탁금지법 매뉴얼(2022, 행정기관용), 100면.
102) 권익위, 청탁금지법 매뉴얼(2022, 행정기관용), 100면.
103) 청탁금지법 제8조 제3항 제8호.
104) 다만, 그 실질이 뇌물 또는 청탁금지법상 제공이 금지되는 금품이 아니어야 할 것이다. "정치자금은 정치인의 정치활동 전반에 대한 재정적 지원의 성격을 갖는 것이나, 뇌물은 공무원의 직무행위에 대한 위법한 대가이다. 정치자금 명목으로 정치자금법의 절차를 따라 금품을 주고받았더라도, 공무원인 정치인의 특정한 구체적 직무행위와 관련하여 유리한 행위를 기대하거나 그에 대한 사례로서 제공함으로써 공무원의 직무행위에 대한 대가로서의 실체를 가진다면 뇌물이 된다. 이를 판단하기 위해서는 수령자의 지위와 직무권한, 제공자와 수령자의 종래 교제상황, 제공자가 평소 기부를 하였는지와 기부의 시기·상대방·금액·빈도·금품의 액수·제공의 동기와 경위 등을 종합적으로 고려해야 한다(대판 2017. 3. 22. 2016도21536)."

적으로 수령할 수 있는 경제적 이익, 도서관법 제47조에 따른 도서관에 대한 기부, 문화예술진흥법 제17조 제1항 제2호, 제3항에 따라 특정 단체나 개인에 하는 기부, 기부금품법 제5조에 의하여 기부심사위원회 심의 등을 거쳐 공무원이나 단체에 하는 기부, 방송법 제2조 제22호, 제74조, 방송법 시행령 제60조에 따라 절차를 거쳐 방송사에 하는 협찬 등이 있다고 해석한다. 권익위는 고등교육법 제6조 및 동 시행령 제4조에 근거하여 제정되는 학칙 및 학칙의 위임을 받은 하부규정도 '법령'에 해당하므로, 그러한 규정에 근거하여 학교법인이나 학교 관련 재단법인에 기부하는 것도 '다른 법령에 따라 허용되는 금품등'이라고 한다.[105]

　'기준'에는 공공기관의 내부적인 규정·사규·기준이 포함되는 것으로 되어 있고,[106] 권익위 해석도 같다.[107] 따라서 금품을 받는 공직자등이 소속된 공공기관의 사규 등 내부기준에서 수수를 허용하는 경제적 이익은 이 조항에 따라 수수가 허용된다. 권익위는 '사회상규'에 따라 허용되는 금품이란 공직자의 직무와의 관련성, 제공자와 수령자의 관계, 금품의 내용 및 가액, 수수 시기와 장소, 수수 경위 등을 종합적으로 고려하여 법질서 전체의 정신이나 사회통념에 비추어 용인할 수 있는 것을 말한다는 입장이다.[108][109]

---

105) 권익위, 청탁금지법 매뉴얼(2022, 행정기관용), 101면. 다만 '공직자등'에게 제공하는 금품이 아닌 '공공기관'에 제공하는 금품은, 그것이 형식적으로만 공공기관에 제공되는 것에 불과하고 실질적으로는 공직자등에게 직접 제공되는 것이라는 등의 특별한 사정이 없는 한 애초부터 청탁금지법의 금지대상이 아니라고 보이므로, 위와 같은 기부가 '다른 법령에 의하여 허용되는 금품등'에 해당하는지 검토할 실익은 크지 않아 보인다.

106) 청탁금지법 제5조 제2항의 괄호 부분에서 '기준'의 의미를 그와 같이 정의한다.

107) 한편 공정위는, 제약업계의 '공정경쟁규약 및 그 세부운용지침'은 경제적 이익을 수령하는 공직자가 소속한 공공기관의 기준이 아니므로, 이에 따라 지급하는 경제적 이익은 '그 밖의 기준에 따라 허용되는 금품'이 아니라는 입장이다. 권익위, 청탁금지법 매뉴얼(2022, 행정기관용), 101면.

108) 권익위, 청탁금지법 해설집 2020, 167면. 권익위가 사회상규에 따라 허용되는 금품으로 들고 있는 예는, 자동차 회사의 마켓팅 전략에 따라 공무원·교직원 할인 등과 같이 특정 직업군에 한정하여 할인받는 경우, 항공사가 이코노미석의 좌석 수를 초과한 예약(overbooking)을 받았는데 이코노미석 만석으로 우연히 공직자등의 좌석이 비즈니스석으로 업그레이드가 된 경우, 관혼상제·돌·칠순잔치 등 기념일에 찾아온 손님들에게 음식물을 제공하는 경우, 은행·증권사 등 금융기관, 백화점, 마트 등에서 거래실적에 따라 고객에게 일률적으로 제공하는 선물, 공직자등의 배우자가 재직 중인 회사로부터 내부규정에 따라 소속 직원들에게 일률적으로 제공되는 선물을 받는 경우, 공연 등 주최자의 홍보정책에 따라 취재 목적으로 출입하는 문화·예술·체육 등 관련 분야 기자 본인에게 발급되는 프레스티켓, 현장학습, 체험학습 등을 위한 시설에 학생의 지도·인솔 직무를 수행하는 학생 단체를 인솔하는 교사의 무료입장 등이다. 다만 이 사례들은 직무관련성이 없는 경우 혹은 정당한 권원에 의한 경우로 인정될 여지도 있다.

109) － 뇌물죄 등 다른 범죄에서 금품제공이 사회상규상 허용된 사례는 아래와 같다.

시청 문화관광과 소속 영상지도계장인 피고인이 오랜 친구인 공소외인으로부터 45,000원 상당의 식사와 주류를 제공받은 사안에서, 공소외인과 피고인과의 어릴 때부터의 관계, 만날 때의 복장, 피고인의 담당업무의 변경, 식사비용이 45,000원인 점 등을 종합하면 사교적 의례에 속하는 향응이다(대판 2007. 1. 25. 2006도37).

종합건설본부 도로과에 근무하는 피고인이 공소외인으로부터 31,500원의 식사를 제공받은 사안에서, 피고인과 공소외인의 관계, 특히 사건을 전후하여 피고인과 공소외인이 함께 번갈아 가면서 식사하는 일이 있었는데 피고인과 공소외인이 식사비용을 번갈아가면 부담한 점, 식사비가 31,500원에 불과한 점 등을 들어 사회통념상 통상적인 사교적 의례에 해당한다(대판 2008. 2. 29. 2007도10722).

피고인의 아들의 결혼식장에서 A가 축의금으로 낸 돈 10만원을 사후에 전달받은 것일 뿐만 아니라 피고인이 A와 개인적으로도 친분관계를 맺어온 사이였다면 비록 A가 피고인의 직무와 관련 있는 사업을 경영하는 자라 하더라도 그 사정만으로 위 금원이 축의금을 빙자하여 뇌물로 수수된 것이라고 단정할 수 없다(대판 1982. 9. 14. 81도2774).

- 금품제공이 사회상규상 허용된다고 볼 수 없다고 판단된 사례는 아래와 같다.

재건축추진위원장인 피고인이 재건축조합의 조속한 설립인가를 위해 이를 관할하는 구청의 주택과장에게 두 차례에 걸쳐 18,750원과 12,000원 상당의 점심식사를 제공한 경우, 피고인과 공무원 사이에 특수한 사적 친분관계는 없었던 점 및 이익을 수수한 경위와 시기 등을 종합하여 보면, 그것이 단순히 사교적, 의례적 범위 내의 것이라고 볼 수는 없다(대판 2008. 11. 27. 2006도8779).

병원 약제부장이 의약품 도매상으로부터 회식비 등의 명목으로 금원을 수수하는 등 사교적 의례의 형식을 취하고 있더라도 약제부장과 의약품 도매상 사이에 업무적인 관계 이외에 개인적으로 명절이나 연말에 금원을 수수할 친분관계가 없으며, 수수된 금액이 상당하고 매우 정기적으로 금품 수수가 이루어지는 등 금원의 수수경위에 비추어 보면 이는 직무행위의 대가로서의 의미를 가지는 것으로서 뇌물이다(대판 2000. 1. 21. 99도4940).

피고인의 군수로서의 인사에 관한 직무의 내용, 피고인과 부하직원 간의 관계, 인사청탁의 내용, 피고인이 돈을 교부받은 시기가 인사발령을 앞둔 시기인 점, 피고인의 동의에 따라 승진서열을 무시하고 원하는 대로 승진이 된 점 등을 종합하면, 피고인이 받은 돈이 50만원에 불과하고 인사청탁과 함께 설날 세뱃돈의 형식을 빌려 교부받았다 하더라도 뇌물성이 인정된다(대판 2001. 10. 12. 2001도3579).

군(郡)이 발주한 경지정리사업 공사의 시공 감독 등 군 행정에 관한 전반적인 지휘 감독 업무를 담당하여 온 부군수가 부군수실에서 위 공사의 도급업자로부터 위 공사에 관하여 선처하여 달라는 청탁을 받고서 같은 달 25. 거행하는 원고의 차남 결혼축의금 명목으로 금 500,000원을 교부받은 사례(대판 1983. 7. 12. 83누262).

후보자가 선거구 내 거주자에 대한 결혼축의금으로서 중앙선거관리위원회규칙이 정한 금액인 3만원을 초과하여 5만원을 지급한 경우, 후보자가 모친상시 그로부터 받은 같은 금액의 부의금에 대한 답례취지였다 하더라도 그것이 미풍양속으로서 사회상규에 위배되지 않는다고 볼 수 없다(대판 1999. 5. 25. 99도983).

제3자가 정당추천 후보자 선출을 위한 당내 경선에서 특정인을 지지하도록 부탁할 목적 하에 타인의 술값 4만원을 지불한 행위가 사회적 상당성 있는 행위이거나 위법성이 없는 행위가 아니다(대판 1996. 6. 14. 96도405).

국회의원이 단순히 민원인의 자료협조요청에 응하여 이 사건 자료를 제공하는 데 그치지 않고 이 사건 자료 제공의 대가로 금원을 교부받은 경우, 형법 제20조가 규정하는 정당행위에 해당하지 않는다(대판 2009. 5. 14. 2008도8852).

제3장
부정청탁 금지규정

제1절 금지되는 부정청탁

누구든지 직접 또는 제3자를 통하여 직무를 수행하는 공직자등에게 부정청탁을 해서는 아니 된다.[110] 부정청탁의 주체는 '누구든지'로 규정되어 있다. 권익위는 자연인만 주체가 될 수 있고, 법인은 그 임직원(자연인)이 법인을 위하여 부정청탁을 하였을 경우 청탁금지법 제24조의 양벌규정에 따라서 제재대상이 될 뿐이라는 입장이다.[111] 헌법재판소도 유사한 입장인 것으로 보인다.[112]

'직접 또는 제3자를 통한' 부정청탁이 모두 금지된다. 제3자를 통하여 부정청탁을 한 자,[113] 제3자를 위하여 부정청탁을 한 자[114] 모두 과태료에 처해지나, 본인이 직접 본인을 위하여 부정청탁한 경우에는 과태료 제재는 없다. 권익위는 '직접 자신을 위하여 하는 부정청탁'이란 법적 효과가 청탁행위자 자신에게 직접 귀속되는 경우를 의미하고, 간접적이거나 사실적·반사적 이익이 귀속되는 경우는 이에 해당하지 않는다는 입장이다.[115]

부정청탁의 객체는 '직무를 수행하는 공직자등'이다. 권익위는 (1) 해당 업무를 직접 처리하는 공직자등, (2) 결재선상에 있는 과장이나 국장 등, (3) 결재선상에 있지는 않지만 지휘감독권이 있는 기관장 등이 내부 위임전결규정에 따라 전결권을 위임한 경

---

110) 청탁금지법 제5조 제1항.
111) 권익위, 청탁금지법 해설집, 2020, 44면.
112) 심판대상조항은 언론인 등 자연인을 수범자로 하고 있을 뿐이어서 청구인 사단법인 한국 00협회는 심판대상조항으로 인하여 자신의 기본권을 직접 침해당할 가능성이 없다(헌재 2016. 7. 28. 2015헌마236·412·662·673 결정).
113) 청탁금지법 제23조 제3항. 위반자는 1천만원 이하의 과태료에 처해진다.
114) 청탁금지법 제23조 제1항 제1호, 제2항. 위반자가 공직자의 경우 3천만원 이하, 위반자가 공직자가 아닌 경우 2천만원 이하의 과태료에 처해진다.
115) 이 관점에서 부모가 자녀(성년, 미성년을 불문)를 위하여 청탁하는 경우, 법인의 대표자 혹은 임직원이 법인을 위하여 청탁하는 경우는 제3자를 위한 청탁이라고 한다. 권익위, 청탁금지법 해설집, 2020, 48~53면.

우 그러한 기관장 등, (4) 결재선상에 있지 않지만 지휘, 감독권이 있는 상급 공직자가 이에 해당할 수 있고, 사실상 영향력을 미칠 수 있는 지위, 직책에 있는 공직자등은 이에 포함되지 않는다는 입장이다.116)117)

'부정청탁'이란 법에 열거된 15개의 행위를 말하는데,118) 한마디로 요약하면 공직자

---

116) 권익위, 청탁금지법 해설집 2020, 45~46면.
117) 상급행정기관이 관련규정에 근거하여 하급행정기관에 대하여 승인·동의·지시 등을 하는 경우가 있다. 예를 들어, 개발제한구역관리계획을 수립하거나 변경하고자 하는 시·도지사는, 사전에 국토교통부장관에게 그 승인을 신청해야 하고, 국토교통부장관은 신청된 관리계획(안)을 관계 중앙행정기관과의 협의와 중앙도시계획위원회의 심의를 거쳐 승인을 한다 (개발제한구역관리계획 수립 및 입지대상시설의 심사에 관한 규정, 국토부 훈령 제2016-658호, 제24조, 제25조, 제28조). 이러한 경우 상급행정기관에서 승인·동의·지시 등을 담당하는 공직자등은 그 승인·동의·지시 등에 관하여는 직무를 수행하는 공직자등에 해당할 것이다.
118) 부정청탁이란 다음 각 호의 어느 하나에 해당하는 행위를 말한다(청탁금지법 제5조 제1항).
    1. 인가·허가·면허·특허·승인·검사·검정·시험·인증·확인 등 법령(조례·규칙을 포함한다. 이하 같다)에서 일정한 요건을 정하여 놓고 직무관련자로부터 신청을 받아 처리하는 직무에 대하여 법령을 위반하여 처리하도록 하는 행위
    2. 인가 또는 허가의 취소, 조세, 부담금, 과태료, 과징금, 이행강제금, 범칙금, 징계 등 각종 행정처분 또는 형벌부과에 관하여 법령을 위반하여 감경·면제하도록 하는 행위
    3. 모집·선발·채용·승진·전보 등 공직자등의 인사에 관하여 법령을 위반하여 개입하거나 영향을 미치도록 하는 행위
    4. 법령을 위반하여 각종 심의·의결·조정 위원회의 위원, 공공기관이 주관하는 시험·선발 위원 등 공공기관의 의사결정에 관여하는 직위에 선정 또는 탈락되도록 하는 행위
    5. 공공기관이 주관하는 각종 수상, 포상, 우수기관 선정 또는 우수자·장학생 선발에 관하여 법령을 위반하여 특정 개인·단체·법인이 선정 또는 탈락되도록 하는 행위
    6. 입찰·경매·개발·시험·특허·군사·과세 등에 관한 직무상 비밀을 법령을 위반하여 누설하도록 하는 행위
    7. 계약 관련 법령을 위반하여 특정 개인·단체·법인이 계약의 당사자로 선정 또는 탈락되도록 하는 행위
    8. 보조금·장려금·출연금·출자금·교부금·기금 등의 업무에 관하여 법령을 위반하여 특정 개인·단체·법인에 배정·지원하거나 투자·예치·대여·출연·출자하도록 개입하거나 영향을 미치도록 하는 행위
    9. 공공기관이 생산·공급·관리하는 재화 및 용역을 특정 개인·단체·법인에게 법령에서 정하는 가격 또는 정상적인 거래관행에서 벗어나 매각·교환·사용·수익·점유하도록 하는 행위
    10. 각급 학교의 입학·성적·수행평가·논문심사·학위수여 등의 업무에 관하여 법령을 위반하여 처리·조작하도록 하는 행위
    11. 병역판정검사, 부대 배속, 보직 부여 등 병역 관련 업무에 관하여 법령을 위반하여 처리하도록 하는 행위
    12. 공공기관이 실시하는 각종 평가·판정·인정 업무에 관하여 법령을 위반하여 평가, 판

등으로 하여금 일정한 업무에 관하여 법령을 위반한 행위, 법령상 지위·권한을 벗어난 행위 또는 권한에 속하지 아니하거나 부당한 행위를 하도록 하는 것을 의미한다. 실제로 청탁대로 업무가 처리되었는지, 청탁과정에서 금품등이 지급되었는지는 불문한다.

여기서 위반의 대상인 '법령'이 무엇인지 문제된다. 법령이란 일반적으로 법률과 명령(대통령령, 총리령, 부령)을 의미하는 것으로 해석되지만[119], 여기서 법령은 조례, 규칙을 포함하는 것으로 규정되어 있다.[120] 헌법재판소는, 청탁금지법의 '법령'에는 통상적 의미의 법령뿐만 아니라 조례와 고시·훈령·지침 형식의 행정규칙도 포함된다고 본다.[121] 권익위는 해당 직무에 관한 개별법령 외에 국가공무원법, 지방공무원법, 공무원 행동강령과 같은 일반법령도 이에 포함되고, 법령의 위임에 따라 또는 그에 근거하여 구체적인 기준을 고시·훈령 등에서 정하는 경우 고시·훈령 위반이 곧 법령 위반으로 평가될 여지가 있다는 입장이다.[122]

행정기관 아닌 공공기관이 상위법령의 위임이나 근거 없이 자체 제정한 내부 규정이 '법령'에 해당하는지 문제된다. 1) 청탁금지법은 공공기관의 기준·사규·규정에 대하여 '기준'이라는 별도의 용어를 사용하고 있는 점,[123] 2) 행정기관이 아닌 공공기관의 내부규정이 법령에 포함된다고 하면 부정청탁의 개념이 지나치게 확장될 수 있다는

　　　정 또는 인정하게 하거나 결과를 조작하도록 하는 행위

　13. 법령을 위반하여 행정지도·단속·감사·조사 대상에서 특정 개인·단체·법인이 선정·배제되도록 하거나 행정지도·단속·감사·조사의 결과를 조작하거나 또는 그 위법사항을 묵인하게 하는 행위

　14. 사건의 수사·재판·심판·결정·조정·중재·화해, 형의 집행, 수용자의 지도·처우·계호 또는 이에 준하는 업무를 법령을 위반하여 처리하도록 하는 행위

　15. 제1호부터 제14호까지의 부정청탁의 대상이 되는 업무에 관하여 공직자등이 법령에 따라 부여받은 지위·권한을 벗어나 행사하거나 권한에 속하지 아니한 사항을 행사하도록 하는 행위

119) 헌재 2009. 7. 30. 2007헌바75 결정 등.
120) 청탁금지법 제5조 제1항 제1호 괄호에서 그와 같이 규정한다.
121) "헌법과 법령 등 공포에 관한 법률 등 법률의 규정에 따르면 법령은 국회가 제정한 법률과 그 하위규범인 대통령령·총리령·부령 등의 시행령 및 시행규칙을 뜻함을 쉽게 알 수 있다. 부정청탁금지조항은 이에 더하여 조례·규칙도 법령에 포함된다고 명시적으로 규정하고 있다. 따라서 통상적 의미의 법령뿐만 아니라 조례와 고시, 훈령, 지침 형식의 행정규칙도 부정청탁금지조항의 법령에 포함됨이 분명하다(헌재 2016.7.28. 2015헌마236·412·662·673 결정)."
122) 따라서 청탁금지법 제4조의 '공직자등의 공정하고 청렴한 직무수행 의무, 직무관련자 우대, 차별 금지의무' 등도 이에 해당한다는 입장이다. 권익위, 청탁금지법 매뉴얼(2022, 행정기관용), 42면.
123) 청탁금지법 제5조 제2항 제1호 괄호.

점에서, '법령'에 해당한다고 보기 어려울 것이다.[124] 부정청탁 중 사립학교 업무에 관한 것으로는 '입학·성적·수행평가 등의 업무에 관하여 법령을 위반하여 처리·조작하도록 하는 행위'가 있으나, 언론사 업무에 관한 것은 찾기 어렵다.[125] 사립학교나 언론사인 공공기관의 내부규정이 '법령'에 포함된다고 보기 어려우므로, 사립학교나 언론사인 공공기관의 업무와 관련된 청탁 중 해당 사립학교나 언론기관의 내부규정 위반을 내용으로 하는 것은 부정청탁이라고 하기 어려울 것이다.

　　퇴직한 공무원이나 공직유관단체의 임직원이 본인 또는 제3자의 이익을 위하여 퇴직 전 소속기관의 공무원이나 임직원에게 부정한 청탁이나 알선을 하는 것은 공직자윤리법 제18조의4 제1항, 제29조 제3호, 공무원의 직무에 속한 사항의 알선에 관하여 금품 등을 수수하는 행위는 특정범죄가중법 제3조,[126] 공무원이 취급하는 사무에 관하여 청탁 또는 알선을 한다는 명목으로 금품 등을 수수하는 행위는 변호사법 제111조 제1항[127] 위반에 별도로 해당할 여지가 있다.

---

124) 다만, 공공기관의 내부기준·사규·규정이 청탁금지법 제5조 제1항 제9호에서 '정상적인 거래 관행에서 벗어난 행위'인지를 판단하는 기준이 될 수는 있을 것이다. 따라서 공공기관에 해당하는 병원의 임직원에게 내부규정을 위반하여 접수순서 등을 변경하는 방법으로 입원이나 수술의 순서를 앞당겨달라고 요청하는 것은 부정청탁에 해당할 것이다. 권익위, 청탁금지법 해설집 2020, 64면.

125) 입법과정에서 언론사 임직원이 갑작스럽게 공직자등에 포함되었기 때문일 수 있다. 언론사 임직원에 대한 청탁으로는 특정한 내용의 기사를 내거나 내지 말아달라는 것이 있을 수 있는데, 청탁금지법에 의해 언론사도 공공기관에 해당한다는 점에서 언론사가 생산하는 기사를 '공공기관이 생산하는 용역'으로, 기사 관련인을 위하여 특정한 내용의 기사를 내거나 내지 않는 것을 '특정 단체에게 정상적인 거래관행에서 벗어나 사용·수익하도록 하는 행위'로 볼 수 있다면, 그러한 요청 행위가 청탁금지법 제5조 제1항 제9호의 부정청탁이라고 볼 여지가 있기는 하다.

126) 형법 제132조의 알선수뢰는 알선행위자가 공무원이어야 하는 반면, 특정범죄가중법 제3조 알선수재는 알선행위자에 대한 제한이 없다는 점에서 차이가 있다. 특정범죄가중법 제3조는 1966. 2. 23. 이 법률을 제정하면서 규정되었다.

127) 변호사법 제111조는 '청탁'을 포함한다는 점에서 특정범죄가중법 제3조 알선수재와 차이가 있다. 현행 변호사법 제111조 규정은 1961. 10. 17. 법률사무취급단속법을 제정하면서 생겨났고 법정형이 3년 이하의 징역이었다. 1966. 2. 23. 특정범죄가중법을 제정하면서 법정형을 5년 이하의 징역으로 하는 특정범죄가중법 제3조의 알선수재죄를 별도로 입법하였으므로, 특정범죄가중법 제3조는 공무원에 대한 알선행위를 가중처벌하기 위한 것으로 보인다.

예외적으로 허용되는 청탁

1. 법령 등의 절차에 따라 행하는 권리침해에 대한 구제·해결 요구나 법령 등의 제정·개정·폐지에 대한 제안·건의

청원법, 민원사무 처리에 관한 법률, 행정절차법, 국회법 및 그 밖의 다른 법령·기준[128]에서 정하는 절차·방법에 따라 권리침해의 구제·해결을 요구하거나 그와 관련된 법령·기준의 제정·개정·폐지를 제안·건의하는 등 특정한 행위를 요구하는 행위는 청탁금지법을 적용하지 않는다.[129]

이는 공공기관이 법령이나 내부기준으로 구축한 국민과의 의사소통 절차가 위축되지 않도록 하기 위한 규정이다.[130] 권익위는 법령, 기준에서 정하는 절차와 방법에 따라 어떠한 요구, 제안, 건의를 하였다면 그 요구, 제안, 건의 내용이 적법하지 않거나 부당한 것이더라도 이 조항의 적용을 받아 부정청탁에 해당하지 않는다고 한다.[131]

2. 공개적으로 하는 특정 행위의 요구

공개적으로 공직자등에게 특정한 행위를 요구하는 행위에 대하여는 청탁금지법을 적용하지 않는다.[132] 공개적으로 요구하는 경우에는 밀행성을 특징으로 하는 부정청탁이 성립하기 어렵고, 요구한 내용에 대하여 불특정 다수인에 의하여 감시·통제가 이루어져 공직자등이 부당하게 업무를 수행하기 어렵기 때문이다. '공개적'이란 공개된 장소에서의 시위, 언론을 통한 요구와 같이 불특정 다수인이 인식할 수 있는 상태에 두는 것을 의미한다.[133]

---

128) '기준'에는 청탁금지법 제2조 제1호 나목부터 마목까지의 공공기관의 규정·사규·기준을 포함한다.
129) 청탁금지법 제5조 제2항 제1호.
130) 권익위, 청탁금지법 해설집 2020, 86면.
131) 권익위, 청탁금지법 해설집 2020, 86면.
132) 청탁금지법 제5조 제2항 제2호.
133) 권익위, 청탁금지법 해설집 2020, 87면.

3. 선출직공직자 등이 하는 공익목적 고충민원 전달이나 법령·정책· 제도 등에 대한 제안·건의

선출직 공직자·정당·시민단체 등이 공익적인 목적으로 제3자의 고충민원을 전달하거나 법령·기준의 제정·개정·폐지 또는 정책·사업·제도 및 그 운영 등의 개선에 관하여 제안·건의하는 행위에 대하여는 청탁금지법을 적용하지 않는다.[134]

위 조항은 그 주체를 표시하면서 '등'이라고 규정하는데, 권익위는 선출직공직자· 정당·시민단체에 준하는 공익성을 추구하고 국민의 의견을 수렴할 수 있는 단체(예: 각종 협회 등의 직능단체나 이익단체, 공인된 학회)는 이 조항의 민원 전달, 제안, 건의의 주체에 해당할 수 있다고 한다.[135]

'공익적인 목적'이란 일반 다수인의 이익에 관한 것뿐만 아니라 특정한 사회집단이나 그 구성원 전체의 이익에 관한 것도 포함되고, 특정한 제3자의 고충민원이라도 다수의 이익과 관련되거나 관련될 수 있는 경우 여기 해당할 수 있다.[136] '공익적인 목적으로'라는 문구는 전달행위 및 제안·건의행위를 모두 수식한다고 해야 할 것이다. 따라서 '공익적 목적'과 상관없는 행위는 여기에 해당하지 않을 것이다. '고충민원'이란 공공기관과 관련된 행위나 제도로 국민이 권리침해·불편·부담을 받는 것을 개선해 달라는 요청이다.[137] '전달'이란 그대로 전하는 것을 의미하지만, 전체적인 의미나 본질적인 내용의 변경없이 내용을 수정·보완하는 것도 가능하다고 할 것이다.[138]

---

134) 청탁금지법 제5조 제2항 제3호.
135) 권익위는 이 조항이 목적을 공익적인 것으로, 행위 대상을 고충민원의 전달, 법령·정책· 제도 등에 대한 제안·건의로 각 한정하고 있으므로, 그 행위 주체인 선출직공직자·정당· 시민단체의 범위를 좁게 해석할 필요는 없다는 입장이다. 권익위, 청탁금지법 해설집 2020, 89면.
136) 권익위, 청탁금지법 해설집 2020, 89면.
137) 부패방지법상 고충민원의 정의는, '행정기관 등의 위법·부당하거나 소극적인 처분(사실행위 및 부작위 포함) 및 불합리한 행정제도로 인하여 국민의 권리를 침해하거나 국민에게 불편 또는 부담을 주는 사항에 관한 민원(현역장병 및 군 관련 의무복무자의 고충민원 포함)'이다(부패방지법 제2조 제5호). 청탁금지법에서도 유사하게 해석될 수 있을 것이다.
138) 권익위, 청탁금지법 해설집 2020, 89면.

4. 기한에 맞는 직무처리 요구나 진행상황 등에 대한 문의, 직무·법률관계에 대한 확인·증명 등의 요구, 질의 등을 통한 법령·제도·절차 등에 대한 설명·해석 요구

공공기관에 직무를 법정기한 안에 처리하여 줄 것을 신청·요구하거나 그 진행상황·조치결과 등에 대하여 확인·문의 등을 하는 행위,[139] 직무 또는 법률관계에 관한 확인·증명 등을 신청·요구하는 행위,[140] 질의 또는 상담형식을 통하여 직무에 관한 법령·제도·절차 등에 대하여 설명이나 해석을 요구하는 행위[141]에는 청탁금지법이 적용되지 않는다. 이러한 행위는 국민이 공직자등을 상대로 법에 따라 당연히 요청할 수 있는 행위라는 점에서 인정된 예외사유로 볼 수 있다.

5. 기타 사회상규에 위배되지 않는 것

그 밖에 사회상규에 위배되지 아니하는 것으로 인정되는 행위는 청탁금지법이 적용되지 않는다.[142] 판례는 형법 제20조의 사회상규에 위배되지 아니하는 정당한 행위가 인정되는지 여부에 대하여, 구체적인 사정 아래서 합목적적·합리적으로 고찰하여 개별적으로 이를 판단하되 1) 행위의 동기나 목적의 정당성, 2) 행위의 수단이나 방법의 상당성, 3) 보호이익과 침해이익과의 법익균형성, 4) 긴급성, 5) 그 행위 외에 다른 수단이나 방법이 없다는 보충성이 요구된다고 하는데,[143] 이러한 기준은 여기서도 참고될 수 있을 것이다.

공직자등에 대한 청탁이 사회상규에 위배되지 않아 적법한 것인지를 판단함에 있어서, 배임수재죄나 제3자뇌물죄에서 '부정한 청탁'에 대한 판례의 법리를 참고할 수 있을 것이다. 판례는, 배임수증재죄에서의 '부정한 청탁'은 사회상규와 신의성실의 원칙에 반하는 청탁이고, 이를 판단함에 있어서는 청탁의 내용과 이와 관련되어 교부받거나 공여한 재물의 액수·형식·보호법익인 사무처리자의 청렴성 등을 종합적으로 고찰하되, 그 청탁이 반드시 명시적임을 요하지는 않는다고 한다.[144][145] 제3자뇌물죄에서

---

139) 청탁금지법 제5조 제2항 제4호.
140) 청탁금지법 제5조 제2항 제5호.
141) 청탁금지법 제5조 제2항 제6호.
142) 청탁금지법 제5조 제2항 제7호.
143) 대판 2003. 9. 26. 2003도3000.
144) 대판 1998. 6. 9. 96도837.
145) **배임수증재죄에서 부정한 청탁을 인정하지 않은 사례**

(1) 구체적이고 특정한 임무와 관련되었다고 보기 어려운 요청(공여자 일방이, 수령자가 업무로 고생하는 것을 위로하거나 향후 어떤 문제가 발생했을 때 수령자와 친분을 가져 잘 처리해보기 위해서 환심을 사기 위하여 금품을 준 것 내지 수령자의 환심을 사 두고 후일 범행이 발각되더라도 수령자가 이를 누설하지 않게 하려는 의도에서 금품을 준 것은, 수령자의 어떠한 구체적이고 특정한 임무행위에 대하여 부정한 청탁을 한 것으로 볼 수 없다는 취지의 사례, 대판 1983. 12. 27. 83도2472), (2) 규정이 허용하는 범위에서의 선처·편의 요청 [피고인 A와 B가 상피고인 C(은행원)에게 청탁한 내용은 ○○직물공업사에게 수출지원 금융을 실시함에 있어 단순히 규정이 허용하는 범위 내에서 최대한 선처를 바란다는 내용에 지나지 않는 것으로 보이므로 사회상규에 어긋난 부정한 청탁이라고 볼 수 없음, 대판 1982. 9. 28. 82도1656], (3) 자기의 권리를 확보하기 위한 요청(A가 자기소유로 믿고 있는 부동산을 제3자에게 처분하기 위하여 매매계약을 하였는데, 종중에서 그 부동산에 대한 권리를 주장하면서 처분금지가처분결정까지 받아 이를 집행하자 A가 계약위반으로 인한 손해배상문제를 염려하여 종중의 대표자 B에게 가처분의 부당성을 지적하면서 가처분 비용을 지급하고 그 신청을 취하하도록 하였다면, 이는 A가 자기의 권리를 확보하기 위한 행위로서 사회상규나 신의성실의 원칙상 부정한 청탁을 한 것이 아님, 대판 1980. 8. 26. 80도19. ○○주식회사의 대표이사이던 A가 오물처리업체인 B주식회사와 사이에 수거수수료 월 금 75만원으로 한 쓰레기수거계약을 체결한 후 B주식회사의 경쟁업체인 C주식회사로부터 월수거수수료 60만원에 쓰레기를 수거하여 주겠다는 제의를 받고 아무런 계약위반 사실 없는 B주식회사에 대하여 위 쓰레기수거계약 해제의 통고를 하였으며 이에 당황한 B주식회사의 대표이사 D로부터 300만원을 줄 터이니 위 계약을 유지시켜 달라는 부탁을 받은 경우, A에게 C주식회사와 새로이 계약을 체결하거나 B주식회사와의 수거료를 재조정해야 할 임무가 있다 할 수 없고 계약관계를 유지시켜 기존 권리를 확보하기 위한 부탁행위는 부정한 청탁이 아님, 대판 1985. 10. 22. 85도465)

배임수증재죄에서 부정한 청탁을 인정한 사례

(1) 우선적인 채택·선발·특혜 요청(방송국에서 프로그램의 제작연출 등의 사무를 처리하는 프로듀서가 담당 방송프로그램에 특정 가수의 노래만을 자주 방송하여 달라는 청탁을 받은 경우, 대판 1991. 1. 15. 90도2257. 대학교수들이 출판사를 운영하는 A로부터 동인이 운영하는 출판사에서 출판한 책자를 교재로 채택하거나, 교재로 사용할 편집책자의 출판을 위 출판사에 맡겨 달라는 취지의 청탁을 받은 경우, 대판 1996. 10. 11. 95도2090. 임대차 관련 업무과장으로서 점포 등의 임대관리를 담당하고 있는 자에게 다른 사람이 점포를 임차하려는 상태에서 사례비를 줄 테니 자기에게 임대해 달라고 부탁하는 것, 대판 1984. 8. 21. 83도2447. 병원에 소속된 의사가 특정 의료용구를 구입하게 하여 달라거나 특정 약품을 많이 사용토록 처방에 넣어 달라는 청탁을 받은 경우, 대판 1991. 6. 11. 91도413. 기업인수 과정에서 피인수회사의 이사로 취임한 자가 인수회사의 대표이사로부터 인수와 관련한 정보를 제공하는 등으로 인수를 도와달라고 요청받고 거액을 받은 경우, 대판 2010. 4. 15. 2009도6634), (2) 위법·부당한 내용을 묵인해달라는 요청(한국전력공사 소속으로 송전선로공사의 현장감독을 하던 자가 그 공사 중 철탑이설공사를 도급받아 시공하던 자로부터 시공에 하자가 있더라도 묵인하여 달라는 취지의 청탁을 받은 경우, 대판 1991. 11. 26. 91도2418, 지점장으로부터 대출대상자의 물색을 지시받은 은행차장이 대출부적격자로부터 위장대출을 묵인·선처해 달라는 청탁을 받은 경우, 대판 1982. 2. 9. 80도2130. 기자단 간사가 특정 국가산업단지 내 기업체들로부터 공동광고비 명목으로 돈을 받으면서 묵

의 '부정한 청탁'은 그보다 넓게 청탁의 내용이 위법·부당하지 않더라도 당해 직무집행을 어떤 대가관계와 연결시켜 그 직무집행에 대한 대가의 교부를 내용으로 하는 청탁이면 부정한 청탁이 되고, 묵시적 의사표시에 의해서도 가능하며, 부정한 청탁이 있었는지 여부는 직무 혹은 청탁의 내용·이익제공자와의 관계·이익의 다과 및 수수경위와 시기 등 여러 사정과 이익의 수수로 인하여 사회 일반으로부터 직무집행의 공정성을 의심받게 되는지 여부도 함께 고려하여 판단한다고 한다.[146]

다만 청탁금지법은 형법의 배임수증재죄나 제3자뇌물죄와 달리 '부정청탁'의 개념을 규정하고 있는 점, 배임수증죄나 제3자뇌물죄에서 '부정한 청탁'으로 판단된 것 중에는 금품제공이 수반되지 않았다면 사회상규나 신의성실에 위배되는 요청이라고 볼 수 없는 것들도 있다는 점에서, 배임수증재죄나 제3자뇌물죄에 대한 판례의 기준이 청탁금지법의 청탁의 부정성 판단에 그대로 적용된다고 하기는 어려울 것이다.

6. 예외규정에 해당되기 위하여 청탁의 내용이 적법해야 하는지 여부

청탁금지법 제5조 제2항의 예외사유에 해당하기 위하여 청탁의 방법과 내용이 제5조 제1항의 부정청탁에 해당하지 않아야 하는지 문제된다. 권익위는 청탁금지법 제3조 제2항 제1호와 관련하여, 공공기관과의 의사소통이 위축될 우려가 있고, 동 조항에서 요청내용을 '… 법령·기준의 제정·개정·폐지를 제안·건의하는 등'이라고 규정하여 요청내용을 한정하지 않는다는 이유로, 청탁의 내용이 어떠하든지 상관없이 이 조항은 적용될 수 있다고 한다.[147]

위 예외사유들은 청탁의 절차나 내용이 공직자등의 직무수행의 투명성, 청렴성을

시적으로 부정적인 기사를 자제해 달라는 취지의 청탁을 받은 경우, 대판 2014. 5. 16. 2012도11259), (3) 위법·부당한 업무처리 요청(감정업에 종사하는 자에게 감정물의 감정평가액을 낮추어 평가하여 달라는 청탁, 대판 1982. 7. 13. 82도925. 신문사 기자 겸 지국장에게 특정 기사를 본사에 송고하지 말아 달라는 청탁, 대판 1970. 9. 17. 70도1355. 보험회사 지부장이 피보험자의 사망원인에 대하여 보험회사 본사에서 내사하고 있는 데도 보험금을 빨리 타게 해 달라는 청탁을 받은 경우, 대판 1978. 11. 1. 78도2081)

146) 대판 2006. 6. 15. 2004도3424; 대판 2008. 1. 24. 2006도5711; 대판 2007. 1. 26. 2004도1632. 다만 제3자뇌물죄가 수뢰죄와 달리 부정한 청탁을 요건으로 하고 있는 것은 처벌의 범위가 불명확해지지 않도록 하려는 것이므로, 당사자 사이에 '청탁의 부정성을 규정짓는 대가관계에 관한 인식이나 양해'가 없이 막연히 선처하여 줄 것이라는 기대 등으로 제3자에게 금품을 공여한 경우에는 부정한 청탁이 있었다고 할 수 없다(대판 2011. 4. 14. 2010도12313).

147) 권익위, 청탁금지법 해설집 2020, 86면.

해할 우려가 적은 사유들을 대상으로 한 것인 점, 청탁의 내용이 적법할 것을 요건으로 규정하지 않고 있는 점, 청탁의 내용이 적법한 경우에는 애초에 제5조 제1항의 부정청탁에 해당하지 아니하므로 굳이 예외사유를 인정할 이유가 없어 보이는 점에서, 위와 같이 해석하는 것이 타당해 보인다.

제4장
법위반에 대한 신고 · 조사 · 처벌 절차

제1절 **공직자의 신고, 소속기관장의 조사 및 조치**

공직자등은 수수금지 금품 등을 받거나 그 제공의 약속·의사표시를 받으면, 지체없이 거부의사를 밝히거나 반환해야 하고, 소속기관장[148]에게 지체없이 서면으로 신고해야 한다.[149] 공직자등이 부정청탁을 받았을 때에는 부정청탁임을 알리고 이를 거절해야 하고, 다시 동일한 부정청탁을 받은 경우에는 소속기관장에게 이를 서면으로 신고해야 한다.[150] 공직자등이 외부강의 등[151]을 할 때에는 원칙적으로 소속기관장에게 외부강의 등을 마친 날부터 10일 이내에 서면신고해야 한다.[152]

수수금지금품에 대한 신고를 받은 소속기관장은 필요성이 있다고 판단하면 수사기관에 통보하여야 하고, 부정청탁에 대한 신고를 받은 소속기관장은 이를 조사하여 부정청탁에 해당하는지 확인해야 하며, 이들 소속기관장은 해당 공직자등에 대한 직무일시중지·전보 등의 조치를 할 수 있다.[153] 부정청탁에 대하여는 소속기관장이 청탁의 내용 및 조치사항을 인터넷 홈페이지 등에 공개할 수 있다.[154] 권익위는 다시 동일

---

148) 소속기관장이 아닌 감독기관·감사원·수사기관·권익위에 신고할 수도 있다(청탁금지법 제9조 제6항).

149) 공직자가 자신의 배우자에게 그런 일이 있었음을 알게 된 경우에는 배우자로 하여금 거부의사를 밝히거나 반환하게 하고 소속기관장에게 신고해야 한다. 물품의 부패·변질 우려가 있는 등 반환하기 어려운 사정이 있으면 소속기관장에게 인도해야 한다(청탁금지법 제9조 제1항 제2항).

150) 청탁금지법 제7조 제1항, 제2항.

151) 공직자등이 자신의 직무와 관련되거나 그 지위·직책 등에서 유래되는 사실상의 영향력을 통하여 요청받은 교육·홍보·토론회·세미나·공청회 또는 그 밖의 회의 등에서 한 강의·강연·기고 등을 말한다(청탁금지법 제10조 제1항).

152) 청탁금지법 제10조 제2항.

153) 청탁금지법 제7조 제3항, 제4항, 제9조 제4항, 제5항. 국가안전보장 등의 공익증진을 위해 직무를 계속 수행하도록 할 필요성이 큰 경우 등 일정한 경우에는 해당 공직자등에게 직무를 계속 수행하게 하되, 공정한 직무수행 여부를 주기적으로 점검해야 한다(청탁금지법 제7조 제5항, 제9조 제5항).

154) 청탁금지법 제7조 제7항.

한 부정청탁을 받은 경우인지를 판단함에 있어, 본인에 의한 청탁과 제3자를 통한 청탁 또는 한 법인에 소속된 서로 다른 임직원이 하는 청탁은 그 내용이 본질적으로 동일하면 동일한 부정청탁이라고 해석한다. 따라서 처음 부정청탁을 한 사람과 두 번째 부정청탁을 한 사람이 다르더라도, 그 내용이 본질적으로 동일하면 공직자입장에서는 두 번 부정청탁을 받은 것이므로 소속 기관장에게 서면으로 이를 신고해야 한다.[155)]

부정청탁을 받은 공직자등은 그에 따른 직무수행을 해서는 아니 되고, 이에 위반하면 형사처벌을 받는다.[156)] 직접 업무를 담당하지는 않지만 결재선상에 있는 상급자나 결재선상에 있지 않지만 지휘감독권이 있는 기관장등이 부정청탁에 따른 직무수행을 한 경우, 권익위는 이들도 '직무를 수행하는 공직자등'에 해당하므로 동일하게 청탁금지법 제6조 위반이 된다고 한다.[157)] 상급공직자가 부정청탁을 받고 하급자에게 지시하여 사무를 처리한 경우 상급자의 지시는 제3자를 위한 부정청탁의 성격도 가지므로, 하급자는 이를 거절하는 의사표시를 해야 하고, 해당 지시가 제3자를 위한 부정청탁임을 알면서 지시에 따른 경우에는 '부정청탁에 따른 직무수행'을 한 것으로서 위 조항의 형사처벌을 받게 된다고 한다.[158)]

하급직 공직자의 경우 독립적 판단권한이나 판단능력이 존재하지 않고 지시에 따라 기계적으로 업무를 처리할 것이 기대되는 경우도 있을 것이므로, 이러한 공직자들도 독자적으로 청탁의 부정성을 판단하여 업무수행 여부를 결정하라고 요구하는 것은 현실적으로 어렵거나 공직자들의 직위와 직무를 구분하는 취지 혹은 행정의 효율성에 배치될 우려가 있다. 따라서 독립적 판단 권한이 존재하는 것으로 보기 어려운 하급직 공직자가 상급공직자의 지시에 따라 업무를 수행하였을 때에는 그것이 '명백한 부정청탁에 따른 업무수행'인 경우에만 청탁금지법 제22조 제2항 제1호를 적용하는 것으로 제한적 해석을 하는 것이 타당해 보인다.

제2절 형사처벌 및 과태료

공직자등에게 1회 100만원 초과 또는 1 회계년도 합계 300만원 초과 금품등을 제

---

155) 권익위, 청탁금지법 매뉴얼(2022, 행정기관용), 56면.
156) 청탁금지법 제6조, 제22조 제2항 제1호.
157) 권익위, 청탁금지법 해설집 2020, 93면.
158) 권익위, 청탁금지법 해설집 2020, 93면.

공한 자 또는 이를 수령한 공직자등[159]은 3년 이하의 징역 또는 3천만원 이하의 벌금에, 부정청탁에 따라 직무를 수행한 공직자는 2년 이하의 징역 또는 2천만원 이하의 벌금에 각 처해진다. 해당 금품등은 몰수 또는 추징한다.[160]

청탁금지법의 금품수수금지 규정 위반행위는 형법상 증뢰죄, 수뢰죄, 배임증재죄 또는 배임수재죄에도 해당할 수 있는데, 양 법령간 적용의 우선순위에 대한 법률 규정은 없다. 증수뢰죄나 배임증수재죄는 금액에 대한 요건이 없으나, 증수뢰죄는 직무관련성 및 대가관계를, 배임증수재죄는 부정한 청탁을 각 요건으로 하는 점에서 청탁금지법 규정과는 범죄구성요건에 차이가 있으므로, 양죄는 독립된 범죄이고 상상적 경합 관계에 있다고 보인다.

1) 공직자등에게 청탁금지법 제8조 제2항을 위반한 금품(직무와 관련된 1회 100만원 이하, 1 회계년도 합계 300만원 이하인 금품)을 제공한 자와 이를 수령한 공직자등[161]은 해당 금품등의 2배 이상 5배 이하의 과태료, 2) 제3자를 위하여 공직자등에게 부정청탁을 한 자는 2천만원 이하의 과태료, 3) 제3자를 통하여 공직자등에게 부정청탁을 한 자는 1천만원 이하의 과태료, 4) 허용되는 금액을 초과하는 외부강의등의 사례금을 받고도 신고 및 반환을 하지 않은 공직자등은 5백만원 이하의 과태료에 각 처해진다.[162] 이러한 위반행위들에 대하여 다른 법률에 따라 형사처벌[163]을 받은 경우에는 과태료를 부과하지 아니하고, 과태료를 부과한 후 형사처벌을 받은 때는 그 과태료 부과를 취소한다.[164]

청탁금지법위반에 대한 신고를 받거나 권익위로부터 사건을 이첩받은 조사기관[165]은 필요한 조사·감사·수사를 하거나 담당 기관에 통보를 하여[166] 범죄의 수사, 과태

---

[159] 자신의 배우자가 동일한 금품등의 제공등을 받은 사실을 알고도 신고하지 않은 공직자도 마찬가지이다(청탁금지법 제22조 제1항 제2호).

[160] 청탁금지법 제22조 제1항 제1호, 제2호, 제3호, 제4항.

[161] 자신의 배우자가 동일한 금품등의 제공등을 받은 사실을 알고도 신고하지 않은 공직자도 마찬가지이다(청탁금지법 제23조 제5항 제2호).

[162] 청탁금지법 제23조 제5항 제1호, 제2호, 제2항 제1호, 제3항, 제4항.

[163] 몰수 추징을 포함한다(청탁금지법 제23조 제5항).

[164] 청탁금지법 제23조 제1항 제1호 단서, 제2항 제1호 단서, 제3항 단서, 제5항 단서. 국가공무원법 또는 지방공무원법 등의 법률에 따라 징계부가금 부과의 의결이 있는 후에는 과태료를 부과하지 아니하고, 과태료가 부과된 후에는 징계부가금을 부과하지 않는다(청탁금지법 제23조 제6항).

[165] 법위반이 발생한 공공기관, 그 감독기관, 감사원, 수사기관 또는 권익위를 말한다.

[166] 공직자등의 소속기관의 장은 필요한 조사를 하고 1) 범죄혐의나 수사의 필요성이 있는 경우에는 수사기관에, 2) 과태료 부과대상인 경우에는 과태료 관할법원에 각 통보하고, 3)

료의 부과, 징계 등 필요한 조치가 이루어지도록 해야 한다. 조사기관은 조사 등을 마친 후 10일내에 결과를 신고자에 통보해야 하고,[167] 신고자는 그 결과에 대해 이의신청을 할 수 있다.[168] 형사제재는 형사소송법에 따라 검사의 기소와 법원의 재판절차를 거쳐 이루어지고, 과태료는 소속기관장이 위반사실을 법원에 통보하면[169] 법원에서 질서위반행위규제법, 비송사건절차법에 따라 과태료를 부과한다.[170] 법원은 소속기관장으로부터 받은 과태료부과대상 법위반사실 통보자료를 바탕으로 원칙적으로 심문을 거쳐 과태료 부과여부 및 금액에 대한 결정을 내리고, 당사자 혹은 검사는 그에 대해 즉시 항고할 수 있다.[171]

제3절 　법인에 대한 양벌규정

법인 등의 임직원이 법인 등의 업무에 관하여 청탁금지법을 위반하고 해당 법인 등이 법위반을 방지하기 위하여 상당한 주의와 감독을 다하지 아니한 경우에는, 법인 도 양벌규정에 의하여 벌금이나 과태료를 부과받을 수 있다.[172]

징계대상인 경우 징계절차를 진행해야 한다. 감독기관 또는 감사원은 1) 범죄혐의나 수사의 필요성이 있는 경우 수사기관에, 2) 과태료 대상이거나 징계의 필요성이 있는 경우 소속기관에 통보해야 한다. 수사기관은 1) 범죄혐의나 수사의 필요성이 있는 경우 수사를 진행하고, 2) 과태료 대상이거나 징계의 필요성이 있는 경우 소속기관에 통보해야 한다. 권익위는 신고를 받은 날로부터 60일 이내에 1) 범죄혐의나 수사의 필요성이 있는 경우 수사기관에, 2) 감사원법에 따른 감사가 필요한 경우 감사원에, 3) 그 외의 경우 소속기관 또는 감독기관에 통보를 해야 한다(청탁금지법 시행령 제5조 제9조 제12조 제19조 제20조 제21조 제33조).

167) 권익위로부터 이첩받은 사건의 경우에는 권익위에도 통보해야 한다.
168) 청탁금지법 제14조 제5항.
169) 청탁금지법 제23조 제7항.
170) 법원은 청탁금지법의 과태료에 대하여 비송사건절차법보다 질서위반행위규제법이 우선 적용되고, 청탁금지법의 '소속기관장'이 질서위반행위규제법의 '행정청'에 해당한다고 해석한다, 2016. 10. 7. 대법원 보도자료 '청탁금지법 시행에 따른 과태료재판절차 안내자료 마련' 참조.
171) 질서위반행위규제법 제31조 제1항, 제38조. 법원은 상당하다고 인정되는 경우 심문없이 과태료에 대한 결정을 내릴 수도 있는데, 이렇게 내려진 과태료 결정에 대하여는 당사자나 검사가 이의신청을 할 수 있고, 이의신청이 제기되면 법원은 심문을 거쳐서 다시 재판을 해야 한다(질서위반행위규제법 제44조).
172) 법인 또는 단체의 대표자나 법인·단체 또는 개인의 대리인, 사용인, 그 밖의 종업원이 그 법인·단체 또는 개인의 업무에 관하여 제22조 제1항 제3호[형사처벌 대상 수수금지금품

청탁금지법의 양벌규정 적용과 관련하여, 아래와 같은 다른 규제법령에 대한 양벌규정 해석이 참고될 수 있을 것이다. 판례는 '법인의 업무에 관하여' 한 것인지 판단하기 위해서는 '객관적으로 법인의 업무를 위하여 하는 것으로 인정할 수 있는 행위가 있어야 하고, 주관적으로는 피용자 등이 법인의 업무를 위하여 한다는 의사를 가지고 행위함을 요하며, 위 요건을 판단함에 있어서는 법인의 적법한 업무의 범위, 피용자 등의 직책이나 직위, 피용자 등의 범법행위와 법인의 적법한 업무 사이의 관련성, 피용자 등이 행한 범법행위의 동기와 사후처리, 피용자 등의 범법행위에 대한 법인의 인식 여부 또는 관여 정도, 피용자 등이 범법행위에 사용한 자금의 출처와 그로 인한 손익의 귀속여하 등 여러 사정을 심리하여 결정하여야 한다'고 한다.[173]

따라서 법인의 임직원이 '법인등의 업무에 관하여' 청탁금지법을 위반하였는지를 판단하기 위해서는 해당 법인의 업무내용, 해당 임직원의 직위, 법위반의 동기와 배경, 법인이 그 사실을 알고 있었는지 여부, 수수금지금품 제공행위에 대하여는 금품의 출처, 법위반행위로 인한 이익의 귀속 등 여러 요소를 복합적으로 고려하여 법인의 업무에 관하여 행한 것인지 판단할 수밖에 없을 것이다.

양벌규정에서 '법인·단체 또는 개인(즉, 사용자)'이나 '대리인, 사용인 그 밖의 종업

제공], 제23조 제2항[제3자를 위한 부정청탁], 제23조 제3항[제3자를 통한 부정청탁] 또는 제23조 제5항 제3호[과태료 대상 수수금지금품 제공]의 위반행위를 한 경우에는 그 행위자를 벌하는 외에 그 법인·단체 또는 개인에게도 해당 벌금 또는 과태료를 과한다. 다만, 법인·단체 또는 개인이 그 위반행위를 방지하기 위하여 해당 업무에 관하여 상당한 주의와 감독을 게을리하지 아니한 경우에는 그러하지 아니하다(청탁금지법 제24조). 이 규정은 법인등에 대한 양벌규정을 두고 있는 다른 법령들의 규정방식과 동일하다.
청탁금지법 상 과태료 부과의 절차법인 질서위반행위규제법은, 제11조 제1항에서 법인의 대표자, 법인 또는 개인의 대리인·사용인 및 그 밖의 종업원이 업무에 관하여 법인 또는 그 개인에게 부과된 법률상의 의무를 위반한 때에는 법인 또는 그 개인에게 과태료를 부과한다고 규정하고 있어 약간 다르다.
173) 대판 1997. 2. 14. 96도2699. 이 판결은 화물운송 및 보관 회사가 개설한 보세창고에 근무하는 사무직 직원이, 보세창고에 물품을 보관중인 자로부터 '물품을 반출한 후에 서류를 정리해 주겠으니 몰래 물품을 반출해 달라'는 부탁을 받고, 휴가 중이었음에도 불구하고 반쯤 열린 출입문을 통하여 보세창고에 들어가 근무하고 있는 노무직 직원들의 눈을 피해 적법한 통관절차를 거치지 아니한 채 보관중이던 물품을 함부로 반출한 사안에 대한 것이다. 대법원은 '사무직 직원의 위와 같은 행위는 법인의 업무에 관하여 행한 것으로 보기는 어려워 법인에게 양벌규정을 적용하여 책임을 물을 수 없다'고 하였다. 회사의 사무직 직원이 위와 같은 방법으로 보세물품을 몰래 반출한 것은 회사의 정상적인 업무절차나 감독체계를 무시한 일탈행위에 해당하므로, 양벌규정에 따라 회사에게 그 책임을 부과하기 어렵다고 판단한 것으로 보인다.

원'에 해당하는지는 형식적이 아닌 실질적 관점에서 판단한다. 판례는 약국을 실질적으로 경영하는 자가 다른 약사를 고용하여 그 고용된 약사를 명의상의 약국개설자로 등록하게 하고 종업원을 고용하여 영업하던 중 종업원이 약사법 위반행위를 한 사안에서, '양벌규정에 따른 형사책임을 지는 사용자는 약국을 실질적으로 경영하는 자'라고 하였다.174) 판례는 양벌규정의 '법인의 사용인 기타 종업원'에는 법인과 정식 고용계약을 체결하고 근무하는 자뿐만 아니라 그 법인의 업무를 직접 또는 간접적으로 수행하면서 법인의 통제·감독하에 있는 자도 포함된다는 입장이고,175) 신축공사 현장에서 정식 고용계약을 체결하지 아니한 채 회사의 지시·감독하게 회사를 위하여 같이 작업을 한 사람을 해당 회사의 '사용인 기타 종업원'에 해당한다고 판시하였다.176)

　　판례는 양벌규정에서 법인이 주의감독의무를 다하였는지는 '관련된 모든 사정, 즉 당해 법률의 입법취지, 처벌조항 위반으로 예상되는 법익 침해의 정도, 그 위반행위에 관하여 양벌규정을 마련한 취지 등은 물론 위반행위의 구체적인 모습과 그로 인하여 실제 야기된 피해 또는 결과의 정도, 법인의 영업 규모 및 행위자에 대한 감독가능성 또는 구체적인 지휘감독 관계, 법인이 위반행위 방지를 위하여 실제 행한 조치 등을 전체적으로 종합하여 판단하여야 한다'고 한다.177) 법인의 임직원이 사무실에 설치된 업무용 컴퓨터에 컴퓨터프로그램을 무단으로 복제·사용하여 컴퓨터프로그램보호법을 위반한 사건에서, '법인이 직원들의 위반행위를 예상하여 이를 방지하기 위한 상당한 주의의무를 기울이거나, 컴퓨터 프로그램 저작권, 불법복제금지 등에 관한 교육실시 및 불법복제 프로그램을 설치하지 못하도록 시스템을 관리·감독하였는지 여부 등을 심리하여 주의의무 위반을 확인하여야 한다'고 하였다.178) 다만 '종업원들에게 공중위생법 위반행위를 하지 않도록 교육을 시키고 입사 시에 그 다짐을 받는 각서를 받는 등 일반적이고 추상적인 감독을 하는 것만으로는 면책사유에 해당하지 않는다'고 한다.179)

---

174) 대판 2000. 10. 27. 2000도3570.
175) 대판 1993. 5. 14. 93도344. 증권회사 지점에 사실상 피용된 자가 일임매매 관련 규정을 위반하여 구 증권거래법 제170조 제1항, 제215조 제2항 위반이 문제된 사안이다.
176) 대판 2004. 3. 12. 2002도2298. 건축공사 과정에서 소음진동관리법 상의 작업시간조정명령을 위반한 사안이다.
177) 대판 2011. 7. 14. 2009도5516. 재단법인의 임직원이 개발제한구역에서 허가없이 화훼판매용 비닐하우스를 신축하여 구 개발제한구역의 지정 및 관리에 관한 특별조치법 제30조 제1항 제1호, 제32조 위반이 문제된 사안이다.
178) 대판 2010. 7. 8. 2009도6968.
179) 대판 1992. 8. 18. 92도1395.

제3편 자금세탁 규제 및 범죄수익 몰수제도

제1장
자금세탁의 규제

제1절 금융실명법 및 부동산실명법

금융실명법은 금융거래를, 부동산 실권리자명의 등기에 관한 법률(이하 이 책에서 '부동산실명법')은 부동산의 등기를 실지명의(實地名義)에 의하도록 함으로써 탈세, 탈법행위 등을 방지하고자 한다. 아래에서는 두 법령에서 규정하는 주요 제도 및 처벌규정을 살펴본다.

1. 금융실명법상 규제

금융실명법의 규제를 받는 '금융회사등'에는 은행, 자본시장법에 따른 집합투자업자, 증권금융회사 등, 농협, 수협, 신협, 새마을금고, 체신관서 등이 포함된다.[1]

---

1) 법령 내용은 다음과 같다.
   금융실명법 제2조(정의) 이 법에서 사용하는 용어의 뜻은 다음과 같다.
   1. "금융회사등"이란 다음 각 목의 것을 말한다.
   가. 「은행법」에 따른 은행
   나. 「중소기업은행법」에 따른 중소기업은행
   다. 「한국산업은행법」에 따른 한국산업은행
   라. 「한국수출입은행법」에 따른 한국수출입은행
   마. 「한국은행법」에 따른 한국은행
   바. 「자본시장과 금융투자업에 관한 법률」에 따른 투자매매업자·투자중개업자·집합투자업자·신탁업자·증권금융회사·종합금융회사 및 명의개서대행회사
   사. 「상호저축은행법」에 따른 상호저축은행 및 상호저축은행중앙회
   아. 「농업협동조합법」에 따른 조합과 그 중앙회 및 농협은행
   자. 「수산업협동조합법」에 따른 조합과 그 중앙회 및 수협은행
   차. 「신용협동조합법」에 따른 신용협동조합 및 신용협동조합중앙회
   카. 「새마을금고법」에 따른 금고 및 중앙회
   타. 「보험업법」에 따른 보험회사
   파. 「우체국예금·보험에 관한 법률」에 따른 체신관서
   하. 그 밖에 대통령령으로 정하는 기관

누구든지 특정 금융거래정보의 보고 및 이용 등에 관한 법률(이하 이 책에서 '특정금융정보법') 제2조 제4호에 따른 불법재산의 은닉, 같은 조 제5호에 따른 자금세탁행위 또는 같은 조 제6호에 따른 공중협박자금조달행위 및 강제집행의 면탈, 그 밖에 탈법행위를 목적으로 타인의 실명으로 금융거래를 해서는 아니 된다. 이를 위반하면 형사처벌이 가해진다.[2] 판례는 공직자가 공직자윤리법에서 정한 재산등록을 할 때 급여 이외의 소득이나 재산상태를 은폐할 목적으로 사실은 본인의 금융거래인데도 타인 명의로 송금하거나 송금을 받는 행위는 '그 밖에 탈법행위를 위한 목적으로' 타인의 실명으로 금융거래를 한 것에 해당하고,[3] 제3자의 요청에 따라 제3자가 외국환거래법 규정을 위반한 거래를 한다는 인식을 가진 상태에서 자신의 금융계좌로 돈을 송금받은 후 이를 인출하여 제3자에게 건네 준 것은 제3자가 탈법행위를 목적으로 타인의 실명으로 금융거래를 하는 행위를 방조하는 행위에 해당한다고 한다.[4]

금융실명법 시행령 제2조(금융회사등) 「금융실명거래 및 비밀보장에 관한 법률」 제2조 제1호 하목에서 "대통령령으로 정하는 기관"이란 다음 각 호의 것을 말한다.

1. 삭제<2019. 6. 25.>
2. 「여신전문금융업법」에 따른 여신전문금융회사 및 신기술사업투자조합
3. 「기술보증기금법」에 따른 기술보증기금
4. 「대부업 등의 등록 및 금융이용자 보호에 관한 법률」 제3조에 따라 대부업 또는 대부중개업의 등록을 한 자
5. 「벤처투자 촉진에 관한 법률」 제2조 제10호 및 제11호에 따른 중소기업창업투자회사 및 벤처투자조합
6. 「신용보증기금법」에 따른 신용보증기금
7. 「산림조합법」에 따른 지역조합·전문조합과 그 중앙회
8. 「지역신용보증재단법」에 따른 신용보증재단
9. 「온라인투자연계금융업 및 이용자 보호에 관한 법률」 제5조에 따라 등록한 온라인투자연계금융업자
10. 「자본시장과 금융투자업에 관한 법률」에 따른 거래소(「자본시장과 금융투자업에 관한 법률」 제392조 제2항에 따라 같은 법 제391조 제2항 제1호의 신고사항과 같은 항 제3호에 따른 신고 또는 확인 요구사항에 대하여 정보의 제공을 요청하는 경우만 해당한다)
11. 「한국주택금융공사법」에 따른 한국주택금융공사
12. 「외국환거래법」 제8조 제3항 제2호에 따라 등록한 소액해외송금업자
13. 그 밖에 사실상 금융거래를 하는 개인 또는 법인으로서 총리령으로 정하는 자

2) 5년 이하의 징역 또는 5천만원 이하의 벌금에 해당한다(금융실명법 제3조 제3항, 제6조 제1항).
3) 대판 2017. 12. 22. 2017도12346.
4) 사실관계: 피고인은 성명불상자로부터 보이스톡으로 "마카오에 본사가 있고, 한국에 체인점이 있는데 한국에 있는 고객들을 상대로 환전해 주는 업무를 한다. 10:00부터 16:00까지 일하고, 월 400~600만 원을 지급하겠다. 고객이 입금한 돈 940만 원을 인출하여 우리가 보내는 환전소 직원에게 건네줘라."라는 취지의 말을 듣고 이를 승낙하여 보이스톡으로 성명불

금융회사등은 금융실명거래 의무에 대한 주요 내용을 고객에게 설명하여야 하고, 금융거래 시 원칙적으로 거래자의 실지명의로 거래가 이루어지는지를 확인해야 할 의

상자에게 피고인 명의 은행 계좌를 알려주고, 성명불상자는 전화금융사기 범행을 통해 공소외인으로부터 940만 원을 피고인 명의 신협 계좌로 송금받고, 피고인은 이를 인출하여 수수료 15만 원을 제한 나머지 925만 원을 성명불상자가 보낸 사람에게 건네 주었다. 피고인은 환전하는 방식에 대하여 이상한 생각이 들지 않았느냐라는 질문에 "은행을 이용하면 수수료가 비싸서 개인 환전소를 이용한다고 생각했다"라고 진술하였고, 검사는 정범인 성명불상자가 '환치기'로 불리는 외국환거래법 위반행위를 범하기 위한 것은 '그 밖의 탈법행위를 목적으로 타인의 실명으로 금융거래를 한 것'에 해당하여 금융실명법 제3조 제3항 위반이고 피고인은 이를 방조하였다는 이유로 피고인을 기소하였다.

대법원의 판단: (중략) "사건 규정에서 말하는 '그 밖의 탈법행위'라 함은, 단순히 우회적인 방법으로 금지규정의 제한을 피하려는 행위 전반을 의미하는 것이 아니라, 이 사건 규정에 구체적으로 열거된 불법재산의 은닉, 자금세탁, 공중협박자금조달 및 강제집행의 면탈과 같이 형사처벌의 대상이 되는 행위에 준하는 정도에 이르러야 하고, 여기에 해당하는지 여부는 앞서 본 이 사건 규정의 입법 목적 등을 충분히 고려하여 판단해야 한다. 형법상 방조행위는 정범이 범행을 한다는 정을 알면서 그 실행행위를 용이하게 하는 직접·간접의 행위를 말하므로, 방조범은 정범의 실행을 방조한다는 이른바 방조의 고의와 정범의 행위가 구성요건에 해당하는 행위인 점에 대한 정범의 고의가 있어야 하나, 방조범에서 정범의 고의는 정범에 의하여 실현되는 범죄의 구체적 내용을 인식할 것을 요하는 것은 아니고 미필적 인식 또는 예견으로 족하다. 구 금융실명법 제6조 제1항 위반죄는 이른바 초과주관적 위법요소로서 '탈법행위의 목적'을 범죄성립요건으로 하는 목적범이므로, 방조범에게도 정범이 위와 같은 탈법행위를 목적으로 타인 실명 금융거래를 한다는 점에 관한 고의가 있어야 하나, 그 목적의 구체적인 내용까지 인식할 것을 요하는 것은 아니다. (중략) 전기통신금융사기의 범인이 사기 범행을 통한 편취금을 자신이 아닌 타인 명의 금융계좌로 송금받는 이유는 범죄수익을 은닉하고 범인의 신원을 은폐하기 위한 것으로, 타인 실명의 금융거래를 범죄의 수단으로 악용하는 전형적인 경우이므로 이 사건 규정이 말하는 '탈법행위'를 목적으로 한 타인 실명 금융거래에 해당한다. 한편 외국환거래법은 외국환업무에 해당하는 환전 영업을 하기 위해서는 일정한 요건을 갖추어 등록을 하도록 하고(제8조), 등록을 하지 않고 외국환업무를 한 자를 처벌하도록 규정하고 있는바(제27조의2 제1항 제1호), 무등록 환전 영업은 그 자체로 범죄행위일 뿐 아니라 불법적인 자금의 세탁, 조세포탈, 횡령 등 다른 범죄의 수단이 되기도 하는 행위이므로, 무등록 환전 영업을 위하여 타인의 금융계좌를 이용하여 금융거래를 하는 것은 이 사건 규정이 말하는 '탈법행위'를 목적으로 한 타인 실명 금융거래에 해당한다. 피고인은 정범인 성명불상자가 이 사건 규정에서 말하는 '탈법행위'에 해당하는 무등록 환전 영업을 하기 위하여 타인 명의로 금융거래를 하려고 한다고 인식하였음에도 이러한 범행을 돕기 위하여 자신 명의의 금융계좌 정보를 제공하였고, 정범인 성명불상자는 이를 이용하여 전기통신금융사기 범행을 통한 편취금을 송금받아 탈법행위를 목적으로 타인 실명의 금융거래를 하였다. 그렇다면 피고인에게는 구 금융실명법 제6조 제1항 위반죄의 방조범이 성립하고, 피고인이 정범인 성명불상자가 목적으로 삼은 탈법행위의 구체적인 내용이 어떤 것인지를 정확히 인식하지 못하였다고 하더라도 범죄 성립에는 영향을 미치지 않는다."라고 판단하였다(대판 2022. 10. 27. 2020도12563).

무가 있다. 이를 위반한 금융회사등의 임직원과 해당 금융회사등에는 과태료과 부과될
수 있다.[5]

2. 부동산실명법상 규제

명의신탁약정이란 부동산에 관한 소유권이나 그 밖의 물권을 보유한 자 또는 사실
상 취득하거나 취득하려고 하는 자가 타인과의 사이에서 대내적으로는 실권리자가 부
동산에 관한 물권을 보유하거나 보유하기로 하고 그에 관한 등기는 그 타인의 명의로
하기로 하는 약정을 말한다.[6]

누구든지 부동산에 관한 물권을 명의신탁약정에 따라 명의수탁자 명의로 등기해서
는 아니 된다. 이를 위반한 경우 과징금 및 형사처벌이 가해질 수 있다.[7]

제2절 특정금융정보법

특정금융정보법의 적용을 받는 '금융회사등'에는, 은행, 자본시장법에 따른 집합투
자업자, 증권금융회사 등, 농협, 수협, 신협, 새마을금고, 보험회사, 체신관서, 카지노업
자, 가상자산사업자 등이 포함된다.[8]

---

5) 금융실명법 제3조 제1항, 제4항, 제7항, 제7조, 제8조.
6) 다만, 채무의 변제를 담보하기 위하여 채권자가 부동산에 관한 물권을 이전받거나 가등기하
   는 경우, 부동산의 위치와 면적을 특정하여 2인 이상이 구분소유하기로 하는 약정을 하고
   그 구분소유자의 공유로 등기하는 경우, 신탁법 또는 자본시장법에 따른 신탁재산인 사실을
   등기한 경우에는 명의신탁약정에서 제외한다(부동산실명법 제2조 제1호 단서).
7) 해당 부동산 가액의 30% 범위 내에서 과징금이 부과될 수 있고, 5년 이하의 징역 또는 2억
   원 이하의 벌금에 처해질 수 있다(부동산실명법 제7조 제1항, 제2조 제1호 단서). 다만 종
   중이 타인 명의로 등기한 경우, 종교단체가 그 산하조직이 보유한 부동산에 대하여 등기한
   경우, 배우자 명의로 등기한 경우에는, 조세포탈, 강제집행 면탈 또는 법령상 제한의 회피를
   목적으로 하지 아니하 경우에는 과징금이나 형사처벌 규정이 적용되지 않는다(부동산실명법
   제8조).
8) 법령 내용은 아래와 같다.
   특정금융정보법 제2조(정의) 이 법에서 사용하는 용어의 뜻은 다음과 같다.
   1. 금융회사등이란 다음 각 목의 자를 말한다.
   가. 「한국산업은행법」에 따른 한국산업은행
   나. 「한국수출입은행법」에 따른 한국수출입은행
   다. 「중소기업은행법」에 따른 중소기업은행
   라. 「은행법」에 따른 은행

마. 「자본시장과 금융투자업에 관한 법률」에 따른 투자매매업자, 투자중개업자, 집합투자업자, 신탁업자, 증권금융회사, 종합금융회사 및 명의개서대행회사

바. 「상호저축은행법」에 따른 상호저축은행과 상호저축은행중앙회

사. 「농업협동조합법」에 따른 조합과 농협은행

아. 「수산업협동조합법」에 따른 조합과 수협은행

자. 「신용협동조합법」에 따른 신용협동조합과 신용협동조합중앙회

차. 「새마을금고법」에 따른 금고와 중앙회

카. 「보험업법」에 따른 보험회사

타. 「우체국예금·보험에 관한 법률」에 따른 체신관서

파. 「관광진흥법」에 따라 허가를 받아 카지노업을 하는 카지노 사업자

하. 가상자산과 관련하여 다음 1)부터 6)까지의 어느 하나에 해당하는 행위를 영업으로 하는 자

  1) 가상자산을 매도, 매수하는 행위

  2) 가상자산을 다른 가상자산과 교환하는 행위

  3) 가상자산을 이전하는 행위 중 대통령령으로 정하는 행위

  4) 가상자산을 보관 또는 관리하는 행위

  5) 1) 및 2)의 행위를 중개, 알선하거나 대행하는 행위

  6) 그 밖에 가상자산과 관련하여 자금세탁행위와 공중협박자금조달행위에 이용될 가능성이 높은 것으로서 대통령령으로 정하는 행위

거. 제2호에 따른 금융거래등을 하는 자로서 대통령령으로 정하는 자

특정금융정보법 시행령 제2조(금융회사등) 법 제2조제1호거목에서 대통령령으로 정하는 자란 다음 각 호의 자를 말한다.

1. 「신용보증기금법」에 의한 신용보증기금

2. 「기술보증기금법」에 따른 기술보증기금

3. 「자본시장과 금융투자업에 관한 법률」에 따른 투자일임업자

4. 「온라인투자연계금융업 및 이용자 보호에 관한 법률」 제5조에 따라 등록한 온라인투자연계금융업자

5. 「여신전문금융업법」에 의한 여신전문금융회사와 신기술사업투자조합

6. 「산림조합법」에 의한 산림조합과 그 중앙회

7. 「금융지주회사법」에 의한 금융지주회사

8. 「벤처투자 촉진에 관한 법률」 제2조 제10호 및 제11호에 따른 중소기업창업투자회사 및 벤처투자조합

9. 삭제 <2015. 12. 30.>

10. 「외국환거래법」 제8조 제3항 제1호에 따라 등록한 환전영업자

11. 「농업협동조합법」 제161조의12에 따른 농협생명보험 및 농협손해보험

12. 「외국환거래법」 제8조 제3항 제2호에 따라 등록한 소액해외송금업자

13. 「전자금융거래법」에 따른 전자금융업자

14. 「대부업 등의 등록 및 금융이용자 보호에 관한 법률」 제3조 제2항 제5호에 따라 등록한 대부업자 중 같은 법 제9조의7 제1항에 따른 자산규모 이상인 자

15. 그 밖에 자금세탁행위와 공중협박자금조달행위에 이용될 가능성이 있는 금융거래등을 하는 자로서 법 제3조에 따른 금융정보분석원의 장이 정하여 고시하는 자

금융회사등은 1천만원 이상의 현금이 지급되거나 수령되는 금융거래는 원칙적으로 금융정보분석원장에게 보고하여야 한다(이를 '고액현금거래 보고'라고 함).[9] 1천만원 이상인지를 산정할 때에는 동일인 명의로 이루어지는 1거래일 동안의 금융거래등을 합산하는 것이 원칙이다.[10] 위 금액조건에 미달하더라도 불법재산이 거래되고 있다고 의심할 근거가 있거나 금융거래등의 상대방이 자금세탁행위[11]를 하고 있다고 의심할 근거가 있는 경우 등에는 지체없이 금융정보분석원장에게 보고하여야 한다(이를 '불법의심거래 보고'라고 함).[12] 또한 금융회사등은 금융거래등을 이용한 자금세탁행위 등을 방지하기 위하여 고객의 신원 등에 대하여 충분히 확인해야 한다.[13]

금융정보분석원장은 불법재산, 자금세탁행위와 관련된 형사사건의 수사, 조세탈루 혐의 확인을 위한 조사 등에 필요하다고 인정되는 위와 같이 수집된 정보를 검찰총장, 행정안전부장관, 국세청장, 경찰청장 등에게 제공한다.[14] 금융정보분석원장은 특정금융정보법의 목적 달성을 위해 필요한 경우 상호주의원칙에 따라 외국의 금융정보분석기구에 특정금융거래정보를 제공하거나 외국의 금융정보분석기구로부터 그러한 거래정보를 제공받을 수 있다.[15] 금융정보분석원이 제공한 정보에 의해 수사, 조사 등이 이루어진 사례가 많고, 각국 금융정보분석기구 사이의 협조도 빈번히 이루어지고 있다고 알려져 있다.

제3절 범죄수익법

범죄수익은닉의 규제 및 처벌 등에 관한 법률(이하 이 책에서 '범죄수익법')은 불법적

---

9) 특정금융정보법 제4조의2 제1항, 동법 시행령 제8조의2 제1항. '금융정보분석원'은 자금세탁 방지 등을 위한 고액현금거래 보고, 불법의심거래 보고 등의 접수 및 분석 등의 업무를 수행하기 위하여 금융위 소속으로 설치된 기구이다.
10) 특정금융정보법 시행령 제8조의2 제2항.
11) 여기서 자금세탁행위란, 범죄수익법 제3조에 따른 범죄행위, 마약류 불법거래 방지에 관한 특례법 제7조에 따른 범죄행위, 조세범 처벌법 제3조, 관세법 제270조, 지방세기본법 제102조 또는 특정범죄가중법 제8조의 죄를 범할 목적 또는 세법에 따라 납부하여야 하는 조세(지방세를 포함함)를 탈루할 목적으로 재산의 취득·처분 또는 발생 원인에 관한 사실을 가장하거나 그 재산을 은닉하는 행위를 말한다(특정금융정보법 제2조 제5호).
12) 특정금융정보법 제4조 제1항.
13) 특정금융정보법 제5조의2, 제5조의3, 제5조의4.
14) 특정금융정보법 제10조.
15) 특정금융정보법 제5조의2, 제5조의3, 제5조의4.

인 수익을 은닉하는 등의 소위 '자금세탁'과 관련된 행위를 범죄로 규정하여 규제하고, 불법적인 수익에 대하여 국가의 몰수, 추징 등을 통해 환수하는 것을 원활히 하고자 제정된 법이다. 아래에서는 범죄수익법에서 규정하는 자금세탁관련 범죄들에 대해 살펴보고, 범죄수익의 몰수, 추징제도에 대해서는 제2장에서 살펴본다.

1. 범죄수익의 의미

범죄수익법상 범죄수익이란 (1) 재산상의 부정한 이익을 취득할 목적으로 범한 죄로서 법정형이 사형, 무기 또는 장기 3년 이상의 징역이나 금고에 해당하는 죄 또는 범죄수익법 별표에 열거된 죄에 의하여 생긴 재산 또는 그 범죄행위의 보수로 얻은 재산,[16] (2) 국제상거래에 있어서 외국공무원에 대한 뇌물방지법(이하 이 책에서 '국제뇌물방지법')위반, 재산국외도피 등 범죄수익법 제2조 제2호 나목의 죄에 관계된 자금이나 재산[17]을 말한다.[18]

---

16) 범죄수익법 제2조 제1호 가목, 나목, 제2조 제2호 가목.
17) 범죄수익법 제2조 제1호 다목, 제2호 나목.
18) 구 범죄수익법(2022. 1. 4. 법률 제18672호로 개정되기 전의 것)은 (1) 동법 별표에 구체적으로 열거한 범죄(중대범죄)와 (2) 동법 제2조 제2호 나목에 규정된 범죄에 대해 동법을 적용하고 있었다. 그러나 중대범죄에 대하여 일일이 열거하는 방식을 채택하는 경우 열거되지 아니한 범죄에 대해 범죄수익법을 적용하지 못하는 단점이 있다는 이유로, 2022. 1. 4. 개정된 범죄수익법에서는 (1) 재산상의 부정한 이익을 취득할 목적으로 범한 죄로서 법정형이 사형, 무기 또는 장기 3년 이상의 징역이나 금고에 해당하는 죄와 (2) 동법 별표에 열거한 죄(법정형이 장기 3년 이상의 징역이나 금고에 해당하지 않음에도 불구하고 범죄수익 환수가 필요한 죄로서, 예를 들어 법정형이 2년 이하의 징역인 형법상 배임증재죄가 여기 해당됨)를 '중대범죄'로 규정함으로써 중대범죄를 포괄적으로 규정하였다. 그리고 중대범죄 및 범죄수익법 제2조 제2호 나목에 기재된 죄를 범죄수익법 적용대상으로 하였다. 구 범죄수익법에서는 별표에서 사기, 횡령, 배임죄의 경우 취득한 재산상 이익이 3억 원 이상인 경우에만 중대범죄로 열거하였으므로 그 경우에만 범죄수익법이 적용되었으나, 개정된 범죄수익법에서는 '재산상의 부정한 이익을 취득할 목적으로 범한 죄로서 법정형이 사형, 무기 또는 장기 3년 이상의 징역이나 금고에 해당하는 죄'의 경우 별다른 추가요건 없이 범죄수익이 적용될 것이므로, 사기, 횡령, 배임죄의 경우 재산상 이익의 가액과 상관없이 범죄수익법 적용대상이 될 것으로 보인다.
한편, '특정범죄'란, 재산상의 부정한 이익을 취득할 목적으로 범한 1) 중대범죄, 2) 범죄수익법 제2조 제2호 나목의 죄, 3) 중대범죄 및 범죄수익법 제2조 제2호 나목의 죄와 다른 죄가 형법 제40조의 상상적 경합 관계에 있는 경우에 그 다른 죄, 4) 외국인이 대한민국 영역 밖에서 한 행위가 대한민국 영역 안에서 행하여졌다면 중대범죄 또는 범죄수익법 제2조 제2호 나목의 죄에 해당하고 행위지의 법령에 따라 죄에 해당하는 경우 그 죄를 의미한다(범죄수익법 제2조 제1호).

재산상의 부정한 이익을 취득할 목적으로 범한 죄로서 법정형이 사형, 무기 또는 장기 3년 이상의 징역이나 금고에 해당하는 죄 또는 범죄수익법 별표에 열거된 죄를 '중대범죄'라 하고,[19] 범죄수익이 범죄행위에 의하여 취득한 수익(proceed of crime)의 성격을 가지므로 그 범죄에 의해 생긴 재산이나 그 보수로 얻은 재산을 범죄수익으로 규정한다. 국제뇌물방지법위반, 재산국외도피 등 범죄수익법 제2조 제2호 나목의 죄는 범죄수익이 범죄행위의 객체(subject of crime)의 성격을 가지나 원활한 국제협력 등을 위해 그 범죄에 관계된 자금이나 재산을 범죄수익으로 규정한다.[20]

범죄행위에 의하여 '생긴 재산'이란 범죄행위에 의하여 새로이 만들어진 재산뿐만 아니라 그러한 범죄행위에 의하여 취득한 재산도 포함한다.[21][22]

(1) 범죄수익, (2) 범죄수익에서 유래한 재산, (3) 범죄수익 또는 범죄수익에서 유래한 재산과 그 외의 재산이 합쳐진 재산을 통틀어 '범죄수익등'이라 한다.[23]

'범죄수익에서 유래한 재산'이란, 범죄수익의 과실로 얻은 재산, 범죄수익의 대가로 얻은 재산 및 이들 재산의 대가로 얻은 재산, 그 밖에 범죄수익의 보유 또는 처분에 의하여 얻은 재산이다.[24] '과실'이란 민법상 천연과실이나 법정과실(금전대차에 따른 이자)을 포함하고, '범죄수익의 대가'란 예를 들어 범죄수익인 보석의 매각대금 등을 의미한다. '이들 재산의 대가로 얻은 재산'이란 범죄수익의 과실이나 범죄수익의 대가를 유상양도나 교환하고 받는 반대급부로서 예를 들어 범죄수익인 금전을 대여하고 받는 이자(과실)로 주식을 구입한 경우, 또는 범죄수익인 보석의 매각대금(대가)으로 주식을 구입한 경우 그 주식이 이에 해당한다. '범죄수익의 보유 또는 처분에 의하여 얻은 재산'이란 예를 들어 범죄수익인 현금을 예금한 경우의 예금채권, 범죄수익인 부동산에 저당권을 설정하고 받은 대출금 등을 의미한다.[25]

---

19) 범죄수익법 제2조 제1호 라목.
20) 법무부, '범죄수익은닉의 규제 및 처벌 등에 관한 법률해설, 2002, 84면.
21) '생긴 재산'이란 중대범죄의 범죄행위에 의하여 새로 만들어진 재산뿐만 아니라 그러한 범죄행위에 의하여 취득한 재산도 포함한다(대판 2004. 12. 10. 2004도5652; 대판 2005. 8. 19. 2005도3045). 주식회사의 대표이사가 아무런 반대급부를 제공받지 아니하고 회사 소유의 양도성예금증서를 제3자의 금융기관 대출에 대한 담보로 제공하여 그 대출이 이루어졌다면 제3자에게 담보 가치에 상응한 대출금 상당의 재산상 이익을 취득하게 하고 회사에는 그에 상응한 재산상 손해를 입힌 것이므로, 이러한 담보제공행위가 특정경제범죄법(배임)죄에 해당한다면 금융기관으로부터 받은 대출금은 그 범죄행위에 의하여 생긴 재산으로서 범죄수익에 해당한다(대판 2008. 11. 13. 2006도4885).
22) '재산'이란 사회통념상 경제적 가치가 인정되는 이익 일반을 말한다고 한다. 법무부, 위의 책, 2002, 94면.
23) 범죄수익법 제2조 제4호.
24) 범죄수익법 제2조 제3호.

'범죄수익 또는 범죄수익에서 유래한 재산과 그 외의 재산이 합쳐진 재산'은, (1) 범죄수익과 범죄수익에서 유래한 재산이 혼화된 재산(예: 범죄수익인 예금채권과 그에 유래한 이자), (2) 범죄수익 또는 범죄수익에서 유래한 재산과 이들 재산 외의 재산이 혼화된 재산(예: 범죄수익인 현금과 합법적인 영업수익인 현금), (3) 범죄수익 및 범죄수익에서 유래한 재산과 이들 재산 외의 재산이 혼화된 재산(예: 범죄수익인 예금채권과 그에 유래한 이자가 들어있는 계좌에 합법적 영업대금이 예금된 경우)으로 구분할 수 있다.[25]

2. 범죄수익등의 취득·처분에 관한 사실을 가장하는 행위

범죄수익등의 취득, 처분에 관한 사실을 가장하는 행위는 처벌된다.[27] 여기서 '가장행위'라 함은 범죄수익등의 취득·처분의 원인이나 범죄수익등의 귀속에 관하여 존재하지 않는 사실을 존재하는 것처럼 위장하는 것을 의미하고,[28] 범죄수익등을 차명계좌에 입금하는 행위와 같이 범죄수익등이 제3자에게 귀속하는 것처럼 가장하는 행위가 포함된다.[29] 대법원은 중대범죄로 인한 범죄수익에는 중대범죄행위에 의하여 새로 만

25) 법무부, 위의 책, 2002, 94~95면.
26) 법무부, 위의 책, 2002, 99면.
27) 범죄수익법 제3조 제1항 제1호.
28) 대판 2008. 2. 15. 2006도7881. 한편 이 사안은 피고인이 공소외 회사의 수출대금 중 미화 100만 달러를 홍콩메릴린치사에 개설한 피고인 명의 계좌에 은닉하여 두었다가 재산국외도피로 조사를 받게 되자 위 피고인 명의 계좌에 예치하여 둔 자금의 잔액을 모두 인출하여 이를 국내의 공소외 회사 명의 계좌에 수출대금 명목으로 송금한 다음 바로 수사기관에 그와 같은 자금의 예치 및 국내반입 경위를 사실대로 밝히고 그에 관한 자료도 제출한 것인데, 대법원은 재산국외도피죄의 범죄수익은 원래 공소외 회사의 수출대금으로서 국내로 반입되어 공소외 회사에 귀속되어야 할 재산이므로, 이를 공소외 회사의 국내 계좌에 수출대금 명목으로 송금하였다고 하여 이를 범죄수익 등의 취득 또는 처분원인이나 그 귀속에 관한 사실을 가장하였다고 보기 어렵고, 피고인이 수사 도중에 이 사건 재산국외도피죄의 범죄수익을 국내로 반입한 이유는 재산국외도피의 범죄사실이나 그 범죄수익을 숨기기 위함이 아니라 사후에라도 이를 국내로 반입하면 재산국외도피의 혐의를 벗어나거나 선처를 받을 수 있을 것으로 판단하였기 때문임을 알 수 있으므로, 피고인이 수사기관에서 위와 같이 범죄수익 등을 국내로 반입한 사정을 들어 재산국외도피 혐의를 일시 부인한 바 있다고 하여 피고인에게 그 범죄수익 등 가장행위에 대한 범의가 있었다고 볼 수도 없다고 판단하였다.
29) 차명계좌에 대한 범죄수익 등 입금행위가 '범죄수익등의 취득 또는 처분에 관한 사실을 가장하는 행위'에 해당하는지 여부는 해당 계좌의 실제 이용자와 계좌 명의인 사이의 관계, 이용자의 해당 계좌 사용의 동기와 경위, 예금 거래의 구체적 실상 등을 종합적으로 고려하여야 한다(대판 2008. 2. 28. 2007도10004).
대판 2012. 9. 27. 2012도6079는, 경찰관인 피고인 甲이 사행성 게임장 업주인 피고인 乙로부터 뇌물을 수수하면서 피고인 乙의 자녀 명의 은행 계좌에 관한 현금카드를 받은 뒤

들어지거나 그 범죄행위로 직접 취득한 재산 또는 범죄행위에 대한 직접적 대가로서 취득한 재산은 포함되지만, 단순히 중대범죄행위와 관계된 재산이나 범죄수익을 보유하거나 처분하여 2차적으로 얻은 재산은 이에 포함되지 않는다고 한다.[30]

3. 범죄수익의 발생원인에 관한 사실을 가장하는 행위

범죄수익의 발생원인에 관한 사실을 가장하는 행위는 처벌대상이다.[31] 판례는 가장행위의 목적물이 아직 범죄수익에 해당하지 않는 경우에는, 이 죄가 성립하지 않는다고 한다.[32] 다만 범죄수익등의 발생원인이 되는 범죄가 종국적으로 기수에 이르렀

피고인 乙이 위 계좌에 돈을 입금하면 피고인 甲이 현금카드로 돈을 인출하는 방법으로 범죄수익의 취득에 관한 사실을 가장하였다는 내용으로 기소된 사안에서, 위 행위가 '범죄수익등의 취득 또는 처분에 관한 사실을 가장하는 행위'에 해당하고 이 죄와 수뢰죄가 실체적 경합관계라고 하였다.

대판 2017. 10. 26. 2017도8600은, 피고인들이 보이스피싱 사기단체의 구성원으로 활동하면서 피해자들로부터 피고인들 자신 또는 공범들의 계좌와 전혀 무관한 제3자 명의의 계좌로 돈을 송금받는 행위는 '범죄수익등의 취득에 관한 사실을 가장'한 것이라고 하였다.

30) 대법원은 범죄수익법 제2조 제2호가 범죄수익을 두 가지로 나누면서 가.목에서는 중대범죄에 의하여 '생긴 재산' 또는 그 '보수로 얻은 재산'이라고 하고 나.목에서 일정한 범죄에 '관계된 자금 또는 재산'이라고 규정하여 서로 구별하고 있는 점 등을 이유로, 범죄수익법 제2조 제2호 가.목의 범죄수익에는 중대범죄행위에 의하여 새로 만들어지거나 그 범죄행위로 직접 취득한 재산 또는 범죄행위에 대한 직접적 대가로서 취득한 재산은 포함되지만, 단순히 그 범죄행위와 관계된 재산이나 범죄수익을 보유하거나 처분하여 2차적으로 얻은 재산은 포함되지 않는다고 한다(대판 2017. 3. 15. 2016도19659). 이 사건은 시청 건축민원 담당 공무원인 피고인 1이 관내 건축사·토목설계사·건축현장소장 등으로부터 부정한 청탁을 받고 이들로 하여금 피고인 2로부터 물품을 구입하게 하고 피고인 2가 물품 판매대금을 자신의 계좌가 아닌 공소외 1의 계좌로 받은 것이 '범죄수익의 취득에 관한 사실을 가장한 것'이라고 기소된 것이다. 대법원은 원심이 유죄로 인정한 피고인 1에 대한 제3자뇌물수수죄의 범죄사실에서의 뇌물은 '피고인 2에게 제공된 물품판매로 인한 이득금 상당을 지급받을 수 있는 지위 또는 기회'라는 무형의 이익이고, 그러한 지위나 기회의 취득에 대하여는 가장행위가 있지 않았으며, 피고인 2가 받은 돈은 피고인 2가 판매대금으로 직접 받은 것이 아니라 피고인 2와 공소외 2가 체결한 판매직원계약에 따라 물품판매대금 전액이 공소외 2에게 입금되면 매월 판매실적에 따라 피고인 2가 별도로 지급받은 것이어서 '중대범죄에 의하여 생긴 재산 또는 그 범죄행위의 보수로 얻은 재산'이 아니므로, 범죄수익의 취득에 관한 사실을 가장한 것이 아니라고 하였다.

31) 범죄수익법 제3조 제1항 제2호.

32) 회사의 대표이사와 경리이사가 변칙회계처리로 법인자금을 인출하여 차명계좌에 입금·관리한 경우, 애초부터 그 목적이 회사자금을 개인적으로 착복할 목적이었다면 그 비자금 조성행위 자체로서 불법영득의사를 실현한 것으로 인정할 수 있지만, 위 비자금 조성관리자가 회사 대표이사여서 그 자금이 여전히 법인의 관리 하에 있는 것으로 볼 여지가 있고, 동일

면, 그 범죄수익등의 발생원인을 가장하는 행위가 시간적으로 범죄수익등을 발생시키는 범죄의 기수 이전에 이루어질 필요는 없다는 판례도 있다.[33] 이 죄가 성립하기 위해서는 범죄수익등을 발생시키는 당해 범죄행위와는 별도의 행위가 있어야 하고, 범죄수익등을 발생시키는 범죄행위 자체는 범죄수익등의 발생원인에 관한 사실을 가장하는 행위라고 할 수 없다는 것이 판례이다.[34]

4. 특정범죄를 조장하거나 적법하게 취득한 재산으로 가장할 목적으로 범죄수익등을 은닉하는 행위

특정범죄를 조장하거나 적법하게 취득한 재산으로 가장할 목적으로 범죄수익등을 은닉하면 처벌된다.[35] '은닉'이란 범죄수익의 특정·추적·발견을 불가능하게 하거나 현저하게 곤란하게 하는 행위로서 통상의 보관방법이라고 보기 어려운 경우를 말하고,[36] 범죄수익등인 주식을 타인에게 처분한 것처럼 타인 명의로 명의개서하여 두는 행위도 포함한다.[37][38] 이에 해당하기 위해서는 행위자가 자신이 은닉하려고 하는 것이 동법

수법으로 조성된 비자금 중 상당부분은 그 사용처를 알 수 없거나 개인적으로 사용하였다는 증거가 부족하여 공소제기에서 제외된 점을 고려하면 비자금 조성단계가 아니라 조성된 비자금을 구체적으로 개인적 용도로 사용할 때 불법영득의사가 표출되어 횡령행위가 기수에 이른 것이다. 따라서 비자금 조성과정에서 현금을 수표로 교체발행하거나 차명계좌 사이에서 계좌이체를 하는 단계에서는 해당 자금이 '범죄수익'에 해당하지 않고 따라서 범죄수익법 제3조 제1항 제2호, 제3호의 범죄수익 가장, 은닉행위가 성립하지 않는다(대판 2006. 8. 24. 2006도3039).

33) 대판 2015. 12. 23. 2014도11042.
34) 피고인이 피해자 회사의 물건을 페이퍼컴퍼니 A가 구입하게 하고 다시 A가 이를 B에게 판 후 B로부터 A의 명의상 대표자 갑 명의 계좌로 물품대금을 송금받음으로써 A가 중간에서 취득하는 마진을 A의 영업이익인 것처럼 가장한 사안에서, 피고인이 갑 명의 계좌로 물품대금을 송금받는 행위는 범죄수익을 발생시키는 배임행위 그 자체에 불과하므로 피고인에게 배임죄와 별도로 범죄수익법위반이 성립하지 아니한다(대판 2015. 12. 23. 2014도11042).
35) 범죄수익법 제3조 제1항 제3호.
36) 대판 2004. 12. 10. 2004도5652. 이 사건은 피고인이 취득한 범죄수익인 액면 합계 50억원의 채권에 대한 수사기관의 추적을 피함과 아울러 ○○당이 이를 기업체에서 음성적으로 받은 불법 정치자금이 아니라 정당하게 마련한 정치자금인 것처럼 사용할 수 있도록 피고인의 이름을 드러내지 않은 채 고율의 할인료를 지급하면서 위 채권을 현금 등으로 할인한 다음 이를 금융기관에 예치하지 않고 피고인의 주거지 지하창고 등에 보관하다가 ○○당에 전달한 것인데, 대법원은 피고인이 위 채권을 적법하게 취득한 재산으로 가장할 목적으로 은닉하였다고 판단하였다.
37) 타인 명의로 범죄수익 등에 해당하는 주식을 명의개서하는 행위가 실질 처분이 아니라 범죄수익등을 은닉하는 행위에 해당하는지 여부를 판단할 때에는 주식거래 당사자 사이의 관

제2조 제4호에서 정한 '범죄수익등'의 어느 한 유형에 해당한다는 정도의 인식은 있어야 하지만, 구체적으로 어떠한 내용과 종류의 범죄로 인하여 범죄수익등이 된 것인지까지 인식할 필요는 없다.[39]

5. 정황을 알면서 범죄수익등을 수수하는 행위

정황을 알면서 범죄수익등을 수수하면 형사처벌된다.[40] 범죄수익등의 소유권을 취득하는 행위는 물론 범죄수익등을 채권의 담보로 취득하는 행위도 포함한다.[41] 범죄수익등이라는 정황의 인식은 미필적 인식으로도 족하다.[42][43]

계, 명의개서하게 된 동기와 경위, 주식 거래대금의 실제 수수 여부 등을 종합적으로 고려하여야 한다(대판 2008. 11. 13. 2006도4885).

38) 범죄수익법 제3조 제1항 제3호의 범죄수익등의 은닉에 대한 죄의 미수범으로 처벌하기 위해서는 그 실행에 착수한 것이 인정되어야 하는데, 그러한 실행의 착수는 범죄수익등이 생겼을 때 비로소 가능하므로 범죄수익등이 생기지 않은 상태에서는 범죄수익등의 은닉에 대한 죄의 실행의 착수가 있었다고 인정할 수 없다(대판 2007. 1. 11. 2006도5288). 범죄수익등의 은닉죄는 예비·음모 행위도 처벌되는데(범죄수익법 제3조 제3항), 이 판례는 범죄수익등의 은닉에 대한 죄의 예비죄 성립 여부까지 판단한 것은 아니다.

39) 대법원은 동업자 중 한 사람이 동업재산 약 1천억원을 몰래 회수(횡령)함에 있어 해당 재산의 자금세탁을 도와주려는 인식을 가지고 있었으나 실제로는 강도행위로 취득한 강취품의 자금세탁을 도와주는 것이었을 때, 피해액 1천억원 이상의 횡령죄로 생긴 재산이든 강도죄로 생긴 재산이든 모두 '범죄수익등'에 해당한다는 점에서, 범죄수익법 제3조 제1항 제3호 위반에 대한 고의를 인정할 수 있다고 하였다(대판 2007. 1. 11. 2006도5288).

40) 범죄수익법 제4조.

41) 대판 2005. 8. 19. 2005도3045.

42) 범죄수익등이라는 정의 인식은 반드시 확정적인 것을 요하지 않고, 범죄수익등일지도 모른다는 의심을 가지는 정도의 미필적 인식으로도 족하다. 교부자 및 교부를 받은 사람의 신분과 서로의 관계, 수수의 경위, 시간과 장소, 수수되는 재물의 성질과 형태, 대가성의 유무 등 범죄수익 등이 수수될 당시의 모든 객관적인 상황을 참작하여 이를 인정하여야 한다(대판 2007. 2. 9. 2005도2709).

43) 대법원은 국회의원이 대통령 선거가 임박한 시점에 소속 정당의 사무총장으로부터 선거활동비 명목의 돈 5천만원을 전액 현금으로 수수하였다는 등의 사유만으로는, 그 당시에 당연히 위 돈이 불법정치자금이라는 사정을 알았던 것이라고 단정하기 어렵다고 하였다(대판 2007. 2. 9. 2005도2709).
다만 Y창업투자회사의 투자심사위원인 피고인 1이 S회사 주식을 매수하는 측의 요청으로 주식매수대금 50억원을 대출해 주는 과정에서 53억원 상당의 양도성예금증서를 50억원 대출금의 담보로 교부받고 위 양도성예금증서 중 약 3억원을 대출 수수료로 받은 사안에서는, 피고인 1이 대출을 교섭하는 과정에서 대출 원리금의 담보로 제공받을 양도성예금증서 53억원 상당이 S회사 주주이자 대표이사인 상피고인 2 등이 S회사 소유 자산을 임의로 처분하여 횡령하는 것이라는 정을 알았다는 이유로, 피고인 1이 수수료 3억원을 받은 것을

6. 금융회사등의 미신고행위

특정금융정보법상 금융회사등에 종사하는 사람이 금융거래등과 관련하여 수수한 재산이 범죄수익법상 범죄수익등이라는 사실을 알게 되었을 때 또는 금융거래등의 상대방이 범죄수익법상 범죄수익등의 은닉, 가장행위를 하고 있다는 사실을 알게 되었을 때에는, 지체없이 관할수사기관에 신고하여야 한다. 이를 신고하지 않으면 형사처벌된다.[44]

제4절 마약거래방지법

마약류 불법거래 방지에 관한 특례법(이하 이 책에서 '마약거래방지법')상 '불법수익'이란, 일정한 마약류 범죄행위로 얻은 재산, 그 범죄행위의 보수로 얻은 재산이나 일정한 마약류 범죄에 관계된 자금을 말한다.[45] '불법수익에서 유래한 재산'이란 불법수익의 과실(果實)로서 얻은 재산, 불법수익의 대가로서 얻은 재산, 이들 재산의 대가로서 얻은 재산, 그 밖에 불법수익의 보유 또는 처분으로 얻은 재산을 말한다.[46] '불법수익등'이란 불법수익, 불법수익에서 유래한 재산 및 그 재산과 그 재산 외의 재산이 합하여진 재산을 말한다.[47]

마약류범죄의 발견 또는 불법수익등의 출처에 관한 수사를 방해하거나 불법수익등의 몰수를 회피할 목적으로 불법수익등의 성질, 소재, 출처 또는 귀속관계를 숨기거나 가장하는 행위, 불법수익이라는 정황을 알면서 불법수익등을 수수하는 행위는 형사처벌 대상이다.[48]

금융실명법상 금융회사등에 종사하는 자가 금융거래 업무를 수행하면서 수수한 재산이 불법수익등임을 알게 되었을 때 또는 그 업무에 관계된 거래 상대방이 불법수익등의 은닉, 가장행위를 하였음을 알게 되었을 때에는 지체없이 서면으로 검찰총장에게

범죄수익등 수수죄로 보았다(대판 2005. 8. 19. 2005도3045).
44) 범죄수익법 제5조.
45) 마약거래방지법 제2조 제3항.
46) 마약거래방지법 제2조 제4항.
47) 마약거래방지법 제2조 제5항.
48) 마약거래방지법 제8조, 제9조.

신고하여야 하고, 그러한 신고의무를 위반하면 형사처벌된다.[49]

---

49) 마약거래방지법 제5조.

제1절 형법상 몰수, 추징 제도

(1) 범죄행위[50]에 제공하였거나[51] 제공하려고[52]한 물건, (2) 범죄행위로 인하여 생하였거나 이로 인하여 취득한 물건,[53] (3) 위 (1), (2)의 대가로 취득한 물건[54]으로

---

50) 판례는, 형법 제49조 단서에서 '유죄의 재판을 하지 아니할 때에도 몰수의 요건이 있는 때에는 몰수할 수 있다'고 규정하고 있으나 몰수가 피고인에 대한 다른 형에 부가하여 선고되는 형이고 우리 법제상 공소의 제기 없이 별도로 몰수·추징만을 선고할 수 있는 제도는 마련되어 있지 않다는 등의 이유로, 기소되지 않은 범죄, 공소시효가 완성된 범죄에 대하여는 몰수를 할 수 없다고 한다(대판 2008. 2. 14. 2007도10034; 대판 1992. 7. 28. 92도700). 면소판결을 하는 경우에도 원칙적으로 몰수를 선고할 수 없다(대판 2007. 7. 26. 2007도4556).

51) 구 외국환관리법(1997. 12. 13. 법률 제5453호로 개정되기 전의 것) 제19조에 의한 허가없이 휴대하여 출국하려고 하던 토지개발채권은, 수출미수행위로 인하여 '취득하게 된 물건'은 아니므로 구 외국환관리법 제33조에 의해 몰수추징을 할 수는 없으나, 수출미수행위에 '제공된 물건'으로 볼 수 있어 형법 제48조에 의해 몰수추징할 수는 있다(대판 2002. 9. 4. 2000도515). 다만 구 관세법 제188조 제1호 위반의 허위신고의 대상이 된 물건은 신고의 대상물이지 허위신고죄의 범죄행위에 제공된 물건은 아니라는 판례(대판 1974. 6. 11. 74도352), 미국 달러화를 휴대하여 입국한 후 외국환관리법에 따라 이를 등록하지 아니한 사안에서 해당 달러화를 범행에 '제공하거나 제공하려고 한 물건'으로 볼 수 없다는 판례도 있다(대판 1982. 3. 9. 81도2930).

52) 판례는 '범죄행위에 제공하려고 한 물건'이란 판결을 선고하는 당해 범죄에 제공하려고 한 물건만을 말한다고 한다. 피고인이 2007. 4. 20.경부터 2007. 7. 24.경까지 신고하지 아니하고 46회에 걸쳐 당해 거래의 당사자가 아닌 거주자의 명의를 이용하여 당해 거래의 당사자인 비거주자에게 지급을 하였다는 것(외국환거래법 제16조 위반)으로 기소된 사건에서, 피고인이 소지하다가 압수된 자기앞수표와 현금은 기소된 위 범죄에 제공하려고 한 물건으로 볼 수 없고 향후 실행하려는 동종 범죄에 제공하려고 한 것으로 보이므로 몰수할 수 없다고 하였다(대판 2008. 2. 14. 2007도10034).

53) '범죄행위로 인하여 취득한 물건'이란 도박으로 얻은 금품이나 범행의 보수로 받은 금품 등과 같이 결과적으로 취득한 물건이어야 하므로[사법연수원, 형사판결서작성실무(2018), 62면], 자기앞수표를 밀반출하여 타인에게 전달한 경우 자기앞수표(대판 1979. 9. 25. 79도1309), 미국 달러화를 휴대하여 입국한 후 등록하지 않은 경우 당해 달러화(대판 1982. 3. 9. 81도2930)는 이에 해당하지 않는다. 뇌물수수의 목적이 무기한·무이자 금전소비대차계

서, 범인[55] 이외의 자의 소유에 속하지 아니하거나[56] 범죄 후 범인 이외의 자가 정을 알면서 취득한[57] 물건은 전부 또는 일부를 몰수할 수 있다.[58] 해당 물건을 몰수할 수 없을 때는[59] 그 가액을 추징한다.[60] 범죄수익법 등 특별법에서는 물건뿐만 아니라 재산상 이익도 몰수대상으로 규정하는 경우가 있다. 형법 범죄에 대하여는 형법 총칙 제48조에 의하여 임의적 몰수추징이 원칙이지만, 형법 각칙이나 개별 법규에서 필요적 몰수추징으로 하는 경우가 있다.[61] 양벌규정으로 법인을 처벌하는 경우에 법인에 대하

약에 의한 금융이익일 때 그 금융이익이 뇌물이고 소비대차의 목적인 돈 자체는 뇌물이 아니므로 소비대차의 목적인 돈 자체를 형법 제134조에 의해 몰수할 수는 없지만, 범죄행위로 인하여 취득한 물건으로서 형법 제48조 제1항 제2호에 의하여 몰수할 수는 있다(대판 1976. 9. 28. 75도3607). 이상 한국사법행정학회, 주석형법 제3판, 총칙2, 2020, 450면.

54) 몰수할 물건의 소유권이 선의의 제3자에게 이전되는 등의 이유로 몰수할 수 없는 경우에 범인이 그 대가로 취득한 물건이다. 다만 몰수의 대상이 되지 않는 장물을 처분하여 취득한 대가가 압수된 경우에는 형사소송법 제333조 제2항에 의하여 피해자에게 교부하여야 한다(예: 절취한 현금으로 산 시계). 이상 사법연수원, 형사판결서작성실무(2018), 62면.

55) 범인에는 공범이 포함되고, 몰수물의 소유자인 범인(공범)이 반드시 같이 기소되거나 유죄의 죄책을 지는 사람일 필요는 없다(대판 2006. 11. 23. 2006도5586). 소유자불명이거나, 어느 누구의 소유도 아니거나, 사인의 소유가 금지된 물건(예: 위조통화)은 '범인 이외의 자의 소유에 속하지 아니한 물건'이므로 몰수 가능하다(한국사법행정학회, 주석형법 제3판, 총칙2, 2020, 452면). 수뢰자가 뇌물을 그대로 보관하다가 증뢰자에게 반환한 때에는 증뢰자로부터 몰수추징해야 하고(대판 1984. 2. 28. 83도2783), 수뢰자가 받은 자기앞수표를 소비하고 그 상당액을 증뢰자에게 반환한 때에는 뇌물 자체를 반환한 것은 아니므로 수뢰자로부터 추징해야 한다(대판 1999. 1. 29. 98도3584).

56) 따라서 피해자의 소유인 절도죄의 장물은 몰수 대상이 아니다.

57) 취득이란 소유권은 물론 질권이나 저당권 같은 물권을 취득한 경우를 포함한다(한국사법행정학회, 주석형법 제3판, 총칙2, 2020, 453면). 몰수대상이 되기 위해서는 취득시점이 범죄 후여야 하므로 범인 이외의 자가 악의로 취득하였더라도 범행 전에 취득한 경우에는 몰수대상이 아니다. 취득 당시 선의였다면 취득 후 악의가 되었더라도 몰수할 수 없다. 사법원수원, 형사판결서작성실무(2018), 65면.
특별법상 몰수는 다를 수 있다. 판례는 문화재보호법상 몰수는 형법 총칙의 몰수에 대한 특별규정으로서 몰수할 문화재가 제3자의 소유에 속하더라도 그의 선의·악의를 불문하고 필요적으로 몰수해야 한다고 한다(대판 1999. 5. 11. 99다12161).

58) 판례는 몰수·추징이 부가형적 성질을 띠고 있어 주형을 선고유예하는 경우에는 그에 부가할 몰수·추징도 선고유예할 수 있으나, 형법 제59호에 몰수가 선고유예 대상으로 되어있지 아니하므로 주형을 선고유예하지 아니하면서 몰수·추징에 대해서만 선고유예를 할 수는 없다고 한다(대판 1988. 6. 21. 88도551).

59) 소비·훼손·분실·가공·혼화 등으로 동일성이 상실되거나 외국소재 부동산 같이 장소로 인한 장애가 있거나, 선의의 제3자에게 양도된 것과 같이 법률상 몰수요건이 결여된 경우를 말한다. 한국사법행정학회, 주석형법 제3판, 총칙2, 2020, 456면.

60) 형법 제48조 제1항, 제2항.

61) 뇌물죄에서 '뇌물'(형법 제134조), 배임수증재죄에서 제공·취득한 '재물 또는 재산상 이익'

여도 몰수·추징을 할 수 있다.[62)]

몰수추징의 대상 여부와 추징할 액수는 범죄구성요건에 관한 것이 아니므로 엄격한 증명을 요하지는 않지만,[63)] 증거에 의하여 인정은 되어야 하고 액수를 특정할 수 없는 경우에는 가액을 추징할 수 없다.[64)] 몰수 대상에 여러 사람이 관여된 경우 몰수의 성격이 이익박탈적일 경우에는 개별책임을,[65)] 징벌적일 경우에는 연대책임[66)]을 지우는 것이 판례이다. 몰수판결은 유죄판결을 받은 피고인에 대한 관계에서 그 물건을 소지하지 못하게 하는데 그치고 그 사건에서 재판을 받지 아니한 제3자의 소유권에 어떤 영향을 미치는 것은 아니므로, 제3자는 소유자임을 주장하여 국가에 대하여 민사소송으로 그 반환을 청구할 수 있다.[67)]

제2절 특별법상 몰수, 추징 제도

일정한 범죄와 관련된 수익에 대한 몰수·추징의 대상을 확장하고 이를 용이하게 하기 위하여 제정된 법률로는 범죄수익법, 공무원범죄에 관한 몰수 특례법(이하 이 책에서 '공무원범죄몰수법'), 불법정치자금 등의 몰수에 관한 특례법(이하 이 책에서 '불법정치자금몰수법'), 마약거래방지법, 부패재산의 몰수 및 회복에 관한 특례법(이하 이 책에서 '부패재산몰수법') 등이 있다.

(형법 제357조 제3항), 특정범죄가중법(알선수죄)에서 범인이 취득한 재산(특정범죄가중법 제13조), 특정경제범죄법(재산해외도피죄)에서 도피시키거나 도피시키려고 한 재산(특정경제범죄법 제10조), 특정경제범죄법(금융회사임직원 관련 증수재죄 알선수재죄)에서 범인등이 받은 금품이나 이익(특정경제범죄법 제10조), 일정한 외국환거래법 위반행위로 취득한 외국환·증권·내국지급수단(외국환거래법 제30조), 일정한 관세법 위반행위와 관련된 물품(관세법 제282조) 등은 각 필요적 몰수·추징을 하도록 되어 있다.

62) 대판 1980. 12. 9. 80도584.
63) 대판 1993. 6. 22. 91도3346; 대판 2007. 3. 15. 2006도9314.
64) 대판 2006. 4. 7. 2005도9858; 대판 2011. 5. 26. 2009도2453.
65) 한국사법행정학회, 주석형법 제3판, 총칙2, 2020, 457면. 사행행위등 규제 및 처벌 특례법 위반으로 인하여 범죄수익법의 추징의 대상이 되는 경우, 이 추징은 부정한 이익을 박탈하여 이를 보유하지 못하게 하기 위한 것이므로 수인이 공동으로 사행행위 영업을 하여 이익을 얻은 경우에는 그 분배받은 금원, 즉 실질적으로 귀속된 이익금만을 개별적으로 몰수·추징해야 하고, 그 분배받은 금원을 확정할 수 없을 때에는 평등하게 분할한 금원을 몰수·추징해야 한다(대판 2007. 11. 30. 2007도635).
66) 관세법 관련 대판 2006. 4. 14. 2006도638; 외국환거래법 관련 대판 1998. 5. 21. 95도2002.
67) 대판 1970. 3. 24. 70다245; 대판 1999. 5. 11. 99다12161.

1. 몰수·추징 대상

1.1 범죄수익법

범죄수익법은 (1) 범죄수익, (2) 범죄수익에서 유래한 재산, (3) 범죄수익등의 은닉·가장죄 또는 수수죄에 관계된 범죄수익등, (4) 범죄수익등의 은닉·가장죄 또는 수수죄에 의하여 생긴 재산 또는 그러한 범죄행위의 보수로 얻은 재산, (5) 위 (3) 또는 (4)에 따른 재산의 과실 또는 대가로 얻은 재산 또는 이들 재산의 대가로 얻은 재산, 그 밖에 그 재산의 보유 또는 처분에 의하여 얻은 재산을, 각 몰수할 수 있도록 규정한다.[68]

범죄수익등 가장·은닉죄 또는 수수죄에 '관계된 범죄수익등'이란 범죄수익등 가장·은닉죄 또는 수수죄의 객체가 되는 범죄수익등을 말한다는 견해가 있다.[69]

범죄수익등 가장·은닉죄 또는 수수죄에 '의하여 생겼거나 그 범죄행위의 보수로 얻은 재산'이란 이 죄에 의해 처음 생성되거나 범인이 취득한 재산 또는 그 보수로 받은 재산을 말한다.[70]

범죄수익등 가장·은닉죄 또는 수수죄에 '따른 재산의 과실 또는 대가로 얻은 재산 또는 이들 재산의 대가로 얻은 재산, 그 밖에 그 재산의 보유·처분에 의하여 얻은 재산'이란 범죄수익등 가장은닉죄 또는 수수죄에서 유래한 재산을 지칭하는 규정이다.[71][72]

---

[68] 범죄수익법 제8조 제1항. 공무원범죄몰수법, 마약거래방지법은 범죄수익의 철저한 박탈을 위해서 필요적 몰수·추징을 원칙으로 규정하였으나, 범죄수익법에는 피해자가 있는 범죄 등 다양한 유형의 범죄가 포함되어 있어 구체적인 사안에 따라 몰수여부를 결정할 수 있도록 임의적 몰수·추징으로 규정하였고, 따라서 개별 법령에서 필요적 몰수·추징을 두고 있는 경우에는 임의적 몰수·추징을 규정하는 범죄수익법보다 필요적 몰수·추징을 규정하는 개별법령이 우선 적용되어야 하는 특별법에 해당한다. 법무부, 위의 책, 2002, 154면.

[69] 법무부, 위의 책, 2002, 156면. 이 견해는 범죄수익등 가장·은닉·수수죄의 객체와 수단을 구분하여 객체는 이 조항에 의하여 몰수대상이나, 수단은 그렇지 않고 형법 제48조 제1항에 따른 몰수만 문제된다고 한다. 예를 들어 합법재산이 예금되어 있는 계좌에 범죄수익을 입금한 다음 그 예금 전부를 인출하여 다른 차명계좌에 입금하여 은닉한 경우, 새 계좌에 입금된 예금 전부가 (가장·은닉의 객체이므로) 이 조항에 의해 임의적 몰수대상이 된다고 한다.

[70] 범죄수익등 가장·은닉죄 또는 수수죄에 의하여 생겼거나 그 보수로 얻은 재산은 범죄수익법 제2조 제3호의 범죄수익에 포함되지 않기 때문에 별도로 규정한 것이라고 한다. 법무부, 위의 책, 2002, 157면.

[71] 이 조항은 범죄수익법 제2조의 3호에서 '범죄수익에서 유래한 재산'을 정의한 방식과 동일한 문구를 쓰고 있다. 범죄수익등 가장·은닉죄 또는 수수죄의 범죄수익에서 유래한 재산이 범죄수익법 제2조 제3호의 범죄수익에 포함되지 않기 때문에 별도로 규정한 것이라고 한다. 따라서 범죄수익등 가장·은닉죄 또는 수수죄의 보수로 받은 돈을 예금하여 이자가 발생한

몰수대상재산이 합법재산과 합쳐진 경우에는, 그 합쳐진 재산(혼화재산) 중 몰수할 수 있는 재산의 금액·수량에 상당하는 부분을 몰수할 수 있다.[73] 몰수대상재산 또는 혼화재산이 법인 이외의 자에게 귀속되는 경우에는, 그 귀속자가 범죄 후 그 정황을 알면서 그 재산을 취득한 경우에 한하여 몰수할 수 있다.[74] 몰수대상재산 중 전부 또는 일부가 범죄피해재산인 경우에는 몰수 또는 추징을 할 수 없다.[75][76] 몰수대상재산이 몰수 또는 추징되어 국고에 귀속된 경우에는, 수사기관에 신고한 자 또는 몰수, 추징에 공로가 있는 자에게 포상금이 지급될 수 있다.[77]

대법원은 범죄수익을 얻기 위해 범인이 지출한 비용은 그것이 범죄수익으로부터 지출되었다고 하더라도 이는 범죄수익을 소비하는 방법에 지나지 않아 추징할 범죄수익에서 공제하지 않는다고 한다.[78] 다만 실질적으로 얻지 못한 수익이거나 공제를 허용하지 아니할 경우에 실질적으로 수익의 몰수를 넘어 피고인들에게 손해를 발생시키는 경우에는, 공제를 허용한다는 입장으로 보인다.[79]

경우 이 조에 의하여 몰수 가능하다고 한다. 법무부, 위의 책, 2002, 157면.

72) 예를 들어 甲이 5,000만원을 절취한 경우 그 5,000만원은 범죄수익법 제8조 제1항 제1호의 범죄수익이다. 甲이 乙 명의 차명계좌에 위 5,000만원을 입금하면 그 예금채권은 범죄수익의 처분에 의하여 취득한 재산으로서 범죄수익법 제8조 제1항 제2호의 '범죄수익에서 유래한 재산'에 해당할 뿐만 아니라 범죄수익법 제8조 제1항 제4호의 '제3조의 범죄행위에 의하여 생긴 재산'에도 해당한다. 따라서 甲이 피고인인 사건에서 범죄수익법 제8조 제1항 제2호에 의해 甲으로부터 몰수할 수 있고, 乙이 피고인인 사건에서 범죄수익법 제8조 제1항 제4호에 의하여 乙로부터 몰수할 수도 있다. 또한 위 예금에서 이자가 발생하면 이는 범죄수익법 제8조 제1항 제2호의 '범죄수익에서 유래한 재산'에 해당할 뿐만 아니라 범죄수익법 제8조 제1항 제5호의 '제3호에 따른 재산의 과실로 얻은 재산'에도 해당한다. 이상 법무부, 위의 책, 2002, 158면.

73) 범죄수익법 제8조 제2항.

74) 범죄수익법 제9조.

75) 범죄수익법 제8조 제3항, 제10조 제2항.

76) 다만 대법원은 몰수·추징의 근거가 되는 범죄가 재산에 관한 죄이지만 독자적 법익을 함께 침해하는 죄인 경우에는 몰수·추징을 할 수 있다고 한다. 보이스피싱 범죄단체가 피해자들로부터 취득한 범죄수익은 사기죄뿐만 아니라 범죄수익법 제2조 제1호 별표 제1의 가.목 형법 제114조, 범죄수익법 제2조 제2호 가.목에 의하여 범죄단체조직죄로 얻은 범죄수익이므로 추징할 수 있다고 한다(대판 2017. 10. 26. 2017도8600).

77) 범죄수익법 제13조.

78) 대판 2007. 11. 15. 2007도6775.

79) 범죄수익의 추징에 있어서 범죄수익을 얻기 위해 범인이 지출한 비용은 그것이 범죄수익으로부터 지출되었다고 하더라도 이는 범죄수익을 소비하는 방법에 지나지 않아 추징할 범죄수익에서 공제할 것은 아니라고 할 것이나(대판 2006. 6. 29. 2005도7146 참조), 다른 한편, 앞서 살펴본 바와 같이 범죄수익의 추징 여부는 임의적이라고 인정하면서, 범죄수익액의 산정에 있어 공제를 전혀 허용하지 않고 매출수익 전액을 대상으로 하는 것이 논리적인 귀결

1.2 공무원범죄몰수법

공무원범죄몰수법은, (1) 형법상 뇌물관련 죄와 국가·지자체 회계관계직원이나 그 보조자가 국고 등에 손실을 입힐 것을 알면서도 직무에 관하여 범한 횡령, 배임죄를 '특정공무원범죄'로, (2) 특정공무원범죄의 범죄행위로 얻은 재산을 '불법수익'으로, (3) 불법수익의 과실(果實)로서 얻은 재산, 불법수익의 대가로서 얻은 재산, 이들 재산의 대가로서 얻은 재산 등 불법수익이 변형되거나 증식되어 형성된 재산[80]을 '불법수익에서 유래한 재산'으로, (4) 불법수익과 불법수익에서 유래한 재산을 통틀어 불법재산이라고 각 규정한다.[81]

불법재산은 이를 몰수한다. 불법재산과 합법재산이 합하여진 재산(혼합재산)과 관련하여 불법재산을 몰수하여야 하는 때에는, 혼합재산 중 불법재산의 비율에 상당하는 부분을 몰수한다.[82] 불법재산 또는 혼합재산이 범인 외의 자에게 귀속된 경우에는 몰수할 수 없으나, 국고등 손실죄의 경우 불법재산 또는 혼합재산이 국가 또는 지방자치단체의 소유인 경우 및 범인 외의 자가 범죄 후 그 정황을 알면서도 그 불법재산 또는 혼합재산을 취득한 경우[83]에는 그 불법재산 또는 혼합재산이 범인 외의 자에게 귀속되었더라도 몰수할 수 있다.[84] 다만 재산의 성질, 사용상황, 그 재산에 관한 범인 외의 자의 권리유무 그 밖의 사정으로 이를 몰수함이 상당하지 아니하다고 인정될 때

이라고는 보이지 않으며, 더구나 공제를 허용하지 아니할 경우 피고인들에게 실질적으로 수익의 몰수를 넘어 위 비용 상당의 손해를 발생시키는 부당한 결과가 발생할 수 있는바, 이 사건의 경우 ① 원자재매입비용, 회사운영비는 범죄수익의 발생에 소요된 비용, 종합소득세는 국가에 납부하여야 할 세금 부실채권 등 대손금은, 피고인들이 실질적으로 얻지 못한 수익으로서 각 실질적인 범죄수익에 해당한다고 보기 어려우므로, 위 금액들은 추징액의 산정에서 공제하여야 하고, ② 다만, 직원판매수당, 기부금, 기타비용으로서 선임비 등은 피고인들이 얻은 범죄수익을 나눠가지거나, 범죄수익을 소비하는 방법에 불과하므로 위 금액들은 추징액의 산정에서 공제하여서는 아니 된다고 할 것이다(서울중앙지법 2007. 7. 26. 2007노754).

80) 다만 불법수익이 불법수익과 관련 없는 재산과 합하여져 변형되거나 증식된 경우에는 불법수익에서 비롯된 부분으로 한정한다(공무원범죄몰수법 제2조 제3호).

81) 공무원범죄몰수법 제2조.

82) 공무원범죄몰수법 제4조.

83) 법령상의 의무 이행으로서 제공된 것을 취득한 경우나 채권자에게 상당한 재산상의 이익을 제공하는 계약을 할 당시에 그 계약에 관련된 채무 이행이 불법재산 또는 혼합재산에 의한다는 사실을 알지 못하고 그 계약에 관련된 채무의 이행으로 제공된 것을 취득한 경우는 제외한다(공무원범죄몰수법 제5조 제1항 괄호).

84) 공무원범죄몰수법 제5조 제1항.

에는 몰수하지 아니할 수 있다.[85]

1.3 불법정치자금몰수법

불법정치자금몰수법은, (1) 정치자금부정수수죄, 선출직 공무원의 뇌물관련 범죄나 직무상 비밀 등을 이용한 이익취득죄, 공직자로부터 제공받거나 부정취득한 공직자의 직무상 비밀 등을 이용한 이익취득죄로 얻은 재산을 '불법정치자금등'으로, (2) 불법정치자금등의 과실로서 얻은 재산, 불법정치자금등의 대가로서 얻은 재산, 이들 재산의 대가로서 얻은 재산 등 불법정치자금등의 변형 또는 증식으로 형성된 재산[86]을 '불법정치자금등에서 유래한 재산'으로 규정하고, 불법정치자금등과 불법정치자금등에서 유래한 재산을 통틀어 '불법재산'이라고 규정한다.[87][88]

불법정치자금몰수법의 몰수, 추징 규정은 공무원범죄몰수법의 내용과 유사하다. 불법재산은 이를 몰수한다. 불법재산과 합법재산이 합하여진 재산(혼합재산)과 관련하여 불법재산을 몰수하여야 하는 때에는, 혼합재산 중 불법재산의 비율에 상당하는 부분을 몰수한다.[89] 불법재산 또는 혼합재산이 범인 외의 자에게 귀속된 경우에는 그 자가 범죄 후 그 정을 알면서 불법재산 또는 혼합재산을 취득한 경우에 한하여 몰수할 수 있다.[90] 다만 재산의 성질, 사용상황, 그 재산에 관한 범인 외의 자의 권리유무 그 밖의 사정으로 이를 몰수함이 상당하지 아니하다고 인정될 때에는 몰수하지 아니할 수 있다.[91]

---

85) 공무원범죄몰수법 제3조 제2항.
86) 다만 불법정치자금등이 불법정치자금 등과 관련 없는 재산과 합하여져 변형되거나 증식된 경우에는 불법정치자금등에서 비롯된 부분에 한한다(불법정치자금몰수법 제2조 제2호 괄호).
87) 불법정치자금몰수법 제2조 제3호.
88) 정치자금부정수수죄, 선출직 공무원의 뇌물관련 범죄나 직무상 비밀 등을 이용한 이익취득죄, 공직자로부터 제공받거나 부정취득한 공직자의 직무상비밀 등을 이용한 이익취득죄의 범행 후 범인이 취득한 재산으로서 그 가액이 취득 당시의 범인의 재산운용상황 또는 법령에 기한 급부의 수령상황 등에 비추어 현저하게 고액이고 그 취득한 재산이 불법정치자금등의 금액, 재산취득시기 등 제반사정에 비추어 불법정치자금등으로 형성되었다고 볼만한 상당한 개연성이 있는 경우에는 불법정치자금등이 그 재산의 취득에 사용된 것으로 인정할 수 있다(불법정치자금몰수법 제7조).
89) 다만 불법정치자금등이 불법정치자금 등과 관련 없는 재산과 합하여져 변형되거나 증식된 경우에는 불법정치자금등에서 비롯된 부분에 한한다(불법정치자금몰수법 제2조 제2호 괄호).
90) 불법정치자금몰수법 제5조 제1항.
91) 불법정치자금몰수법 제3조 제2항.

1.4 마약거래방지법

마약거래방지법은 (1) 일정한 마약류범죄로 얻거나 그 보수로 얻은 재산, 마약류와 관련된 일정한 범죄에 관계된 자금(불법수익),[92] (2) 불법수익에서 유래한 재산, (3) 불법수익등[93]의 가장·은닉죄 또는 수수죄에 관계된 불법수익등, (4) 불법수익등의 가장·은닉죄 또는 수수죄로 인하여 발생하거나 그 범죄행위로 얻은 재산 또는 그 범죄행위의 보수로서 얻은 재산, (5) 위 (3) 또는 (4)에 따른 재산의 과실 또는 대가로서 얻은 재산 또는 이들 재산의 대가로서 얻은 재산, 그 밖에 그 재산의 보유 또는 처분으로 얻은 재산을, 각 몰수한다.[94]

몰수대상 재산이 합법재산과 합하여진 경우 그 몰수대상 재산을 몰수하여야 할 때에는 그것이 합하여짐으로써 생긴 재산(혼합재산) 중 몰수대상 재산의 금액 또는 수량에 상당하는 부분을 몰수할 수 있다.[95] 몰수대상재산 또는 혼화재산이 범인 이외의 자에게 귀속되는 경우에는, 그 귀속자가 범죄 후 그 정황을 알면서 그 재산을 취득한 경우에 한하여 몰수할 수 있다.[96]

몰수하여야 할 재산의 성질, 사용 상황 또는 그 재산에 관한 범인 외의 자의 권리 유무, 그 밖의 사정을 고려한 결과 그 재산을 몰수하는 것이 타당하지 아니하다고 인정할 때에는, 몰수하지 아니할 수 있다.[97] 몰수대상인 재산을 몰수할 수 없거나 위와 같은 사정을 고려하여 몰수하지 아니할 때에는 그 가액을 추징한다.[98]

1.5 부패재산몰수법

부패재산몰수법은 우리나라가 체결한 국제연합부패방지협약 등을 효율적으로 이행하기 위하여 부패재산의 몰수, 추징, 환수 등의 특례를 규정하는 법이다.

동법은 (1) 불법 또는 부당한 방법으로 물질적, 사회적 이득을 얻거나 다른 사람으로 하여금 얻도록 도울 목적으로 범한 형법상 뇌물관련범죄, 사기, 횡령, 배임, 배임수

---

92) 마약거래방지법 제2조 제3항.
93) 불법수익, 불법수익에서 유래한 재산 및 그 재산과 그 재산 외의 재산이 합하여진 재산을 불법수익등이라고 한다(마약거래방지법 제2조 제5항).
94) 마약거래방지법 제2조 정의규정, 제13조 제1항, 제16조 제1항.
95) 마약거래방지법 제14조.
96) 마약거래방지법 제15조 제1항.
97) 마약거래방지법 제13조 제2항.
98) 마약거래방지법 제16조 제1항.

증재 등 일정한 죄를 '부패범죄'로[99], (2) 부패범죄에 의하여 생긴 재산 또는 그 범죄의 보수로서 얻은 재산을 '범죄수익'으로, (3) 범죄수익의 과실(果實)로서 얻은 재산, 범죄수익의 대가로서 얻은 재산 및 이들 재산의 대가로서 얻은 재산, 그 밖에 범죄수익의 보유 또는 처분에 의하여 얻은 재산을 '범죄수익에서 유래한 재산'으로, (4) 사기, 횡령, 배임 등 일정한 범죄행위에 의하여 그 피해자로부터 취득한 재산 또는 그 재산의 보유, 처분에 의하여 얻은 재산을 '범죄피해재산'으로 규정한다.[100]

　　범죄수익 및 범죄수익에서 유래한 재산을 '부패재산'이라고 한다. 부패재산은 몰수할 수 있다.[101] 부패재산이 합법재산과 합하여진 경우에는 부패재산과 합법재산이 합하여진 재산(혼합재산) 중 부패재산의 비율에 상당하는 부분을 몰수할 수 있다.[102] 부패재산 또는 혼합재산이 범인 외의 자에게 귀속된 경우에는, 범인 외의 자가 범죄 후 그 정을 알면서 그 부패재산 또는 혼합재산을 취득한 경우에 한하여 몰수할 수 있다.[103] 부패재산 또는 혼합재산이 범인 외의 자에게 상속이나 증여 등으로 무상 또는 현저한 저가로 귀속된 경우에는, 범인 외의 자가 그 정을 알지 못하고 그 부패재산 또는 혼합재산을 취득한 때에도 전부 또는 일부를 몰수할 수 있다.[104] 부패재산을 몰수할 수 없거나 그 재산의 성질, 사용상황, 그 재산에 관한 범인 외의 자의 권리 유무, 그 밖의 사정으로 인하여 이를 몰수함이 상당하지 아니하다고 인정될 때에는 그 가액을 범인으로부터 추징한다.[105]

　　부패재산 또는 혼합재산이 범죄피해재산으로서 범죄피해자가 그 재산에 관하여 범인에 대한 재산반환청구권 또는 손해배상청구권 등을 행사할 수 없는 등 피해회복이 심히 곤란하다고 인정되는 경우에는 몰수, 추징할 수 있고, 이와 같이 몰수, 추징된 범죄피해재산은 피해자에게 환부한다.[106] 법무부장관은 외국에 대하여 몰수, 추징의 확정재판 집행이나 몰수, 추징을 위한 재산보존의 공조를 요청할 수 있고,[107] 외국으로부터 동일한 공조를 요청받는 경우 그에 따른 조치를 할 수 있다.[108][109]

---

99) 구체적인 내용은 부패재산몰수법 제2조 제1호와 별표에 규정되어 있다.
100) 부패재산몰수법 제2조.
101) 부패재산몰수법 제3조 제1항, 제2조 제2호.
102) 부패재산몰수법 제3조.
103) 부패재산몰수법 제4조 제1항.
104) 부패재산몰수법 제4조 제2항.
105) 부패재산몰수법 제5조 제1항.
106) 부패재산몰수법 제6조.
107) 부패재산몰수법 제15조 내지 제18조.
108) 부패재산몰수법 제9조 내지 제14조.
109) 피고인이 국내에서 회사를 상장해 얻는 수익을 나누어 주겠다고 속여 많은 투자자들로부

2. 몰수보전명령 및 추징보전명령 제도

검사는 공무원범죄몰수법, 범죄수익법, 마약거래방지법, 불법정치자금몰수법, 부패재산몰수법에 관련된 피의자 또는 피고인에 대한 형사사건에서 기소 전후를 불문하고 위 법에 따라 몰수할 수 있는 재산에 해당한다고 판단할 상당한 이유와 몰수하기 위한 필요성이 있음을 입증하여 법원에 해당 재산의 처분을 금지하는 '몰수보전명령'을 신청할 수 있다.[110]

몰수보전된 재산에 대하여 몰수보전 이후에 이루어진 처분은, 이미 강제경매개시결정이 있거나 강제집행에 의하여 압류가 이루어지는 등 일정한 사유가 존재하는 경우를 제외하고는, 원칙적으로 몰수에 관하여 그 효력을 발생하지 않는다.[111] 몰수보전된 부동산, 유체동산 등에 대하여 강제경매개시가 결정되거나 압류가 된 경우에는, 몰수보전이 실효되지 않는 한 강제집행에 의한 환가절차를 진행할 수 없다.[112] 강제경매 개시의 결정 또는 강제집행에 의하여 압류된 재산에 관하여, 압류채권자의 채권이 가장되었거나 압류채권자가 몰수대상이라는 사실을 알면서 강제집행을 신청하였거나 압류채권자가 법인이라고 판단할 상당한 이유가 있는 때에는, 검사의 청구 등에 의하여 법원이 강제집행의 정지를 명할 수 있다.[113] 따라서 몰수보전명령은 처분금지가처분과 유사한 측면이 있다.[114]

검사는 추징하여야 할 상당한 이유가 있고 추징재판의 집행이 불가능하거나 현저히 곤란하게 될 염려가 있음을 입증하여 특정재산 혹은 유체동산에 대하여 법원에 피

터 합계 2580억 원을 취득한 후 일부 자금을 미국으로 송금하여 빌라를 매입 사안에서, 검찰이 미국 정부기관에 요청하여 해당 빌라를 미국에서 몰수하고 그 처분대가를 한국의 피해자들에게 환부한 사례가 있다. 권순철, 해외 유출 범죄피해재산의 피해자 환부 사례 연구, 형사법의 신동향(2017. 6.).

110) 공무원범죄몰수법 제23조, 제24조, 범죄수익법 제12조, 마약거래방지법 제33조, 제34조, 불법정치자금몰수법 제22조, 제23조, 부패재산몰수법 제8조.
111) 공무원범죄몰수법 제26조, 범죄수익법 제12조, 마약거래방지법 제36조, 불법정치자금몰수법 제25조, 부패재산몰수법 제8조.
112) 공무원범죄몰수법 제35조, 범죄수익법 제12조, 마약거래방지법 제45조, 불법정치자금몰수법 제34조, 부패재산몰수법 제8조.
113) 공무원범죄몰수법 제38조, 범죄수익법 제12조, 마약거래방지법 제48조, 불법정치자금몰수법 제37조, 부패재산몰수법 제8조.
114) 채권에 대한 몰수보전은 채권자에게는 채권의 처분과 영수를 금지하고 채무자에게는 채권자에 대한 지급을 금지하는 내용으로 이루어지므로, 채권가압류와 유사한 측면이 있다(공무원범죄몰수법 제30조, 범죄수익법 제12조, 마약거래방지법 제40조, 불법정치자금몰수법 제29조, 부패재산몰수법 제8조).

의자 또는 피고인의 재산 처분을 금지하도록 하는 '추징보전명령'을 신청할 수 있다.[115) 추징보전명령은 민사집행법의 가압류명령과 동일한 효력을 갖고, 가압류집행의 절차에 관한 규정을 준용한다.[116)

3. 몰수, 추징을 집행하기 위한 특례

형사재판에서 몰수·추징이 선고된 이후 검사가 이를 집행하는 것은 범죄 수사가 아니므로 원칙적으로 형사소송법에 따른 관련자의 소환, 조사, 압수수색 등 수단을 사용할 수 없다. 그러나 검사는 공무원범죄몰수법, 범죄수익법에 따른 몰수·추징의 집행을 위하여 필요한 경우에는 관계인의 출석요구, 진술청취, 서류·물건·금융정보·과세정보의 제출요구, 사실조회 등을 할 수 있고, 법원의 영장을 받아 압수·수색·검증도 할 수 있다.[117)

범죄수익등의 가장·은닉행위 또는 수수행위는 그 자체로 범죄수익법위반죄라는 범죄가 되므로, 수사기관은 다른 법률의 규정이 없더라도 형사소송법에 의하여 이를 수사하기 위하여 소환, 조사, 압수수색 등의 수단을 사용할 수 있을 것이다.

---

115) 공무원범죄몰수법 제42조, 제43조, 범죄수익법 제12조, 마약거래방지법 제52조, 제53조, 불법정치자금몰수법 제41조, 제42조, 부패재산몰수법 제8조.
116) 공무원범죄몰수법 제44조, 범죄수익법 제12조, 마약거래방지법 제54조, 불법정치자금몰수법 제43조, 부패재산몰수법 제8조.
117) 범인 이외의 자에 대한 과세정보요청, 금융거래정보 요청에는 압수수색영장이 필요하다(공무원범죄몰수법 제9조의3, 범죄수익법 제10조의3). 마약거래방지법, 부패재산몰수법도 몰수·추징보전의 청구 및 몰수·추진보전명령의 집행에 필요한 경우에 검사에게 유사한 권한을 부여하고 있다(마약거래방지법 제76조, 부패재산몰수법 제8조).

제4편 부패범죄와 조세

회사자금으로 뇌물을 제공하거나 회사자금을 배임증재에 사용하였을 경우, (i) 그 회사, (ii) 증뢰(贈賂), 증재(贈財)를 한 회사의 임직원, (iii) 수뢰(受賂)자, 수재(受財)자가 어떠한 조세를 부담할 수 있는지 문제된다.

제1장
기본 구조

제1절 법인세, 소득세, 부가가치세의 기본 과세구조

기업회계는 원칙적으로 사업연도별로 매출액(수익)에서 지출액(비용)을 공제하여 당기순이익을 산출한다. 법인세법은 기업회계의 당기순이익에 대응하여 '각 사업연도의 소득'이라는 개념을 규정하고, 이를 원칙적인 과세표준으로 하여 여기에 세율을 곱하여 세액을 결정한다. 법인세법은 기업회계의 수익에 대응하는 개념으로 익금(益金),[1] 비용에 대응하는 개념으로 손금(損金)[2]이라는 개념을 사용하고, 원칙적으로 익금 총액에서 손금 총액을 뺀 금액을 각 사업연도의 소득으로 한다.[3]

기업회계의 당기순이익과 법인세법상 각 사업연도의 소득 액수는 기본적으로 비슷하기 때문에, 법인세법에서는 기업회계의 당기순이익에서 출발하여 회계상 수익/비용과 세법상 익금/손금이 서로 차이나는 금액을 조정하는 과정(이를 '세무조정'이라 함)을 거쳐, 각 사업연도 소득을 산출한다.

개인사업자의 사업소득에 부과되는 소득세 구조도 법인세와 유사하다. 소득세법의 '총수입금액'[4]은 법인세법의 각 사업연도 소득, 소득세법의 '필요경비'[5]는 법인세법의

---

1) '익금'은 자본 또는 출자의 납입 및 (법인세법에서 규정하는 것은 제외하고) 해당 법인의 순자산을 증가시키는 거래로 인하여 발생하는 이익 또는 수입의 금액이다(법인세법 제15조 제1항).
2) '손금'은 자본 또는 출자의 환급, 잉여금의 처분 및 (법인세법에서 달리 규정하는 것은 제외하고) 해당 법인의 순자산을 감소시키는 거래로 인하여 발생하는 손실 또는 비용의 금액으로서(법인세법 제19조 제1항), (법률에서 달리 정하는 것을 제외하고는) 그 법인의 사업과 관련하여 발생하거나 지출된 손실 또는 비용으로서 일반적으로 인정되는 통상적인 것이거나 수익과 직접 관련된 것이다(법인세법 제19조 제2항).
3) 법인세법 제14조 제1항.
4) 소득세법 제24조 제1항.
5) 소득세법 제27조 제1항, 소득세법 시행령 제55조, 제78조 등.

손금에 대응하는 개념이다.

　기업은 손금(비용)이 많을수록 법인세 부담이 줄어들고, 손금이 익금보다 많아 결손이 발생하면 법인세를 납부하지 않을 뿐만 아니라 일정한 요건하에 향후 법인세 과세표준에서 과거의 결손금을 공제받을 수도 있다.[6] 개인사업자의 사업소득에 부과되는 소득세도 마찬가지이다.[7] 따라서 기업은 법인세 신고과정에서 익금(수익)을 줄이고 손금(비용)을 늘리려는 유인을 가지게 되고, 개인사업자도 마찬가지이다.

　사업자가 부가가치세(이하 이 책에서 '부가세', 부가가치세법은 '부가세법')가 부과되는 재화나 용역을 공급하는 때에는 재화나 용역 가격에 부가세를 포함하여 수령하고, 재화나 용역을 공급받는 자에게 일정한 정보가 기재된 세금계산서나 영수증을 발급해야 한다.[8] 사업자는 재화나 용역을 공급하기도 하지만 공급받기도 하므로, 과세기간 동안 공급한 재화와 용역 총액에 부가세율 10%를 곱한 금액을 부가세 매출세액으로 하고, 같은 기간 구입한 재화나 용역의 총액에 세율 10%를 곱한 금액을 부가세 매입세액으로 하여, 매출세액에서 매입세액을 뺀 차액을 납부한다.[9]

제2절　비자금 조성과 관련된 세법 위반 유형

　비자금을 조성하여 증뢰, 증재 용도에 사용하는 경우가 있고, 증뢰, 증재 용도에 지출된 금액을 임직원에 대해 사용한 복리후생비, 통상적인 교육비, 광고선전비 등으

---

6) 법인세법 제13조 제1항 제1호, 제14조 제3항. 이를 '이월결손금'이라고 한다.

7) 개인사업자의 사업소득에서 발생한 결손금은 우선 그 사업자의 같은 과세기간의 근로소득금액·연금소득금액·기타소득금액·이자소득금액·배당소득금액에서 순서대로 공제하고, 남는 결손금이 있으면 차회연도로 이월하여 공제받는 구조이다. 소득세법 제45조 제1항, 제3항.

8) 부가세법 제31조, 제32조, 제36조. 이를 '거래징수'라고 한다. 부가세법의 사업자란 사업 목적이 영리이든 비영리이든 관계없이 사업상 독립적으로 재화 또는 용역을 공급하는 자를 말한다(부가세법 제2조 제3호).

9) 부가세법 제37조, 제38조. 일반과세자의 과세기간은 6개월이다. 매년 1월 1일부터 6월 31일까지가 1기, 매년 7월 1일부터 12월 31일까지가 2기 과세기간이다(부가세법 제5조).
예를 들어 사업자 A가 2020년도 1기 과세기간에 부가세가 부과되는 재화, 용역을 공급한 금액이 100원, 같은 기간에 부가세가 부과되는 재화, 용역을 구입한(공급받은) 금액이 70원이었다고 하면, 2020년도 1기 부가세 매출세액은 10원, 매입세액은 7원이 되어 차액인 3원만 납세하게 된다. 사업자 A가 2020년 1기동안 재화나 용역을 공급하면서 수령한 금액의 총계가 110원(물품가격 100원＋부가세 10원)일 것이고, 재화나 용역을 구입하면서 지급한 금액의 총계가 77원(물품가격 70원 ＋부가세 7원)일 것이므로 수령한 부가세 10원과 지급한 부가세 7원의 차액인 3원만 국가에 납부하는 셈이다.

로 지출한 것처럼 사실과 다르게 회계처리하는 경우가 있다.

비자금을 조성하는 방법으로는, 회사 임직원 보수 또는 거래처에 지급하는 재화나 용역 대금을 추가로 지급하고 현금 등으로 되돌려 받는 방법, 거래단계상 불필요한 중간업체를 끼워 넣어 중간업체의 이익을 현금 등으로 되돌려받는 방법, 공식 회계장부에 기재되지 않는 부외(簿外) 매출로 인한 수익을 이용하는 방법 등 여러 가지가 있다.

비자금 조성 과정에서 부가세법상 세금계산서가 허위의 내용으로 작성, 교부되거나 세금계산서 작성, 교부 없이 거래가 이루어지는 경우가 있다. 법인세의 손금과 부가세의 매입세액을 늘림으로써 국가에 납부하는 세액을 줄이기 위하여, 실제로 재화나 용역을 구입하지 아니하였음에도 소위 '자료상'으로부터 세금계산서만을 구입한 후 해당 재화나 용역을 구입한 것처럼 회계처리하는 경우도 있다.[10]

제3절 특수관계인과의 거래에 대한 세무상 제재 제도

세법은 법인이 특수관계인[11]과의 거래 과정에서 부당하게 세금을 감소시키는 것을

---

10) '자료상'이란 사업자등록을 한 후 부가세 과세대상인 재화나 용역을 공급하지 아니한 채 일정수수료만을 받고 허위의 세금계산서를 발급하는 것을 주된 사업으로 하는 사람을 말하는 실무상 용어이다.
11) 법인세법 제2조 제12호.
"특수관계인"이란 법인과 경제적 연관관계 또는 경영지배관계 등 대통령령으로 정하는 관계에 있는 자를 말한다. 이 경우 본인도 그 특수관계인의 특수관계인으로 본다.
법인세법 시행령 제2조 제5항.
법 제2조 제12호에서 "경제적 연관관계 또는 경영지배관계 등 대통령령으로 정하는 관계에 있는 자"란 다음 각 호의 어느 하나에 해당하는 관계에 있는 자를 말한다.
1. 임원(제40조 제1항에 따른 임원을 말한다. 이하 이 항, 제10조, 제19조, 제38조 및 제39조에서 같다)의 임면권의 행사, 사업방침의 결정 등 해당 법인의 경영에 대해 사실상 영향력을 행사하고 있다고 인정되는 자(「상법」 제401조의2 제1항에 따라 이사로 보는 자를 포함한다)와 그 친족(「국세기본법 시행령」 제1조의2 제1항에 따른 자를 말한다. 이하 같다)
2. 제50조 제2항에 따른 소액주주등이 아닌 주주 또는 출자자(이하 "비소액주주등"이라 한다)와 그 친족
3. 다음 각 목의 어느 하나에 해당하는 자 및 이들과 생계를 함께하는 친족
가. 법인의 임원·직원 또는 비소액주주등의 직원(비소액주주등이 영리법인인 경우에는 그 임원을, 비영리법인인 경우에는 그 이사 및 설립자를 말한다)
나. 법인 또는 비소액주주등의 금전이나 그 밖의 자산에 의해 생계를 유지하는 자
4. 해당 법인이 직접 또는 그와 제1호부터 제3호까지의 관계에 있는 자를 통해 어느 법인의 경영에 대해 「국세기본법 시행령」 제1조의2 제4항에 따른 지배적인 영향력을 행사하고

방지하기 위하여 여러 규정을 두고 있다. 법인의 임직원은 그 법인의 특수관계인이므로, 임직원이 회사자금을 뇌물, 배임증재에 사용하거나, 회사자금과 관련하여 사기, 횡령, 배임 등의 범죄를 범하면 해당법인 내지 임직원에게 특수관계인과의 거래에 대한 세법상 제재규정이 적용되는 경우가 많다. 아래에서는 법인과 특수관계인 사이의 거래에 대한 세법상 제재 제도에 대하여 살펴본다.

1. 부당행위 계산부인

법인이 특수관계인과 거래하는 과정에서 그 법인의 소득에 대한 조세의 부담을 부당하게 감소시킨 것으로 인정되는 경우에는 그 법인의 행위나 소득금액의 계산과 관계없이 그 법인의 각 사업연도 소득금액을 계산한다.[12][13]

있는 경우 그 법인

5. 해당 법인이 직접 또는 그와 제1호부터 제4호까지의 관계에 있는 자를 통해 어느 법인의 경영에 대해 「국세기본법 시행령」 제1조의2 제4항에 따른 지배적인 영향력을 행사하고 있는 경우 그 법인

6. 해당 법인에 100분의 30 이상을 출자하고 있는 법인에 100분의 30 이상을 출자하고 있는 법인이나 개인

7. 해당 법인이 「독점규제 및 공정거래에 관한 법률」에 따른 기업집단에 속하는 법인인 경우에는 그 기업집단에 소속된 다른 계열회사 및 그 계열회사의 임원

12) 법인세법 제52조.

13) 법인세법 제52조에 정한 부당행위계산 부인이란, 법인이 특수관계에 있는 자와 거래할 때 정상적인 경제인의 합리적인 방법에 의하지 아니하고 법인세법 시행령 제88조 제1항 각호에 열거된 여러 거래형태를 빙자하여 남용함으로써 조세부담을 부당하게 회피하거나 경감시켰다고 하는 경우에 과세권자가 이를 부인하고 법령에 정하는 방법에 의하여 객관적이고 타당하다고 보이는 소득이 있는 것으로 의제하는 제도이다. 경제인의 입장에서 볼 때 부자연스럽고 불합리한 행위계산을 함으로써 경제적 합리성을 무시하였다고 인정되는 경우에 한하여 적용되고, 경제적 합리성의 유무에 대한 판단은 거래행위의 여러 사정을 구체적으로 고려하여 과연 그 거래행위가 건전한 사회통념이나 상관행에 비추어 경제적 합리성을 결한 비정상적인 것인지의 여부에 따라 판단하되, 비특수관계자 간의 거래가격, 거래 당시의 특별한 사정 등도 고려하여야 한다(대판 2018. 10. 25. 2016두39573).
위 판결은 민간자본에 의한 터널 등을 건설한 회사(원고회사)가 1999. 12.경 모회사로부터 약 500억원을 차용하면서 이자율 연 13.06% 연체이자 25%, 원금은 2002. 12.부터 2017. 9.까지 분할상환하기로 약정하고 이자를 지급한 것이 원고가 특수관계자인 모회사에게 시가보다 높은 이율로 금전을 차용한 것에 해당하여 부당행위계산부인에 해당하는지가 문제된 사안이다. 원고회사는 위와 같은 금전차용이 채무불이행위험이 높고 당시 IMF 구제금융으로 인하여 시장금리가 높았다는 등의 이유로 위와 같은 차입이자율은 적정하다고 주장하였다. 그러나 대법원은, 부당행위계산 부인을 적용할 때 기준이 되는 법인세법 제52조 제2항

2. 가지급금에 대한 인정이자

법인이 특수관계인에게 시가보다 낮은 이율로 금전을 대부하면, 부당행위 계산부인의 대상이 된다.[14] 여기서 '시가'란 기획재정부령으로 정하는 가중평균 차입이자율이다. 다만 가중평균 차입이자율을 적용하기 어렵거나, 대여기간이 5년을 초과하거나, 해당법인이 당좌대출이자율을 적용하기로 선택하는 경우에는, 당좌대출이자율이 대신 적용될 수 있다.[15] 법인이 이렇게 시가로 계산한 이자보다 낮은 이자로 대여한 경우에는, 해당법인이 시가와의 차액 상당의 이자수익을 얻은 것으로 보고 해당 법인에게 그만큼의 법인세를 부과한다.[16] 해당법인으로부터 금전을 차용한 특수관계인이 개인인 경우에는, 시가와 지급한 이자와의 차액 상당의 소득을 얻은 것으로 보아 그 개인에게 소득세가 과세될 수 있다.

3. 지급이자의 손금불산입

법인이 이자를 지급하면 이는 법인세법상 '비용'으로 인정되는 것이 원칙이다. 그러나 법인이 채권자가 누구인지 불분명한 사채 이자를 지급한 경우 등 일정한 경우에는,

---

의 시가에 관하여 정하고 있는 법인세법 시행령 제89조 제3항은 부당행위계산의 유형 중 하나인 '금전을 시가보다 높은 이율로 차용하는 경우'에는 '가중평균차입이자율이나 당좌대출이자율을 시가로 한다'고 규정하고 있으므로 특별한 사정이 없는 한 위 규정에서 정한 이자율을 그 시가로 보아야 하고, 원고회사가 위 차입금의 이자를 지급하는 기간동안 시중금리가 대체로 하락하고 있었으며, 차입 후 시중금리가 장기간 낮게 유지되었을 때 원고회사가 다른 금융업자로부터 낮은 이율로 대출을 받아 모회사에 대한 대출금을 조기 상환할 수 있었다는 등의 이유로, 과세당국이 2009년부터 2012년까지 원고회사가 모회사에 지급한 이자비용에 대하여 당좌대출이자율과 실제 지급된 이자의 차액을 손금불산입한 후 원고회사에게 그에 따른 법인세를 부과한 것이 적절하다고 판시하였다.

14) 법인세법 시행령 제88조 제1항 제6호.
15) 법인세법 시행령 제89조 제3항.
16) 법인이 특수관계인에 대하여 보유하는 채권의 회수를 정당한 사유 없이 지연시키는 경우에도 같은 이유로 회수를 지연한 액수 상당의 이자수익(인정이자)을 해당 법인의 익금에 산입하여 그에 해당하는 법인세를 부과한다. "법인이 특수관계자로부터 지급받아야 할 채권의 회수를 정당한 사유 없이 지연시키는 것은 (중략) 그와 같은 채권의 회수지연이 건전한 사회통념이나 상관행에 비추어 경제적 합리성이 결여되어 조세의 부담을 부당하게 감소시킨 것으로 인정되는 경우에는 법인세법 제52조, 구 법인세법 시행령(2001. 12. 31.대통령령 제17457호로 개정되기 전의 것) 제88조 제1항 제6호에 준하는 행위로서 같은 항 제9호의 규정에 의한 부당행위계산부인에 의하여 그에 대한 인정이자가 익금에 산입된다(대판 2010. 10. 28. 2008두15541)."

법인이 이자를 지출하더라도 이를 법인의 비용으로 인정하지 않음으로써 법인에게 불이익을 준다.[17] 법인이 업무와 무관한 자산을 보유하고 있다든가 특수관계인에게 업무와 무관하게 가지급금 등을 지급하였다면, 세법은 해당 법인이 지출하는 이자의 일정 부분을 비용으로 인정하지 않는 방법으로 해당 법인에게 제재를 가한다.[18]

4. 대손금의 손금불산입

법인이 보유하는 채권이 채무자의 파산 등 일정한 사유로 회수할 수 없게 되는 경우, 그 회수불능액(대손금)을 법인의 손금으로 인정하는 것이 원칙이다. 그러나 법인이 특수관계인에게 업무와 무관하게 지급한 가지급금은, 채무자의 파산 등으로 이를 회수할 수 없더라도 그 회수불능액을 법인의 손금에 산입하지 아니한다.[19] 특수관계인과의 불필요한 거래에 대한 제재이다.[20]

---

17) 법인세법 제28조 제1항.
18) 법인세법 제28조 제1항 제4호, 동법 시행령 제53조. 법인이 특수관계인에 대하여 보유하는 채권의 회수를 정당한 사유 없이 지연하는 것도 특수관계인에게 업무와 무관하게 가지급금 등을 지급한 것으로 보아, 해당 법인이 지출하는 이자의 일정 부분을 비용으로 인정하지 않을 수 있다. "법인이 특수관계자로부터 지급받아야 할 채권의 회수를 정당한 사유 없이 지연시키는 것은 실질적으로 그 채권 상당액이 의무이행기한 내에 전부 회수되었다가 다시 가지급된 것과 같은 효과를 가져온다는 점에서 그 미회수 채권 상당액은 법인세법 제28조 제1항 제4호 (나)목이 규정하는 '업무와 관련 없이 지급한 가지급금 등'에 해당하여 그에 상당하는 차입금의 지급이자가 손금에 산입되지 않는다(대판 2010. 10. 28. 2008두15541)."
19) 법인세법 제19조의2, 제28조 제1항 제4호 나목.
20) 구 법인세법(2008. 12. 26. 법률 제9267호로 개정되기 전의 것, 이하 같다) 제34조 제3항 제2호, 제28조 제1항 제4호 (나)목, 구 법인세법 시행령(2009. 2. 4. 대통령령 제21302호로 개정되기 전의 것, 이하 같다) 제53조 제1항 본문 등(이하 '구 법인세법 제34조 제3항 제2호 등'이라 한다)의 입법 취지는, 법인이 특수관계자에게 법인의 업무와 관련 없이 지급한 자금의 대여액(이하 '업무무관 가지급금'이라 한다)에 대손사유가 발생하여 채권 회수가 불가능하게 된 경우에는, 그 대손금을 손금불산입함으로써 특수관계자에 대한 비정상적인 자금대여관계를 유지하는 것을 제한하고, 기업자금의 생산적 운용을 통한 기업의 건전한 경제활동을 유도하는 데 있다. 또한 구 법인세법 시행령 제61조 제5항도 같은 취지에서 업무무관 가지급금에 해당하는 채권을 타인에게 매도하여 발생한 처분손실을 손금불산입하도록 규정하고 있다. 그런데 법인이 특수관계자에게 제공한 업무무관 가지급금에 대손사유가 발생하기 전 또는 그 채권의 매도에 따른 처분손실이 발생하기 전에 특수관계가 이미 소멸하였다면, 이는 더 이상 비정상적으로 자금을 대여하는 것으로 볼 수 없으므로, 업무무관 가지급금에 대한 세법적 규제를 가할 필요성도 함께 소멸되었다고 할 수밖에 없다. 이러한 점을 고려하면, 구 법인세법 시행령 제61조 제5항 및 구 법인세법 제34조 제3항 제2호 등에 따라 채권의 처분손실을 손금에 산입할 수 없는 특수관계자에 대한 업무무관 가지급금

5. 회수하지 않은 가지급금의 익금산입

법인이 특수관계인에 대한 가지급금이나 특수관계인으로부터 받아야 할 미수이자를 특수관계가 소멸되는 날까지 정당한 사유 없이 회수하지 아니하면, 해당 금액을 법인의 익금에 산입하여 과세한다.[21] 회수하지 않을 수 있는 '정당한 사유'란, 채권, 채무에 대한 쟁송으로 회수가 불가능한 경우, 특수관계인이 회수할 채권에 상당하는 재산을 담보로 제공하였거나 특수관계인의 소유재산에 대한 강제집행으로 채권을 확보한 경우, 해당 채권과 상계할 수 있는 채무를 보유하고 있는 경우 등이다.[22][23]

인지는 특별한 사정이 없는 한 그 채권을 처분할 당시를 기준으로 판단하여야 한다(대판 2017. 12. 22. 2014두2256).
21) 법인세법 시행령 제11조 제9호 가목.
22) 법인세법 시행규칙 제6조의2.
23) 대판 2012. 6. 28. 2011두30205 사건의 사실관계는 다음과 같다. 갑이 대표이사로 재직하던 A회사는 갑의 건강악화로 2007. 1. 22. 폐업을 하였고 갑은 해산등기일인 2009. 11. 12.까지 대표이사로 재직하였다. 과세당국은 A회사가 갑에게 대여한 가지급금 약 2억원을 회수하지 않았다는 이유로 동액을 익금산입하고 동액 상당을 대표이사 갑에 대한 상여로 처분하여 2009. 12. 11. 갑에게 2007년도 귀속 종합소득세 약 9천만원을 고지하였다. 갑은 A회사가 2010. 1. 4. 갑으로부터 위 가지급금을 회수하여 그 무렵 주주인 갑 등에게 잔여재산 분배로 지급하였으므로 A회사가 특수관계인에 대한 가지급금을 정당한 사유없이 회수하지 아니한 것이 아니므로 갑에 대한 과세처분은 부당하다고 주장하였다. 과세당국과 하급심은 A회사가 폐업일인 2007. 1. 22. 이후에 업무를 지속한 사실이 확인되지 않으므로 폐업일에 A회사와 갑의 특수관계가 소멸되었다고 보는 것이 타당하고, 특수관계 소멸 이후 A회사가 갑으로부터 가지급금을 회수하기 위하여 구체적인 절차를 취하지 아니하였고 가지급금을 회수하지 못할 정당한 사유가 없으며, A회사가 해산등기일 이후에 가지급금 회수금이라면서 회수한 것은 그 시기로 보아 과세처분이 예상되자 이를 회피하기 위하여 형식적으로 거래한 것으로 보이므로 갑에 대한 소득세 과세는 정당하다고 판단하였다. 그러나 대법원은, ① A회사는 그 주주가 갑과 그 가족들로만 이루어진 회사로서 대표이사이자 79.41%의 지분을 가진 갑이 질병으로 더 이상 회사를 운영할 수 없다고 판단하여 2007. 1. 22. 폐업신고를 하게 된 점, ② A회사는 갑에 대한 가지급금의 이자수입으로 운영되던 회사였을 뿐 별다른 수익사업을 영위하였다고 보이지 않으므로 폐업신고를 함으로써 실질적으로 해산과 청산이 이루어졌다고 볼 여지가 큰 점, ③ A회사의 2007년도 표준대차대조표에 의하면 A회사는 폐업 당시 잔여재산의 가액이 278,812,350원으로서 자본금 340,000,000원에 미달하므로 청산소득이 존재할 수 없고, 만약 정상적인 청산절차를 밟았다면 갑과 그 가족들이 분배받을 수 있는 잔여재산이 그들의 당초 주식취득가액보다 적어서 그 배당소득에 대해 세금을 부담하지 않았을 것인 점, ④ 이에 갑 등은 이 사건 대여금을 A회사에 반환한 다음 곧바로 이를 다시 잔여재산의 분배로 수령하는 형식적인 절차를 거치는 대신 이 사건 대여금을 A회사에 반환하지 아니하고 이를 갑 등이 그대로 보유하는 형식으로 잔여재산을 분배받았다고 볼 여지가 크고, 그 과정에서 갑과 그 가족들의 의사에 따라 이 사건 대여금을 갑에게 귀속시켰을 개연성이 있는 점, ⑤ A회사의 처지에서도 폐업 후

갑으로부터 이 사건 대여금을 회수하지 않은 것은 그 채권을 포기하거나 채무를 면제할 의
사가 있었기 때문이라기보다는 어차피 대여금 상당액이 갑 등에게 청산금으로 귀속될 것이
기 때문에 형식적인 청산절차를 밟지 않은 것에 불과하다고 보이는 점 등에 비추어 보면,
A회사가 폐업을 하면서 청산절차의 일환으로 갑과 그 가족들에게 이 사건 대여금에 상당하
는 금액을 잔여재산의 일부로 분배한 것이라고 볼 여지가 크고, 위 대여금이 사외에 유출된
것이 분명하다고 보기는 어렵다고 판단하였다. 그리고 원심이 그 판시와 같은 사정만을 들
어 이 사건 대여금이 갑에게 확정적으로 귀속됨으로써 사외에 유출되었음을 전제로 갑에
대하여 한 과세처분은 부적법하다고 판단하였다.

제2장
소득처분 및 법인의 원천징수의무

제1절 지출 비용에 대한 손금 부인

형법상 뇌물이나 외국공무원에게 제공된 뇌물은 손금으로 인정하지 않는다.[24] 대법원은 사회질서에 위반하여 지출된 비용은 손금에 해당하지 않는다는 입장이고,[25] 의약품 판매촉진을 위하여 불법적으로 제공한 리베이트는 손금으로 인정할 수 없다는 입장이다.[26]

위와 같은 목적으로 비자금을 조성하는 과정에서 사실과 다르게 처리한 비용(손금)이나 수익(익금)이 과세당국에 의해 부인되면,[27] 과세당국은 법인세의 과세표준과 세액을 새로이 결정하여 세금을 부과한다.[28]

---

24) 법인세법 제27조 제2호, 법인세법 시행령 제50조 제1항 제4호; 소득세법 제33조 제1항 제13호, 소득세법 시행령 제78조 제4의2호.

25) 법인세법 제19조 제1항은 원칙적으로 '손금은 당해 법인의 순자산을 감소시키는 거래로 인하여 발생하는 손비의 금액으로 한다'라고, 제2항은 원칙적으로 '손비는 그 법인의 사업과 관련하여 발생하거나 지출된 손실 또는 비용으로서 일반적으로 용인되는 통상적인 것이거나 수익과 직접 관련된 것으로 한다'라고 각 규정하고 있다. 여기에서 말하는 '일반적으로 용인되는 통상적인 비용'이란 납세의무자와 같은 종류의 사업을 영위하는 다른 법인도 동일한 상황 아래에서는 지출하였을 것으로 인정되는 비용을 의미하고, 그러한 비용에 해당하는지 여부는 지출의 경위와 목적, 형태, 액수, 효과 등을 종합적으로 고려하여 객관적으로 판단하여야 할 것인데, 특별한 사정이 없는 한 사회질서에 위반하여 지출된 비용은 여기에서 제외되며, 수익과 직접 관련된 비용에 해당한다고 볼 수도 없다(대판 2017. 10. 26. 2017두51310).

26) 의약품 도매상이 약국 등 개설자에게 의약품 판매촉진의 목적으로 이른바 '리베이트'라고 불리는 금전을 지급하는 것은 약사법 등 관계 법령이 이를 명시적으로 금지하고 있지 않더라도 사회질서에 위반하여 지출된 것에 해당하여 그 비용은 손금에 산입할 수 없다고 보아야 한다(대판 2015. 1. 15. 2012두7608).

27) 세무조정 과정에서, 회사가 비용으로 처리하였으나 비용으로 인정하지 않는 것을 손금불산입(損金不算入), 회사가 수익으로 회계처리하였으나 수익으로 인정하지 않는 것을 익금불산입(益金不算入)이라고 칭한다.

28) 법인세법 제66조 제2항 제1호, 제70조. 과세당국이 회사가 애초에 신고한 내용을 인정하지 아니하고 새로이 세금을 산정하여 부과하는 것을 '경정(更正)'이라고 하고, 회사가 애초에

이러한 경우 문제의 자금이 회사 내에 유보된 것으로 평가되는지, 회사 외부로 유출된 것으로 평가되는지에 따라 세무상 후속조치가 달라진다. 회사 외부로 유출된 것으로 평가되는 경우에는 회사 외부에 있는 소득의 실제 귀속자에 대한 과세의 필요성이 생기기 때문이다.

회사자금이 횡령되었을 경우, 법인의 대표이사 등이 횡령한 금액은, 특별한 사정이 없는 한 애당초 회수를 전제로 한 것이 아니므로 그 지출 자체로 사외유출에 해당한다는 것이 판례이다.[29] 그러나 법인의 피용자가 횡령 등의 불법행위를 하여 법인이 그 피용자에 대한 손해배상채권 내지 부당이득반환채권을 취득하는 경우에는, 법인이나 그 경영자 등이 횡령행위자인 피용자에 대한 손해배상채권을 회수하지 않겠다는 의사를 객관적으로 나타낸 것으로 볼 수 있는 등의 특별한 사정이 없는 한,[30] 곧바로 사외유출된 것으로 볼 수 없다.[31]

법인세를 신고하지 않아 과세당국이 최초로 법인세를 확정하는 것을 '결정'이라고 한다(법인세법 제66조 제1항, 제2항).

29) 이와는 달리 회수가능성이 있었다고 볼 수 있는 특별한 사정은, 대표이사 등의 의사와 법인의 의사를 동일시하거나, 대표이사 등과 법인의 경제적 이해관계가 사실상 일치하는 것으로 보기 어려운 경우인지 등 제반사정을 종합하여 개별적, 구체적으로 판단하여야 하고, 그 입증책임은 법인에게 있다(대판 2008. 11. 13. 2007두23323).

대법원은, 법인의 대주주 겸 회장이 변칙적인 회계처리를 동원하는 방법으로 쟁점금액의 유용행위를 적극적으로 은폐하였고, 법인의 내외부에서 회장의 자금유용행위를 실질적으로 통제하거나 감독할 만한 사람 등이 존재하지 않으며, 회장의 횡령 등 불법행위에 대하여 형사고발이 이루어지거나 민사상 손해배상청구소송이 제기된 적이 없는 사안에서, 회장에 의하여 유용된 금액이 법인으로부터 사외유출되었다고 판단하였으나(대판 2013. 2. 28. 2012두23822), 발행주식 중 소액주주가 보유하는 주식의 비중이 높은 코스닥 상장법인에서 대표이사 등이 회사자금을 횡령하였고, 그 사실이 밝혀지자 임직원 등이 대표이사 등을 횡령으로 형사고소하고 주주들이 주주총회에서 대표이사를 해임하였으며, 법인이 대표이사 등을 상대로 손해배상청구소송을 제기하여 승소판결을 받은 사안에서는, 유용된 금액이 사외유출 되었다고 보기 어렵다고 하였다(대판 2008. 11. 13. 2007두23323).

한편, 대표이사 등의 횡령이 사외유출에 해당하는 경우, 법인의 대표이사 등에 대한 손해배상채권은 세법상 자산으로 인정되지 않으므로, 그 이후 그 채권이 회수불능으로 되더라도 대손금으로 손금산입할 수 없다(대판 2012. 6. 28. 2011두32676).

30) 이러한 특별한 사정이 있다면 사외유출로 볼 수 있고, 이는 실질상 피용자의 지위에 있는 대표이사가 횡령을 한 경우에도 마찬가지이다(대판 2004. 4. 9. 2002두9254).

31) 대판 1989. 3. 28. 87누880. 이 경우 법인은, 횡령시점에 횡령 피해금액을 손금산입할 수 있지만, 동시에 그 금액만큼 횡령행위자인 피용자에 대한 손해배상채권 등을 세법상 자산으로 인식하면서 익금에 산입하여야 하므로, 손금산입의 효과가 상쇄되고, 그 손해배상채권 등이 회수불능으로 되거나 소멸하는 시점에 가서 대손금으로 손금에 산입할 수 있다고 한다(송동진, 법인세법, 삼일인포마인, 2020, 521면).

제2절 소득처분

세무조정의 과정에서 회사가 비용 처리한 것이 손금으로 인정되지 않거나 회사에 익금이 있었던 것으로 인정되면, 그만큼 회사의 세법상 소득이 증가한다. 이때 과세목적으로 그러한 소득의 귀속자와 소득의 종류를 결정하게 되는데 이를 통상 '소득처분'이라 칭한다.[32]

(1) 과세준 경정시 익금에 산입되거나 손금에 불산입되는 금액이 법인 외부로 유출된 것으로 평가되는 때에는 (해당 법인에 대해 법인세를 부과하는 것 외에) 유출된 이익의 귀속자에 대하여도 과세할 필요성이 생긴다. 이익의 귀속자가 (i) 법인의 주주 등이면 그 주주 등에 대한 '배당'으로, (ii) 법인의 임직원이면 그 임직원에 대한 '상여'로, (iii) 타법인이거나 개인사업자로서 유출금액이 그들의 각 사업연도 소득이나 사업소득으로 귀속되었다면 '기타 사외유출'로, (iv) 그 이외의 자인 경우에는 그 귀속자에 대한 '기타소득'으로 각 소득처분한다.[33] 사외유출된 것은 분명하나 귀속자가 불분명한 경우이거나 추계에 의하여 결정된 과세표준이 법인 재무상태표상의 당기순이익보다 큰 경우에는 이를 '대표자'에게 귀속된 것으로 본다.[34][35] 대법원과 헌법재판소는 사외유출된

---

32) 법인세법 제67조. 법인세법 시행령 제106조 제1항 제1호. 다만 기부금 손금불산입, 접대비 손금불산입, 지급이자 손금불산입 등 일정한 경우에는 '기타 사외유출'로 처분하고(소득세법 시행령 제106조 제1항 제3호), 수정신고기한 내에 매출누락, 가공경비 등 부당하게 사외유출된 금액을 회수하고 세무조정으로 익금에 산입하여 신고하는 경우에는 '사내유보'로 소득처분한다(소득세법 시행령 제106조 제4항). 따라서 세법상 소득처분이란 행정소송법 제2조 제1호의 '처분'과는 다른 개념이고, 과세관청에 의하여 소득처분이 이루어지더라도 그것이 항고소송의 대상이 되는 처분은 아니다(송동진, 법인세법, 517면).

33) 귀속자가 임원 또는 직원인 주주이면 상여로 보고, 귀속자가 법인주주인 경우에는 기타사외유출로 한다(법인세법 제67조, 법인세법 시행령 제106조 제1항 제1호).

34) 법인세법 시행령 제106조 제1항 제1호 단서, 제2항. 소액주주등이 아닌 주주등인 임원 및 그와 특수관계에 있는 자(법인세법 시행령 제43조 제8항)가 소유하는 주식 등을 합하여 해당 법인의 발행주식총수(또는 출자총액)의 100분의 30 이상을 소유하고 있는 경우의 그 임원이 법인의 경영을 사실상 지배하고 있는 경우에는 그 자를 대표자로 하고, 대표자가 2명 이상인 경우에는 사실상의 대표자를 대표자로 한다(법인세법 시행령 제106조 제1항 제1호 단서). '추계'란 장부나 그 밖의 증명서류를 통해서 법인세의 과세표준과 세액을 구할 수 없을 경우 일정한 방식으로 추정하여 계산하는 것이다(법인세법 제66조 제3항).

35) 법인세법상 대표자 인정상여 제도는 그 대표자에게 그러한 소득이 발생한 사실에 바탕을 두는 것이 아니라, 법인에 의한 세법상의 부당행위를 방지하기 위하여 그러한 행위로 인정될 수 있는 일정한 사실에 대해 그 실질에 관계없이 무조건 대표자에 대한 상여로 간주하도록 하는 데 그 취지가 있고(대판 1992. 7. 14. 92누3120), 특히 추계조사·결정 방법에 의하여 과세표준을 산정한 후 대표자에게 상여처분을 하는 경우에는 추계조사·결정 방법에

소득의 귀속자가 불분명할 때 대표이사에게 귀속된 것으로 보는 규정이 위임입법의 한계를 벗어나지 아니하였고, 합헌이라고 본다.[36]

　소득세법은 위와 같이 법인세법에 따라 '배당'으로 처분된 것을 배당소득으로, '상여'로 처분된 것을 근로소득으로, '기타소득'으로 처분된 것을 기타소득으로 규정하여 소득세 과세대상으로 규정하고 있다.[37] 다만 '기타 사외유출'로 소득처분된 경우, 해당 유출액이 이미 타법인의 각 사업연도 소득이나 개인사업자의 사업소득에 대부분 포함되어 있으므로 이를 별도의 과세대상 소득으로 규정하지 않고 있는 것으로 보인다.[38]

의하여 결정된 과세표준과 법인의 대차대조표상의 당기순이익과의 차액이 사외에 유출되었는지의 여부나 사외에 유출되었다면 실제로 누구에게 귀속되었는지를 묻지 아니한다(대판 1990. 9. 28. 89누8231).

36) 구 법인세법 제67조에서의 소득처분은 법인세의 과세표준을 신고하거나 결정 또는 경정함에 있어서 익금에 산입한 금액이 법인의 내부에 유보된 것인지 또는 사외로 유출된 것인지를 확정하고, 만일 당해 금액이 사외로 유출된 것이라면 누구에게 어떤 소득의 형태로 귀속된 것인지를 특정하여 그 귀속자와 소득의 종류를 확정하는 세법상의 절차로서, 이미 특정과세연도에 귀속된 소득을 사후적으로 확인하는 절차인바, 익금에 산입한 금액이 사외로 유출된 것이 분명한 경우에는 반드시 누군가에게 귀속되었을 것이나, 과세자료 등을 통하여 그 귀속자를 객관적으로 확정할 수 없는 '귀속불명'의 경우를 충분히 예상할 수 있으므로, 위 법 제67조가 "… 익금에 산입한 금액은 그 귀속자에 따라 처분한다"고 규정하여 '그 귀속자에 따라'라는 문언을 사용하였다고 하더라도, 위 법조가 대통령령에 위임하고 있는 소득처분의 종류와 내용에는 사외유출된 익금산입액이 누군가에게 귀속되었을 것임은 분명하나 그 구체적 귀속자를 밝힐 수 없는 경우를 포함하고 있다고 봄이 상당하므로, 구 법인세법 시행령 제106조 제1항 제1호 단서가 모법인 위 법 제67조의 위임 범위를 벗어난 무효의 규정이라고 할 수 없다(대판 2008. 9. 18. 2006다49789).
　이 사건 법률조항은 법인에 의한 세법상의 부당행위를 방지하고 법인의 사외유출된 소득의 귀속자를 빠짐없이 밝혀 소득세를 부과함으로써 조세부담의 공평을 실현하고자 하는 것으로 그 입법목적의 정당성이 인정되고, 사외유출된 소득의 귀속 여부 등에 관한 상당수의 증거자료는 법인의 수중에 있을 것이므로 과세관청으로서는 그 입증에 어려움이 있다는 것은 쉽게 예상할 수 있는 점 등에 비추어 이 사건 법률조항에 의한 수단의 선택은 적절하다고 할 것이며, 법인의 대표자는 귀속자가 불분명한 법인의 사외유출 소득에 대하여 그 귀속자가 누구인지를 입증함으로써 이 사건 법률조항의 적용에서 벗어날 수 있다는 점에서 최소침해성의 원칙에 위반하지 아니하고, 이 사건 법률조항에 의하여 실현되는 공익은 그로 인한 대표자의 경제적 불이익에 비하여 적다고 볼 수 없으므로 법익균형성도 갖추었다. 따라서 이 사건 법률조항에 의하여 귀속불명의 익금이 대표자의 근로소득으로 간주된다 하더라도 과잉금지원칙에 위배하여 대표자인 청구인의 재산권을 침해하는 것이라 볼 수 없다(헌재 2009. 3. 26. 2005헌바107 결정).
37) 배당소득에 대하여 소득세법 제17조 제1항 제4호, 근로소득에 대하여 소득세법 제20조 제1항 제3호, 기타소득에 대하여 소득세법 제21조 제1항 제20호. 실무상 이를 인정배당(認定配當), 인정상여(認定賞與), 인정기타소득(認定其他所得)이라 칭하기도 한다.
38) 그 외에도 손금산입한도액을 초과한 기부금 등은 기타 사외유출로 처분된다(법인세법 시행

(2) 익금산입된 금액이 법인 외부로 유출되지 않은 때에는 사내유보(社內留保)로 처리되어[39] 해당법인에 대한 과세에 영향을 미치나, 별도로 외부의 제3자에 대한 후속 과세조치는 이루어지지 않는다.

제3절 소득처분에 따른 법인의 소득세 원천징수 의무

과세당국이 법인의 소득금액을 결정 또는 경정하면서 배당, 상여, 기타소득으로 소득처분을 하는 경우, 과세 당국이 해당 소득의 지급자인 해당 법인에게 소득금액변동통지서를 발송하여 이를 통지하고, 해당 소득의 수령자인 주주나 임직원 등에게도 이를 알려야 한다.[40] 개인에게 배당소득, 근로소득, 기타소득을 지급하는 자는 원칙적으로 원천징수의무가 있으므로, 이러한 소득처분을 받은 법인은 해당 주주, 근로자 등의 배당소득, 근로소득, 기타소득에 대해 원천징수를 하여 이를 납부할 의무가 생긴다.

다만 과세관청은 원천징수의무법인이 원천징수를 하지 않은 금액에 대하여는 납세의무자(해당 소득의 수령자인 주주나 임직원 등)에게 직접 소득세를 부과할 수도 있다.[41]

원천징수 의무는 원천징수대상 소득을 지급하는 때에 발생하는데, 소득처분에 의한 원천징수의 경우에는 해당 법인이 소득금액변동통지서를 받은 날 해당 소득을 지급한 것으로 본다.[42] 소득금액변동통지는 항고소송의 대상이 되는 행정처분이므로, 이에 불복하려는 원천징수의무자는 소득금액변동통지를 받은 후 일정기간 내 불복하여야 한다.[43]

령 제106조 제1항 제3호 각목).

39) 법인세법 시행령 제106조 제1항 제2호.

40) 소득세법 시행령 제192조.

41) 소득세법 제85조 제3항 단서 및 제2호, 대판 1981. 9. 22. 79누347, 소득, 조심 2009서 1720(2010. 11. 16.)

42) 소득세법 제130조, 제134조 제1항, 소득세법 제131조 2항, 제135조 제2항, 제145조의2.

43) 과세관청의 소득처분과 그에 따른 소득금액변동통지가 있는 경우 원천징수의무자인 법인은 소득금액변동통지서를 받은 날에 그 통지서에 기재된 소득의 귀속자에게 당해 소득금액을 지급한 것으로 의제되어 그 때 원천징수하는 소득세의 납세의무가 성립함과 동시에 확정되고, 원천징수의무자인 법인으로서는 소득금액변동통지서에 기재된 소득처분의 내용에 따라 원천징수세액을 그 다음달 10일까지 관할 세무서장 등에게 납부하여야 할 의무를 부담하며, 만일 이를 이행하지 아니하는 경우에는 가산세의 제재를 받게 됨은 물론이고 형사처벌까지 받도록 규정되어 있는 점에 비추어 보면, 소득금액변동통지는 원천징수의무자인 법인의 납세의무에 직접 영향을 미치는 과세관청의 행위로서, 항고소송의 대상이 되는 조세행정처분이라고 봄이 상당하다(대판 2006. 4. 20. 2002두1878).

그러나 소득금액변동통지 송달시에 원천납세의무자의 소득세 납세의무가 부과제척기간의 도과 등으로 이미 소멸하였다면, 법인의 원천징수의무도 성립하지 않는다.[44) 국세의 부과제척기간은 원칙적으로 국세를 부과할 수 있는 날로부터 과소신고의 경우에는 5년, 납세자가 법정신고기한까지 과세표준신고서를 제출하지 아니한 경우(무신고)에는 7년, 납세자가 사기나 기타 부정한 행위로 국세를 포탈하거나 환급, 공제받은 경우에는 10년이다.[45)

원천징수의무자인 법인이 원천징수세액을 납부하면 해당 소득의 귀속자인 대표이사 등을 상대로 구상권을 행사할 수 있고, 해당 대표이사 등이 법인의 구상권 행사를 거절하기 위해서는 인정상여로 처분된 금액의 귀속자가 따로 있음을 적극적으로 증명해야 한다.[46) 원천징수의무자인 법인은, 국가에 원천징수세액을 납부한 후 원천납세의무자에 대한 구상금청구소송에서 원천납세의무의 부존재를 이유로 패소하는 불이익을 방지하기 위하여 소득금액변동통지에 대한 취소소송 또는 원천징수세액의 납부후 경정청구에 대한 거부처분의 취소소송에서 원천납세의무자에게 소송고지를 할 수 있고, 원천납세의무자는 위 각 소송에 보조참가를 할 수 있을 것이다.[47)

---

44) 법인세법의 규정에 따라 대표자에 대한 상여로 소득처분되는 금액은 당해 법인이 소득금액변동통지서를 받은 날에 그 소득금액을 지급한 것으로 보게 되는데, 이는 그 소득금액을 현실적으로 대표자에게 지급하는 것을 의미하는 것이 아니라 법으로써 의제하는 것에 불과하므로 위와 같은 소득금액변동통지서를 받은 법인의 원천징수의무가 성립하려면 그 성립시기인 위 소득금액변동통지서를 받은 때에 소득금액을 지급받은 것으로 보아야 할 원천납세의무자의 소득세 납세의무가 성립되어 있어야 하며, 원천납세의무자의 소득세 납세의무가 그 소득세에 대한 부과제척기간의 도과 등으로 소멸하였다면 원천징수의무도 성립할 수 없다(대판 2010. 1. 28. 2007두20959).

45) 국세의 부과제척기간에 대한 자세한 내용은 국세기본법 제26조의2 참조.

46) 원천징수제도는 원천납세의무자가 실체법적으로 부담하고 있는 원천납세의무의 이행이 원천징수라는 절차를 통하여 간접적으로 실현되는 제도로서 원천징수세액의 납부로 인하여 원천납세의무자는 국가에 대한 관계에서 당해 납세의무를 면하게 되므로, 원천징수의무자가 원천납세의무자로부터 원천징수세액을 원천징수함이 없이 이를 국가에 납부한 경우에는 원천납세의무자에 대하여 구상권을 행사할 수 있고, 이와 같은 구상권에 관한 법리는 대표자 인정상여의 경우에도 그대로 적용되어야 한다. 대표자는 익금산입액의 귀속이 불분명하다는 사유로 상여처분된 소득금액에 대하여는 특별한 사정이 없는 한 그 금액이 현실적으로 자신에게 귀속되었는지 여부에 관계없이 원천징수의무자인 법인이 납부한 갑종근로소득세액 상당을 당해 법인에게 지급할 의무가 있고, 이 경우 법인의 구상금청구를 거절하기 위해서는 법인의 업무를 집행하여 옴으로써 그 내부사정을 누구보다도 잘 알 수 있는 대표자가 인정상여로 처분된 소득금액이 자신에게 귀속되지 않았을 뿐만 아니라 귀속자가 따로 있음을 밝히는 방법으로 그 귀속이 분명하다는 점을 증명하여야 한다(대판 2008. 9. 18. 2006다49789).

47) 송동진, 법인세법, 559면, 행정소송법 제8조 제2항, 민사소송법 제71조, 제84조.

원천징수의무자가 정당한 사유 없이 원천징수를 아니하는 행위, 원천징수한 세금을 정당한 사유 없이 납부하지 아니하는 행위는 형사처벌 대상이지만,[48] 위와 같은 의제지급의 경우에는 실제 지급이 현실로 이루어진 것이 아니므로 위 형사처벌 규정이 적용되지 않는다는 의견이 있다.[49]

제4절 법인이 원천징수세액을 가지급금으로 처리하는 경우의 조세 문제

법인이 원천징수의무에 따라 납세하고 그 귀속자인 법인의 대표자 등에 대해 구상을 청구하지 않는 경우가 있다. 이때 세무효과는 귀속자가 분명한 경우인지, 불분명한 경우인지에 따라 다르다.

사외유출되고 대표자 등에게 귀속되어 소득처분된 금액에 대한 원천징수세액을 법인이 납부한 경우, 이는 특수관계인에 대한 업무무관 가지급금에 해당한다. 따라서 위 가지급금은 (i) 인정이자의 계산 대상[50] 및 지급이자의 손금불산입 대상[51]에 해당하고, (ii) 회수불능으로 된 경우에도 대손금으로 인정될 수 없으며,[52] (iii) 특수관계의 소멸일까지 회수되지 않은 경우 포기한 것으로 간주되어 법인의 익금에 산입된다.[53][54]

반면, 사외유출되었으나 귀속자가 불분명하여 대표자에 대한 인정상여로 처분된 소득에 대한 원천징수세액을 법인이 납부한 후 이를 가지급금으로 계상한 경우, 그 금액은 업무무관 가지급금에 해당하지 않으므로,[55] (i) 인정이자의 계산 대상[56] 및 지급이자의 손금불산입 대상[57]에서 제외되고, (ii) 회수불능으로 된 경우 대손금으로 인정될 수 있으며,[58] (iii) 특수관계의 소멸일까지 회수하지 않으면 포기한 것으로 간주되는

---

48) 조세범처벌법 제13조 제1항, 제2항.
49) 대표저자 안대희, 조세형사법, 최신개정판, 194면.
50) 법인세법 제52조, 법인세법 시행령 제88조 제1항 제6호, 제89조 제3항.
51) 법인세법 제28조 제1항 제4호 나목, 동법 시행령 제53조.
52) 법인세법 제19조의2 제2항 제2호, 제28조 제1항 제4호 나목.
53) 법인세법 시행령 제11조 제9호 가목.
54) 이상 송동진, 법인세법, 559면.
55) 법인세법 시행령 제53조 제1항 단서, 동법 시행규칙 제28조 제1항, 제44조 제5호.
56) 법인세법 시행령 제89조 제5항 단서, 동법 시행규칙 제44조 제5호.
57) 법인세법 제28조 제1항 제4호 나목, 동법 시행령 제53조 제1항 단서, 법인세법 시행규칙 제 28조, 제44조 제5호.
58) 법인세법 제19조의2 제2항 제2호, 제28조 제1항 제4호 나목, 동법 시행령 제53조 제1항 단서, 법인세법 시행규칙 제28조, 제44조 제5호.

업무무관 가지급금[59)]에 해당하지 않는다.[60)]

　한편 귀속자가 불분명한 사외유출에 따른 소득처분에 대하여 법인이 대표자의 소득에 대한 원천징수세액을 납부한 후 그 납부액 상당을 손금으로 계상하거나 특수관계의 소멸일까지 대표로부터 회수하지 않으면, 법인이 납부한 원천징수세액 상당액이 법인의 익금에 산입되어 그만큼 법인세가 부과될 수 있다. 이 경우 그 금액에 대한 소득처분은 '기타사외유출'이므로,[61)] 소득처분된 금액만큼 대표자 등에게 다시 한 번 소득세가 과세되지는 아니한다.[62)]

---

59) 법인세법 시행령 제11조 제9호 가목, 법인세법 제28조 제1항 제4호 나목, 법인세법 시행령 제53조 제1항 단서, 법인세법 시행규칙 제28조, 제44조 제5호.
60) 이상 송동진, 법인세법, 559면.
61) 법인세법 시행령 제106조 제1항 제3호 아목 전단. 송동진, 법인세법, 559면.
62) '기타사외유출'로 소득처분된 경우에는 해당 법인 외부에 있는 소득의 귀속자에게 과세하기 위하여 별도로 추가적인 조치를 취하지는 않는다.

제1절 회사 임직원에 대한 조세문제

　사외유출된 소득에 대한 소득처분에 따라 그 귀속자인 회사 임직원 등은 배당소득, 근로소득, 기타소득 등의 소득세를 납부하게 될 수 있다. 인정상여로 소득처분한 금액은 그 사업연도의 전체 기간에 발생한 것으로 보아 각 대표이사의 재직기간의 일수에 따라 안분하여 계산하여야 한다.[63] 사외유출된 소득의 귀속자가 불분명하여 대표자에 대한 인정상여로 처분하는 경우, 법인등기부상 대표자로 등기되어 있더라도 실질적으로 대표자로서 업무를 수행하지 않은 자에 대하여는 인정상여로 과세할 수 없다는 것이 판례이다.[64]

　대표이사가 법인의 재산에 대해 형법상 횡령죄를 구성하는 행위를 하였다면, 그 법인재산에 대하여 세법상 사외유출에 해당하는 경우가 많을 것이나, 모든 형법상 횡령이 세법상 사외유출에 해당하는 것은 아니다. 가령 사립학교법인이 용도가 엄격히 제한된 국가보조금을 다른 용도로 전용하는 것은 형법상 횡령죄를 구성하지만,[65] 해당 자금이 당초 예정된 용도는 아니더라도 당해 법인을 위한 용도에 사용되었다면 세법상

---

63) 심사－소득－2016－54, 2016. 10. 28.
64) 구 법인세법 시행령(1998. 12. 31. 대통령령 제15970호로 전부 개정되기 전의 것) 제94조의 2 제1항 제1호는 과세관청이 법인세의 과세표준을 결정 또는 경정함에 있어서 '익금에 산입한 금액이 사외에 유출된 것이 분명한 경우에는 그 귀속자에 따라 이익처분에 의한 상여·배당·기타소득·기타 사외유출로 하되, 그 귀속이 불분명한 경우에는 대표자에게 귀속된 것으로 본다'고 규정하고 있는바, 관련 규정을 종합하여 보면 여기서 대표자는 실질적으로 그 회사를 사실상 운영하는 대표자이어야 하고 비록 회사의 대표이사로 법인등기부상에 등재되어 있었다고 하더라도 회사를 실질적으로 운영한 사실이 없었다면 이와 같은 인정소득을 그 대표자에게 귀속시킬 수 없다고 보아야 한다(대판 2010. 12. 23. 2008두10461). 다만, 대표이사로서의 권한을 일정 부분 실제로 행사하고 경영에 실질적으로 관여한 자는 대표자 인정상여처분의 대상이 되는 대표자에 해당하고, 지배주주가 따로 있다는 이유만으로 명목상의 대표이사로 볼 수는 없다(대판 2008. 1. 18. 2005두8030).
65) 대판 2004. 12. 24. 2003도4570.

사외유출로 보기는 어려울 것이므로 그 행위자인 임직원 등에게 소득세를 과세하기는 어려울 것이다.[66] 회사의 이사 등이 업무상의 임무에 위배하여 보관중인 회사의 자금으로 뇌물을 공여한 경우 해당 자금에 대한 업무상횡령죄에 해당하고,[67] 뇌물공여금액은 업무무관비용으로서 손금불산입되지만, 그것이 주로 회사의 이익을 위한 것이라면 세법상 위 자금이 그 이사에게 귀속된 것으로 보기는 어려울 것이다.[68]

제2절 수뢰, 수재자에 대한 조세문제

뇌물, 알선수재 내지 배임수재죄로 받은 금품은 '기타소득'에 해당하여 소득세가 부과된다.[69] 그러나 재판절차에서 몰수나 추징이 이루어졌다면 해당 소득을 얻은 것으로 볼 수 없으므로 과세할 수 없다.[70]

---

66) 송동진, 법인세법, 522면.
67) 회사가 기업활동을 하면서 형사상의 범죄를 수단으로 하여서는 안 되므로 뇌물공여를 금지하는 법률 규정은 회사가 기업활동을 할 때 준수하여야 하고, 따라서 회사의 이사 등이 업무상의 임무에 위배하여 보관 중인 회사의 자금으로 뇌물을 공여하였다면 이는 오로지 회사의 이익을 도모할 목적이라기보다는 뇌물공여 상대방의 이익을 도모할 목적이나 기타 다른 목적으로 행하여진 것이라고 보아야 하므로, 그 이사 등은 회사에 대하여 업무상횡령죄의 죄책을 면하지 못한다. 그리고 특별한 사정이 없는 한 이러한 법리는 회사의 이사 등이 회사의 자금으로 부정한 청탁을 하고 배임증재를 한 경우에도 마찬가지로 적용된다(대판 2013. 4. 25. 2011도9238).
68) 송동진, 법인세법, 522면.
69) 소득세법 제21조 제23호, 제24호.
70) 형법상 뇌물, 알선수재, 배임수재 등의 범죄에서 몰수나 추징을 하는 것은 범죄행위로 인한 이득을 박탈하여 부정한 이익을 보유하지 못하게 하는 데 목적이 있으므로, 이러한 위법소득에 대하여 몰수나 추징이 이루어졌다면 이는 위법소득에 내재되어 있던 경제적 이익의 상실가능성이 현실화된 경우에 해당한다. 따라서 이러한 경우에는 소득이 종국적으로 실현되지 아니한 것이므로 납세의무 성립 후 후발적 사유가 발생하여 과세표준 및 세액의 산정기초에 변동이 생긴 것으로 보아 납세자로 하여금 그 사실을 증명하여 감액을 청구할 수 있도록 함이 타당하다. 즉, 위법소득의 지배관리라는 과세요건이 충족됨으로써 일단 납세의무가 성립하였다고 하더라도 그 후 몰수나 추징과 같은 위법소득에 내재되어 있던 경제적 이익의 상실가능성이 현실화되는 후발적 사유가 발생하여 소득이 실현되지 아니하는 것으로 확정됨으로써 당초 성립하였던 납세의무가 전제를 잃게 되었다면, 특별한 사정이 없는 한 납세자는 국세기본법 제45조의2 제2항 등이 규정한 후발적 경정청구를 하여 납세의무의 부담에서 벗어날 수 있다. 그리고 이러한 후발적 경정청구사유가 존재함에도 과세관청이 당초에 위법소득에 관한 납세의무가 성립하였던 적이 있음을 이유로 과세처분을 하였다면 이러한 과세처분은 위법하므로 납세자는 항고소송을 통해 취소를 구할 수 있다(대판 2015. 7. 16. 2014두5514).

제4장
조세 관련 형사처벌 규정

납세의무 있는 자가 조세에 대하여 단순히 미신고 또는 미납부를 하였을 때에는 해당 조세 및 그에 수반되는 가산세 등을 납부하면 된다. 그러나 사기나 그 밖의 부정한 행위로써 조세를 포탈하거나 조세의 환급, 공제를 받은 것으로 평가되면, 조세 납부와 별도로 형사처벌이 이루어질 수 있다.[71] 여기서 '사기나 그 밖의 부정한 행위'란 이중장부의 작성 등 장부의 거짓 기장, 거짓 증빙 또는 거짓 문서의 작성 및 수취, 장부와 기록의 파기, 고의적으로 장부를 작성하지 아니하거나 비치하지 아니하는 행위, 그 밖의 위계에 의한 행위 또는 부정한 행위 등을 의미한다.[72]

그 외에 (1) 부가세법, 소득세법 또는 법인세법에 따라 세금계산서나 계산서를 발급하여야 할 자가 이를 발급하지 않거나 거짓으로 기재하여 발급하는 행위, 매출처별 세금계산서합계표나 매출처별 계산서합계표를 제출하여야 할 자가 거짓으로 기재하여 제출하는 행위, (2) 이러한 세금계산서나 계산서를 발급받아야 할 자가 통정하여 이를 발급받지 않거나 거짓으로 기재하여 발급받는 행위, 매입처별 세금계산서합계표나 매입처별 계산서합계표를 제출하여야 할 자가 거짓으로 기재하여 제출하는 행위, (3) 재화 또는 용역을 공급하지 아니하거나 공급받지 아니하고 세금계산서나 계산서를 발급하거나 발급받는 행위 또는 매출, 매입처별 세금계산서합계표나 매출, 매입처별 계산서합계표를 거짓으로 기재하여 제출한 행위도 형사처벌 대상이다.[73]

이러한 조세범처벌법위반죄에는 양벌규정이 있어 개인인 행위자 외에 법인도 형사처벌대상이 될 수 있고, 친고죄이므로 과세당국의 고발이 있어야만 검사가 공소제기를 할 수 있다.[74] 다만 (1) 조세범처벌법 제3조 제1항 등을 위반하여 포탈하거나 환급받

---

71) 조세범처벌법 제3조 제1항.
72) 조세범처벌법 제3조 제6항.
73) 조세범처벌법 제10조 제1항, 제2항, 제3항.
74) 조세범처벌법 제18조, 제21조.

은 금액이 연간 5억 원 이상인 경우, (2) 영리를 목적으로 세금계산서 발급의무 관련 범죄를 범하고 그 공급가액 등의 합계액이 30억 원 이상인 경우 등은, 가중처벌된다.[75] 조세범처벌법 제3조 제1항 등을 위반하여 포탈하거나 환급받은 금액이 연간 5억 원 이상인 경우에는, 친고죄가 아니어서 과세당국의 고발이 없이 검사가 공소제기할 수 있다.[76]

---

75) 특정범죄가중법 제8조, 제8조의2.
76) 특정범죄가중법 제8조, 제16조.

제5편 해외 반부패 관련 법규

우리나라 기업이 해외에서 사업을 하기 위하여 외국의 공무원등에게 뇌물을 제공하는 것을 규제하는 국제상거래에 있어서의 외국공무원에 대한 뇌물방지법(이하 '국제뇌물방지법')을 살펴본다. 외국의 부패규제 법령으로서 대표적으로 미국의 해외부패방지법(Foreign Corrupt Practices Act, 이하 'FCPA')과 영국의 부패방지법(UK Bribery Act)도 살펴본다. 그리고 우리나라 기업이 세계은행 등 다자간 개발은행(Multilateral Development Banks) 자금을 지원하는 해외 프로젝트에 참여하는 경우에 부패행위 등으로 문제가 될 수 있는 세계은행의 부정당업자 조사 및 제재 제도에 대하여도 살펴본다.

제1장
국제상거래에 있어서의 외국공무원에 대한 뇌물방지법

우리나라는 OECD의 국제상거래에 있어서 외국공무원에 대한 뇌물제공방지를 위한 협약 및 국제연합의 부패방지협약을 비준하였고, 그에 따라 국내법으로 국제뇌물방지법을 입법하였다.

제1절 외국공무원의 의미

뇌물제공의 상대방인 '외국공무원등'이란 (1) 임명직 또는 선출직에 상관없이 외국정부(중앙으로부터 지방에 이르는 모든 단계의 정부를 포함함)의 입법, 행정 또는 사법 업무에 종사하는 사람, (2) 외국정부로부터 공적 업무를 위임받아 수행하는 사람, 특정한 공적 업무를 수행하기 위하여 법령에 따라 설립된 공공단체 또는 공공기관의 업무에 종사하는 사람, 또는 외국정부가 납입자본금의 50퍼센트를 초과하여 출자하였거나 중요 사업의 결정 및 임원의 임면(任免) 등 운영 전반에 관하여 실질적인 지배력을 행사하고 있는 기업체의 임직원(다만, 차별적 보조금이나 그 밖의 특혜를 받지 아니하고 일반 사경제 주체와 동등한 경쟁관계에서 사업을 하는 기업체의 경우는 제외함)으로서, 외국의 공공기능을 수행하는 자 또는 (3) 공적 국제기구의 업무를 수행하는 사람이다.[1]

---

1) 국제뇌물방지법 제2조.

뇌물공여자 등의 형사책임

국제상거래와 관련하여 부정한 이익을 얻을 목적으로 외국공무원등에게 그 업무와 관련하여 뇌물을 약속 또는 공여하거나 공여의 의사를 표시하면 형사처벌된다.[2) 위와 같은 행위에 제공할 목적으로 제3자에게 뇌물을 교부하거나 그 사정을 알면서 뇌물을 교부를 받은 행위도 동일한 형사처벌에 처해진다.[3)

형법상 수뢰죄나 증뢰죄에는 '상거래와 관련하여' 또는 '부정한 이익을 얻을 목적으로'라는 요건이 필요하지 않다는 점에서 형법상 뇌물죄와 차이가 있다. 또한 외국공무원등이 속한 국가의 법령에 따라 그 지급이 허용되거나 요구되는 경우라면 형사처벌되지 않는다.[4)

뇌물의 약속, 공여, 공여의 의사표시에 대하여는 법인에 대한 양벌규정이 있다. 따라서 법인의 대표자나 대리인, 사용인, 그 밖의 종업원이 그 법인의 업무로써 국제상거래와 관련하여 부정한 이익을 얻을 목적으로 외국공무원등에게 그 업무와 관련하여 뇌물을 약속 또는 공여하거나 공여의 의사표시를 한 경우에는 그 행위자인 자연인 외에 법인도 벌금에 처해진다.[5) 다만, 법인이 그 위반행위를 방지하기 위하여 해당 업무에 관하여 상당한 주의와 감독을 게을리하지 아니한 경우에는 그러하지 아니하다.[6)

---

2) 5년 이하의 징역 또는 5천만원 이하의 벌금에 처한다. 범죄행위로 얻은 이익(이익이 공여액보다 적거나 산정할 수 없는 경우에는 공여액)이 1천만원을 초과할 때에는 5년 이하의 징역 또는 그 이익(이익이 공여액보다 적거나 산정할 수 없는 경우에는 공여액)의 2배 이상 5배 이하에 해당하는 벌금에 처한다(국제뇌물방지법 제3조 제1항).
3) 국제뇌물방지법 제2조.
4) 국제뇌물방지법 제2조.
5) 10억원 이하의 벌금이 부과된다. 다만 범죄행위로 얻은 이익(이익이 공여액보다 적거나 산정할 수 없는 경우에는 공여액)이 5억원을 초과할 때에는 그 이익(이익이 공여액보다 적거나 산정할 수 없는 경우에는 공여액)의 2배 이상 5배 이하에 해당하는 벌금이 부과된다(국제뇌물방지법 제4조).
6) 국제뇌물방지법 제4조.

제2장
미국의 해외부패방지법(FCPA)

FCPA는 미국 국민이나 미국 기업이 미국 이외의 외국에서 사업을 하는 과정에서 해당 외국의 공무원 등에게 뇌물을 제공하는 것을 규제하는 미국 법률이다. FCPA는 크게 뇌물금지 규정과 회계부정 규정으로 나눌 수 있다. 부패방지법에 회계부정 규정이 포함된 이유는, 뇌물 의혹이 있을 때 뇌물의 증거를 찾아 입증하기는 어려워도 관련된 부적절한 회계처리를 찾기는 용이하므로, 회계부정 자체를 처벌대상으로 규정함으로써 규제를 용이하게 하기 위함이다. 미국의 법무부와 증권거래위원회(SEC)는 미국 기업이 아닌 외국기업에 대하여도 위 법을 적극적으로 적용하여 관할권을 행사하고 있으므로, 해외사업을 하는 우리나라 기업은 이에 유의해야 한다.[7]

제1절 뇌물금지 규정

1. 수범자

FCPA 뇌물금지규정의 수범자는 크게 4가지로 나눌 수 있다. (1) 미국 증권시장에 증권을 발행한 자(이하 'issuer' 또는 '증권발행자'라 함)[8], (2) 미국 국적을 가지거나 미국

---

7) FCPA에 대한 자세한 설명으로는, 오택림, '국내뇌물죄와 해외뇌물죄의 비교연구 – FCPA, UK Bribery Act 등 외국법제로부터 시사점을 중심으로', 법조(2013. 10.).

8) 15 U.S.C. §78dd−1(a). 미국 법무부와 증권거래위원회(SEC)가 발간한 A Resource Guide to the U.S. FCPA, U.S. DOJ, July 2020(이하 'FCPA Resource Guide'라 함) 9~10면에 따르면, Section 12 of the Securities Exchange Act of 1934 (15 U.S.C. §78*l*)에 따라 등록된 증권을 발행하거나, Section 15(d) of the Securities Exchange Act of 1934 (15 U.S.C. §78*o*(d))에 의해 SEC에 신고서(reports)를 제출하는 회사가 이에 해당한다. 즉, (1) 미국 증권시장에 증권을 유통시키거나, (2) 미국 장외시장(over−the−counter market)에 증권을

에 거주하는 개인, 미국법에 의해 설립되거나 미국에 주된 영업소를 가지는 법인이나 단체(이하 'domestic concern' 또는 '미국인/미국단체'라 함)[9], (3) 미국영토 내에서 위반행위를 한 기타 개인 또는 법인(이하 'persons other than issuer or domestic concern' 또는 '외국인/외국단체'라 함)[10], (4) 이들(증권발행자, 미국인/미국단체, 외국인/외국단체)을 대표하거나 대리하여 행하는 주주, 이사, 임직원 또는 대리인이다.[11]

위 4개 유형에 해당하지 않는 자도 공범(aiding and abetting or conspiracy)으로 형사책임을 질 수 있다는 것이 미국 법무부와 SEC의 해석이고, 그와 같이 처리된 사건도 있다[12]. 그러나 연방 제2항소법원은, 외국인인 개인이 위 4개 유형에 해당하지 않음에도 불구하고 공범이라는 이유만으로 미국 형사재판권을 적용하는 것은 입법 의도를 벗어난 확장 해석이어서 허용되지 않는다고 하였다.[13] 따라서 공범에 대한 형사관할권이 인정될지에 대하여는 당분간 논란이 있을 것으로 보인다. 참고로 민사제재와 행정제재

유통시키면서 SEC에 정기적으로 신고서를 제출하는 회사이다. 미국 증권시장에 ADR(American Depository Receipts)을 발행한 회사도 포함된다.

9) 15 U.S.C. §78dd-2(a).
The term domestic concern means (A) any individual who is a citizen, national, or resident of the United States; and (B) any corporation, partnership, association, joint-stock company, business trust, unincorporated organization, or sole proprietorship which has its principal place of business in the United States, or which is organized under the laws of a State of the United States or a territory, possession, or commonwealth of the United States(15 U.S.C. §78dd-2(h)(1)).

10) 15 U.S.C. §78dd-3(a).

11) 증권발행자에 대한 규정에 any officer, director, employee, or agent of such issuer or any stockholder thereof acting on behalf of such issuer라고 규정되어 있고(15 U.S.C. §78dd-1(a)), 미국인/미국단체, 외국인/외국단체에 대한 규정에도 동일한 문구가 있다.

12) FCPA Resource Guide, 35~36면. 공범은 다른 공범이 행할 것으로 합리적으로 예상할 수 있는 범위 내의 행위에 대해서도 책임을 질 수 있다(A conspirator may be found guilty of a substantive offence committed by a co-conspirator in furtherance of the conspiracy if the co-conspirator's acts were reasonably foreseeable)는 판례로는 Pinkerton v. United States 328 U.S. 640,647-48 (1946). 유사한 근거로 일본 또는 유럽회사들이 FCPA 위반으로 처벌된 사례로는 Criminal Information, United States v. Marubeni Corp., No. 12-cr-22 (S.D. Tex. Jan. 17, 2012) ECF No. 1; Criminal Information, United States v. JGC Corp., No 11-cr-26 (S.D. Tex, Apr. 6, 2011); Criminal Information, United States v. Snamprogetti, No 4: 10-cr-46 (S.D. Tex, July 7, 2010) ECF No 1; Criminal Information, United States v. TechnipFMC plc, No. 19-cr-278 (E.D.N.Y. June 25, 2019), ECF No 5.

13) United States v. Hoskins, 902 F.3d 69, 76-97 (2d Cir. 2018). 다만 United States v. Firtash, 392 F. Supp. 3d 872,889 (N.D. Ill 2019) 사건에서는 그와 달리 보았다. FCPA Resource Guide, 36면.

에 대해서는 공범에 의한 관할이 인정된다는 것이 미국 법무부와 SEC 입장이다.[14]

우리나라 기업이나 국민이 미국 증권시장에서 증권을 발행한 자 또는 미국인/미국단체에 해당하지 아니할지라도, 미국영토 내에서 위반행위를 한 것으로 인정되거나 미국 증권시장에서 증권을 발행한 자 또는 미국인/미국단체를 대표, 대리하는 주주, 이사, 임직원, 대리인으로 인정이 된다면, FCPA 적용대상이 될 수도 있는 것이다.

2. 금지대상 행위

증권발행자와 미국인/미국단체에게 적용되는 금지대상 행위는, (1) 외국의 공무원,[15] 정당, 정당 당직자, 공직선거 후보자(이하 통칭하여 이 장에서 '외국공직자'라 함)의 직무수행에 영향을 미치거나, 외국공직자로 하여금 법령에 위배한 직무수행을 하도록 유도하거나, 부당한 이익을 얻거나, 외국공직자로 하여금 소속된 정당이나 공공기관의 결정에 영향을 미치게 하는 방식으로, 사업적 기회를 획득, 유지하기 위하여 우편이나 주간통상 수단을 사용하여 외국공무원에게 어떠한 이익을 제안, 제공, 약속하거나 그러한 이익제공을 승인하는 것, (2) 외국공직자에게 그 전부 또는 일부가 직·간접적으로 제안, 제공, 약속될 것을 알면서 위 (1)항과 같은 목적으로 우편이나 주간통상 수단

---

14) 금지명령(injunctive relief)과 민사벌금(civil penalty)을 규정하는 15 U.S.C. §78t(e), SEC의 중지명령(cease−and−desist order)을 규정하는 15 U.S.C. §78u−3(a)에는 공범으로 해석될 수 있는 자에게도 그러한 규제를 할 수 있다는 명문의 규정이 있다, FCPA Resource Guide, 36면.

15) 외국 공무원(foreign official)이란 외국의 공무원 및 국제기구 임직원을 의미한다. 15 U.S. Code 78dd−1(f)(1)에 규정된 외국의 공무원의 정의는 아래와 같다.
  (1) (A) The term foreign official means any officer or employee of a foreign government or any department, agency, or instrumentality thereof, or of a public international organization, or any person acting in an official capacity for or on behalf of any such government or department, agency, or instrumentality, or for or on behalf of any such public international organization.
      (B) For purposes of subparagraph (A), the term public international organization means − −
         (i) an organization that is designated by Executive Order pursuant to section (1) of the International Organizations Immunities Act (22 U.S.C. §288); or
        (ii) any other international organization that is designated by the President by Executive order for the purposes of this section, effective as of the date of publication of such order in the Federal Register.

을 사용하여 제3자에게 이익을 제공하는 것이다.16)

---

16) 증권발행자에 대한 15 U.S.C. §78dd−3(a) 규정은 아래와 같다.

It shall be unlawful for any issuer which has a class of securities registered pursuant to section 78l of this title or which is required to file reports under section 78o(d) of this title, or for any officer, director, employee, or agent of such issuer or any stockholder thereof acting on behalf of such issuer, to make use of the mails or any means or instrumentality of interstate commerce corruptly in furtherance of an offer, payment, promise to pay, or authorization of the payment of any money, or offer, gift, promise to give, or authorization of the giving of anything of value to− −

    (1) any foreign official for purposes of− −

        (A) (i) influencing any act or decision of such foreign official in his official capacity, (ii) inducing such foreign official to do or omit to do any act in violation of the lawful duty of such official, or (iii) securing any improper advantage; or

        (B) inducing such foreign official to use his influence with a foreign government or instrumentality thereof to affect or influence any act or decision of such government or instrumentality,

  in order to assist such issuer in obtaining or retaining business for or with, or directing business to, any person;

    (2) any foreign political party or official thereof or any candidate for foreign political office for purposes of− −

        (A) (i) influencing any act or decision of such party, official, or candidate in its or his official capacity, (ii) inducing such party, official, or candidate to do or omit to do an act in violation of the lawful duty of such party, official, or candidate, or (iii) securing any improper advantage; or

        (B) inducing such party, official, or candidate to use its or his influence with a foreign government or instrumentality thereof to affect or influence any act or decision of such government or instrumentality,

  in order to assist such issuer in obtaining or retaining business for or with, or directing business to, any person; or

    (3) any person, while knowing that all or a portion of such money or thing of value will be offered, given, or promised, directly or indirectly, to any foreign official, to any foreign political party or official thereof, or to any candidate for foreign political office, for purposes of− −

        (A) (i) influencing any act or decision of such foreign official, political party, party official, or candidate in his or its official capacity, (ii) inducing such foreign official, political party, party official, or candidate to do or omit to do any act in violation of the lawful duty of such foreign official, political party, party official, or candidate, or (iii) securing any improper advantage; or

        (B) inducing such foreign official, political party, party official, or candidate to use his or its influence with a foreign government or instrumentality

법문에 '사업 기회의 획득, 유지를 위하여' 제공된 것으로 되어 있으나 실무상으로
는 이를 넓게 해석한다고 한다. 예를 들어 관세 등 세금을 경감할 목적으로 뇌물을 지
급한 경우에도 사업을 유지하기 위한 목적에 해당한다고 해석된다.[17]

증뢰자측의 제안, 제공, 약속, 승인만으로도 죄가 될 수 있으므로 수뢰자(외국공직
자)가 이에 응하거나, 수뢰자가 구체적으로 특정되거나, 이익이 실제로 제공될 필요는
없다.[18]

'우편이나 주간통상 수단[19]'을 사용할 것'(make use of the mails or any means or
instrumentality of interstate commerce)을 요구하는 이유는 미국의 연방제도와 관련된 것
으로 보인다. 미국 헌법상 법률을 제정할 권리는 원칙적으로 각 주 의회에 있고, 연방
의회는 미국 헌법이 부여한 권한을 집행하는데 필요하고 적절한 경우에만 법률을 제정
할 수 있다. 연방 의회가 법률을 제정할 수 있는 하나의 근거가 각 주 사이에 이루어

---

thereof to affect or influence any act or decision of such government or
instrumentality,

    in order to assist such issuer in obtaining or retaining business for or with, or
directing business to, any person.

17) 판례는 사업적 기회를 획득한다는 규정의 의미를 광범위하게 해석하고 있다. 조세나 관세
부과액을 줄이는 것, 수출입, 인허가, 법령 요건 등을 완화하는 것, 경쟁 사업자의 시장진입
을 불허하는 것, 입찰과 관련한 내부 정보를 취득하는 것 등은 모두 이에 해당할 수 있다
(FCPA Resource Guide, 11~12면; United States v. Kay, 359 F.3d 738,755−56, (5th Cir.
2004); United States v. Kay, 359 F. 3d 738, 740 (5th Cir. 2004); Mike Koehler(b), 'The
Façade of FCPA Enforcement', 41 Geo. J. Int'l L. 907 (Summer 2010) 918면 이하; 오택
림, '기업뇌물과 형사책임 − 뇌물공여죄의 문제점과 개선방안을 중심으로', 2018. 2, 62면).
18) 중동 국부펀드가 매수인이 되는 부동산 거래 중개의 과정에서, 뉴욕 소재 부동산 브로커가
위 국부펀드와 관련된 외국공직자와 잘 안다고 주장하는 중개인(middleman)과의 사이에
위 외국공직자에게 약 2백 50만 달러를 주기로 하고 중개인에게 1차로 50만 달러를 지급하
였으나 사실은 중개인이 해당 외국공직자를 알지 못하고 위 돈도 개인적으로 소비한 사안
에서, 법위반으로 기소된 사례가 있다(FCPA Resource Guide, 13면; Indictment, United
States v. Joo Hyun Bahn, et al., No. 16−cr−831 (S.D.N.Y Dec. 15, 2016) ECF No. 1;
Complaint, SEC v. Innospec, Inc., No. 10−cv−448 (D.D.C. Mar. 18, 2010), ECF No. 1;
Criminal Information at 8, United States v. Innospec Inc., No. 10−cr−61 (D.D.C. Mar.
17, 2010) ECF No. 1.)
19) 15 U.S.C. §78dd−2(h)(5)는 다음과 같다. The term interstate commerce means trade,
commerce, transportation, or communication among the several States, or between any
foreign country and any State or between any State and any place or ship outside
thereof, and such term includes the intrastate use of
(A) a telephone or other interstate means of communication, or
(B) any other interstate instrumentality.

지는 통상(interstate commerce)에 대한 문제이므로 연방의회가 이를 일률적으로 규율할 수 있어야 한다는 것이고, 상당수 연방 법률이 이를 근거로 제정되고 있다.[20] FCPA도 그 규제대상 행위를 정의하면서 우편 등 주간통상 수단을 사용할 것을 요구함으로써, 주간통상 규정에 근거하여 제정된 연방법률임을 나타낸 것으로 보인다. 주간통상 수단의 사용 요건은 광범위하게 인정된다. 미국의 주와 주 사이 또는 해외와 미국 사이에서 이루어지는 전화, 이메일, 문자메시지, 팩스, 은행 거래, 인적 이동 등이 주간통상 수단 사용에 해당한다.[21]

외국인/외국단체에게 적용되는 금지대상 행위도 위와 같으나, 해당 행위가 미국영토 내에서 이루어진 경우에 한한다.[22] 외국인/외국단체의 행위가 미국영토 밖에서 발생한 경우에는 미국이 형사재판권을 행사할 근거가 빈약하므로, 외국인/외국단체에 대하여는 미국 영토 내에서 행위가 있을 것을 요건으로 재판권을 행사하기 위한 규정으로 보인다.

3. 정부대행기관

외국의 공무원이란 외국 정부와 그 하위기관 또는 정부대행기관(instrumentality of foreign government)의 임직원이다. '정부대행기관'에는 공공기관이나 국영기업(state-owned entities or state-controlled entities)이 포함되고, 정부대행기관인지 판단하기 위하여 해당 기관의 기능, 외국정부가 해당 기관을 공공기관으로 분류하는지 여부, 정부 소유

---

20) 미국 연방헌법 Article 1, Section 8 Clause 3은 아래와 같다.
   The Congress shall have power to lay and collect taxes, duties, imposts and excises, to pay the debts and provide for the common defense and general welfare of the United States; but all duties, imposts and excises shall be uniform throughout the United States; (중략) To regulate commerce with foreign nations, and among the several states, and with the Indian tribes (중략).
21) FCPA Resource Guide, 10면.
22) 15 U.S.C. §78dd-3(a). It shall be unlawful for any person other than an issuer that is subject to section 30A of the Securities Exchange Act of 1934 or a domestic concern, as defined in section 104 of this Act), or for any officer, director, employee, or agent of such person or any stockholder thereof acting on behalf of such person, while in the territory of the United States, corruptly to make use of the mails or any means or instrumentality of interstate commerce or to do any other act in furtherance of an offer, payment, promise to pay, or authorization of the payment of any money, or offer, gift, promise to give, or authorization of the giving of anything of value to-- (이하는 생략)

지분의 비율, 대표자 임면 등에 대한 정부 관여, 기관 수익의 국고 귀속 여부, 기관에 대한 정부의 재정지원 등을 종합적으로 고려한다.[23] 통상 정부가 50% 이상의 지분을 가지고 있는 경우 이에 해당한다고 보나, 지분율이 절대적 기준은 아니라고 한다.[24] 외국정부가 지분의 50% 미만을 소유하더라도 사실상 경영에 관여하면 정부대행기관이라고 판단한 사례가 있다.[25]

4. 법인 책임 및 대리인 책임

미국법상 법인의 임직원이 (1) 그 직무 권한 범위내에서, (2) 부분적으로라도 법인의 이익을 위한 목적으로 행동한 경우에는, 법인이 형사 및 민사책임을 지는 것이 일반적이고, 이에 따라 광범위한 사안에서 법인이 책임을 진다고 한다.[26] FCPA에서도 이러한 일반원칙이 적용된다. 따라서 법인의 이사, 임직원, 대리인이 부여된 권한 범위내에서 부분적으로라도 법인의 이익을 위하여 위반행위를 하였다면, 법인이 민형사상 책임을 진다.[27]

(1) 모회사가 법위반을 지시하였거나 적극 가담하여 모회사 자체가 위반행위를 하였다고 볼 수 있는 경우, (2) 자회사가 모회사의 대리인으로서 행동한 것으로 평가될 수 있는 경우에는, 자회사의 FCPA 위반에 대하여 모회사가 책임을 질 수 있다. 대리관계가 인정되기 위해서는, 모회사(본인)가 자회사(대리인)의 행위에 대하여 인식하고 통제(control)하였어야 한다.[28]

---

23) FCPA Resource Guide, 20면; United States v. Esquenazi, 752 F.3d 912, 920-33 (11th Cir. 2014).

24) 오택림, '기업뇌물과 형사책임 – 뇌물공여죄의 문제점과 개선방안을 중심으로', 2018. 2, 63면.

25) Malaysian telecommunications company에 대하여, 말레이시아 재무부가 43%의 지분을 보유하면서 주요 경영의사결정에 관여하고, 중요 자금지출에 대한 거부권을 보유하고 있었으며, 주요 임원이 정치적으로 임명되는 사정 등을 고려하여 정부대행기관이라고 판단한 사례가 있다(FCPA Resource Guide, 21면; United States v. Alcatel–Lucent France, S.A., No. 10-cr-20906 (S.D. Fla. Dec. 27, 2010), ECF No. 1).

26) 임직원이 회사의 명시적인 지시를 어기고 행동하고 그 결과 임직원 개인만 이익을 얻은 경우에도 이러한 두 요건이 인정되어 법인에게 법적 책임이 부과되는 사례가 있다고 한다. The International Investigations Review, 2022(12th ed.), The Law Reviews, 198면.

27) FCPA Resource Guide, 28면.

28) 증권발행자인 모회사가 간접적으로 자회사 주식 전부를 소유하고, 자회사 대표가 모회사 대표에게 직접 보고를 하고, 모회사가 SEC 연차신고서에 자회사 대표를 모회사의 고위경영진 중 하나로 계속 표기하고, 자회사가 계약하려는 agent가 회사 컴플라이언스 규정에 맞지 않고 해당 agent에 대한 충분한 컴플라이언스 검토가 이루어지지 않았음에도 모회사의 법무

인수, 합병 전의 회사의 위반행위에 대하여 인수, 합병 후의 회사가 책임을 질 수도 있다.[29] 다만 인수, 합병 과정에서 철저한 실사(due diligence)를 하고 인수, 합병 후의 회사가 인수전 회사의 법위반행위를 발견한 후 신속히 시정조치, 자진신고, 조사 협조를 한 경우에는 DOJ나 SEC가 인수, 합병 후 회사에게 책임을 묻는 경우는 많지 않다고 한다.[30]

미국 법무부 해설서의 사례를 소개한다. A사는 미국에 주된 영업소를 두고 미국증시에 상장한 에너지회사이다. A사는 미국에 상장하지 않은 유럽회사인 B사와 함께, 제3국의 국영기업 C사가 발주하는 정유시설 건설공사 입찰에 참가한다. A사 임원과 B사 임원은 뉴욕에서 만나 위 공사를 수주할 방안을 협의하다가, C사 임원들과 친분이 있다고 알려진 D와 컨설팅계약을 체결하기로 한다. A사 임원과 B사 임원은 뉴욕에서 D를 만나 컨설팅 계약조건에 최종합의하고, 그 후 D는 지급받은 컨설팅 용역비 일부를 C사 임원들에게 전달한다. 위 사안에서 A사는 증권발행자로서, B사는 미국 영토 내에서 FCPA 위반행위를 한 외국인/외국단체로서, D는 미국영토 내에서 FCPA를 위반한 외국인/외국단체이자 증권발행자인 A사의 대리인(agent)으로서, 모두 FCPA 적용을 받는다.[31]

부서가 자회사가 그 agent와 계약하는 것을 승인하고, 모회사 임원 중 한 명이 자회사가 해당 agent에게 용역비를 제공하는 것을 승인하고, 결국 해당 agent를 통해 외국공직자에게 금품이 지급된 사안에 대하여, SEC는 모회사가 자회사의 FCPA 위반행위에 대하여 인식하고 통제하였다고 평가하여 모회사에 대하여 FCPA 위반으로 행정제재를 부과하였다(Admin. Proc. Order, *In the Matter of United Industrial Corp.*, Exchange Act Release No. 60005 (May 29, 2009); Lit. Release No. 21063, *SEC v. Wurzel* (May 29, 2009); FCPA Resource Guide, 28~29면.

29) FCPA Resource Guide, 29면. 우리 판례는 형사책임은 인수합병후의 회사에게 승계되지 않는다는 입장이어서 이와 다르다. 회사합병이 있는 경우 피합병회사의 권리, 의무는 사법상의 관계나 공법상의 관계를 불문하고 모두 합병으로 인하여 존속하는 회사에 승계되는 것이 원칙이지만, 그 성질상 이전을 허용하지 않는 것은 승계의 대상에서 제외되어야 한다. 양벌규정에 의한 법인의 처벌은 어디까지나 형벌의 일종으로서 행정적 제재처분이나 민사상 불법행위책임과는 성격을 달리하는 점, 형사소송법 제328조가 '피고인인 법인이 존속하지 아니하게 되었을 때'를 공소기각결정의 사유로 규정하고 있는 것은 형사책임이 승계되지 않음을 전제로 한 것이라고 볼 수 있는 점 등에 비추어 보면, 법인이 형사처벌을 면탈하기 위한 방편으로 합병제도 등을 남용하는 경우 이를 처벌하거나 형사책임을 승계시킬 수 있는 근거규정을 특별히 두고 있지 않은 현행법하에서는 합병으로 인하여 소멸한 법인이 그 종업원 등의 위법행위에 대해 양벌규정에 따라 부담하던 형사책임은 그 성질상 이전을 허용하지 않는 것으로서 합병으로 인하여 존속하는 법인에 승계되지 않는다(대판 2009. 12. 24. 2008도7012; 대판 2015. 12. 24. 2015도13946).

30) FCPA Resource Guide, 30면.

5. 금지되는 이익

금지되는 이익의 종류나 액수에 대한 명시적인 규정은 없다. 제공된 이익이 일정액 이하라고 하여 허용되는 규정도 없다.[32] 일회성으로 제공되는 소액의 교통비, 식음료, 기업홍보물 등이라면 외국공직자의 직무수행에 영향을 주는 등의 법위반 의도로 제공되는 경우가 많지 않을 것이다. 다만, 이러한 이익이라도 지속적, 계획적으로 제공되는 경우에는 법위반이 될 수 있고, 외국공직자의 친족이나 가까운 지인, 외국공직자가 운영하는 자선단체에게 기부하는 것과 같은 간접적 이익도 금지되는 이익에 포함될 수 있다.[33] 명목상 생산시설 견학 내지 교육 목적으로 제공되는 교통비·숙박비이지만 실제로는 관광, 유흥 등을 위해 제공되었다면 법위반이 된다.[34]

다만 공공기관이 하는 일상적 업무에 대해 이를 더 신속히 해달라는 취지로 제공하는 이익에 대하여는, 법 적용을 제외하는 규정이 있다.[35] 해당 국가가 성문법으로

---

31) FCPA Resource Guide, 11면.
32) 미국의 국내 뇌물죄와 관련하여 소액의 뇌물이 유죄로 판결된 사례는 많다. 차량검사와 관련하여 70불을 지급한 것이 뇌물이라고 본 사례(United States v. Williams, 216 F.3d 1099, 1103 D.C. Cir. 2000), 보건분야 공무원에게 100불을 제공한 것이 뇌물이라고 본 사례(United States v. Traitz, 871 F.2d 368, 396 3rd Cir. 1989), 출입국분야 공무원에게 100불을 지불한 것이 뇌물이라고 본 사례(United States v. Hsieh Hui Mei Chen, 754 F.2d 817, 822 9th Cir. 1985) 등이 있다(FCPA Resource Guide, 14면).
33) FCPA Resource Guide, 15~16면.
34) 미국 뉴저지주에 있는 통신회사가 중국의 공무원들을 여러 차례 생산시설 점검 및 회사 시설을 이용한 교육 명목으로 미국으로 초청하였으나 실제로 생산시설이 있는 공장에서 보낸 시간 보다 훨씬 많은 시간을 하와이, 라스베가스, 그랜드캐년 등 참석자가 선택하는 관광지에서 보내고, 일부 참석자에 대해서는 숙박, 음식, 교통비 등을 모두 통신회사가 부담하거나 일일 500불에서 1,000불의 현금을 여비조로 지급한 사안에서 FCPA 위반으로 처리된 사례가 있다. Complaint, SEC v. Lucent Technologies Inc., No. 07-cv-2301 (D.D.C. Dec. 21, 2007), ECF No.1; Non Prosecution Agreement, In re Lucent Technologies (Nov. 14, 2007).
35) 소위 '급행료'(facilitating or expediting payment)라고 지칭되는 규정이다. 증권발행자에 대한 급행료 규정은 아래와 같고, 미국인/미국단체, 외국인/외국단체에 대하여도 동일한 규정이 있다(§78dd-2(b), §78dd-3(b) 등). 다만 실제로 급행료라는 이유로 이익의 제공이 허용된 사례는 매우 드물다고 한다(FCPA Resource Guide, 25면).
   15 U.S. Code §78dd-1(b)는 아래와 같다.
   (b) Exception for routine governmental action
      Subsections (a) and (g) of this section shall not apply to any facilitating or expediting payment to a foreign official, political party, or party official the purpose of which is to expedite or to secure the performance of a routine

허용하는 이익의 제공도 FCPA 위반이 아니다.[36]

6. 시효

FCPA 뇌물금지 규정이나 회계부정 규정에 공소시효에 대한 명시적인 규정은 없고, 미국 법무부와 SEC는 공소시효에 대한 일반규정이 적용되어 뇌물금지규정에 대하여는 5년, 회계부정규정에 대하여는 6년이 공소시효라고 해석한다.[37] 하나의 공모(conspiracy) 하에 여러 행위가 이루어졌다고 평가될 수 있는 경우에는, 마지막 행위시부터 공소시효가 진행된다.[38] 우리 형법에서 포괄일죄의 경우 최종 실행행위의 종료일부터 공소시효가 진행되는 것으로 보는 것과 유사한 측면이 있다.

형사 수사와 관련하여 증거가 외국에 소재하고 외국정부에 증거제공 요청을 한 경

---

       governmental action by a foreign official, political party, or party official.
15 U.S. Code §78dd−1(f)(3)은 아래와 같다.
(3) (A) The term routine government action means only an action which is ordinarily and commonly performed by a foreign official in −−
      (i) obtaining permits, licenses, or other official documents to qualify a person to do business in a foreign country;
      (ii) processing governmental papers, such as visas and work orders;
      (iii) providing police protection, mail pick−up and delivery, or scheduling inspections associated with contract performance or inspections related to transit of goods across country;
      (iv) providing phone service, power and water supply, loading and unloading cargo, or protecting perishable products or commodities from deterioration; or
      (v) actions of a similar nature.
(B) The term routine governmental action does not include any decision by a foreign official whether, or on what terms, to award new business to or to continue business with a particular party, or any action taken by a foreign official involved in the decision−making process to encourage a decision to award new business to or continue business with a particular party.
36) 주로 민사소송의 피고나 형사소송의 피고인측에서 주장, 입증하는 사유인 affirmative defense의 일종이다(15 U.S. Code §78dd−1(c), §78dd−2(c), §78dd−3(c), FCPA Resource Guide, 23면).
37) FCPA Resource Guide, 36면, 18 U.S.C. §3282(a), §3301(a), §3301(b) 참조.
38) FCPA Resource Guide, 37면; Grunewald v. United States, 353 U.S. 391, 396−97 (1957); Fiswick v. United States, 329 U.S. 211, 216 (1946); Criminal Information, United States, SBM Offshore, N.V., No.17−cr−686 (S.D. Tex. Nov. 21, 2017), ECF No. 1

우로서 법원의 결정이 있으면, 3년의 범위 내에서 공소시효가 연장될 수 있다.[39]

　　FCPA 위반에 대하여 SEC가 내리는 민사제재 대하여는 5년의 시효가 적용된다.[40] 민사제재의 상대방인 개인이 미국 내에 거주하지 않아 소송서류의 송달이 이루어지기 어려운 경우에는, 위 시효가 연장될 수 있다.[41]

　　FCPA 위반으로 조사를 받는 자는 공소시효나 민사제재의 시효를 연장하기로 조사기관과 합의할 수 있다.[42]

제2절　회계 부정 규정

　　FCPA 입법과정에서 기업이 회계부정을 통해 뇌물제공 행위를 감추는 경우가 많다는 점을 고려하여, FCPA에 회계 규정도 포함되었다. 그러나 이 규정이 뇌물제공에 수반되는 회계 규정 위반행위에 대하여만 적용되는 것은 아니다.[43] 회계 규정 위반에 대하여 형사처벌 및 민사제재가 모두 이루어질 수 있다.

1. 수범자

　　FCPA 회계규정의 수범자는 미국 증권시장에 증권을 발행한 자이다.[44] 따라서 FCPA 뇌물규정보다는 수범자의 범위가 작다.

　　다만 FCPA 회계규정이 적용되는 증권발행자의 회계장부에는, 연결회계 대상으로 증권발행자가 통제하는 자회사, 관계회사의 회계장부도 포함된다는 것이 DOJ와 SEC의

---

39) FCPA Resource Guide, 37면; 18 U.S.C. §3292.
40) SEC가 소송을 통해 부과할 수 있는 민사제재로는 금지명령(injunction), 벌금(civil fine, civil penalty), 압류(forfeiture), 부당이익환수(disgorgement) 등이 있다. 다만 위 민사제재 중 금지명령에 대하여는 별도의 시효가 존재하지 않는 것으로 보인다(FCPA Resource Guide 37면; 28 U.S.C. §2462).
41) FCPA Resource Guide, 37면; 18 U.S.C. §3292.
42) 법위반으로 조사를 받는 기업이 조사에 협조하면서 내부조사를 통해 관련된 사실관계를 더 확인하거나 조사기관과의 유죄협상을 위한 시간을 확보하기 위하여 조사기관과 합의하에 공소시효를 연장하기로 하는 경우가 있다(FCPA Resource Guide, 37면).
43) FCPA Resource Guide, 38, 41면.
44) 15 U.S.C. §78m(a). FCPA 뇌물금지규정의 수법자인 증권발행자(issuer)와 동일한 것으로 보인다. 따라서 미국 증권시장에 ADR을 발행한 회사도 포함된다(FCPA Resource Guide, 43면).

입장이다. 따라서 증권발행자는, 이러한 자회사나 관계회사가 미국 증권시장과 무관하고 미국 외 지역에 있더라도 해당 회계장부가 FCPA에 위반되지 않도록 주의를 다할 의무가 있다. 이러한 자회사나 관계회사의 회계장부에 FCPA 위반사항이 존재하면 증권발행자 자체가 FCPA 회계규정을 위반한 것으로 평가될 수 있다.[45]

증권발행자가 자회사나 관계회사 지분의 과반수 미만을 보유하는 경우에는 과반수 이상을 보유하는 경우와 같은 지배력을 행사하기는 어려울 수 있다. 이러한 경우에도 자회사나 관계회사가 증권발행자와 동일한 수준의 내부통제시스템을 갖출수 있도록 성실히 노력해야 한다.[46]

회계규정 위반으로 인한 민사재제에 대해서는, 증권발행자와 공범으로 인정될 수 있거나 증권발행자의 법위반을 야기한 것으로 평가될 수 있는 자회사, 증권발행자의 임직원, 기타 개인도 수범자가 된다.[47]

---

45) 미국에 상장된 회사가 중국에 설립된 합작회사(joint venture company)의 과반수 이상 지분을 보유하고, 그 합작회사 영업담당자들이 중국에서 사업권을 취득하기 위해 뇌물을 지급하고, 이를 위해 합작회사에서 현금을 인출하면서 회계장부에 영업비용(business fees), 여비 접대비(travel and entertainment) 등으로 기재하는 사례 등이 있었음에도 미국 상장회사 내지 합작회사가 이를 방지하기 위한 충분한 내부통제 제도를 시행하지 않은 사안에서, 미국 상장회사가 FCPA 회계규정 위반으로 제재를 받은 사례가 있다(Complaint, SEC v. RAE Sys. Inc., No. 10−cv−2093 (D.D.C. Dec. 10, 2010), ECF No. 1; Non−Pros. Agreement, In re RAE Sys. Inc. (Dec. 10, 2010); FCPA Resource Guide, 44면).

46) 이에 대한 15 U.S.C. §78m(b)(6) 규정은 다음과 같다. "Where an issuer which has a class of securities registered pursuant to section 78l of this title or an issuer which is required to file reports pursuant to section 78o(d) of this title holds 50 per centum or less of the voting power with respect to a domestic or foreign firm, the provisions of paragraph (2) require only that the issuer proceed in good faith to use its influence, to the extent reasonable under the issuer's circumstances, to cause such domestic or foreign firm to devise and maintain a system of internal accounting controls consistent with paragraph (2). Such circumstances include the relative degree of the issuer's ownership of the domestic or foreign firm and the laws and practices governing the business operations of the country in which such firm is located. An issuer which demonstrates good faith efforts to use such influence shall be conclusively presumed to have complied with the requirements of paragraph (2)."

47) 뇌물금지 규정 부분에서 살펴본 바와 같이, 민사제재와 행정제재에 대해서는 공범에 의한 관할이 인정된다는 것이 미국 법무무와 SEC 입장이고, 그와 같이 처리된 사례가 있다(Complaint, at 11−12, SEC v. Elkin, No. 10−cv661 (D.D.C. Apr. 28, 2010) ECF No. 1; 증권발행자의 officer에 대하여는 Complaint, SEC v. Nature's Sunshine Prod., Inc., No. 09−cv−672 (D. Utah, July 31, 2009) ECF No.2; FCPA Resource Guide, 44면).
한편, 증권발행자의 회계장부에 허위사실을 기재하거나 기재되게 하는 행위, 증권발행자의

2. 금지 내용

(1) 증권발행자는 회계장부에 자산의 거래와 처분을, 합리적인 수준에서 충분할 정도로, 정확히 기재해야 한다(이를 보통 books and records provision이라고 한다).[48] '합리적인 수준에서 충분할 정도로(in reasonable detail)'라는 수식어는 신중한 업무처리자가 스스로 지출한 자금에 대하여 기재할 것으로 기대되는 정도를 의미하고,[49] 기업에 과중한 의무를 부과하지 않으면서도 부외(簿外) 자금지출 발생을 방지하기 위하여 포함된 문구이다. 따라서 거래의 내용을 회계장부에 '합리적인 수준에서 충분할 정도로' 기재하였는지 아닌지에 대한 판단은, 정확한 장부기재를 위해 소요되는 노력과 비용 등을 포함한 제반 사정을 고려하여 판단한다. 다만, 어떤 경우에도 회계장부에 사실과 다른

내부통제시스템을 의도적으로 회피하는 행위 등에 대하여는 별개의 제재 규정이 있다(FCPA Resource Guide, 44면).

48) 회계규정과 내부통제규정을 규정하는 15 U.S.C. §78m(b)(2)는 아래와 같다.

  (b) Form of report; books, records, and internal accounting; directives

    (2) Every issuer which has a class of securities registered pursuant to section 78l of this title and every issuer which is required to file reports pursuant to section 78o(d) of this title shall－－

      (A) make and keep books, records, and accounts, which, in reasonable detail, accurately and fairly reflect the transactions and dispositions of the assets of the issuer; and

      (B) devise and maintain a system of internal accounting controls sufficient to provide reasonable assurances that－－

        (i) transactions are executed in accordance with management's general or specific authorization;

        (ii) transactions are recorded as necessary (I) to permit preparation of financial statements in conformity with generally accepted accounting principles or any other criteria applicable to such statements, and (II) to maintain accountability for assets;

        (iii) access to assets is permitted only in accordance with management's general or specific authorization; and

        (iv) the recorded accountability for assets is compared with the existing assets at reasonable intervals and appropriate action is taken with respect to any differences.

49) 15 U.S.C. §78m(b)(7)은 아래와 같다.

  (7) For the purpose of paragraph (2) of this subsection, the terms "reasonable assurances" and "reasonable detail" mean such level of detail and degree of assurance as would satisfy prudent officials in the conduct of their own affairs.

내용을 기재하는 것은 허용되지 않는다.[50] 회계장부란 재무제표 같은 보고용 혹은 공시용 문서뿐만 아니라 지출보고서, 전표, 비용처리를 위한 영수증 등 사업과정에서 생성되는 모든 기록에 적용된다고 한다.[51] 기업회계기준의 준수여부를 따질 때 보통 이용되는 소위 '중요성 요건'의 관점에서 허용될 수 있는 소규모 금액이라는 기준도 존재하지 않는다.[52] 뇌물로 제공되는 금전을 용역비, 컨설팅비, 판매관리비, 수수료, 잡비용 등 다른 명목으로 표시하는 것은 사실과 다른 기재에 해당할 수 있다.[53]

(2) 증권발행자는 경영진이 자산의 거래와 처분에 대하여 충분히 그 내용을 인식하고 통제할 수 있을 정도의 내부통제제도를 수립하고 이행해야 한다(이를 보통 internal control provision이라고 한다). 구체적으로, (i) 경영진의 일반적 또는 구체적인 통제하에서 거래가 이루어지고, (ii) 회계기준에 맞는 재무제표가 작성되고 자산관리에 대한 책임이 추급될 수 있을 정도로 기록되며, (iii) 경영진의 일반적 또는 구체적인 통제하에서만 자산에 대한 접근이 허용되고, (iv) 회계장부가 실제 상황에 부합하는지 합리적인 기간마다 점검하여 불일치가 있을 때 적절한 조치가 되도록, 합리적이고 충분한 내부통제제도를 실행해야 한다.

그 외에도 증권발행자에 대하여는 Sarbanes-Oxley Act가 적용되는데, Sarbanes-Oxley Act 중 FCPA와 관련된 것으로는, 재무제표에 대한 CEO와 CFO의 확인 의무,[54]

---

50) FCPA Resource Guide, 39면; Complainant, SEC v. Biomet, Inc., No. 12-cv-454 (D.D.C. Mar. 26, 2012), ECF No. 1; Criminal Information, United States v. Biomet Inc, No. 12-cr-80 (D.D.C Mar. 26, 2012)

51) O'Melveny & Myers LLP, 'Foreign Corrupt Practices Act Handbook' (2013), 29면; 오택림, '기업뇌물과 형사책임 - 뇌물공여죄의 문제점과 개선방안을 중심으로', 2018. 2, 69면.

52) FCPA Resource Guide, 39면.

53) FCPA Resource Guide, 40면; Deferred Pros. Agreement, United States v. Panasonic Avionics Corp., No. 18-cr-118 (D.D.C. Apr. 30, 2018)

54) Sarbanes-Oxley Act Section 302 (15 U.S.C. §7241)는 아래와 같다.

(a) Regulations required

The Commission shall, by rule, require, for each company filing periodic reports under section 78m(a) or 78o(d) of this title, that the principal executive officer or officers and the principal financial officer or officers, or persons performing similar functions, certify in each annual or quarterly report filed or submitted under either such section of this title that—

(1) the signing officer has reviewed the report;

(2) based on the officer's knowledge, the report does not contain any untrue statement of a material fact or omit to state a material fact necessary in order to make the statements made, in light of the circumstances under which such statements were made, not misleading;

내부통제제도에 대한 경영진의 평가 의무,55) 미국 연방정부의 조사를 방해하기 위한

(3) based on such officer's knowledge, the financial statements, and other financial information included in the report, fairly present in all material respects the financial condition and results of operations of the issuer as of, and for, the periods presented in the report;

(4) the signing officers —

(A) are responsible for establishing and maintaining internal controls;

(B) have designed such internal controls to ensure that material information relating to the issuer and its consolidated subsidiaries is made known to such officers by others within those entities, particularly during the period in which the periodic reports are being prepared;

(C) have evaluated the effectiveness of the issuer's internal controls as of a date within 90 days prior to the report; and

(D) have presented in the report their conclusions about the effectiveness of their internal controls based on their evaluation as of that date;

(5) the signing officers have disclosed to the issuer's auditors and the audit committee of the board of directors (or persons fulfilling the equivalent function) —

(A) all significant deficiencies in the design or operation of internal controls which could adversely affect the issuer's ability to record, process, summarize, and report financial data and have identified for the issuer's auditors any material weaknesses in internal controls; and

(B) any fraud, whether or not material, that involves management or other employees who have a significant role in the issuer's internal controls; and

(6) the signing officers have indicated in the report whether or not there were significant changes in internal controls or in other factors that could significantly affect internal controls subsequent to the date of their evaluation, including any corrective actions with regard to significant deficiencies and material weaknesses.

(b) Foreign reincorporations have no effect

Nothing in this section shall be interpreted or applied in any way to allow any issuer to lessen the legal force of the statement required under this section, by an issuer having reincorporated or having engaged in any other transaction that resulted in the transfer of the corporate domicile or offices of the issuer from inside the United States to outside of the United States.

55) Section 404 (15 U.S.C. §7262)는 아래와 같다.

(a) Rules required

The Commission shall prescribe rules requiring each annual report required by section 78m(a) or 78o(d) of this title to contain an internal control report, which shall —

(1) state the responsibility of management for establishing and maintaining an adequate internal control structure and procedures for financial reporting; and

(2) contain an assessment, as of the end of the most recent fiscal year of the issuer,

회계장부 등의 은닉, 변경 등의 금지[56] 등이 있다.

of the effectiveness of the internal control structure and procedures of the issuer for financial reporting.

(b) Internal control evaluation and reporting

With respect to the internal control assessment required by subsection (a), each registered public accounting firm that prepares or issues the audit report for the issuer, other than an issuer that is an emerging growth company (as defined in section 78c of this title), shall attest to, and report on, the assessment made by the management of the issuer. An attestation made under this subsection shall be made in accordance with standards for attestation engagements issued or adopted by the Board. Any such attestation shall not be the subject of a separate engagement.

(c) Exemption for smaller issuers

Subsection (b) shall not apply with respect to any audit report prepared for an issuer that is neither a large accelerated filer nor an accelerated filer as those terms are defined in Rule 12b2 of the Commission (17 C.F.R. 240.12b2).

56) Sarbanes—Oxley Act Section 802 (18 U.S.C. §§1519 and 1520)는 아래와 같다.

Whoever knowingly alters, destroys, mutilates, conceals, covers up, falsifies, or makes a false entry in any record, document, or tangible object with the intent to impede, obstruct, or influence the investigation or proper administration of any matter within the jurisdiction of any department or agency of the United States or any case filed under title 11, or in relation to or contemplation of any such matter or case, shall be fined under this title, imprisoned not more than 20 years, or both.

(a)

(1) Any accountant who conducts an audit of an issuer of securities to which section 10A(a) of the Securities Exchange Act of 1934 (15 U.S.C. 78j1(a)) applies, shall maintain all audit or review workpapers for a period of 5 years from the end of the fiscal period in which the audit or review was concluded.

(2) The Securities and Exchange Commission shall promulgate, within 180 days, after adequate notice and an opportunity for comment, such rules and regulations, as are reasonably necessary, relating to the retention of relevant records such as workpapers, documents that form the basis of an audit or review, memoranda, correspondence, communications, other documents, and records (including electronic records) which are created, sent, or received in connection with an audit or review and contain conclusions, opinions, analyses, or financial data relating to such an audit or review, which is conducted by any accountant who conducts an audit of an issuer of securities to which section 10A(a) of the Securities Exchange Act of 1934 (15 U.S.C. 78j1(a)) applies. The Commission may, from time to time, amend or supplement the rules and regulations that it is required to promulgate under this section, after adequate notice and an opportunity for comment, in order to ensure that such rules and regulations adequately comport with the purposes of this section.

1. 형사제재

뇌물금지규정 위반시 개인은 5년 이하의 징역 또는 10만불 이하의 벌금, 법인은 200만불 이하의 벌금이 부과될 수 있다.[57] 회계부정 규정 위반시 개인은 20년 이하의 징역과 500만불 이하의 벌금, 법인은 2,500만불 이하의 벌금이 부과될 수 있다.[58] 다만 이는 위반행위 한 건에 대한 것으로, 위반행위가 여러 개일 경우 상한형은 위반행위 개수만큼 단순 합산된다.[59] 게다가 FCPA는 중범죄(felony)에 해당하므로, Alternative Fines Act에 의해 개인의 벌금액 상한이 25만불까지, 법인과 개인의 벌금액 상한이 법위반으로 얻은 이익 또는 피해자에 대한 손실의 2배까지 상향될 수 있다.[60]

FCPA 위반으로 인한 범죄수익은 몰수의 대상이다.[61] 미국에서는 형사절차에서 이루어지는 몰수 이외에 민사몰수(civil forfeiture)라는 제도도 있다. 민사몰수는 피의자에 대한 기소와 유죄판결이 없더라도 가능하기 때문에, 수사기관이 마약, 조직범죄와 관련된 것으로 의심되는 자금 등을 신속히 동결하는데 자주 이용된다고 한다. FCPA 위반으로 인한 범죄수익은 민사몰수의 대상에도 해당한다.[62]

(b) Whoever knowingly and willfully violates subsection (a)(1), or any rule or regulation promulgated by the Securities and Exchange Commission under subsection (a)(2), shall be fined under this title, imprisoned not more than 10 years, or both.

(c) Nothing in this section shall be deemed to diminish or relieve any person of any other duty or obligation imposed by Federal or State law or regulation to maintain, or refrain from destroying, any document.

57) 개인에 대하여는 15 U.S.C. §78ff－(c)(2)(A), §78dd－2(g)(2)(A), §78dd－3(e)(2)(A). 개인에게는 징역 또는 벌금이 선택적으로 부과될 수 있으나 병과될 수도 있다. 법인에 대하여는 15 U.S.C. §78ff－(c)(1)(A), §78dd－2(g)(1)(A), §78dd－3(e)(1)(A).

58) 15 U.S.C. §78ff(a)

59) 오택림, '기업뇌물과 형사책임 － 뇌물공여죄의 문제점과 개선방안을 중심으로', 2018. 2, 73면.

60) 18 U.S.C. §3571(b), §3571(d), 오택림, '기업뇌물과 형사책임 － 뇌물공여죄의 문제점과 개선방안을 중심으로', 2018. 2, 73면.

61) 사법정책연구원, 미국 해외부패방지법에 관한 연구, 2018. 12, 103면.

62) 18 U.S.C. §981(a)(1)(C)는, 18 U.S.C. §1956(c)(7)에서 열거하고 있는 특정불법행위(specific unlawful activity)에 해당하는 범죄로부터 얻은 수익(proceeds)은 몰수할 수 있다고 규정하고 있는데, FCPA 위반죄 역시 위 특정불법행위들 중 하나이다{18 U.S.C. §1956(c)(7)(D)}. 따라서 FCPA 위반행위로 인하여 얻은 범죄수익은 미국 연방법상 몰수 대상에도 해당한다.

2. 민사제재

형사제재는 DOJ에서 부과하나, 민사제재는 DOJ 외에 SEC도 부과할 수 있다. SEC는 증권발행자의 회계부정 규정 위반행위에 대하여 민사제재를 부과할 수 있다.[63]

뇌물금지규정 위반시 개인 또는 법인에게 위반행위당 10,000불까지 civil penalty가 부과될 수 있다.[64] 회계부정규정 위반시에는 개인에게 위반행위당 7,500불에서 15,000불까지, 법인에게 위반행위당 75,000불에서 725,000불까지 civil penalty가 부과될 수 있다.[65] 회사가 임직원 등에게 부과된 civil penalty를 직, 간접적으로 대신 부담하는 것은 금지된다.[66]

미국에서는 형평법(equity)상 구제수단으로 불법적으로 취득한 이익에 대하여 반환을 청구하는 것이 가능한데,[67] SEC는 FCPA 위반 사건에 대하여 이러한 부당이익 환수(disgorgement)를 적극적으로 시행하고 있다고 한다.[68][69] 미국 법무부도 Alternative

---

위 18 U.S.C. §981은 이른바 민사몰수(civil forfeiture)로서, 이는 민사절차에 따르고, 몰수대상물의 소유자가 범죄행위를 하였을 것을 요건으로 하지 않기 때문에 유죄의 형사판결을 전제로 하지는 않는다. 그러나 다른 한편 위 규정은 미국연방법전 제18편인 형사편(Title 18. Crimes and Criminal rocedure)에 속하여 있고, 미국 연방대법원 역시 민사몰수가 형벌의 일종이라고 판시하기도 하였다. 한편, 28 U.S.C. §2461(c)에 의하여 민사몰수 대상이 될 경우 형사몰수 대상도 될 수 있기 때문에, 결국 FCPA 위반죄로 인한 범죄수익은 형사몰수와 민사몰수 모두의 대상이 될 수 있다. 이상 사법정책연구원, 위의 책, 2018. 12, 103면.

63) FCPA Resource Guide, 3, 4면.

64) 개인에 대하여는 15 U.S.C. §78ff − (c)(2)(B), §78dd − 2(g)(2)(B), §78dd − 3(e)(2)(B), 법인에 대하여는 15 U.S.C. §78ff − (c)(1)(B), §78dd − 2(g)(1)(B), §78dd − 3(e)(1)(B). 다만 17 C.F.R. §201.1004(연방규칙, Code of Federal Regulations)에 의한 민사제재금액 조정 (Adjustment of civil monetary penalties − 2009)에 따라 2009. 3. 3. 이후의 범죄에 대해서는 위 제재금액 상한액이 16,000불로 증액되었다고 한다. 사법정책연구원, 위의 책, 2018. 12, 104면.

65) 15 U.S.C. 78u(d)(3); 오택림, '기업뇌물과 형사책임 뇌물공여죄의 문제점과 개선방안을 중심으로', 2018. 2, 74면; 15 U.S.C. 78u(d)(3) 조문상의 상한액은 개인의 경우 100,000 달러, 회사의 경우 500,000 달러이나, 2013. 3. 5. 이후의 법위반 행위에 대해서는 17 C.F.R. §201.1005에 의하여 개인의 경우 160,000 달러, 회사의 경우 775,000 달러로 제재금액의 상한액이 각 상향조정된다고 한다. 사법정책연구원, 위의 책, 2018. 12, 105면.

66) 15 U.S.C. §78ff(c)(3), §78dd − 2(g)(3), §78dd − 3(e)(3).

67) Disgorgement를 우리나라에서는 이득토출책임, 이익반환 등으로 번역한다. 주로 미국의 증권규제법령에 기반하여 부당하거나 불법적으로 취득한 이익을 회수하는 제도를 지칭한다. 이 책에서는 부당이득환수라는 용어를 사용한다(Francis C. Amendola et al., 69A American Jurisprudence (2d ed.) Securities Regulation − Federal, §1308, 1616; 위키피디아 참조).

68) 오택림, '기업뇌물과 형사책임 − 뇌물공여죄의 문제점과 개선방안을 중심으로', 2018. 2, 75면;

Fines Act에 근거하여 FCPA 위반에 대해 부당이익환수를 한 사례가 있다고 한다.[70]

3. 비금전적 제재

정부조달계약 등에 관한 연방지침에 따르면 FCPA 또는 다른 형사법령을 위반한 개인이나 회사는 연방정부와의 거래에 참여하는 것이 제한(debarment)될 수 있다.[71]

세계은행과 같은 다자개발은행은 부패행위 등을 이유로 개인이나 회사를 조사하거나 다자개발은행이 자금을 지원하는 프로젝트에 참여하는 것을 제한할 수 있다. 미국 법무부나 SEC는 다자개발은행과 정보를 공유하기도 한다. 따라서 FCPA 위반으로 인하여 세계은행과 같은 다자개발은행이 지원하는 프로젝트에 대한 참여가 제한될 수 있다.[72]

FCPA 위반 사건에서, 기업과 조사기관의 합의에 따라 기업이 자체 비용으로 수년간 외부전문가를 선임하여 기업의 내부 컴플라이언스 체계의 도입과 실행에 대해 감시

사법정책연구원, 위의 책, 2018. 12, 106면; 2020.까지 Disgorgement 금액이 큰 순서로 주요 사건은, 1. Petrobras $933.5 million in 2018, 2. Goldman Sachs Group, Inc. $606.3 million in 2020, 3. Ericsson $540 million in 2019, 4. Telia $457 million in 2017, 5. VimpelCom $375 million in 2016, 6. Siemens $350 million in 2008 등이 있다(www.fcpablog.com, Goldman Sachs lands second on the FCPA disgorgement top ten list, Richard L. Cassin, Nov. 2020에서 인용).

69) SEC의 disgorgement 청구 근거로는 15 U.S.C. §78u−2(e) "In any proceeding in which the Commission or the appropriate regulatory agency may impose a penalty under this section, the Commission or the appropriate regulatory agency may enter an order requiring accounting and disgorgement, including reasonable interest. The Commission is authorized to adopt rules, regulations, and orders concerning payments to investors, rates of interest, periods of accrual, and such other matters as it deems appropriate to implement this subsection." 또는 15 U.S.C. §78u−3(e) "In any cease−and−desist proceeding under subsection (a), the Commission may enter an order requiring accounting and disgorgement, including reasonable interest. The Commission is authorized to adopt rules, regulations, and orders concerning payments to investors, rates of interest, periods of accrual, and such other matters as it deems appropriate to implement this subsection."가 제시된다.

70) 사법정책연구원, 위의 책, 2018. 12, 108면.

71) 연방조달규칙(Federal Acquisition Regulation, FAR)은 정부와 계약을 체결한 기업이 뇌물을 제공한 경우, 회사의 장부 또는 기록을 조작 또는 손괴한 경우, 허위의 진술을 한 경우, 정부조달계약과 관련하여 사업의 청렴이나 정직의 흠결이 심각하게 드러난 범죄를 저지른 경우에 정부계약을 유보하거나 금지할 수 있도록 한다(48 C.F.R. §§9.406−2, 9.407−2). 사법정책연구원, 위의 책, 2018. 12, 112면.

72) 사법정책연구원, 위의 책, 2018. 12, 114면.

(monitorship)를 받기로 하는 경우가 많다. 수사기관이 불기소합의(Non Prosecution Agreement)나 기소유예합의(Deferred Prosecution Agreement)를 해주면서 외부전문가 감시를 조건으로 삼는 경우도 많다. 외부전문가는 고위경영진, 준법감시부서, 위법행위가 발생한 부서 등을 상대한 인터뷰 등을 통해 기업의 컴플라이언스 프로그램의 내용과 실행여부, 위법행위 재발위험성을 진단한 후 보통 두 개 내지 세 개의 연간보고서를 제출한다.[73]

제4절 FCPA와 관련된 기타 미국법

1. Travel Act

Travel Act는 범죄로 인한 수익을 분배하거나 범죄를 수행, 조장하기 위한 의도로 주간(州間) 또는 국가간 이동을 하거나 우편 등 주간통상 또는 국제통상의 수단을 사용하는 것을 금지하는 연방법이다.[74] 여기서 '범죄'란 FCPA 위반뿐만 아니라 사적 뇌

---

73) 사법정책연구원, 위의 책, 2018. 12, 115~116면.
74) 18 U.S.C. §1952는 아래와 같다.

  (a) Whoever travels in interstate or foreign commerce or uses the mail or any facility in interstate or foreign commerce, with intent to—

    (1) distribute the proceeds of any unlawful activity; or

    (2) commit any crime of violence to further any unlawful activity; or

    (3) otherwise promote, manage, establish, carry on, or facilitate the promotion, management, establishment, or carrying on, of any unlawful activity,

    and thereafter performs or attempts to perform—

    (A) an act described in paragraph (1) or (3) shall be fined under this title, imprisoned not more than 5 years, or both; or

    (B) an act described in paragraph (2) shall be fined under this title, imprisoned for not more than 20 years, or both, and if death results shall be imprisoned for any term of years or for life.

  (b) As used in this section (i) unlawful activity means (1) any business enterprise involving gambling, liquor on which the Federal excise tax has not been paid, narcotics or controlled substances (as defined in section 102(6) of the Controlled Substances Act), or prostitution offenses in violation of the laws of the State in which they are committed or of the United States, (2) extortion, bribery, or arson in violation of the laws of the State in which committed or of the United States, or (3) any act which is indictable under subchapter II of chapter 53 of title 31, United

물[75])을 금지하는 주법(州法)도 포함되므로, 공무원 아닌 거래처 임직원에게 부당하게 지급한 리베이트 등도 경우에 따라 Travel Act 위반에 해당할 수 있다.[76])

2. 자금세탁방지 관련 법령

FCPA 위반행위는 자금세탁방지 관련 법령 위반에도 해당하는 경우가 많다.[77]) FCPA에는 뇌물을 수령하는 외국 공직자를 처벌하는 규정은 없으나, 외국 공직자가 자금세탁방지 관련 법령 위반으로 처벌될 수는 있다.[78])

3. Mail and Wire Fraud 법

사기적 방법으로 재물을 취득할 목적 등으로 우편이나 주간(州間) 운송수단을 이용

States Code, or under section 1956 or 1957 of this title and (ii) the term State includes a State of the United States, the District of Columbia, and any commonwealth, territory, or possession of the United States.

(c) Investigations of violations under this section involving liquor shall be conducted under the supervision of the Attorney General.

(d) If the offense under this section involves an act described in paragraph (1) or (3) of subsection (a) and also involves a pre−retail medical product (as defined in section 670), the punishment for the offense shall be the same as the punishment for an offense under section 670 unless the punishment under subsection (a) is greater.

(e) [생략]

75) 사인(私人)에게 부당하게 지급하는 금품으로서, 우리의 배임수증재죄가 이에 해당할 수 있다.

76) Judgment, United States v. Bourke, No. 05−cr−518 (S.D.N.Y. Nov. 12, 2009), ECF No. 253; Plea Agreement, United States v. Control Components Inc., No. 09−cr−162. (C.D. Cal. July 22, 2009) ECF No. 7 참조; FCPA Resource Guide, 48면.

77) Criminal Information, United States v. Cyrus Allen Ahsani, et al., No. 19−cr−147 (S.D. Tex. Mar. 4, 2019), ECF No. 1; Criminal Information, United States v. Matthias Krull, No. 18−cr−20682 (S.D. Fla. Aug. 16, 2018), ECF. No. 23; United States v. Ng Lap Seng, No. 15−cr−706 (S.D.N.Y. July 26, 2017), ECF No. 609; Criminal Information, United States v. Darwin Enrique Padron−Acosta, No. 16−cr−437 (S.D. Tex. Sept. 30, 2016), ECF No. 1; Criminal Information, United States v. Esquenazi, No 09−cr−21010 (S.D. Fla. Aug. 5, 2011) ECF No. 520; Criminal Information, United States v. Green, No. 08−cr−59 (C.D. Cal. Sept. 11, 2009), ECF No. 288; Criminal Information, United States v. General Elec. Co., No. 92−cr−87 (S.D. Ohio July 22, 1992); FCPA Resource Guide, 48면.

78) United States v. Esquenazi, No 09−cr−21010 (S.D. Fla. Aug. 5, 2011) ECF No. 520; FCPA Resource Guide, 48면.

하거나[79] 주간(州間) 또는 미국과 해외간 전신, 라디오, 텔레비전을 이용하는 것[80]은 형사처벌 대상이다. FCPA 위반 사건이 연방 우편전신 사기법 위반으로도 처벌되는 경우가 있다.[81] 미국 증권시장에 상장된 증권발행자가 한국 등에 지분 전부를 소유한 자회사를 설립하고 해외에 재화나 용역을 판매하는 과정에서, 한국 등에 있는 자회사가

---

79) 18 U.S.C. §1341 (Frauds and Swindles)은 아래와 같다.

Whoever, having devised or intending to devise any scheme or artifice to defraud, or for obtaining money or property by means of false or fraudulent pretenses, representations, or promises, or to sell, dispose of, loan, exchange, alter, give away, distribute, supply, or furnish or procure for unlawful use any counterfeit or spurious coin, obligation, security, or other article, or anything represented to be or intimated or held out to be such counterfeit or spurious article, for the purpose of executing such scheme or artifice or attempting so to do, places in any post office or authorized depository for mail matter, any matter or thing whatever to be sent or delivered by the Postal Service, or deposits or causes to be deposited any matter or thing whatever to be sent or delivered by any private or commercial interstate carrier, or takes or receives therefrom, any such matter or thing, or knowingly causes to be delivered by mail or such carrier according to the direction thereon, or at the place at which it is directed to be delivered by the person to whom it is addressed, any such matter or thing, shall be fined under this title or imprisoned not more than 20 years, or both. If the violation occurs in relation to, or involving any benefit authorized, transported, transmitted, transferred, disbursed, or paid in connection with, a presidentially declared major disaster or emergency (as those terms are defined in section 102 of the Robert T. Stafford Disaster Relief and Emergency Assistance Act (42 U.S.C. §5122)), or affects a financial institution, such person shall be fined not more than $1,000,000 or imprisoned not more than 30 years, or both.

80) 18 U.S.C. §1343 (Fraud by wire, radio, or television)은 아래와 같다.

Whoever, having devised or intending to devise any scheme or artifice to defraud, or for obtaining money or property by means of false or fraudulent pretenses, representations, or promises, transmits or causes to be transmitted by means of wire, radio, or television communication in interstate or foreign commerce, any writings, signs, signals, pictures, or sounds for the purpose of executing such scheme or artifice, shall be fined under this title or imprisoned not more than 20 years, or both. If the violation occurs in relation to, or involving any benefit authorized, transported, transmitted, transferred, disbursed, or paid in connection with, a presidentially declared major disaster or emergency (as those terms are defined in section 102 of the Robert T. Stafford Disaster Relief and Emergency Assistance Act (42 U.S.C. §5122)), or affects a financial institution, such person shall be fined not more than $1,000,000 or imprisoned not more than 30 years, or both.

81) 연방 우편 전신사기에 대한 연구로는, 오택림, '미국 연방법상 Mail and Wire Fraud에 관한 연구', 법조(2011. 6.), 5면 이하 참조.

거래처인 공공기관 내지 사기업에게 납품대금을 부풀려 청구한 후 적정한 대금과의 차액 상당액을 거래처 담당자에게 몰래 리베이트로 제공한 사안이 있었다. 한국 자회사는 미국 오리건주에 개설된 모회사의 은행계좌에서 한국에 개설된 자회사의 부외 은행계좌로 금전을 송금한 후 이를 중국 및 한국에 있는 거래처 임직원들에게 리베이트로 제공하면서 마치 적법한 환불금, 수수료 등의 비용인 것처럼 처리하였고, 이에 대해 FCPA 위반과 함께 연방 우편전신 사기법 위반이 의율되기도 하였다.[82]

---

82) Criminal Information, United States v. SSI Int'l Far East, Ltd., No. 06-cr-398, ECF No. 1 (18 U.S.C. §1343, §1346이 의율됨); Plea Agreement, United States v. SSI Int'l Far East, Ltd., Oct. 10, 2006, FCPA Resource Guide, 49면.

제3장
세계은행의 부정당업자 제재 제도[83]

제1절 제재의 법적 근거

세계은행(World Bank)은 세계은행그룹 또는 세계은행을 지칭하는 용어이다.[84] 세계은행은 1944년 설립된 국제연합(United Nations) 산하의 다자간 개발은행으로서, 미국 워싱턴 D.C.에 본부를 두고 있고 세계적으로 120개 이상의 사무소를 두고 10,000명 이상의 인력이 근무하고 있다. 세계은행은 개발도상국가에 여러 방식으로 원조를 하는데 2022년 한 해에 합계 약 1,043억 달러의 원조·투자·보증을 제공하였다.

세계은행이 위와 같이 금전적으로 지원하는 프로젝트는 피원조국가와 세계은행 사이에 체결되는 계약을 근거로 진행되고, 이 계약이 국가간의 조약에 준하는 차관협정인 경우도 있다. 세계은행은 세계은행이 지원하는 프로젝트를 수행하기 위해 차주나 수익자, 응찰자, 공급자나 기타 프로젝트 관련자가 체결하는 계약에 부패행위 등의 금지를 요구하는 반부패가이드라인과 부정행위부패행위 등 일정한 사유가 있을 때 세계은행이 직접 혹은 외부감사인(third party auditor)을 통해서 장부를 조사할 권리(right to access to bid and contract document) 및 제재를 할 수 있는 권리를 보유한다는 취지의 조항을 삽입하도록 하고 있다.[85] 따라서 세계은행이 프로젝트 참여 기업에 대해 조사

---

83) 세계은행 홈페이지(http://www.worldbank.org/en/about/unit/integrity−vice−presidency)에서 부정당업자 제재 제도, 관련규정, 제재사례 등에 대해 많은 정보를 공개하고 있다.

84) 국제부흥개발은행(International Bank for Reconstruction and Development, 이하 'IBRD'), 국제금융공사(International Financial Corporation, IFC), 국제개발협회(International Development Association, 이하 'IDA'), 국제투자분쟁해결본부(International Center for Settlement of Investment Disputes, ICSID), 국제투자보증기구(Multilateral Investment Guarantee Agency, MICA) 5개 기구를 총칭하여 세계은행그룹(World Bank Group)이라고 하고, 이중 IBRD와 IDA를 좁은 의미의 세계은행(World Bank)이라고 한다. 이하 편의상 World Bank Group과 World Bank 구별 없이 '세계은행'이라고 칭한다.

및 제재를 하는 권리는 기본적으로 계약상 권리이다. 다만 세계은행의 프로젝트는 대부분 세계은행과 원조를 받는 국가 사이에도 계약이 체결되어 진행되므로, 해당국가도 계약의 내용에 따라 부정행위 조사에 협조할 의무를 부담하게 될 것으로 보인다.

세계은행은 부정당업자 제재 관련 제도의 성격을 내부행정적(internal administrative) 혹은 준사법적(quasi-judicial)인 것으로 보고 있으나, 다른 다자개발은행은 부정당업자 제재의 성격을 사업상 판단(business decision)으로 보는 경우가 많다. 이는 우리 법에서 부정당업자 제재를 공법상 '처분'으로 볼 것이냐 아니면 사법(私法)상 거래당사자 사이의 계약 거절로 볼 것이냐의 문제와 유사한 문제이다. 공법상 처분에 준하는 성격을 가지는 것으로 볼 경우 비례의 원칙, 평등의 원칙, 적법절차의 원칙(due process) 등에 의하여 제재절차에 많은 제한이 부가될 여지가 있을 것이나 사법상 행위로 보는 경우 그렇지 않을 것이다.[86]

IBRD 협정[87] 제7조에 의하여 IBRD 및 그 임직원에게는 각 회원국의 사법절차에

---

85) 이때 전형적으로 채용되는 문구 중의 하나를 선택하여 발췌하면 다음과 같다.

Standard Procurement Document for Non-Consulting Services (July, 2016)

Section VI - Fraud and corruption

1.1 The Bank's Anti-Corruption Guidelines and this Annex apply with respect to procurement under Bank Investment Project Financing operations.

2.1 The Bank requires that Borrowers (including beneficiaries of Bank financing); bidders, consultants, contractors and suppliers; any sub-contractors, sub-consultants, service providers or suppliers; any agents (whether declared or not); and any of their personnel, observe the highest standard of ethics during the procurement process, selection and contract execution of Bank-financed contracts, and refrain from Fraud and Corruption.

2.2 To this end, the Bank (중간 생략)

  d. Pursuant to the Bank's Anti-Corruption Guidelines and in accordance with the Bank's prevailing sanctions policies and procedures, may sanction a firm or an individual (중간 생략)

  e. Requires that a clause be included in bidding/request for proposals documents and in contracts financed by a Bank loan, requiring (i) bidders, consultants, contractors, and suppliers, and their sub-contractors, sub-consultants, service providers, suppliers, agents, personnel, permit the Bank to inspect all accounts, records and other documents relating to the submission of bids and contract performance, and to have them audited by auditors appointed by the Bank.

86) Hans-Joachim Priess, Questionable Assumptions: The Case for Updating the Suspension and Debarment Regimes at the Multinational Development Banks, 45 George Washington International Law Review 271 (2013), Chapter IV A.

87) 다자간 조약으로, 1955.경 최초 체결된 후 몇 차례 개정되었다.

대하여 독립된 국가 내지 그 소속 외교관과 유사한 면책특권이 부여되고 있다. 구체적으로, 세계은행 또는 그 임직원은 회원국가가 다른 회원국가의 공적 통신에 부여하는 것과 동일한 권한이나 다른 회원국가의 공무원에게 부여하는 것과 동일한 여행에 대한 편의, 업무와 관련된 행위에 대한 면책특권, 세계은행의 재산과 문서에 대한 회원국 입법·사법기관의 압수수색이나 문서제출명령 등으로부터의 면제 등의 혜택을 받는다. 따라서 세계은행의 임직원이 상대적으로 안정적 위치에서 각국을 드나들면서 제재사유에 대한 조사를 할 수 있다. 최근 캐나다 대법원은 세계은행 직원의 면책특권을 비교적 넓게 인정하였다.[88]

제2절 ## 제재의 사유

세계은행은 다양한 형태의 부정당행위를 사기, 부패, 담합, 강압, 조사방해 등의 5가지 사유로 구분하고 있다.

첫째, 재정적 혹은 기타의 이익을 얻거나 의무를 면하기 위해서 고의로 상대방을 오인시키는 사기적 행위(fraud)이다.[89] 제재사건의 약 75%가 이 사유로 발생하고, 입찰 시 시험이나 성능에 대한 보증서를 조작하여 제출하거나 관련 서명을 조작하여 제출하

---

88) World Bank Group v. Wallace, 2016 SCC 15, [2016] 1 S.C.R 207. 이 사건에서 세계은행의 부정당업자 조사기구인 Integrity Vice Presidency에 소속된 조사관은, 세계은행이 원조한 방글라데시의 파드마대교(Padma Multipurpose Bridge) 건설사업에서 건설감리 업무를 수주하려는 기업의 임직원이 방글라데시 공무원에게 뇌물을 제공하였다는 제보를 받고, 그 정보를 캐나다 연방경찰(Royal Canadian Mounted Police)과 공유하였다. 캐나다 연방경찰은 상당부분 이를 근거로 캐나다 법원에서 감청영장을 발부받아 관련자를 조사하고 이들을 캐나다 법원에 기소하였는데, 해당 사건의 피고인들은 감청영장의 적법성을 다투면서 세계은행에 관련문서를 제출할 것(production of document)과 세계은행 담당자가 증인으로 출석할 것(subpoena)을 요구하였고 캐나다 하급심 법원은 이를 인용하였다. 그러나 캐나다 대법원은 세계은행이 부여받고 있는 면책특권 제도의 연혁과 내용을 설시하면서, 이러한 문서제출명령이나 증인신문은 세계은행이 회원국으로부터 부여받은 면책특권을 침해하는 것이어서 인정될 수 없다고 판단하였다.

89) A 'fraudulent practice' is any act or omission, including misrepresentation, that knowingly or recklessly misleads, or attempts to mislead, a party to obtain financial or other benefit or to avoid an obligation. 제재 사유에 대한 정의는 Guidelines on Preventing and Combating Fraud and Corruption in Projects Financed by IBRD Loans and IDA Credits and Grants (15 October, 2006) Article 7에 기재되어 있다. 이하 부정당행위의 정의는 위 규정을 참조하였다.

는 사례가 많다.[90]

둘째, 상대방에게 부당한 영향을 주기 위하여 직·간접적으로 경제적 이익을 제안·교부요구 또는 수령하는 부패행위(corruption)이다.[91] 수주를 받는 대가로 금품을 제공하는 경우도 있지만, 기술적 요구조건(technical specification) 과 같은 발주처의 내부정보를 얻는 대가로 공무원에게 금품을 제공하는 사례가 대표적이다.[92] 교부되는 경제적 이익은 그 형식에 제한이 없다. 프로젝트 매니저의 딸을 직원으로 채용한 것을 경제적 이익제공으로 판단한 사례가 있다.[93]

셋째, 상대방에게 부당한 영향을 주는 것을 포함하여 부당한 목적으로 2명 이상이 모의하는 담합행위(collusion)이다.[94] 문언상으로는 가격이나 거래조건 등에 대한 담합뿐만 아니라 다른 부정한 목적을 위한 모의행위 등도 포함된다고 볼 여지가 있으나, 세계은행은 경쟁이 존재하는 것처럼 포장하는 담합행위에 한정하는 것으로 풀이하고 있다.[95]

넷째, 상대방에게 부당한 영향력을 행사하기 위하여 직·간접적으로 상대방이나 그의 재산을 해하거나 해하겠다고 협박하는 강압행위(coercion)이다.[96]

다섯째, 부패행위·사기적 행위·담합행위에 대한 조사와 관련한 중요한 내용을 고의적으로 인멸하거나 위조·변조하거나 숨기거나, 조사와 관련된 진술을 하지 못하도록 관련자를 위협하거나 괴롭히거나 세계은행의 조사·감사를 중대하게 방해하기 위해 조사를 방해하는 행위(obstruction)이다.[97] 세계은행이 감사(audit)를 위해 사업장에 도착

---

90) Michael S. Diamant, Christopher W.H. Sullivan, Jason H. Smith, Sanctionable Practices at the World Bank: Interpretation and Enforcement, 18 University of Pennsylvania Journal of Business Law 985 (2016), Chapter II B.

91) A 'corrupt practice' is the offering, giving, receiving, or soliciting, directly or indirectly, or anything of value to influence improperly the actions of another party.

92) Michael S. Diamant, Christopher W.H. Sullivan, Jason H. Smith, 앞의 논문 Chapter II C.

93) Sanctions Board Decision No. 78, PP53-54 (2015), Michael S. Diamant, Christopher W.H. Sullivan, Jason H. Smith, 앞의 논문 Chapter II B에서 재인용.

94) A 'collusive practice' is an arrangement between two or more parties designed to achieve an improper purpose, including to influence improperly the actions of another party.

95) Michael S. Diamant, Christopher W.H. Sullivan, Jason H. Smith, 앞의 논문 Chapter II D.

96) A 'coercive practice' is impairing or harming, or threatening to impair or harm, directly or indirectly, any party or the property of the party to influence improperly the actions of a party.

97) An obstructive practice is (i) deliberately destroying, falsifying, altering, or concealing of evidence material to the investigation or making false statements to investigators in

하기 직전에 관련회사 담당자가 세계은행 프로젝트에 대한 자문사(procurement advisor)로부터 받은 이메일들을 삭제한 사안에서, 관련회사는 이메일 삭제로 인하여 세계은행의 감사에 중대한 장애가 생기지 않았다고 주장하였으나 Sanctions Board는 감사 직전에 이메일이 삭제되었다는 사정과 삭제된 이메일들 중 일부는 관련회사와 세계은행 프로젝트에 대한 자문사 사이에 이루어진 것이었다는 사정을 이유로 세계은행의 감사를 중대하게 방해하였다(materially impede)고 판단하였다.[98] 제재사유에 해당하는 행위를 하지 않았더라도, 제재사유의 존부에 대하여 조사를 하려는 것을 방해하는 것만으로도 제재를 받을 수 있다는 점은 한국법상 부정당업자 제재사유와 크게 다른 점이다.

제3절 조사 및 제재의 절차

세계은행의 부정당행위 관련 제재의 대상과 범위, 제제사유에 대한 조사, 제재절차 등에 대한 주요 규정은 World Bank Sanctions Procedure(이하 'Sanctions Procedures'라고 함)와 Bank Procedure: Sanctions Proceedings and Settlements in Bank Financed Projects(이하 'Bank Procedure: Sanctions Proceedings'라고 함) 등이다.[99]

1. 제재의 대상과 범위

먼저 재재의 대상과 범위는, 제재사유에 해당하는 부정당행위를 한 기업은 물론, 해당 기업의 관계회사(affiliates),[100] 그리고 해당 기업을 인수하거나 해당 기업과 합병

---

order to materially impede a Bank investigation into allegations of a corrupt, fraudulent, coercive, or collusive practice; and/or threatening, harassing, or intimidating any party to prevent it from disclosing its knowledge of matters relevant to the investigation or from pursuing the investigation, or (ii) acts intended to materially impede the exercise of the Bank's contractual rights of audit or access to information.

98) Sanctions Board Decision No. 60, P 105 (2013), Michael S. Diamant, Christopher W.H. Sullivan, Jason H. Smith, 앞의 논문, Chapter II.에서 재인용

99) World Bank Sanctions Procedure는 2004. 7. 9. 최초 제정 후 여러 차례 개정되었고 현재 규정은 2012. 4. 15. 개정 규정이다. Bank Procedure: Sanctions Proceedings and Settlements in Bank Financed Projects는 2016. 6. 28. 공포되어 2016. 7. 1.부터 시행되고 있다. 세계은행의 부정당업자 제제 제도는 미국의 해외부패방지법(FCPA)과 미국의 연방 조달규칙(U.S. Federal Acquisition Regulation)으로부터 많은 영향을 받았다. Hans-Joachim Priess, 앞의 논문, Chapter I. 김대인, 세계행정법과 국제기구, 행정법연구 제45호, 2016. 6., 17면.

한 기업에게도 제재가 이루어질 수 있다.[101] 대규모 기업의 특정 부문에서 부정행위를 한 경우에는, 법인 전체가 아니라 해당 부문에 대하여만 제재를 가할 수도 있다.[102] 직접 행위자가 아님에도 제재의 대상이 된 관계회사, 합병법인, 인수법인은 제재절차에서 제재대상 기업과 동일한 절차상의 권리를 보장받게 된다.[103]

2. INT의 조사

세계은행의 조사부서인 Integrity Vice Presidency(이하 'INT')는 세계은행의 원조·투자보증 등으로 수행되는 사업과 관련하여 제재사유에 해당하는 행위가 있다는 제보나 정보가 수집되면 사실확인을 위해 조사를 실시한다. 현재 INT에는 약 90명의 조사, 포렌식 업무 담당자가 근무하고 있고 세계은행 내외부에서 매년 수백여 건의 정보를 입수하여 조사대상을 선정한다고 한다. 2015년의 경우 약 320건이 넘는 정보를 검토하여 약 99건에 대해서 공식조사를 개시하였고 해당 사건들과 관련된 국가는 모두 86개국이었다고 보고되고 있다.[104] INT는 조사결과 충분한 증거가 있다고 판단하면 조사결과보고서(Statement of Accusations and Evidence)를 세계은행의 Sanction and Debarment Officer(이하 'SDO')에게 송부하는데, INT는 제재대상기업에게 유리한 증거도 함께 송부하여야 한다.[105] 조사결과 보고서는 제재 사유, 기초 사실관계 및 증거 등이 포함되므로 종종 수백페이지에 이르는 방대한 문건이 된다. INT에서 조사를 개시하여 조사결과보고서를 송부하기까지 걸리는 시간은 평균적으로 1년에서 1년 6개월 정도였다.[106] 여기서 충분한 증거가 있는지의 입증정도는 형사소송의 기준인 합리적 의심의 여지가 없는 입증은 아니고, 증거우위('more likely than not' or 'preponderance of evidence')이다.[107]

---

100) 'affiliates'란 제재대상자를 지배(control)하거나 제재대상자에 의하여 지배(control)되는 회사나 개인을 의미한다. Sanctions Procedures Article I Sections 2.01(a), Article IX Section 9.04.(b)
101) Sanctions Procedures Article IX Section 9.04.(c).
102) Sanctions Procedures Article IX Section 9.04.(a).
103) Sanctions Procedures Article IX Section 9.04.
104) Michael S. Diamant, Christopher W.H. Sullivan, Jason H. Smith, 앞의 논문, Chapter I.
105) Sanctions Procedures Article III Section 3.01.(b).; Bank Procedure: Sanctions Proceedings Section III A. 1.02.
106) Michael S. Diamant, Christopher W.H. Sullivan, Jason H. Smith, 앞의 논문, Chapter I.
107) Sanctions Procedures Article VIII Section 8.02.

3. SDO의 검토 및 권고제재안 부과

SDO는 INT로부터 받은 자료를 검토하여 충분한 증거가 있다고 판단하면 대상자에게 제재절차개시통지서(Notice of Sanctions Proceedings)를 발송한다. 여기에는 INT가 작성한 조사결과보고서와 SDO가 결정한 권고제재안이 첨부된다.[108] 이를 통보받은 기업은 30일 내에 SDO에게 제재의 취소를 요청하거나 제재의 수위를 낮추어줄 것을 요청하는 서면(Explanation)을 제출할 수 있다. SDO는 제재대상 기업이 의견서를 제출한 후 30일 이내에 제재안을 철회하거나 제재 내용을 변경할 수 있다. 그리고 SDO가 제재를 철회하더라도 새로운 증거가 발견되는 경우에는 새로이 제재를 할 수 있다.[109] SDO에게 증거의 검토, 권고제재안의 부과권한을 부여한 것은, 협의체 기구인 Sanctions Board의 심사를 거치는 경우 지나치게 오랜 시간이 걸려 제재의 실효성이 떨어진다는 지적 때문이라고 한다. 제재대상 기업이 제재절차개시통지서를 받은 후 90일 내에 이의를 제기하지 않으면 권고제재안이 확정된다.[110] 제재대상자가 제재절차개시통지서를 받은 후 90일 이내에 Sanction Board에 서면 이의신청서(Response)를 제출하면 Sanctions Board의 심의절차가 개시된다.[111]

4. 임시입찰제한

임시입찰제한은 INT 조사단계에서 부과되는 경우와 SDO가 권고제재안을 부과하는 단계에서 부과되는 경우가 있다. 우선, INT는 제재사유가 존재한다는 충분한 증거가 있고 1년 이내에 SDO에 조사결과보고서를 제출할 수 있을 것으로 예상되는 사안으로서 제재가 이루어지기 전이라도 입찰제한을 하는 것이 상당한 경우에, 그때까지의 조사현황을 기재하여 SDO에게 임시입찰제한을 요청할 수 있다.[112] SDO는 제재사유를 인정할 충분한 증거가 있고 제재사유가 인정되면 적어도 2년 이상의 기간 동안 부정당업자 제재가 이루어질 사안인 경우, 제재절차개시통지서를 발송하기 전이라도 재제

---

108) Sanctions Procedures Article IV Section 4.01.; Bank Procedure: Sanctions Proceedings Section III A. 4.01.
109) Sanctions Procedures Article IV Section 4.03.
110) Sanctions Procedures Article IV Section 4.02.
111) Sanctions Procedures Article IV Section 4.04., Section 5.01.
112) Sanctions Procedures Article II Section 2.01.(a); Bank Procedure: Sanctions Proceedings Section III A. 2.01.

사유와 증거를 첨부하여 임시입찰제한을 할 수 있다. INT의 신청에 의해 부과되는 임시입찰제한의 기간은 6개월이다. INT는 임시입찰제한 시작 후 5개월이 경과하기 전에 조사진행 상황 및 성실하게 조사를 진행하고 있다는 것을 SDO에게 제출하여 임시입찰제한을 6개월 내에서 연장해줄 것을 신청할 수 있다. 임시입찰제한 기간 내에 INT가 조사결과보고서를 SDO에게 공식 송치하면, SDO의 결정이 있을 때까지 임시입찰제한이 계속된다. SDO가 스스로 임시입찰제한 사유가 부존재하거나 소멸되었다고 판단하면, SDO는 언제든지 임시입찰제한을 종료시킬 수 있다.[113] 임시입찰제한을 통보받은 제대대상자는 30일내에 SDO에게 그것이 부당하다는 주장과 증거(Explanation)를 제출할 수 있고, SDO는 제재대상자의 주장이 타당한 경우 그로부터 30일 이내에 임시입찰제한을 철회할 수 있다.[114]

5. Sanctions Board의 심의와 결정

Sanctions Board는 세계은행 소속 3인과 외부인 4인으로 구성되는 심의기구이다. 제재를 받는 기업은 sanctions board에 제재사유가 인정되지 않는다는 것과 제재가 과중하다는 주장을 모두 할 수 있다. 제재대상자가 제출한 이의신청서는 INT와 SDO에게 교부되고, INT는 이의신청서를 받은 후 30일 내에 Sanctions Board에 의견서(Reply)를 제출할 수 있다. Sanctions Board의 허락이 있으면 제재대상자나 INT는 그 이후에도 주장이나 증거를 제출할 수 있다.[115] INT가 Sanctions Board에 제출한 증거 중 아직 제재대상자에게 공개되지 않은 증거가 있으면, 해당 증거의 공개로 인하여 타인의 신체·생명 등에 위해가 발생할 우려가 있는 경우가 아닌 한 제재대상자에게 증거가 공개된다. INT는 타인의 생명·신체·안전 등을 보호하기 위하여 Sanctions Board를 상대로 특정 증거를 제재대상자에게 공개하지 말아달라고 요청할 수 있다. Sanctions Board가 이를 받아들이지 않으면 INT는 해당 증거의 제출을 철회하거나 제재 자체를 철회할 수 있다.[116] 제재대상자나 INT가 요청하는 경우, Sanctions Board가 직권으로 필요하다고 인정하는 경우에는 심리(hearing)가 열리지만, 비공개이다. Sanctions Board가 필요하다고 인정되는 경우에 Sanctions Board가 질문을 하기 위하여 증인이 출석할 수 있다. 재판에서 적용되는 엄격한 증거법칙이 적용되지 않아 전문증거나 서

---

113) Sanctions Procedures Article II Section 2.04.
114) Sanctions Procedures Article II Section 2.03., Article IV. Section 4.03.(a).
115) Sanctions Procedures Article V Section 5.01.(c).
116) Sanctions Procedures Article V Section 5.04.(c).

면증거도 Sanctions Board의 평가에 따라 증거로 고려될 수 있으나, 의뢰인－변호사 특권(attorney client privilege)은 인정된다.[117] Sanctions Board의 결정에 불복할 수는 없고, 개별 국가의 법원에 사법심사를 청구하는 것도 불가능하다고 해석되고 있다.

6. 시효와 공개

세계은행의 Procure Guideline, Consultant Guideline에 근거한 제재의 경우 해당 계약이 이행된 후 10년이 지나면 제재할 수 없다. 그 이외의 계약의 경우 제재사유가 되는 행위시로부터 10년이 지나면 제재할 수 없다.[118] INT에 의하여 조사를 받고 있는 개인과 기업의 리스트는 데이터베이스화[119] 되어 세계은행 내부자들이 확인할 수 있다. SDO의 제재 중 이의신청되지 않은 것, Sanctions Board의 제재, Settlement에 따른 제재는, 일반에게 공개된다.[120] 세계은행은 INT 혹은 제재대상 기업이 SDO나 Sanctions Board에 제출한 정보를 다른 다자개발은행, 국제기구, 개별국가의 수사기관 등에 제공할 수 있다. 다만, 공유가 부적절한 민감한 정보는 공유하지 않을 수 있고, 정보를 수령하는 기관으로부터 비밀유지 확약을 받고 있다고 한다.[121]

제4절 제재의 유형 및 관련 제도

1. 제재의 유형

세계은행이 부과하는 제재의 유형은 아래와 같이 모두 6가지이다.

첫째, 가장 경미한 사안에 대한 조치인 경고(Letter of Reprimand)이다. 해당 기업에 대해 주의를 촉구하는 서신을 발송하는 것이다. 예를 들어, 부정행위를 한 A기업과 특수관계인에 있는 B기업이 A기업에 대하여 주의감독의무를 충실히 이행하고 있으나 예상하기 어려운 사유로 부실이 발생한 경우에, B기업에게 경고장이 발송될 수 있다.[122]

---

117) Sanctions Procedures Article VI Section 6.01. 내지 Article VII Section 7.03.
118) Sanctions Procedures Article IV Section 4.01.(d).
119) Compliance Risk Profile Database(CRPD)라는 명칭으로 세계은행 내부에서 공유된다.
120) Sanctions Procedures Article X Section 10.01. 세계은행 홈페이지에서 Sanctions Board의 많은 결정문을 열람할 수 있다.
121) Sanctions Procedures Article X Section 10.03. 내지 Section 10.04.
122) Sanctions Procedures Article IX Section 9.01.(a). World Bank Sanctioning Guidelines(이

둘째, 조건부 불제재(Conditional Non-Debarment)이다. 제재대상 기업이 이미 충분한 compliance program을 실시하고 있는 등 제재의 필요성이 적은 경우에 세계은행이 부과하는 조건을 준수하는 것을 전제로 제재조치를 부과하지 않는 것을 말한다. 부정행위를 한 A기업의 특수관계자(A기업을 지배하는 회사)가 A기업에 대한 주의감독의무를 게을리한 경우에 특수관계자에게 부과될 수 있다. 요구된 조건을 이행하였는지 여부는 ICO가 심사한다. 요구된 조건이 이행되지 않으면 제재가 이루어진다.[123]

셋째, 단순 제재(Debarment without Conditional Release)이다. 대상 기업이 이미 충분한 compliance program을 실시하고 있었으나 예상키 어려운 임직원의 일탈행위로 위반이 발생하였고, 해당 임직원이 해고되었기 때문에 주로 1년 이하의 단기간 제재가 이루어지는 경우에는, 제재기간의 종료 후 별도의 심사없이 바로 제재가 해제될 수 있다.[124]

넷째, 제재 후 사후심사(Debarment with Conditional Release)이다. 제재사유가 발생했을 때 기본적으로 3년간 입찰참가자격을 제한하고 3년 후 제재대상 기업이 재발방지를 위하여 부과된 조건을 충분히 이행하였다고 확인 경우 제재를 종료하는 것이다.[125] 제재 후 사후심사에서 부과되는 조건은 compliance program 운영, 피해발생시 원상회복, 행위자에 대한 징계 등이다.[126]

다섯째, 영구제재(Permanent Debarment)이다. 예외적으로 부과되는 조치이다. 주로 개인, 비공개회사, 페이퍼 컴퍼니 등에 대하여 부과되는데, 이들이 향후에도 반부패 및 부정당행위와 관련하여 개선될 여지가 없다고 판단되는 경우 이들에 대해 부과되는 강력한 조치이다.[127]

여섯째, 피해변상조치(Restitution)이다. 위반행위로 인하여 발생한 손해액과 손해를 입은 자가 특정되는 경우에 손해를 배상하도록 하는 구제조치이다. 지금까지 부과된 사례는 없는 것으로 보인다.[128]

하 'Sanctioning Guidelines') II D에도 관련규정이 있다. Sanctioning Guidelines는 다음 사이트 참조.
http://siteresources.worldbank.org/EXTOFFEVASUS/Resources/WorldBankSanctioningGuidelines.pdf
123) Sanctions Procedures Article IX Section 9.01.(b), Sanctioning Guidelines II C.
124) Sanctions Procedures Article IX Section 9.01.(c), Sanctioning Guidelines II B.
125) Sanctioning Guidelines I.
126) Sanctions Procedures Article IX Section 9.01.(d), Sanctioning Guidelines II A.
127) Sanctioning Guidelines II. E.
128) Sanctions Procedures Article IX Section 9.01.(e), Sanctioning Guidelines II F.

자진신고하는 경우에는 예외적으로 제재가 부과되지 않을 수 있고, 제재 수위에 대하여 대상기업과 세계은행 사이의 합의를 통하여 조사절차가 종료될 수도 있다.

2. 자진신고(Voluntary Disclosure)

조사개시 전에 위반행위를 한 기업이 자진신고를 하는 경우, 세계은행이 제재를 시행하지 않고 자진신고한 기업의 명칭도 공개하지 않을 수 있다. 위반행위를 한 기업은 통상 향후 부정행위를 방지하기 위한 강력한 compliance program을 시행하면서 더불어 자진신고를 행한다. 자진신고로 제재조치를 면제받거나 기타 혜택을 입은 기업이 사후에 위반행위를 할 때에는 이에 대해 향후 10년간 부정당업자로 제재를 가하도록 의무화되어 있다.

3. 합의(Settlement)

Sanctions Board의 최종 결정이 나오기 전까지, 제재대상 기업과 세계은행은 제재 수준에 대하여 합의할 수 있다. INT와 제재대상 기업은 합의를 위한 협상을 위하여 공동으로 심사절차 중지를 신청할 수도 있다. 이 경우 SDO는 심사절차를 최장 90일까지 중지할 수 있다. 합의가 되면, INT와 제재대상 기업은 서명된 합의서를 SDO에게 제출하여 검토를 요청한다. 합의서가 제출되면 SDO 혹은 Sanctions Board에서의 심사절차는 중지되고, SDO는 합의가 자발적으로 이루어졌는지, 제재 기준(Sanctioning Guideline)에 부합하는지 등을 확인한 후 합의를 승인할지 여부를 최종적으로 결정한다.[129]

4. 사후 모니터링

제재가 결정되면 Integrity Compliance Officer(이하 'ICO')는 제재대상 기업에 연락하여 compliance program 운영 내지 강화 등 부과조건의 이행방법에 대하여 권고를 한다.[130] 조건을 이행하는 방법은 ICO에 대한 정기적인 보고(reporting), 제3자 모니터 선임, 회사 장부에 대한 외부감사 허용 등이다.

---

129) Sanctions Procedures Article XI Section 11.01 내지 Section 11.04.
130) Sanctions Procedures Article IX Section 9.03.

대상 기업은 조건 이행여부에 대한 심사가 예정된 시점으로부터 120일 이전까지 조건이행 심사신청(Application)을 해야 한다. 조건이행 심사신청서에는 compliance program 운영, 피해발생시 원상회복, 부정행위자에 대하여 취한 징계 등의 조치, 제재기간 중 확인된 다른 부정행위, 부정행위와 관련하여 다른 국제기구나 국가기관으로부터 제재를 당하거나 민사소송을 당한 내용 등을 기재해야 한다.[131] ICO는 위 신청을 접수한 후 30일 이내에 심사를 개시하며, ICO는 필요한 경우 대상기업의 회계자료 열람을 요청할 수 있다. 제재 후 사후심사에서 대상 기업이 조건을 이행하지 않았다고 ICO가 판단하면, ICO는 1년 이내의 기간 동안 제재를 연장시킬 수 있고, 그 경우 연장된 기간 종료 전에 대상 기업은 다시 조건이행 심사신청을 할 수 있다. 조건이행에 대한 ICO의 판단에 이의가 있는 대상기업은, 30일 이내에 Sanctions Board에 이의신청을 할 수 있다. 이 경우 Sanctions Board는 90일 이내에 ICO의 심사가 적정한지를 결정하는데, 그 판단기준은 ICO가 '재량을 현저히 일탈하였는지' 여부이다.[132]

5. 제재의 기준과 가중 감경사유

제재의 공정성과 투명성을 담보하기 위하여 SDO나 Sanctions Board는 제재기준(Sanctioning Guideline)을 바탕으로 제재의 가중사유와 감경사유를 고려하여 제재의 유형과 내용을 결정한다.

제재를 가중하는 사유로는, 행위의 중대성, 피해의 중대성, 조사방해, 반복행위 등이 있다. 행위의 중대성을 인정할 수 있는 사유로는 반복행위, 계획적이고 치밀한 행위(관여자나 관여기업의 숫자, 다국적으로 이루어진 행위, 장기간 이루어진 행위 등을 말한다), 회사 고위직의 관여, 공무원이나 세계은행 직원의 가담 등이 있다. 중대성이 인정될 경우 제재기간을 1년 내지 5년을 가중한다. 그 다음으로, 공중의 건강이나 안전에 위해가 발생하거나, 해당 사업에 손해를 야기하면 피해의 중대성이 인정된다. 피해의 중대성이 인정될 때에도 1년 내지 5년을 가중한다. 조사방해는 중요한 증거의 인멸이나 변경, 허위진술, 관련자들에게 협박이나 강요를 하거나 금전으로 회유한 경우, 세계은행이 정보에 접근하는 것을 방해하는 행위 등을 말하는데,[133] 이 사유가 인정될 때에는 1년 내지 3년을 가중한다. 마지막으로 반복행위, 즉 과거에도 위반행위가 있었던 경

---

131) Sanctions Procedures Article IX Section 9.03.(c).
132) Sanctions Procedures Article IX Section 9.03.(e).
133) Sanctioning Guidelines IV.

우에는 10년을 가중할 수 있다. 하나의 프로젝트에 대하여 담합행위와 부패행위를 모두 한 경우와 같이 복수의 제재사유가 있거나 혹은 여러 사업에서 위반행위를 한 경우에는 두 제재기간을 단순합산할 수도 있고, 가중사유로 이를 고려할 수도 있다.

제재의 감경사유로는, 가담정도 경미, 자발적 시정, 조사 협조[134] 등이 있다. 가담 정도 경미란 부정당행위에 대해 부수적인 역할을 하였거나, 회사의 고위직이 관여하지 아니한 경우 등을 말하는 바, 이때에는 제재의 수준을 25%까지 감경할 수 있다.[135] 자발적 시정이란 부패 및 부정당행위의 자발적 중지, 관련자에 대한 내부징계, compliance program의 실시, 부정당행위 결과의 원상회복 혹은 이로 인한 피해배상으로, 이 사유가 있으면 제재 수준을 50%까지 감경하는 것이 원칙인데, 경우에 따라서는 그 이상의 감경도 가능하다.

제5절 다자개발은행 간 협력, 개별국가 조사기관과의 협력

아프리카개발은행(African Development Bank Group, AfDB), 아시아 개발은행(Asian Development Bank, ADB), 유럽부흥개발은행(European Bank for Reconstruction and Development, EBRD), 미주개발은행(Inter-American Development Bank, IDB), 유럽투자은행 (European Investment Bank, EIB), 국제통화기금(IMF)은 2006. 2. 부패문제 해결을 위해서 다자개발은행들 간의 협력이 중요하다는 인식하에 반부패 태스크포스(Joint International Financial Institution Anti-corruption Task Force, IFI Task Force)를 결성하고, 2006. 9. 부패 방지를 위한 각 기구들의 규정과 제도를 일치시켜 나가기로 합의하였다.[136]

나아가 AfDB, ADB, EBRD, IDB와 세계은행은 2010. 4. 9. '협약에 참가한 다자개 발은행 중 어느 하나의 기구에서 부정당업자 제재를 하면 다른 은행도 이를 받아들여

---

134) INT에게 진실한 내용으로 자발적으로 조사에 협조한 경우, 광범위한 자체조사를 하고 그 결과를 INT와 공유한 경우, 조사 초기에 부정행위를 자인한 경우, 조사기간 중 자발적으로 세계은행 관련 입찰 참여를 포기한 경우 등에는 33%까지 감경함이 원칙이다. 다만 그 이상 감경할 수도 있다. Sanctioning Guidelines V.

135) Sanctioning Guidelines V.

136) 합의 내용은 'Uniform Framework for Preventing and Combating Fraud and Corruption' 이라는 제목으로 문건화되었다. 주요 내용은, 첫째 제재사유를 부패행위, 사기적 행위, 강 요행위, 담합행위의 4가지로 통일하고자 한다는 것, 둘째 조사담당자가 비밀을 유지하여야 한다거나 입증의 정도를 증거우위(more probable than not)로 하는 것과 같은 조사의 원 칙과 가이드라인을 제시한다는 것이다.

제재를 하겠다'는 취지의 협약(Agreement for Mutual Enforcement of Debarment Decisions) 을 체결하였다.[137)138)] 이에 따라 어느 다자개발은행이 내린 부정당업자 제재를 다른 다자개발은행에서도 받아들여 제재를 가하고 있다.[139)] 다만 각 다자개발은행들은 자체 적인 고려나 법적 고려(institutional or legal consideration)를 하여 다른 다자개발은행에 서 한 제재를 받아들이지 아니할 수도 있는데, 그 경우 이를 협약 참가 은행들에 즉시 통보해야 한다.[140)] 그 외에도 세계은행은 위반행위 조사 과정에서 각국의 국내법 위반 혐의가 있는 경우에는 개별 국가의 조사당국과도 협조하는 것으로 알려져 있다.[141)]

---

137) 여기서 '받아들여서 제재를 하겠다'는 의미는 그러한 제재가 적절한지에 대한 실체적 검토 · 심리없이 동일한 제재를 부과하겠다는 것으로 보인다. Stephen S. Zimmermann, Frank A. Fariello Jr., Coordinating the Fight against Fraud and Corruption: Agreement on Cross-Debarment among Multilateral Development Banks, World Bank Legal Review Vol 3, (2012), p197. 한편 EIB는 이 협약에 참가하지 않았는데 그 이유 중의 하나는, EIB 의 부정당업자 제재는 향후 EU법원이나 EU기관에서 재판이나 심사를 받게 될 가능성이 있었기 때문이라고 한다. Stephen S. Zimmermann, Frank A. Fariello Jr., 앞의 논문, p195. EIB가 협약에 참가하는 경우 협약에 참가한 다자개발은행에서 시행한 부정당업자 제재를 EIB가 그대로 받아들여 제재를 하게 되는데, 이러한 EIB의 부정당업자 제재가 EU 법원에 의하여 심사를 받아 무효나 취소되는 경우 협약에 참가한 다자개발은행 전체의 신 뢰도나 위상에 타격이 될 수 있다는 우려였던 것으로 보인다.
138) 다만 어떤 제재가 다른 다자개발은행들에게도 받아들여지기 위해서는, 그 제재가 1) 2006. 9. IFI Task Force에서 합의한 4가지 제재사유에 의한 것일 것, 2) 공개적으로 이루어졌을 것, 3) 1년을 초과하는 입찰참가자격제한일 것, 4) 해당 다자개발은행이 본 협약을 받아들 여 시행한 날 이후에 이루어진 것일 것, 5) 제재사유가 되는 행위가 발생한 후 10년 이내 에 이루어졌을 것, 6) 국가기관 내지 다른 국제기구가 한 제재를 그대로 받아들여서 취한 제재가 아닐 것이라는 요건이 필요하다. Agreement for Mutual Enforcement of Debarment Decisions, Article 4.
139) Sanctions Procedures Article XII Section 12.01 내지 Section 12.03.은 다른 다자개발은행 의 부정당업자 제재를 세계은행이 받아들여 적용하기로 규정하고 있다.
140) 실제로 사용되는 경우는 많지 않은 것으로 보인다. Stephen S. Zimmermann, Frank A. Fariello Jr., 앞의 논문, p 202.
141) World Bank Group v. Wallace, 2016 SCC 15, [2016] 1 S.C.R 207.

제6편 반부패 컴플라이언스와
기업의 내부조사

기업활동 전반에 대한 규제법령이 강화되면서 기업 스스로 법령 준수 여부를 사전적으로 점검하기 위한 컴플라이언스 업무의 중요성이 증대하고 있다. 아래에서는 반부패관련 컴플라이언스 제도로서 금융회사등이 특정금융정보법에 따라 자금세탁방지를 위해 실시해야 하는 각종 의무, 기업의 반부패 컴플라이언스 시스템을 인증하는 ISO-37001 제도를 살펴본다.

　　기업은 구체적인 부패행위가 의심되거나 발견되었을 때 형사고소나 민사소송 제기 등 외부적인 법적 조치에 앞서 사실관계를 확인하고 관련 증거를 확보하기 위하여 내부조사를 할 수 있다. 미국의 FCPA 등의 직접 적용을 받는 외국의 다국적기업들은 기업내부의 컴플라이언스 시스템이 충실히 작동되고 있음을 증명하기 위하여 내부조사(internal investigation)를 실시한 후 그 결과물을 수사기관에 제출하면서 위법행위를 자진신고하는 경우도 많다. 내부조사 과정에서 발생하는 법률문제인 개인정보보호, 신고자 보호, 의뢰인-변호사 비밀유지권 적용여부에 대하여 살펴본다.

제1장
금융회사의 자금세탁방지관련 조치의무

　　금융회사등이 금융정보분석원에 불법의심거래보고,[1] 고액현금거래보고[2]를 원활히 하고 자금세탁행위를 효과적으로 방지하기 위하여 특정금융정보법 제5조, 제5조의2에 따라 이행해야 하는 의무 중 주요 내용은 아래와 같다.[3]

---

[1] Suspicious Transaction Report, STR이라고 약칭한다.
[2] Currency Transaction Report, CTR이라고 약칭한다. 현재 고액현금거래 보고대상은 일천만원 이상의 현금거래, 이를 회피할 목적으로 금액을 분할하여 거래하고 있다고 의심되는 거래이다(특정금융정보법 제4조의2 제1항, 제2항, 동법 시행령 제8조의2 제1항).
[3] 특정금융정보법의 '금융회사등'에 포함되는 회사의 범위에 대하여는 제3편 제1장 제2절 참조. 금융회사 중 카지노사업자에 대하여는 자금세탁방지 업무규정 제88조 내지 제149조 참조.

제1절 **내부통제시스템 구축**

    금융회사등은 이사회에 자금세탁방지에 대한 감독, 평가, 승인 등에 대한 역할과 책임을 부여하고, 경영진에게 내부통제정책의 설계, 운영, 보고책임자 임명, 이사회 보고 등에 대한 역할과 책임을 부여해야 한다.[4] 보고책임자는 금융정보분석원장에게 불법의심거래, 고액현금거래를 보고하고, 고객확인제도,[5] 직원알기제도[6] 이행, 임직원 교육, 자료보존, 내부통제정책 설계, 운영, 평가, 경영진 보고 등의 업무를 수행한다.[7]

    금융회사등은 임직원에 대한 자금세탁방지 교육을 그 직위, 업무 등에 따라 적절하게 구분하여 연 1회 이상 실시하고, 그 일자, 대상, 교육내용을 기록, 보존해야 한다.[8] 금융회사등은 그 임직원이 자금세탁행위에 이용되지 않도록 임직원 채용시 또는 재직시 그 신원사항 등을 확인, 심사해야 한다.[9] 금융회사등은 자금세탁방지업무를 수행하는 부서와는 독립된 부서가 자금세탁방지업무의 적절성, 효과성을 검토, 평가, 개선하는 감사를 연 1회 이상 실시하도록 절차를 마련하고, 감사결과를 이사회에 보고하고, 그 내용을 기록, 관리해야 한다.[10] 금융회사등은 자금세탁행위의 위험수준을 평가, 이해하기 위해 관련된 국가에 따른 위험,[11] 고객유형에 따른 위험,[12] 상품 및 서비스의

---

4) 자금세탁방지 및 공중협박자금조달금지에 관한 업무규정(금융분석원고시 제2023 – 1호, 이하 '자금세탁방지 업무규정') 제4조, 제5조.

5) Know Your Customer, KYC라고 약칭한다. 고객확인을 Customer Due Diligence(CDD), 위험성이 큰 고객에 대하여 실시하는 강화된 고객확인을 Enhanced Due Diligence(EDD) 라고 칭하기도 한다.

6) Know Your Employee, KYE라고 약칭한다.

7) 자금세탁방지 업무규정 제6조.

8) 자금세탁방지 업무규정 제7조 내지 제9조.

9) 자금세탁방지 업무규정 제10조.

10) 자금세탁방지 업무규정 제12조 내지 제16조.

11) 자금세탁방지국제기구(Financial Action Task Force, FATF)가 지정하는 고위험국가 또는 이행 취약국가의 국민이나 기업과의 거래는 국가에 따른 위험이 높다. FATF는 자금세탁방지를 위하여 1989년 설립된 국제기구로서, 각국이 자금세탁방지를 위한 법규를 원활히 제정, 시행할 수 있도록 기준이나 권고사항을 제시하고, 회원국들의 이행을 상호 감시, 평가한다. 그리고 자금세탁 감시가 미비한 위험국가(blacklist)와 미흡국가(greylist)를 발표하고 있다. 우리나라는 2009년부터 가입되어 있다.

12) 금융회사등은 종합자산관리서비스를 받는 고객 중 추가정보 확인이 필요하다고 판단한 고객, 외국의 정치적 주요 인물(Politically Exposed Person, PEP라고 칭하기도 한다), 비거주자, 대량의 현금거래가 수반되는 카지노업자, 대부업자, 환전영업자, 고가의 귀금속 판매상, 금융위원회가 고시한 금융거래제한대상자, UN에서 규정하는 제재대상자, 개인자산을 신탁받아 보유할 목적으로 설립, 운영되는 법인 또는 단체, 명의주주가 있거나 무기명주식을 발

내용에 따른 위험[13] 등 모든 위험요소들을 고려하여 위험을 평가하고, 그 결과를 문서화하여 최신상태로 유지하고, 위험평가 정보를 금융정보분석원장 등에게 제공하기 위한 적절한 운영체계를 구축하고, 위험을 관리, 경감하기 위한 정책과 통제절차 등을 구비해야 한다.[14]

제2절 ## 고객확인의무 이행

　금융회사등은 제공하는 서비스가 자금세탁에 이용되지 않도록 고객의 신원확인 및 검증, 고객의 금융거래 목적, 고객이 실제소유자가 맞는지 등을 확인하기 위해 합당한 주의를 기울여야 하고, 이를 이행하기 위하여 고객확인의 적용대상 및 적용시기, 고객의 신원확인 및 검증절차와 방법, 주요 고위험고객군에 대한 확인방법, 지속적인 고객확인방법, 위험도에 따른 거래 모니터링체계 구축 등을 포함하는 업무지침을 작성, 운용해야 한다.[15] 금융회사등은 고객이 계좌를 신규로 개설하거나 일정한 금액[16] 이상으로 일회성 거래를 하는 경우, 고객의 신원에 관한 사항과 고객을 최종적으로 지배하거나 통제하는 자연인(실제 소유자)에 관한 사항을 확인해야 한다.[17] 고객이 실제소유

　　행한 회사를 추가정보 확인이 필요한 고객으로 고려해야 한다(자금세탁방지 업무규정 제30조 제3항).

13) 금융회사등은 양도성예금증서, 환거래 서비스, 자금세탁행위 위험성이 높은 비대면거래, 정부 또는 감독기관에서 고위험으로 판단하는 상품이나 서비스는 위험이 높은 상품, 서비스로 고려해야 한다(자금세탁방지 업무규정 제31조 제3항).

14) 자금세탁방지 업무규정 제19조.

15) 구체적인 고객확인 방법은 자금세탁방지 업무규정 제20조 내지 제75조에 자세히 규정되어 있다.

16) 특정금융정보법 제5조의2 제1항, 동법 시행령 제10조의3. 카지노 칩과 현금 내지 수표의 교환인 경우 3백만원, 가상자산거래(가상자산의 매도, 매수, 이전, 보관, 관리, 가상자산간의 교환, 이러한 행위의 알선, 중개, 대행을 말함) 및 전신송금의 경우 1백만원, 그 밖의 거래의 경우 미화 1만달러 또는 한화 1천만원이다.

17) 특정금융정보법 제5조의2 제1항 제1호. 고객이 법인이나 단체인 경우에는, (1) 해당 법인, 단체의 의결권 있는 발행주식총수의 25% 이상의 주식 내지 지분을 소유하는 자가 실제 소유자이면 그 실제 소유자, 그러한 자가 없으면 (2) 해당 법인 또는 단체의 의결권있는 발생주식총수를 기준으로 주식이나 지분이 가장 많은 주주, 단독으로 또는 다른 주주등과의 계약에 따라 대표나 임원의 과반수를 선임한 주주, 해당법인 또는 단체의 대표자 중의 하나, 그러한 자가 없으면 (3) 해당법인이나 단체의 대표자에 대하여, 그 성명, 생년월일, 국적을 확인해야 한다. 법인이나 단체에 대한 실제소유자 확인에 대하여는 특정금융정보법 시행령 제10조의5 참조.

자인지 여부가 의심되는 등 자금세탁행위의 우려가 있는 경우에는 그에 추가하여 금융거래등의 목적과 자금의 원천 등 일정한 사항을 추가로 확인해야 한다.[18]

금융회사등은 고객을 궁극적으로 지배, 통제하는 자연인(실제소유자)이 누구인지를 신뢰성 있고 독립적인 정보와 자료 등을 이용하여 확인, 검증하기 위하여 합리적인 조치를 취해야 한다.[19]

제3절 거래 모니터링

금융회사등은 고객의 정보와 고객의 거래이력의 비교 및 검토, 과거 자금세탁 사례를 정형화하여 이를 고객 거래정보와 비교 및 검토, 고객 거래정보에 대한 자금세탁 위험도 측정 및 거래내역 평가, 고객, 계좌 및 거래정보의 연계를 통한 금융거래 패턴 분석과 같은 거래모니터링을 통해서 비정상적인 거래행위나 유형을 식별하는 절차를 마련해야 한다. 그리고 이를 위하여 담당직원의 지정, 분석 대상인 고객 정보에 대한 지속적인 업데이트, 분석결과의 금융정보분석원에 대한 보고 등의 절차를 갖추고, 관련자료를 5년 이상 보존해야 한다.[20]

제4절 보고체계구축 및 자료보존

금융회사등은 불법의심거래, 고액현금거래를 보고하기 위하여 기업 내부간의 내부보고체계와 금융정보분석원에 대한 외부보고체계를 수립해야 하고, 고객확인기록, 금융거래기록, 불법의심거래 및 고액현금거래에 대한 보고서를 포함한 내부, 외부 보고서 및 관련자료를 5년 이상 보존해야 한다.[21]

---

18) 특정금융정보법 제5조의2 제1항.
19) 특정금융정보법 제5조의2 제1항 제2호.
20) 자금세탁방지 업무규정 제78조 내지 제80조.
21) 자금세탁방지 업무규정 제81조 내지 제87조.

제2장
ISO 37001 인증제도

각종 공업규격이나 서비스의 국제적인 표준화를 도모하고자 하는 대표적인 국제기구 중의 하나인 국제표준화기구(International Organization for Standardization, ISO)는 2016. 1. 기업들이 반부패 컴플라이언스 시스템을 갖추기 위하여 고려할 사항들을 ISO 37001이라는 번호의 표준으로 제정하였고,[22] 한국 산업표준심의회는 2017. 11. 이를 한국산업표준으로 받아들였다.[23]

제1절 인증 절차

ISO 인증이란 조직의 경영시스템이 ISO 표준에 적합한지를 인증하는 제도로서, 민간의 자율적인 제도이다. 각국의 인정기구는 인증기관을 인정, 관리, 감독하고, 인증기관은 개별 기업들을 평가하여 인증을 해주는 구조이다.[24] 우리나라의 ISO 경영시스템 인증제도를 관장하는 정부기관은 산업통상자원부와 국가기술표준원이고, 우리나라의

---

22) 공식 명칭은 ISO 37001, Anti-bribery management system Requirements with guidance for use이다. ISO 37001은 영국표준화기구(BSI)가 2011년 제정한 기준인 뇌물방지경영시스템(BS 10500)의 영향을 받았는데, 영국에서는 UK Bribery Act가 뇌물죄를 강력하게 처벌하면서도 기업이 뇌물제공을 예방하기 위한 적절한 절차를 수립, 실행했다는 사실을 입증하면 면책을 해주는 조항을 두고 있었기 때문에 영국의 기업들은 뇌물제공을 예방하기 위하여 시스템적으로 취해야 할 구체적인 기준이나 요건을 요구했다고 한다(장대현, 부패방지의 솔루션 ISO 37001, 35면).
23) 공식 명칭은 'KS A ISO 37001, 부패방지경영시스템 요구사항 및 사용지침'이다. 편의상 ISO 37001이라고 칭하는 경우가 많고 이 책에서도 이 용어를 사용한다.
24) 장대현, 위의 책, 81면. 한국인정지원센터 홈페이지의 '인증기관 현황'에 따르면, 현재 한국인정지원센터로부터 ISO 37001인증 자격을 부여받은 국내의 인증기관은 약 14개인 것으로 보인다.

인정기구는 재단법인 한국인정지원센터(Korean Accreditation Board, KAB)이다.

인증 절차는 보통 (i) 기업의 인증기관 선택 및 인증신청, (ii) 기업과 인증기관과 계약 체결, (iii) 인증기관의 기업에 대한 심사계획통보, (iv) 1단계 심사, (v) 2단계 현장심사, (vi) 인증여부 결정, (vii) 인증서 발행 순서로 이루어진다. 1단계 심사 이전에 인증 준비사항에 대한 점검을 위하여 예비심사를 하는 경우도 있다고 한다. 1단계 심사는 신청 기업의 경영시스템을 문서화한 정보를 검토하고, 사업장 상태를 평가하며, 2단계 심사를 위한 준비상태를 점검한다. 2단계 심사는 신청 기업의 경영시스템에 대한 실행 및 그 효과를 평가하는 단계이다. 심사과정에서 부적합사항이 발견되면 그에 대한 시정조치를 취하고 이를 평가한 후에 인증여부를 결정하는 경우도 있는 것으로 보인다.[25]

인증 이후에는 최소 연 1회 이상의 정기 사후관리 심사를 받고, 매 3년마다 갱신 인증을 위한 심사를 받게 된다.

제2절 주요 내용

ISO 37001 규정은 인증을 받기 위해 필요한 명시적인 의무를 규정한 '요구사항'과 요구사항의 세부내용을 설명하는 '부속서'로 나뉜다. 요구사항의 주요 내용은 아래와 같다.

1. 기업의 상황

기업은 규모, 비즈니스 모델, 의사결정 구조, 거래업체 등 기업의 상황, 정기적으로 부패리스크[26]를 평가한 결과 등을 고려하여 부패방지경영시스템을 달성하기 위한 중요 이슈나 그 적용범위 등을 정해야 한다. 기업은 이를 문서화하여 합리적이고 비례적인[27] 방법으로 실행하고, 지속적으로 검토, 개선해야 한다.[28]

---

25) 장대현, 위의 책, 115면.
26) 부패리스크의 평가방식은 기업의 재량이다. 기업은 상, 중, 하와 같은 등급으로 이를 평가할 수 있을 것이다. 여러 지역에서 분화되어 운영되는 대규모 기업은 소수인원이 중앙집중적으로 관리되는 기업보다 부패리스크가 클 것이다. 기업을 대신하여 대리인, 중개인, 컨설턴트가 관공서와 접촉하는 경우에는 부패리스크가 더 클 것이다(ISO 37001 부속서 A.4).
27) 부패방지를 위하여 기업이 감당할 수 없을 정도의 수단까지 동원할 필요는 없다. 그러나 다층의 관리자와 많은 임직원을 보유한 거대기업은 소규모 기업보다, 부패리스크가 높은 국가

2. 리더십

기업의 지배기구는 부패방지에 대한 방침을 승인하고, 적용의 일관성을 보장하고, 부패방지를 위해 충분한 인력과 자원이 할당되도록 하고, 부패방지경영시스템의 운영에 대한 정보를 주기적으로 보고받아 검토하고, 최고경영자가 부패방지경영시스템의 실행 및 그 효과를 합리적으로 감독하도록 해야 한다.[29]

최고경영자는 부패방지경영시스템을 수립, 실행, 유지, 검토하고, 이를 위해 충분한 자원을 배치, 지휘하며, 부패방지방침과 그 중요성을 기업 내·외부에 알리고, 기업 내부의 부패방지문화를 촉진시켜야 한다. 최고경영자는 부패의 예방, 탐지가 각 관리자의 책임범위에 포함되도록 하고, 부패방지 노력이 사업상 손실을 초래하더라도 어떠한 불이익을 받지 않음을 보장하고, 이러한 사항을 주기적으로 지배기구에 보고해야 한다.[30]

부패방지방침은 기업 목적에 부합하게 부패를 금지하고, 부패방지법령을 준수하도록 하며, 부패에 대한 문제 제기나 신고를 권장하고, 그로 인해 불이익을 받을 우려를 없애고, 부패방지 책임자의 권한과 독립성을 보장하고, 부패방지방침 위반의 결과를 설명하며, 부패방지 목표의 수립, 검토, 달성을 위한 틀과 그에 대한 지속적인 개선방안을 포함해야 한다. 부패방지방침은 문서화된 정보로 이용할 수 있어야 하고, 기업 내부 및 부패리스크가 중간 이상인 비즈니스 관련자[31]에 통보되어야 한다.[32]

최고경영자는 부패방지경영시스템의 실행을 위한 책임이 조직 내에 부여되고 잘 알려지도록 해야 하고, 모든 계층의 관리자들은 해당 부서 내에서 부패방지경영시스템이 적용되도록 하여야 한다. 최고경영자는 부패방지책임자에게 충분한 자원, 권한, 인력을 제공해야 한다. 최고경영자는 부패방지책임자로 하여금 부패방지경영시스템이 설계되고 실행되는지를 감독하도록 하고, 기업의 임직원들에게 관련된 이슈에 대한 조언과 지침을 제공하도록 하고, 지배기구, 최고경영자, 기타 경영진에게 부패방지경영시스

에서 활동하는 기업은 그렇지 않은 기업보다, 더 상세한 부패방지경영시스템을 갖추어야 한다(ISO 37001 부속서 A.3).

28) ISO 37001 4.1, 4.3, 4.4, 4.5.

29) ISO 37001 5.1.1.

30) ISO 37001 5.1.2.

31) 비즈니스관련자(business associates)란 클라이언트, 고객, 합작벤처, 합작벤처 파트너, 제휴 파트너, 외주 공급자, 계약자, 컨설턴트, 협력업체, 공급자, 유통업자, 자문, 에이전트, 배급업자, 대리인, 투자자등을 포함하나 이에 한정되지 않는다(ISO 37001 3.26).

32) ISO 37001 5.2.

템의 성과를 보고하도록 해야 한다.[33]

3. 기획

기업은 부패방지방침과의 일관성, 기업의 상황, 부패리스크, 측정 가능성, 달성 가능성, 모니터링 가능성 등을 고려하여 부패방지를 위한 목표를 수립하고, 이를 기업 내부에 알리고 갱신해야 한다. 기업은 달성대상, 필요한 자원, 달성의 시기, 결과에 대한 평가 및 보고방법, 제재 또는 처벌 대상인 인원 등을 고려하여 목표 달성의 방법을 기획해야 한다.[34]

기업은 기업의 상황, 부패리스크, 부패방지경영시스템의 효과적인 모니터링과 지속적인 개선, 부패방지경영시스템으로 인한 부작용의 예방 등을 고려하여, 부패방지경영시스템의 프로세스와 실행 및 평가 방법에 대해 기획해야 한다.[35]

4. 지원

기업은 부패방지를 담당하는 임직원들에게 필요한 자질과 역량을 결정하고, 그러한 자질과 역량을 갖출 수 있도록 조치를 취하고, 이를 평가해야 하며, 그에 대한 문서화된 정보를 보유해야 한다.[36]

기업은 임직원들을 채용할 때 부패방지방침과 부패방지경영시스템을 준수할 것을 요구하고, 이를 미준수할 때 징계할 수 있도록 권한과 절차를 규정해야 하며, 임직원들에게 부패방지방침을 제공하고, 그에 대한 교육을 실시하며, 임직원들이 부패방지방침을 준수하거나 부패행위를 신고한 것으로 인해 괴롭힘 등 어떠한 형태의 불이익도 받지 않도록 보장해야 한다. 또한 기업의 성과목표나 임직원에 대한 성과보상체계가 부패를 조장할 우려가 있는지 주기적으로 검토해야 한다.[37]

---

33) ISO 37001 5.
34) ISO 37001 6.1.
35) ISO 37001 6.1.
36) ISO 37001 7.2.
37) ISO 37001 7.2. 부패방지방침과 부패방지경영시스템을 준수하는 인원에 대한 인센티브로 인사평가, 승진, 보너스 기타 보상을 제공할 수 있다. 영업실적 달성 등을 위해 부패방지경영시스템을 위반하는 것은 허용되지 않는다는 점을 임직원에게 인식시켜야 한다(ISO 37001 부속서 A.8.2).

임직원에 대한 부패방지 교육은 임직원별 역할과 부패리스크에 맞게 정기적으로 이루어져야 하고, 기업의 부패방지방침과 부패방지경영시스템의 준수 의무, 부패로 인해 기업과 임직원에게 초래되는 피해, 부패리스크가 발생하는 상황과 이를 파악하는 방법, 부패를 예방 또는 회피할 수 있는 방법, 부패방지의 성과나 부패행위 신고의 이점, 부패의혹을 보고할 수 있는 방법, 임직원이 이용할 수 있는 교육서비스 및 자원 등을 포함해야 한다.[38]

기업은 부패방지경영시스템과 관련된 의사소통의 내용, 시기, 대상, 방법, 담당자, 사용언어 등을 포함하는 내·외부 의사소통방식을 결정하고, 부패방지방침이 모든 임직원과 비즈니스 관련자에게 공지되도록 해야 한다. 언제 누구에게 부패방지 교육훈련을 실시하였는지 문서화하여 보관하고, 부패리스크가 중간 이상인 비즈니스 관련자에 대하여도 교육훈련을 해야 한다.[39]

기업은 부패방지경영시스템 운영의 효과를 증진하기 위하여 문서화가 필요한 정보의 범위 및 문서화의 정도를 결정하고, 그에 따라 문서화를 해야 한다. 문서화된 정보는 필요한 시기, 장소에 사용가능하도록 적절히 관리되어야 한다.[40]

5. 운용

기업은 부패방지경영시스템에 대하여 기획한 내용을 실행하기 위하여 부패방지경영시스템의 프로세스를 계획, 실행, 검토, 관리해야 한다. 중간 이상의 부패리스크가 있는 활동, 거래, 비즈니스 관련자, 임직원군에 대하여는 정기적인 실사(due diligence) 등을 통해 충분한 정보를 확보하여 관련된 부패리스크의 본질과 범위를 평가해야 한다.[41] 기업은 부패리스크를 통제하기 위하여 재무적 관리[42]를 해야 하고, 조달, 운용,

---

38) ISO 37001 7.3.
39) ISO 37001 7.3.
40) ISO 37001 7.5. 문서화할 정보에는 임직원들에게 부패방지방침이 제공되었다는 것, 중간 이상의 부패리스크를 야기하는 비즈니스 관련자들에게 부패방지방침이 제공되었다는 것, 부패방지경영시스템의 방침, 절차, 관리방법, 부패리스크 평가결과, 부패방지 교육훈련을 제공하였다는 것, 실사(due dilligence) 결과, 부패방지경영시스템 실행을 위해서 취한 조치, 주고받은 선물, 접대, 기부 등에 대한 승인 및 기록, 부패방지경영시스템의 약점, 부패의심 사건, 부패의혹 신고에 대한 조치와 그 결과, 기업이나 제3자가 수행한 모니터링, 조사, 심사의 결과 등이 포함될 수 있다(ISO 37001, 부속서 A.17).
41) ISO 37001 8.1, 8.2.
42) 재무적 관리는 거래를 정확, 완전하게 적시에 기록하기 위한 프로세스이다. 동일한 인원이

영업, 인적자원, 법규 및 규제대응 등의 분야에 대하여는 비재무적 관리[43]도 해야 한다.[44]

기업이 통제하는 조직, 비즈니스 관련자에 대하여는 기업의 부패방지경영시스템 또는 그 조직, 비즈니스 관련자의 자체 부패방지경영시스템 중 하나를 실행하도록 해야 한다. 비즈니스 관련자가 중간 이상의 부패리스크가 있으나 기업이 비즈니스 관련자를 통제하지 못하는 경우, 기업은 그 비즈니스 관련자가 부패방지 관리수단을 보유하고 있는지 확인해야 한다. 그 비즈니스 관련자가 부패방지 관리수단을 보유하고 있는지 확인할 수 없는 경우에는, 그 비즈니스 관련자에게 관련 거래에 대하여 부패방지 관리수단을 실행할 것을 요구해야 한다. 그러한 요구를 할 수 없는 경우에는, 그 비즈니스 관련자와의 관계에 대한 부패리스크와 기업이 그 리스크를 관리하는 방법을 평가할때 이러한 사정을 고려해야 한다.[45]

기업은 선물, 접대, 기부, 편익 등의 제공이나 수령을 방지하기 위한 조치를 해야 한다. 기업은 중간 이상의 부패리스크가 있는 거래처, 협력업체로 하여금 그들의 부패방지 의지를 표명하도록 하고, 거래처, 협력업체와 관련한 부패가 발생하면 그들과의 거래를 종결할 수 있도록 해야 한다.[46] 기업이 실사를 한 결과 특정한 거래, 활동, 프로젝트 또는 특정 비즈니스 관련자에게 부패리스크가 존재하지만 기업이 이를 적절히 관리할 수 없다면, 기업은 그 거래, 활동, 프로젝트 또는 비즈니스 관련자와의 관계를 신속하게 정지, 보류 또는 종결해야 한다.[47]

지출계획의 수립과 승인을 모두 할 수 없도록 직무를 분리하는 것, 지출 승인권한에 대한 계층화(큰 거래일수록 더 상급자가 승인), 지출 승인시 적절한 증빙을 요구하거나 최소한 2명의 서명을 요구하는 것, 현금 사용을 제한하는 것, 회계상 지출 계정과목과 설명이 정확하고 명료하도록 요구하는것, 중요한 재무적 거래에 대해 주기적으로 경영진이 검토하는 것, 주기적이고 독립적인 재무감사를 실시하고 감사수행 담당자나 조직을 규칙적으로 변경하는 것 등이 재무적 관리방법에 포함될 수 있다(ISO 37001 부속서 A.11).

43) 비재무적 관리에는 비즈니스 관련자를 선정하기 전에 사전 자격검토 프로세스를 거치거나 경쟁입찰절차를 거칠 것, 비즈니스 관련자가 제공하는 서비스의 필요성, 합법성, 서비스의 적절한 수행여부를 평가하는 것, 비즈니스 관련자에게 지불되는 모든 비용이 합리적이고 비례적인지를 평가하는 것(비즈니스 관련자에게 많은 수수료나 성공사례금을 제공하는 경우, 그 일부가 부당하게 공직자등에게 제공될 수 있음), 계약을 요청하는 부서와 이를 승인하는 부서를 달리 하거나 계약의 변경, 제품 검수 과정에 최소한 2인 이상의 서명을 요구하는 것 등이 포함될 수 있다(ISO 37001 부속서 A.12).

44) ISO 37001 8.3.

45) ISO 37001 8.5.

46) ISO 37001 8.6.

47) ISO 37001 8.8.

기업은 임직원에게 부패방지지침 위반행위를 신고하도록 장려하고, 익명 신고를 허용하며, 신고와 관련된 자들의 신원을 보호하고, 신고에 대한 보복을 금지하며, 임직원들이 부패방지지침에 대한 적절한 조언을 받을 수 있도록 하여야 한다. 또한 임직원들이 신고절차를 충분히 인지하고 이를 이용할 수 있도록 해야 한다.[48]

부패 의혹이 있거나 신고가 접수된 경우, 기업은 그에 대한 조사와 평가를 하고 그 결과에 따라 적절한 조치를 해야 한다. 조사자들에게 조사권한을 부여하고, 피조사자들에게 조사협조를 요구하며, 조사결과가 보고되고 조사에 대한 비밀이 유지되도록 해야 한다.[49]

6. 성과평가

기업은 부패방지경영시스템의 효율성을 평가하기 위하여 모니터링의 대상, 주기, 방법, 책임자, 보고 방법을 결정해야 한다. 모니터링의 내용과 결과는 적절히 문서화하여 보유해야 한다.[50]

기업은 부패방지경영시스템이 효과적으로 실행되는지를 파악하기 위해 주기적으로 내부심사를 수행하고, 이를 위해서 내부심사의 주기, 방법, 책임, 보고 방법 등을 규정하며, 독립되고 공정한 심사원을 선정해야 한다. 심사결과는 부패방지책임자, 최고경영자 및 관련 지배기구에 보고되고, 문서화된 정보로 보유되어야 한다.[51]

부패방지책임자는 기업의 부패방지경영시스템이 부패리스크를 효과적이고 충분히 관리하고 있는지를 지속적으로 평가하고, 지배기구, 최고경영자 또는 그 하부 위원회에 정기적으로 이를 보고해야 한다.[52]

최고경영자는 부패방지경영시스템과 관련된 내·외부 환경의 변화, 부패방지경영시스템에 대한 모니터링 및 심사결과, 부적합 사항과 시정조치, 조사내용, 개선의 가능성 등을 포함하여 기업의 부패방지경영시스템을 주기적으로 검토하고 검토결과를 지배기구에 보고해야 한다. 지배기구는 이러한 보고를 주기적으로 검토하고, 그 결과를 문서화된 정보로 보유해야 한다.[53]

---

48) ISO 37001 8.9.
49) ISO 37001 8.10.
50) ISO 37001 9.1.
51) ISO 37001 9.2.
52) ISO 37001 9.4.
53) ISO 37001 9.3.

7. 개선

부패방지방침에 부적합한 사항이 발견되는 경우 즉시 시정조치하고, 그 원인을 파악하여 유사한 사례가 발생할 수 있다면 필요한 모든 조치를 취해야 하며, 필요시 부패방지경영시스템을 변경해야 한다. 그 결과는 문서화된 정보로 보유해야 한다.[54]

---

54) ISO 37001 10.2.

제3장
내부조사와 개인정보보호

　기업이 반부패 법규를 포함한 각종 규제법령의 준수 여부를 확인하기 위한 내부조사 과정에서 임직원의 이메일·컴퓨터·핸드폰·전자파일 등을 열람·검색·분석할 필요성이 증대하고 있다. FCPA나 UK Bribery Act의 적용을 받는 다국적기업들이 한국지사 또는 한국 영업소의 업무와 관련하여 내부조사를 하는 경우도 있다. 그런데 이러한 전자적 저장수단이나 기기에는 임직원의 '개인정보' 또는 '비밀'이 포함되어 있을 수 있기 때문에 기업이 이를 열람·검색·분석하기 위해 어떤 절차가 필요한지 문제된다. 이와 관련하여 형법, 정보통신망 이용촉진 및 정보보호 등에 관한 법률(이하 이 책에서 '정보통신망법'), 통신비밀보호법, 개인정보보호법(이하 이 책에서 '개인정보법') 등이 주로 문제된다.

제1절　관련 법령

1. 관련 법령

　첫째, 비밀번호·패스워드가 설정되어 있는 저장장치에 본인의 허락없이 비밀번호 등을 입력하여 저장된 정보를 확인하는 행위는 형법상 비밀침해죄가 될 수 있다.[55]

　둘째, 정보통신망에 의하여 처리·보관·전송되는 비밀을 본인의 허락없이 확인하는

---

55) 형법 제316조(비밀침해) ① 봉함 기타 비밀장치한 사람의 편지, 문서 또는 도화를 개봉한 자는 3년 이하의 징역이나 금고 또는 300만원 이하의 벌금에 처한다. ② 봉함 기타 비밀장치한 사람의 편지, 문서, 도화 또는 전자기록등 특수매체기록을 기술적 수단을 이용하여 그 내용을 알아낸 자도 제1항의 형과 같다.
　따라서 위 죄는 해당정보가 '비밀'이거나 '개인정보'일 것을 요건으로 하지는 않는다.

행위는 정보통신망법상 비밀침해죄가 될 수 있다.[56] 정보통신망법에서 '비밀'이란 '일반적으로 알려지지 않은 사실로서 이를 다른 사람에게 알리지 않는 것이 본인에게 이익이 있는 것'을 의미한다.[57]

셋째, 통신비밀보호법이 요구하는 일정한 요건을 갖추지 아니한 채 공개되지 아니한 타인간의 대화를 녹음, 청취하거나 전기통신에 대하여 감청[58]하는 것은 통신비밀보호법위반이 된다.[59] 판례는, 2자간 대화 또는 전화통화의 일방 당사자가 상대방의 동의를 받지 않고 이를 녹음하는 것은 통신비밀보호법 제3조 제1항 위반이 아니라는 입장이다. 다만 제3자가 관여된 경우에는 이를 녹음하는 것은 설사 대화 또는 전화통화의 일방 당사자의 동의를 받았더라도 나머지 한 당사자의 동의까지 받지 아니한 이상 동법 위반이라는 입장이다.[60]

넷째, 개인정보처리자가 개인정보를 처리(수집 · 검색 · 제공 등)하려면 원칙적으로 정보주체의 동의를 받아야 한다. '개인정보'란 살아 있는 개인에 관한 정보로서 성명 · 주

---

56) 정보통신망법 제49조(비밀 등의 보호) 누구든지 정보통신망에 의하여 처리 · 보관 또는 전송되는 타인의 정보를 훼손하거나 타인의 비밀을 침해 · 도용 또는 누설하여서는 아니 된다. "정보통신망법 제49조 위반행위의 객체인 '정보통신망에 의해 처리 · 보관 또는 전송되는 타인의 비밀'에는 정보통신망으로 실시간 처리 · 전송 중인 비밀, 나아가 정보통신망으로 처리 · 전송이 완료되어 원격지 서버에 저장 · 보관된 것으로 통신기능을 이용한 처리 · 전송을 거쳐야만 열람 · 검색이 가능한 비밀이 포함됨은 당연하다. 그러나 이에 한정되는 것은 아니다. 정보통신망으로 처리 · 전송이 완료된 다음 사용자의 개인용 컴퓨터(PC)에 저장 · 보관되어 있더라도, 그 처리 · 전송과 저장 · 보관이 서로 밀접하게 연계됨으로써 정보통신망과 관련된 컴퓨터 프로그램을 활용해서만 열람 · 검색이 가능한 경우 등 정보통신체제 내에서 저장 · 보관 중인 것으로 볼 수 있는 비밀도 여기서 말하는 '타인의 비밀'에 포함된다고 보아야 한다. 이러한 결론은 정보통신망법 제49조의 문언, 정보통신망법상 정보통신망의 개념, 구성요소와 기능, 정보통신망법의 입법목적 등에 비추어 도출할 수 있다." (대판 2018. 12. 27. 2017도15226)

57) 대판 2006. 3. 24. 2005도7309. 한편 공무상비밀누설죄에 대한 것이기는 하나, 판례는 '비밀'이 되기 위해서는 외부에 알려지지 않는 것에 대한 비밀주체의 주관적 이익 외에 실질적으로 그것이 비밀로서 보호할 가치가 있다고 인정할 수 있는 것이어야 한다는 입장이다(대판 1996. 5. 10. 95도780; 대판 2003. 12. 26. 2002도7339).

58) 감청이란 전기통신에 대하여 당사자의 동의없이 기계장치등을 사용하여 통신의 음향, 문헌, 영상 등을 청취, 공독하여 그 내용을 지득 또는 채록하거나 전기통신의 송수신을 방해하는 것이다(통신비밀보호법 제2조 제7호).

59) 통신비밀보호법 제3조(통신 및 대화비밀의 보호) ① 누구든지 이 법과 형사소송법 또는 군사법원법의 규정에 의하지 아니하고는 우편물의 검열 · 전기통신의 감청 또는 통신사실확인자료의 제공을 하거나 공개되지 아니한 타인간의 대화를 녹음 또는 청취하지 못한다. 다만, 다음 각호의 경우에는 당해 법률이 정하는 바에 의한다 (이하 생략)

60) 대판 2002. 10. 8. 2002도123 등.

민등록번호·영상 등을 통하여 개인을 알아볼 수 있는 정보이다.[61] '개인정보처리자'란 업무를 목적으로[62] 개인정보파일[63]을 운용하기 위하여 스스로 또는 다른 사람을 통하여 개인정보를 처리하는 법인·단체·개인 등이다.

기업은 정보·비밀의 주체인 임직원의 동의가 있으면 형법, 정보통신망법, 통신비밀보호법, 개인정보법을 위반하지 않고 임직원의 정보를 열람·검색·분석할 수 있다.[64] 그러나 기업의 내부조사는 신속하고 충분한 사실·증거의 확인, 자료의 멸실 방지, 사업상의 필요, 제보자나 관련자 보호 등으로 인하여 임직원들의 동의 없이 비밀리에 진행될 필요가 있을 수 있고, 조사대상 임직원으로부터 그들이 소지하고 있는 이메일·컴퓨터·핸드폰·전자파일 등을 열람·검색하는 것에 대한 동의를 득하기 어려운 경우

---

61) 해당 정보만으로는 특정 개인을 알아볼 수 없더라도 다른 정보와 쉽게 결합하여 알아볼 수 있는 것을 포함한다(개인정보법 제2조 제1호). 여기서 '정보'란 모든 종류와 형태의 정보를 포함한다. 특정 개인의 신장·나이 등 객관적 사실에 대한 정보와 직장에서의 평가·신용도 등 주관적인 정보를 포함하고, 반드시 사실일 필요가 없으며, 심지어 허위의 정보라도 특정한 개인과 관련성을 가지면 개인정보가 될 수 있다. 의사가 아동에 대한 심리치료 진료기록을 작성하면서 아동의 부모 행태를 기록하였다면 이는 아동과 부모 모두의 개인정보가 되고, SNS에 단체사진을 올린다면 이는 사진에 있는 인물 모두에 대한 개인정보가 될 수 있다. 개인정보의 주체는 자연인이어야 하며, 법인 또는 단체에 관한 정보는 개인정보에 해당하지 않으나, 법인 또는 단체에 관한 정보이면서 동시에 개인에 관한 정보인 대표자를 포함한 임원진과 업무 담당자의 이름·주민등록번호·자택주소 및 개인 연락처, 사진 등 그 자체로 개인을 식별할 수 있는 정보는 개별 상황에 따라 법인 등의 정보에 그치지 않고 개인정보로 취급될 수 있다. 개인정보보호위원회, 개인정보보호법령 및 지침고시해설서(이하 '개인정보 해설서'), 2020. 12. 10면.

62) '업무'란 직업상 또는 사회생활상의 지위에 기하여 계속적으로 종사하는 사무나 사업을 의미한다. 사적 친분관계를 위하여 혹은 지인들에게 모임을 안내하기 위하여 휴대폰에 연락처·이메일을 저장하는 것은 '업무를 목적으로' 한 것이 아니므로 이러한 정보를 저장하는 자를 '개인정보 처리자'라 할 수 없다(개인정보보호위원회, 개인정보 해설서, 18면).

63) '개인정보파일'이란 개인정보를 쉽게 검색할 수 있도록 일정한 규칙에 따라 체계적으로 배열하거나 구성한 집합물을 말한다(개인정보법 제2조 제4호). 이름이나 ID등으로 쉽게 검색할 수 있도록 색인이 되어 있는 한 데이터베이스 뿐만 아니라 수기(手記) 자료도 포함된다. 다만 체계적으로 배열·검색할 수 있도록 구성되어 있지 않은 경우에는 개인정보파일에 해당하지 않을 수 있다(개인정보 해설서, 17면). 기업은 임직원에 대한 업무지시·감독·급여지급·인사·납세 등을 위하여 임직원의 성명·주민번호·급여 등을 검색할 수 있도록 관리하는 경우가 일반적일 것이므로, 기업은 통상적으로 소속 임직원의 개인정보와 관련하여 개인정보처리자라고 해석될 것으로 보인다.

64) 형법상 비밀침해죄에서는 본인의 허락이 있으면 범죄구성요건 자체에 해당하지 않는다는 것이 다수설이고(한국사법행정학회, 주석형법 제5판, 각칙5, 2017, 121면), 정보통신망법 위반죄에서는 본인의 의사에 반하여 제출되었기 때문에 동죄가 성립한다는 것을 판시 이유의 하나로 삼은 판례가 있다(대판 2007. 6. 28. 2006도6389).

도 있다. 따라서 어떤 경우에 동의가 필요·불필요하고, 어떤 방식으로 동의를 받아야 하는지가 실무상 자주 문제된다.[65]

2. 개인정보 수집, 이용의 예외 사유

다른 법령들과는 달리, 개인정보법 제15조는 정보주체의 동의가 없더라도 개인정보를 수집하고 이용할 수 있는 예외사유들을 명시하고 있다. 아래와 같다.

(1) 법률에 특별한 규정이 있거나 법령상 의무를 준수하기 위하여 불가피한 경우: '법률에서 개인정보를 수집·이용할 수 있음을 구체적으로 명시하거나 허용하고 있는 경우', '법령에서 개인정보처리자에게 구체적인 의무를 부과하고 있고 개인정보를 수집·이용하지 않고는 그 의무를 이행하는 것이 불가능하거나 현저히 곤란한 경우'가 이에 해당한다.[66] 전자에는 보험금지급청구를 받은 보험회사가 보험업법에 따라 의료기관으로부터 진료기록을 받는 경우 등이 해당하고, 후자에는 청소년보호법 등 각종 법령에서 부가하는 본인확인·연령확인 의무를 이행하기 위한 경우 등이 해당한다.[67] 법령상 의무를 준수하기 위해서 불가피한 경우에서의 '법령'에는 법률뿐만 아니라 시행령이나 시행규칙도 포함한다.[68]

(2) 정보주체와의 계약체결 및 이행을 위하여 불가피하게 필요한 경우: 물건의 배송이나 서비스의 이행과 같은 계약상 의무를 위하여 필요한 경우, 사용자가 근로자에게 임금지급이나 복지제공 등 근로계약을 이행하기 위하여 필요한 경우 등이 이에 해당한다.[69]

---

65) 개인정보법은 기업이 소비자들을 상대로, 혹은 국가기관이 국민을 상대로 개인정보를 수집·처리하는 것을 상정한 것이고, 기업과 소속 임직원 사이의 개인정보 수집·처리관계를 상정한 것으로 보이지는 않는다. 참고로, 근로계약상의 의무를 부담하고 있는 근로자들이 보유하는 자기정보통제권은 일반 국민이 공공기관에 대해 갖는 자기정보통제권보다 제한적이라고 판시한 하급심(대전지법 2007. 6. 15. 2007카합527 결정)이 있는 반면, 근로관계에서 근로자는 사용자보다 약자의 지위에 있으므로 근로자의 개인정보는 더욱 보호될 필요가 있다는 견해(개인정보보호위원회, 개인정보 해설서, 89면)도 있다.
66) 개인정보보호위원회, 표준 개인정보 보호지침(이하 '표준지침') 제6조 제2항 제2호, 제3호.
67) 개인정보보호위원회, 개인정보 해설서, 87면.
68) 개인정보보호위원회, 개인정보 해설서, 86면
69) 개인정보보호위원회, 개인정보 해설서, 89면. 근로자와 사용자가 근로계약을 체결하는 경우 근로기준법에 따른 임금지급, 교육, 증명서 발급, 근로자 복지제공을 위하여 근로자의 동의 없이 개인정보를 수집·이용할 수 있다(표준지침 제6조 제6항).

(3) 정보주체 또는 그 대리인이 의사표시를 할 수 없는 상태에 있거나 주소불명 등으로 사전 동의를 받을 수 없는 경우로서 명백히 정보주체 또는 제3자의 급박한 생명·신체·재산의 이익을 위하여 필요한 경우: 제3자에게는 명백히 이익이 되지만 정보주체에게는 손해가 되는 경우에는, 제3자의 이익이 정보주체의 이익보다 월등한 경우만 이에 해당한다.[70] '급박한 이익'이란 조난·홍수·화재·상해·질병 등으로 위험에 처한 사람을 구조하기 위하여 연락처·위치정보 등을 수집하는 경우, 전화사기(보이스피싱) 의심이 있을 때 은행이 자금이체를 정지시키고 고객에게 사실 확인을 하려는 경우 등이다.[71] 당해 사유가 해소된 때에는 개인정보 처리를 즉시 중단해야 하고, 정보주체에게 개인정보 수집·이용·제공사실과 그 사유·내역을 알려야 한다.[72]

(4) 개인정보처리자의 정당한 이익을 달성하기 위하여 필요한 경우로서 명백히 정보주체의 권리보다 우선하는 경우: 사업자가 요금정산·채권추심 등을 위해서 고객의 서비스이용내역 등의 정보를 생성·관리하는 경우, 고객과의 분쟁에 대비하여 요금정산 내용·민원제기 내용 등을 수집·관리하는 경우, 도난방지·시설안전 등을 위해서 출입구, 복도 등에 CCTV를 설치하는 경우 등이다.[73] 다만, 개인정보처리자의 정당한 이익과 상당한 관련이 있고 합리적인 범위를 초과하지 아니하여야 하므로, 정보주체의 이익을 과도하게 침해하거나 다른 이익을 침범하지 않는 경우에 한한다.[74] 회사가 업무 효율성 및 영업비밀보호 등을 이유로 직원의 업무처리 내역·인터넷 접속내역을 모니터링하는 것은 정보주체의 권리보다 명백히 우선한다고 보기 어려우므로, 노사합의에 따라 처리하거나 직원에 대한 고지 또는 동의절차를 거치는 것이 바람직하다.[75]

개인정보처리자가 적법하게 개인정보를 수집한 이후에, 미리 공개된 정보처리방침에 따라 정보주체의 이익을 부당하게 침해하지 않는 범위에서 당초에 수집한 목적과 합리적으로 관련된 범위에서 안전성 확보를 위한 조치를 취한 후 이를 이용할 수 있는 예외규정도 있다.[76]

---

70) 개인정보보호위원회, 개인정보 해설서, 90면. 여기서 '제3자'는 정보주체를 제외한 모든 자를 말한다(표준지침 제6조 제2항 제6호).
71) 개인정보보호위원회, 개인정보 해설서, 91면.
72) 표준지침 제14조.
73) 개인정보보호위원회, 개인정보 해설서, 91~92면.
74) 표준지침 제6조 제2항 제7호, 개인정보보호위원회, 개인정보 해설서, 92면.
75) 개인정보보호위원회, 개인정보 해설서, 92면.
76) 개인정보법 제15조 제3항, 동법 시행령 제14조의2.

대법원은 컴퓨터관련 솔루션 개발업체의 대표이사가 직원이 회사의 이익을 빼돌린 다는 소문을 확인할 목적으로 직원이 사용하던 비밀번호가 설정된 개인용 컴퓨터의 하드디스크를 떼어낸 뒤 다른 컴퓨터에 연결하여 특정 단어로 파일 검색을 하여 직원의 메신저 대화내용과 이메일 등을 출력하여 확인한 것이 형법상 비밀침해죄인지에 문제된 사안에서, (1) 직원의 업무상배임 혐의가 구체적이고 합리적으로 의심되는 상황이었고 그럼에도 불구하고 직원이 이를 부인하고 있어 회사의 대표이사로서는 직원이 회사의 무형자산이나 거래처를 빼돌리고 있는지 긴급히 확인하고 이에 대처할 필요가 있었던 점, (2) 직원의 컴퓨터 하드디스크에 저장된 정보의 내용을 전부 열람한 것이 아니라 의심이 가는 단어로 검색되는 정보만을 열람함으로써 조사의 범위를 업무와 관련된 것으로 한정한 점, (3) 직원은 입사할 때에 회사 소유의 컴퓨터를 무단으로 사용하지 않고 업무와 관련된 결과물을 모두 회사에 귀속시키겠다고 약정하였고 위 컴퓨터에 직원의 혐의와 관련된 자료가 저장되어 있을 개연성이 컸던 점, (4) 검색 결과 회사의 고객들을 빼돌릴 목적으로 작성된 견적서, 계약서, 메신저 대화자료, 이메일 송신자료 등이 발견된 점, (5) 회사의 모든 업무가 컴퓨터로 처리되고 그 업무에 관한 정보가 컴퓨터에 보관되고 있는 현재의 사무환경 하에서 부하 직원의 회사에 대한 범죄 혐의가 드러나는 경우 감독자인 대표이사에 대하여는 회사의 유지·존속 및 손해방지 등을 위해서 그러한 정보에 대한 접근이 허용될 필요가 있는 점 등을 종합하면, 대표이사의 위 행위는 형법 제20조의 정당행위로 위법성이 조각된다고 판단하였다.[77]

위 판례는 개인정보법 시행 전의 사례이고 형법상 비밀침해죄 성립 여부에 대한 것이지만, 형법총칙 규정은 원칙적으로 다른 법령의 형사처벌 규정에도 적용된다는 점에서[78] 위 판례에서 제시한 정당행위의 요건들은 기업의 내부조사가 정보통신망법위반, 개인정보법위반에 해당하는지를 판단함에 있어서도 고려될 수 있을 것으로 보인다.

개인정보법에 따라 설치된 개인정보보호위원회는 개인정보보호에 관한 법령의 해석, 운용에 관한 사항 등에 대하여 심의, 의결을 한다.[79] 공공기관이 자체감사를 위하여 내부 전산서버에 저장되어 있는 임직원의 전화 및 이메일 송수신기록과 이메일 내용 및 그 첨부물을 정보주체인 임직원의 동의 없이 이용할 수 있는지에 대하여 개인정보

---

77) 대판 2009. 12. 24. 2007도6243.
78) 형법 제8조.
79) 개인정보법 제7조의9 제1항 제5호.

보호위원회는, 해당 송수신 기록은 개인정보법상 개인정보에 해당하고 이는 통신요금 정산, 이메일 송수신 서비스 제공, 전산시스템 보안 등의 목적으로 수집 저장한 것으로 볼 수 있으므로 이를 자체감사를 위해 사용하는 것은 개인정보의 목적외 이용에 해당한다고 판단하였다. 다만 공공감사에 관한 법률 제20조 등에서 감사기구의 장이 자체감사를 위하여 소속 공무원이나 직원에게 관계서류 등의 제출, 전산정보시스템에 입력된 자료의 조사 등을 행할 수 있고 그 소속 공무원이나 임직원은 정당한 사유가 없으면 이에 따라야 한다고 규정하고 있으므로 해당 공공기관은 자체감사에 필요한 최소한의 범위내에서 개인정보법 제18조 제2항 제2호에 의해 위 송수신기록과 이메일 등을 이용할 수 있다고 하였다.[80]

제3절 임직원에 대한 정보의 열람 · 검색 · 분석

업무용 컴퓨터 · 저장장치 · 서버에 저장되어 있으나 별도의 비밀번호 등이 설정되지 않은 정보는 형법상 비밀침해죄에서 말하는 '비밀장치'가 된 것이라 하기 어렵다.[81] 따라서 회사가 이를 열람 · 검색 · 분석하는 것을 형법상 비밀침해죄로 보기는 어려울 것이다.

기업의 업무와 관련된 정보이더라도 기업 전체에 대한 관계에서는 '비밀'일 수도 있을 것이다.[82] 비밀 주체인 임직원이 정당한 권한 내에서 비밀로 유지하기를 포기하거나 열람 · 검색 · 분석에 동의한 정보는 비밀로 볼 수 없을 것이므로, 회사가 이를 열람 · 검색 · 분석하더라도 정보통신망법 제49조 위반이라고 보기는 어려울 것이다.

회사와 임직원 간의 근로계약서에 "회사가 제공하는 이메일 등 통신수단이나 컴퓨터 등 전자기기 · 저장장치는 업무상 용도로만 사용할 것이고, 이를 통해 송수신 · 작성 ·

---

80) 개인정보보호위원회 2016. 7. 11. 결정 제2016－11－19호. 국회사무처는 제보나 신고 등으로 감사가 개시된 국회 소속 특정직원에 대한 감사업무를 수행하기 위하여 개인정보법 제18조 제2항 제5호에 의거하여 CCTV 영상정보, 청사출입기록, 차량출입기록을 이용할 수 있으나, CCTV 영상정보의 경우 감사업무와 관계없는 특정 개인은 알아볼 수 없도록 별도의 조치를 취해야 한다(개인정보보호위원회 2022. 10. 19. 심의의결 제2022－117－039호).
81) 다만 임직원이 기업에 알리지 않은 개인적인 비밀번호 등을 설정해 두었다면 임직원의 동의 없이 비밀번호 등을 파악하거나 이를 무력화하여 정보를 열람하는 것은 (정당행위 성립 여부를 별론으로) 형법상 비밀침해죄가 문제될 수 있다.
82) 업무와 관련된 이메일 · 파일이더라도 기업 내의 소수자에게만 공개될 것이 예정되거나 의도될 수 있기 때문이다.

저장되는 모든 정보를 회사에서 상시 열람·검색·분석하는 것에 동의한다"라는 문구가 있을 경우, 비밀주체인 임직원이 비밀로 유지하기를 포기하거나 열람·검색·분석에 동의한 것인지 문제된다. 비밀주체가 정보의 비밀성을 사전에 포기하는 것이 불가능하지는 않을 것이나, 그것이 유효한지 판단하기 위해서는 사전포기 약정의 내용이 얼마나 명시적·구체적으로 설명·동의되었는지, 회사가 열람·검색·분석한 정보가 어떤 내용인지, 열람·검색·분석을 허용함으로써 얻는 공익 내지 기업의 이익과 이를 금지함으로써 얻는 사생활 보호의 이익이 어떠한지 등을 종합적으로 고려하여 사안에 따라 판단할 수밖에 없을 것이다.[83]

임직원의 동의없이 임직원의 개인정보를 수집, 열람할 수 있는 요건이 충족되는지

---

[83] 참고로 대법원은, 고객에게 경품에 당첨될 수 있는 응모기회를 제공하면서 고객으로 하여금 응모권에 성명, 생년월일, 휴대전화번호, 자녀수 등을 기재하도록 하여 고객 개인정보를 취득한 후 이를 대가를 받고 보험회사등에 판매하였는데 해당 응모권에 개인정보가 제3자에게 제공될 수 있다는 고지를 매우 작은 글자로 기재한 사안(소위 '경품 응모권 1mm 글씨 고지' 사건)에서, 개인정보법을 위반하여 거짓 그 밖의 부정한 수단이나 방법으로 개인정보를 취득한 것이라고 판단하면서 "거짓이나 그 밖의 부정한 수단이나 방법으로 개인정보를 취득하거나 그 처리에 관한 동의를 받았는지를 판단할 때에는 개인정보처리자가 그에 관한 동의를 받는 행위 자체만을 분리하여 개별적으로 판단하여서는 안 되고, 개인정보처리자가 개인정보를 취득하거나 처리에 관한 동의를 받게 된 전 과정을 살펴보아 거기에서 드러난 개인정보 수집 등의 동기와 목적, 수집 목적과 수집 대상인 개인정보의 관련성, 수집 등을 위하여 사용한 구체적인 방법, 개인정보 보호법 등 관련 법령을 준수하였는지 및 취득한 개인정보의 내용과 규모, 특히 민감정보·고유식별정보 등의 포함 여부 등을 종합적으로 고려하여 사회통념에 따라 판단하여야 한다."고 하였다(대판 2017. 4. 7. 2016도13263).
판례는 자동차 매매에서 대금완납시까지 소유권을 매도인에게 유보하기로 하는 특약과 매매대금이 미납된 경우 매도인이 매수인으로부터 해당 차량을 수거해 갈 약정상 권한이 있다고 하더라도, 현실적으로 매도인이 차량을 취거해 갈 당시에 매수인이 차량에 대한 점유를 매도인에게 이전하는 것에 대하여 명시적·묵시적 동의를 하지 않았다면 이는 점유자인 매수인의 의사에 반하여 그 점유를 배제하는 행위로서 절도죄가 된다는 입장이다(대판 2010. 2. 25. 2009도5064). 판례는 당사자간의 약정이 강행법규에 위반할 때에도 그 효력을 인정하지 않는데, 예를 들면 사용자와 근로자가 매월 지급하는 월급등과 함께 퇴직금으로 일정한 금원을 미리 지급하기로 약정(퇴직금 분할 약정)하였더라도, 그 약정은 구 근로기준법 제34조 제3항 전문 소정의 퇴직금 중간정산으로 인정되는 경우가 아닌 한 최종퇴직 시 발생하는 퇴직금청구권을 근로자가 사전에 포기하는 것으로서 강행법규인 같은 법 제34조에 위배되어 무효라고 한다(대판 2010. 5. 20. 2007다90760). 근로자와 사용자 사이의 사회경제적 지위가 동등하지 않다는 점도 이러한 판단의 배경일 것으로 보이므로, 근로자가 회사를 상대로 개인정보 열람·검색·분석을 동의하는 내용으로 체결한 근로계약이 유효한지를 판단함에 있어서도 그러한 사정이 고려대상이 될 수 있을 것이다. 한편, 약관규제법에도 신의성실의 원칙에 위반하는 약정을 무효로 하는 규정(제6조) 등이 있으나, 근로기준법이 적용되는 계약에는 약관규제법의 적용이 배제된다(제30조 제1항).

불분명하지만 이를 확보할 급박한 필요가 있을 수 있다. 이 경우 일단 개인정보가 저장된 매체에 대해 열람이 불가능하도록 봉인 등의 조치를 취하고 이를 확보한 후, 추후 임직원에게 개인정보 수집, 열람에 대한 동의를 요청하거나 임직원 참석 하에 해당 봉인을 해제하고 열람, 검색을 시작하면서 해당 임직원에게 업무와 무관하거나 사적 정보에 해당하는 정보가 수집, 열람 대상에서 제외될 수 있는 최대한의 기회를 제공하는 방법을 고려해 볼 수 있을 것이다.

<h2>제4절   임직원이 소지하는 제3자 정보의 열람·검색·분석</h2>

기업의 임직원이 저장하고 있는 정보가 외부인에 대한 것일 때[84] 회사가 그 정보를 열람·검색하기 위하여 임직원뿐만 아니라 외부인의 동의도 받아야 하는지, 외부인의 동의가 없는 열람·검색은 위법인지 문제된다.

위 정보가 외부인이 정보주체(또는 피해자)로서 '비밀장치'한 전자기록에 해당하는 경우를 상정하기는 힘들므로 외부인의 동의가 없다고 하여 외부인을 피해자로 하는 형법상 비밀침해죄가 된다고 하기는 어려울 것이다.

위 정보가 정통망법상 기업 임직원의 '비밀'임과 동시에 외부인의 '비밀'일 수 있다. 이 경우 정보의 생성자 또는 보관자이거나 정보의 수·발신자 중 일방 당사자인 임직원의 동의를 얻어 취득하면 족한지 아니면, 외부인의 동의까지 받아야 하는지 문제될 수 있다. 전자의 견해를 취하는 경우, 일방 당사자인 임직원의 동의를 받았다면 정통망법 제49조를 위반하여 타방 당사자인 외부인의 비밀을 침해했다고 보기는 어려울 것이다.[85]

---

84) 예를 들어 기업의 임직원이 외부인(거래처 담당자)에게 접대나 선물을 한 사실과 그 거래처 담당자의 인적사항이 기업 임직원의 이메일·핸드폰에 저장된 경우이다.

85) 타방 당사자인 외부인의 동의까지 받아야 기업이 그 정보를 열람·검색·분석할 수 있다고 해석할 수도 있겠으나, 그 경우 기업이 내부조사를 통해 외부인과 관련된 정보를 취득하는 것은 사실상 불가능해질 수도 있다. 참고로, 통신비밀보호법 제3조 제1항, 제14조 제1항은 공개되지 아니한 '타인간의 대화'를 녹음·청취하는 것을 금지한다. 따라서 '대화자 간의 대화'를 대화자 중 일방이 녹음하는 것은 위 법에 따라 금지되는 것이 아니고 달리 이를 제한하는 규정도 없다. 통신비밀보호법 14조 제2항에 의하면, 위 규정에 위반한 녹음·청취물은 재판이나 징계절차에서 증거로 사용할 수 없고(통신비밀보호법 제14조 제2항, 제4조), 위 규정에 따라 녹음·청취한 대화는 녹음·청취의 목적이 된 범죄의 수사·소추·예방, 그로 인한 징계절차, 통신의 당사자가 제기하는 손해배상소송, 기타 다른 법률의 규정에 의하여

기업 내지 그 임직원이 기업의 업무 목적으로 개인정보파일을 운영하기 위하여 외부인으로부터 개인정보를 수집·저장하였다면 기업은 개인정보법상 '개인정보처리자'가 될 것이다. 개인정보처리자가 정보주체로부터 개인정보를 수집하는 경우에는 원칙적으로 정보주체의 동의가 필요하지만, 기업이 임직원에 대한 내부조사 과정에서 열람하게 되는 외부인에 대한 정보는 정보주체인 외부인으로부터 '수집'한 것으로 보기 어려운 경우가 있을 것이다.[86] 개인정보처리자가 정보주체 이외로부터 개인정보를 수집하는 경우에는, 정보주체의 동의를 받을 필요는 없고 원칙적으로 정보주체의 요구가 있을 때 정보주체에게 개인정보 수집의 출처, 개인정보 처리의 목적, 정보주체에게 개인정보 처리중지를 요청할 권리가 있다는 사실을 고지하면 된다.[87] 다만 다른 사람의 생명·신체·재산 그 밖의 이익을 부당하게 침해할 우려가 있고 그 우려가 정보주체의 권리보다 명백히 우선하는 경우에는 고지하지 아니할 수 있다.[88] 따라서 기업이 '개인정보처리자'에 해당하더라도 해당정보를 정보주체인 '외부인으로부터' '수집'한 것이 아니라면 이를 열람·검색함에 있어 외부인의 동의가 필요하지는 않다고 볼 여지가 있다. 해당 정보가 정보주체인 외부인으로부터 수집한 것이라면, 기업은 정보주체인 외부인으로부터 동의가 있었다고 인정되는 범위 내에서 이를 열람·검색할 수 있을 것이다.[89]

사용하는 경우에만 사용이 허용된다(통신비밀보호법 제14조 제2항, 제12조).

86) '수집(收集)'의 사전적 의미는 거두어 모은다는 것으로서, 어떠한 의도를 가지고 특정한 유형의 물건을 모으는 것을 의미한다. 따라서 단순히 물건이나 정보를 피동적으로 수령하는 행위는 수집이라고 보기 어렵다. 기업의 임직원이 외부인에게 접대나 선물을 한 사실이 기업 임직원의 이메일·핸드폰에 저장되어 있을 경우, 그 정보는 기업의 임직원이 외부인으로부터 '수집'한 것이라기보다는 기업 임직원이 독립적으로 생성한 것으로서, '수집'으로 보기 어려울 수 있다.

87) 개인정보법 제20조 제1항.

88) 개인정보법 제20조 제4항 제2호. 예컨대 수사기관이 제보자·참고인의 신분을 피의자에게 알릴 경우 제보자나 참고인의 생명·신체·재산상 이익을 부당하게 침해할 우려가 있다(개인정보보호위원회, 개인정보 해설서, 136면).

89) 개인정보처리자가 정보주체로부터 명함 등을 제공받아 개인정보를 수집하는 경우, 명함 등을 제공하는 정황 등에 비추어 사회통념상 동의가 있었다고 인정되는 범위 내에서는 이를 이용할 수 있다(개인정보법 제15조 제1항 제1호, 표준지침 제6조 제3항). 예를 들어 정보주체가 차량구매를 위해 자동차판매점을 방문하고 담당직원에게 명함을 준 경우, 담당직원은 별도의 동의가 없더라도 차량구매와 관련한 정보제공을 위하여 그 연락처를 이용할 수 있으나, 이를 제3자에게 제공하거나 다른 목적으로 이용하기 위해서는 고객의 동의를 받아야 한다(개인정보보호위원회, 개인정보 해설서, 83면).

기업은 중립적이고 신속한 내부조사를 위하여 외부전문가(디지털포렌식 서비스업체·회계법인·법무법인)에 의뢰하여 임직원의 이메일·컴퓨터 등을 열람·검색·분석하는 경우가 있고, 다국적기업의 경우 그 과정에서 정보가 국경을 넘나드는 경우가 있어 어떤 절차가 필요한지 문제된다.

개인정보처리자가 개인정보를 제3자에게 제공[90]하려면 원칙적으로 정보를 제공받는 제3자의 상호·이용 목적·제공되는 정보의 항목·제3자의 정보보유 및 이용기간·동의거부권이 있다는 사실과 동의거부에 따른 불이익을 알리고 정보주체로부터 동의를 받아야 한다.[91] 개인정보를 국외의 제3자에 제공하려면 같은 내용을 알리고 정보주체로부터 동의를 받아야 한다.[92] 개인정보법을 위반하는 내용으로 개인정보의 국외이전에 관한 계약을 체결해서는 아니 된다.[93] 이는 개인정보를 국외로 이전하여 개인정보법의 적용을 회피하고자 하는 것을 막기 위한 규정이라고 한다.[94]

기업이 개인정보처리 업무를 제3자에게 위탁[95]하는 경우에는 정보주체로부터 그에

---

90) '제공'이란 제3자의 업무에 이용할 목적으로 제3자의 이익을 위해서 개인정보의 지배·관리권이 제3자에게 이전되는 것을 말한다. DB 시스템에 대한 접속권을 허용하여 열람·복사가 가능하게 하는 것도 제공에 포함된다. 제3자는 고객으로부터 개인정보를 수집한 해당 사업자를 제외한 모든 법인, 단체 등을 의미하므로, 같은 그룹 내부의 계열사라 하더라도 개인정보의 수집·이용목적이 다른 별도의 법인에 해당한다면 제3자에 해당한다. 따라서 그룹 계열사 간이라도 패밀리 사이트라는 명목으로 개인정보를 제공·공유하기 위해서는 제3자 제공에 따른 사항을 알리고 동의를 얻어야 한다(개인정보보호위원회, 개인정보 해설서, 106, 116면).

91) 다만, '법률에 특별한 규정이 있거나 법령상 의무를 준수하기 위하여 불가피한 경우', '정보주체등이 의사표시를 할 수 없는 상태에 있거나 주소불명 등으로 사전 동의를 받을 수 없는 경우로서 명백히 정보주체 또는 제3자의 급박한 생명, 신체, 재산의 이익을 위하여 필요하다고 인정되는 경우' 등에는 별도의 동의가 없더라도 개인정보를 수집한 목적범위 내에서 제3자에게 제공할 수 있다(개인정보법 제17조 제1항 제2호).

92) 개인정보법 제17조 제3항. 개인정보를 국외의 제3자에게 제공하는 경우에도 개인정보법 제17조 제1항 제2호의 예외조항이 적용되는 것인지는 불분명하다. 개인정보법 제17조 제1항의 '제3자에게 제공'이 국외의 제3자에게 제공하는 것도 포함한다고 해석하면, 위 제17조 제1항 제2호의 예외규정에 해당할 경우 국외의 제3자에게 제공하는 것도 가능할 것이다.

93) 개인정보법 제17조 제3항. '국외이전'은 국외제공보다 넓은 개념으로써, 국외의 제3자에게 개인정보를 제공하는 것 뿐만아니라 개인정보의 처리를 국외의 제3자에게 위탁하기 위하여 국외로 옮기는 경우도 포함한다(개인정보보호위원회, 개인정보 해설서, 113면).

94) 개인정보보호위원회, 개인정보 해설서, 113면.

95) 위탁이란 개인정보처리자인 위탁자의 업무에 이용할 목적으로 개인정보가 제3자(수탁자)에

대한 동의를 받을 필요는 없으나, 위탁의 목적과 범위·개인정보의 목적외 처리 금지·
재위탁 제한·기술적, 관리적 보호조치·관리현황 점검 등 감독에 관한 사항·수탁자의
의무위반시 손해배상책임 등을 규정한 문서로써 위탁을 하고, 정보주체가 위탁업무의
내용과 수탁자를 언제든지 확인할 수 있도록 인터넷 게재 등의 방법으로 공개하고, 수
탁자가 개인정보법을 준수하는지에 대한 교육과 감독을 해야 한다.96) 따라서 기업이
개인정보 처리 위탁에 수반되는 위 규정들을 준수하여 외부전문가에게 이메일·컴퓨터
등의 검색·분석을 위탁하는 경우에는 정보주체로부터 위탁에 대한 별도의 동의를 받
지 않아도 될 것이다.

게 이전되는 것으로서, 위탁자가 관리·감독 권한을 계속 보유한다는 점에서 '제공'과 다르
다(개인정보보호위원회, 개인정보 해설서, 107면). 개인정보법 제17조 제1항 제1호, 제26조,
제71조 제1호, 정보통신망법 제24조의2 제1항, 제25조, 제71조 제3호의 문언 및 취지에 비
추어 보면, 개인정보법 제17조와 정보통신망법 제24조의2에서 말하는 개인정보의 '제3자 제
공'은 본래의 개인정보 수집·이용 목적의 범위를 넘어 정보를 제공받는 자의 업무처리와
이익을 위하여 개인정보가 이전되는 경우인 반면, 개인정보법 제26조와 정보통신망법 제25
조에서 말하는 개인정보의 '처리위탁'은 본래의 개인정보 수집·이용 목적과 관련된 위탁자
본인의 업무 처리와 이익을 위하여 개인정보가 이전되는 경우를 의미한다. 개인정보 처리위
탁에 있어 수탁자는 위탁자로부터 위탁사무 처리에 따른 대가를 지급받는 것 외에는 개인
정보 처리에 관하여 독자적인 이익을 가지지 않고, 정보제공자의 관리·감독 아래 위탁받은
범위 내에서만 개인정보를 처리하게 되므로, 개인정보법 제17조와 정보통신망법 제24조의2
에 정한 '제3자'에 해당하지 않는다. 한편 어떠한 행위가 개인정보의 제공인지 아니면 처리
위탁인지는 개인정보의 취득 목적과 방법, 대가 수수 여부, 수탁자에 대한 실질적인 관리·
감독 여부, 정보주체 또는 이용자의 개인정보 보호 필요성에 미치는 영향 및 이러한 개인
정보를 이용할 필요가 있는 자가 실질적으로 누구인지 등을 종합하여 판단하여야 한다(대
판 2017. 4. 7. 2016도13263).
96) 개인정보법 제26조, 동법 시행령 제28조. 개인정보의 제3자 제공은 그 제3자의 업무를 처리
할 목적 및 그 제3자의 이익을 위해서 개인정보가 이전되는 것이지만, 개인정보 처리 위탁
의 경우에는 개인정보처리자의 업무를 처리할 목적으로 개인정보처리자의 이익을 위하여
개인정보가 제3자에게 이전된다는 차이가 있다(대판 2011. 7. 14. 2011도1960). 위탁업무가
1회(단발)성으로 이루어지는 경우로서 위탁기간이 매우 짧아 위탁기간 내 홈페이지 공개나
수탁업체 교육이 불가능한 경우에는 위탁계약 체결시 수탁업체가 지켜야 할 사항을 계약서
류 등을 통해 명확히 고지하고 수탁업체가 관련 직원에게 전달하여 교육할 수 있도록 요청
할 수 있다(개인정보보호위원회, 개인정보 해설서, 208면).

제4장
신고자 보호제도

　위법행위 신고자 또는 내부신고자에 대한 불이익조치를 금지하고 신고자를 보호하기 위한 대표적인 법률로는 공익신고자보호법, 부패방지법, 특정범죄신고자 등 보호법 등이 있다. 공익신고자보호법은 동법 별표에 규정된 각종 법률의 벌칙 또는 행정제재의 대상이 되는 행위를 해당 행위를 하는 사람이나 단체의 대표자 또는 사용자, 감독기관, 수사기관, 권익위 등에 신고하는 것에 적용된다.[97] 부패방지법은 공공기관과 관련된 부패행위를 권익위에 신고하는 것에 적용된다.[98] 특정범죄신고자 등 보호법은 동법 별표에 규정된 증수뢰, 사기, 횡령, 배임 등의 특정범죄에 대하여 신고, 수사단서 제공, 진술, 증언, 제보 등을 하는 행위에 대하여 적용된다.[99]

　기업의 임직원이 기업 내 위법행위에 대해 수사기관이나 조사기관에 제보나 신고를 한 경우에는, 해당 기업은 제보자, 신고자가 기업내에서 불이익한 처우를 받는 등의 상황이 발생하지 아니하고, 신고자에게 적절한 보호가 제공될 수 있도록 유의해야 한다. 신고자에 대한 보호 규정으로서, 대표적으로 공익신고자보호법상의 내용을 살펴본다.

　(1) 누구든지 공익신고자라는 사정을 알면서 그의 인적사항 등을 다른 사람에게 알려주거나 공개해서는 아니 된다.[100] (2) 누구든지 공익신고자 등에게 공익신고 등을 이유로 불이익 조치를 하여서는 아니 되고, 공익신고 등을 하지 못하도록 방해하거나

---

97) 공익신고자보호법 제2조 제1호, 제2호, 별표.
98) 부패방지법상 부패행위란, 1) 공직자가 직무와 관련하여 그 지위 또는 권한을 남용하거나 법령을 위반하여 자기 또는 제3자의 이익을 도모하는 행위, 2) 공공기관의 예산사용, 재산의 취득, 관리, 처분 또는 공공공기관을 당사자로 하는 계약의 체결 및 그 이행에 있어 법령을 위반하여 공공기관에 재산상 손해를 가하는 행위, 3) 위와 같은 행위나 그 은폐를 강요, 권고, 제의, 유인하는 행위를 말한다(부패방지법 제2조 제4호).
99) 특정범죄신고자 등 보호법 제2조 제1호, 제2호, 별표.
100) 공익신고자보호법 제12조 제1항.

공익신고자등에게 공익신고를 취소하도록 강요해서는 아니 된다.[101] 이에 위반하면 형사처벌이 가해진다.[102] 공익신고자는 공익신고등을 이유로 불이익조치를 받은 때에는 권익위에게 원상회복이나 그 밖에 필요한 조치를 신청할 수 있다.[103] (3) 공익신고자가 위법행위에 관련되어 있음이 발견되더라도 공익신고자에 대하여는 형벌, 징계, 불리한 행정처분 등을 감면할 수 있다.[104] (4) 공익신고자가 벌칙, 몰수, 과태료, 과징금 등을 통해 국가나 지방자치단체에 직접적인 수입의 회복 또는 증대를 가져오거나 공익신고등으로 인하여 현저히 국가 및 지방자치단체에게 재산상의 이익을 가져오거나 손실을 방지한 경우 등에는 공익신고자에게 보상금 또는 포상금을 지급할 수 있다.[105] (5) 공익신고등의 내용에 직무상 비밀이 포함된 경우에도 공익신고자등은 다른 법령, 단체협약, 취업규칙 등에 따른 직무상 비밀준수 의무를 위반하지 아니한 것으로 본다. 단체협약, 고용계약 또는 공급계약 등에 공익신고등을 금지하거나 제한하는 규정을 둔 경우 그 규정은 무효로 한다.[106] (6) 피신고자는 공익신고등으로 인하여 손해를 입은 경우에도 공익신고자등에게 그 손해배상을 청구할 수 없다.[107]

---

101) 공익신고자보호법 제15조 제1항, 제2항. 부패방지법 제62조, 특정범죄신고자 등 보호법 제5조에도 유사한 취지의 규정이 있다. '공익신고'란 공익신고자보호법 별표에 규정된 각종 법률의 형사처벌 규정 또는 행정제재처분 규정을 위반하는 행위를 말한다(공익신고자보호법 제2조 제1호 제2호).

102) 공익신고자보호법 제30조 제2항 제1호, 제3항 제2호. 부패방지법 제62조의2 제1항, 특정범죄신고자 등 보호법 제17조에도 유사한 취지의 규정이 있다.

103) 공익신고자보호법 제17조 제1항. 부패방지법 제62조의2 제1항에도 유사한 취지의 규정이 있다.

104) 공익신고자보호법 제14조 제1항, 제2항.

105) 공익신고자보호법 제26조, 제26조의2. 그 외에도 국세와 관련한 포상규정으로 국세기본법 제84조의2가 있고, 행정규칙 등 하위법령으로 보상이나 포상을 하는 경우도 많다. 예를 들어 공정거래법 등 위반행위 신고자에 대한 포상금 지급에 관한 규정(공정위 고시), 탈세제보포상금 지급규정(국세청 훈령), 회계관련 부정행위 신고 및 포상 등에 관한 규정(금융위원회 고시) 등이 있다.

106) 공익신고자보호법 제14조 제4항, 제6항.

107) 다만 공익신고 내용이 거짓이라는 사실을 알았거나 알 수 있었음에도 불구하고 공익신고를 한 경우, 공익신고와 관련하여 금품이나 근로관계상의 특혜를 요구하거나 그 밖에 부정한 목적으로 공익신고를 한 경우에는 피신고자가 손해배상청구를 하는 것이 금지되지 않는다(공익신고자보호법 제14조 제5항).

제5장
내부조사와 의뢰인-변호사간 비밀유지권

미국의 attorney client privilege[108]란, 의뢰인이 변호사와 비밀리에 의사교환한 내용이 제3자에게 공개되지 않도록 요구할 수 있는 권리를 의미한다.[109] 이는 내부조사에 한해 문제되는 이슈는 아니다. 다만, 내부조사과정에서 의사교환한 내용이 어느 정도 비밀로 보장되는지가 문제되므로, 아래에서는 이에 대하여 살펴본다.

제1절 정의

Attorney client privilege는 원래 영미 보통법(common law)상 권리였으나, 미국의 연방증거법(Federal Rules of Evidence), 통일증거법(Uniform Rules of Evidence) 등 성문법에서도 인정하고 있다.[110]

미국법은, attorney client privilege가 인정되기 위해 (i) 의뢰인이 법적 도움을 받기 위하여 변호사와 의사교환하였을 것, (ii) 의사교환의 상대방이 그와 관련하여 법률업무를 수행하는 변호사나 변호사의 직원일 것, (iii) 의뢰인이 사실관계에 대하여 비밀리에 변호사에게 의사교환하였을 것, (iv) 의사교환의 주된 목적이 법률의견, 법률서비스를 제공받거나 법적 절차에서의 도움을 받기 위함일 것, (v) 범죄나 불법을 저지르기 위한 의사교환이 아닐 것, (vi) 의뢰인이 이러한 특권을 포기하지 않았을 것이 필요

---

108) 미국에서는 보통 attorney client privilege, 영국에서는 legal professional privilege, 일본에서는 비닉특권(秘匿特權) 이라는 용어가 사용된다. 여기서는 'attorney client privilege' 또는 '의뢰인-변호사간 비밀유지권'이라는 용어를 사용한다.

109) Attorney client privilege is a client's right to refuse to disclose and to prevent any other person from disclosing confidential communications between the client and the attorney. (Black's Law Dictionary, Bryan A. Garner, 10th ed. 2014)

110) 한애라, 의뢰인-변호사간 비밀유지권에 대한 검토 및 개선방안, 법조(68권 4호), 235면.

하다는 입장이다.111)

Attorney client privilege의 보호대상은 변호사와 의뢰인 간의 양방향의 정보교환이 모두 포함된다.112) Attorney client privilege는 의뢰인의 권리이나, 의뢰인의 변호사는 의뢰인을 대신하여 이를 행사할 수 있다.

유럽인권재판소와 유럽사법재판소도 영미법상 attorney client privilege와 유사하게 의뢰인－변호사간 의사교환을 비밀로 유지할 권리를 인정한다.113)

미국의 경우, 수사기관이 영장에 의하여 압수한 문서를 피압수자의 변호사측이 열람하고 그 중 attorney client privilege에 해당하는 문서를 압수에서 배제해달라고 요청할 수 있다. 그 경우 수사기관은 그 문서의 내용을 확인하지 않은 채 일단 봉인을 하고, 그 문서의 성격을 확인하기 위해 피압수자의 변호인에게 문서의 작성일, 작성자, 수신자, 문서의 제목 내지 개요, attorney client privilege 대상임을 증명하는 데 필요한 정보 등이 기재된 목록114)을 제출할 것을 요구할 수 있다. 그 후 수사기관은 해당 문서를 압수할지 여부를 피압수자의 변호사와 협의하고, 협의가 이루어지지 않으면 법원이 이를 판정한다.115)116)

---

111) United States v. United Shoe Mach Corp., 89 F. Supp. 357 (D. Mass. 1950); 한애라, 위의 글, 235면.
112) Fisher v. United States, 425 U.S. 391,403 (1976); United States v. Christensen, 801 F.3d 970, 1007 (9th Cir. 2015)
113) 유럽인권재판소의 Campbell v. United Kingdom 판결, 유럽사법재판소의 AM&S Europe Ltd v. European Commission 판결, Akzo Novel Chemical Ltd and Akcros Chemicals Ltd v. European Commission 판결 등, 최승재, 변호사와 의뢰인 사이의 비밀보호를 위한 제도 연구 (ACP 도입을 위한 법제연구), 서울지방변호사회 법제연구원 연구총서 01, 130면 이하.
114) 이를 privilege log라고 한다.
115) 한애라, 위의 글, 240면.
116) 미국법에서 attorney client privilege가 주요 이슈가 되는 것은 미국 소송절차에서 증거개시(discovery)를 통해 상대방측 증거를 입수하는 것이 용이한 사정과 관련된 것으로 보인다. 예를 들어 A회사의 직원 B가 A회사의 신기술을 가지고 C회사로 이직한 것으로 의심되어 A회사가 B와 C회사를 상대로 소송을 제기하였다고 하자. 우리나라의 민사소송법에도 문서제출신청 제도가 있으나 실제로 이를 이용하여 B나 C회사가 보유하거나 검토하고 있는 기술을 A회사가 확인하는 것은 쉽지 않다. 그러나 미국의 경우 상대방측 자료에 대해 광범위하게 증거개시를 요구할 수 있으므로, 만일 attorney client privilege나 attorney's work product doctrine이 없으면 A회사는 B 또는 C회사가 자신들의 변호사와 의사교환한 모든 내용을 우선 증거개시 대상으로 삼아 B 및 C의 기술적 현황을 쉽게 확인할 수 있다. 당사자주의 관점에서 형평에 맞지 않는 문제가 있고, 후일 증거개시 대상이 될 것을 우려하여 의뢰인이 변호사에게 모든 내용을 털어놓고 자문을 받기 어려워지는 문제가 발생하

참고로 미국의 경우 변호사가 의뢰인을 위한 소송 내지 자문을 위하여 준비한 업무결과물은 증거개시(discovery) 또는 타인에 대한 공개를 거절할 수 있는데, 이를 보통 'attorney's work product doctrine'이라고 한다. Work product doctrine은 변호사가 소송 등 법절차를 대비하기 위한 목적으로 작성한 문서가 증거개시 등을 통해 법절차의 상대방에게 공개되는 것은 당사자주의 소송의 관점에서 공평하지 않다는 것에 주된 근거를 두고 있다.[117]

제2절 현행법 관련규정

우리나라 법에서는 attorney client privilege를 직접적으로 인정하는 규정이 없다. 다만 변호사의 비밀보호와 관련하여 다음의 규정을 두고 있다. (i) 변호사는 그 직무처리 중 지득한 타인의 비밀을 누설해서는 아니 되고,[118] 변호사 또는 변호사이었던 자는 그 직무상 알게 된 비밀을 누설해서는 아니 된다. 다만 법률에 특별한 규정이 있는 경우에는 그러하지 아니하다.[119] (ii) 변호사 또는 변호사 직에 있던 자가 그 업무상 위탁을 받아 소지 또는 보관하는 물건으로 타인의 비밀에 관한 것은 압수를 거부할 수 있다. 다만, 그 타인의 승낙이 있거나 중대한 공익상 필요가 있는 때에는 예외로 한다.[120] (iii) 변호사 또는 변호사의 직에 있던 자가 그 업무상 위탁을 받은 관계로

는 것이다. 이러한 연유로 미국법에서 attorney client privilege가 중요한 절차적 권리로 인식되고 있는 것으로 보인다.

우리나라에서 의뢰인−변호사간 의사교환이 광범위하게 상대방에게 공개될 위험은 주로 수사기관의 압수수색 과정에서 발생한다. 수사기관이 기업을 수사하면서 기업이 변호사로부터 법률자문받은 내용을 압수수색 대상으로 삼아 참고하는 일이 증가하면서이다. 이에 우리나라의 attorney client privilege 도입 논의는 주로 수사기관의 광범위한 압수수색을 제한하기 위한 관점에서 제기되고 있다.

117) Black's Law Dictionary, Bryan A. Garner, 10th ed. 2014; Wikipedia, 'work product doctrine'. 의뢰인−변호사간 의사교환 내용이 적힌 서류(예: 변호사가 의뢰인에게 사실관계에 대하여 문답을 하고 이를 메모한 경우)에는 순수하게 의뢰인이 변호사에게 말한 내용 이외에 변호사의 추론, 평가 등도 포함되는 경우가 많고, 변호사가 한 추론이나 평가는 attorney client privilege의 대상으로 보기 어려우므로, 실무상 어떤 서류가 증거개시의 대상이 되는지 여부가 다투어질 때에는 그 서류에 attorney client privilege 대상인 내용과 attorney's work product doctrine 대상인 내용이 포함되어 있다는 주장이 같이 제기되는 경우가 많은 것으로 보인다.

118) 형법 제317조.

119) 변호사법 제26조.

120) 형사소송법 제112조.

알게 된 사실로서 타인의 비밀에 관한 것은 증언을 거부할 수 있다. 단, 본인의 승낙이 있거나 중대한 공익상 필요가 있는 때에는 예외로 한다.[121] 변호사나 그러한 직책에 있었던 사람이 직무상 비밀에 속하는 사항에 대하여 신문을 받을 때에는 증언을 거부할 수 있다. 다만 비밀을 지킬 의무가 면제된 경우에는 이를 적용하지 아니한다.[122]

현행법 규정들은 변호사에게 의무 내지 권한(비밀유지의무, 압수거부권, 증언거부권)을 부여하고 있으므로, 비밀보호가 미흡할 수 있다. 즉, 변호사가 의뢰인의 비밀과 관련한 압수나 증언을 거부하지 않을 수 있고, 압수거부의 대상이 '업무상 위탁을 받아 소지 또는 보관하는 물건'에 한정되기 때문에 변호사가 의뢰인에게 제공한 법률자문의견서나 의사교환 자료에 대해서는 압수를 거부할 수 없기 때문이다.[123]

<h2>제3절   판례</h2>

A회사 및 직원인 피고인들이 정비사업관리업자의 임원에게 A회사가 주택재개발사업 시공사로 선정되게 해 달라는 청탁을 하면서 금원을 제공하였다는 건설산업기본법 위반 사건에서, A회사에 대한 압수수색에서 변호사가 법률자문 과정에 작성하여 A회사에 발송한 법률의견서가 압수되었고, 위 법률의견서의 작성자인 변호사는 재판과정에서 형사소송법 제149조에 의하여 위 법률의견서의 진정성립에 대한 증언을 거부하였다.[124] 이에 우리나라에서도 attorney client privilege를 인정하여 위 법률의견서의 증거능력이 배제되는지가 문제되었다.

1심과 2심은, 헌법 제12조 제4항이 변호인의 조력을 받을 권리를 선언하고 여러 법률에서 이를 폭넓게 보장하고 있는 점, 현행법 규정들은 의뢰인이 법률자문을 받을 목적으로 변호사와 비밀리에 의사교환한 내용이 압수되어 형사상 불이익을 받을 위험을 방지하는데 한계가 있는 점 등을 고려하여, 우리나라 법률에 명시적인 규정이 없더라도 해석상 attorney client privilege를 인정할 수 있다고 보았다.[125]

---

121) 형사소송법 제149조.
122) 민사소송법 제315조.
123) 서울고법 2009. 6. 26. 2008노2778(대판 2012. 5. 17. 2009도6788로 파기됨) 참조.
124) 이 법률의견서는 '피고인이 아닌 자가 작성한 진술서나 그 진술을 기재한 서류'이므로, 형사소송법 제313조 제1항에 따라 '공판준비나 공판기일에서의 그 작성자 또는 진술자의 진술에 의하여 그 성립의 진정함이 증명된 때'에 증거능력이 있다.
125) 서울중앙지법 2008. 10. 9. 2007고합877, 서울고법 2009. 6. 26. 2008노2778.

그러나 대법원은, 아직 수사나 공판 등 형사절차가 개시되지 아니하여 피의자 또는 피고인에 해당한다고 볼 수 없는 사람이 일상적 생활관계에서 변호사와 상담한 법률자문에 대하여도 번호인의 조력을 받을 권리의 내용으로서 그 비밀의 공개를 거부할 수 있는 의뢰인의 특권을 도출할 수는 없다는 이유로 attorney client privilege를 인정하지 않았다.[126]

한편 이 사건에서 법률의견서의 작성자인 변호사가 재판과정에서 법률의견서의 진정성립에 대한 증언을 거부하더라도 구 형사소송법 제314조[127])에 의해 증거능력이 부여될 수 있는지도 문제되었다. 대법원은 증인이 형사소송법 제149조에 따라 정당하게 증언을 거부한 경우에는 형사소송법 제314조의 '(진술을 요하는 자가) 그 밖에 이에 준하는 사유로 인하여 진술할 수 없는 때'에 해당하지 않는다고 판시하였다.[128] 즉 이 사건에서 attorney client privilege는 인정되지 않았으나, 변호사가 해당 법률의견서의 진정성립에 대하여 형사소송법에 따른 증언거부권을 행사함으로써 결과적으로 법률의견서의 증거능력은 부정된 것이다.

제4절　내부조사에 대한 의뢰인-변호사간 비밀유지권

기업이 내부조사를 하는 과정에서 임직원이 변호사와 의사교환한 내용이 attorney client privilege 대상인지와 관련하여, 의뢰인이 기업일 때 기업의 임직원이 의사교환한 것도 attorney client privilege 대상인지, 기업의 임직원이 기업의 사내변호사와 의사교환한 것도 attorney client privilege 대상인지가 문제된다.

(1) 미국의 경우, 기업의 임직원이 권한 내에서 또는 상급자의 지시를 받아 기업이

---

126) 대판 2012. 5. 17. 2009도6788. 이 사건에서 법률의견서는 아직 A회사나 그 임직원인 피고인들에 대해 수사가 시작되기 전에 작성된 것으로 보인다. 이 판결은 수사나 공판 등 형사절차가 개시되기 전단계에 대하여만 언급하고 있으므로, 수사나 공판이 개시된 이후에 해석상 attorney client privilege가 인정되는지에 대해서는 아직 대법원의 판단이 없는 셈이다.

127) 구 형사소송법(2007. 6. 1. 법률 제8496호로 개정되기 전의 것) 제314조(증거능력에 대한 예외): 제312조 또는 제313조의 경우에 공판준비 또는 공판기일에 진술을 요하는 자가 사망·질병·외국거주·소재불명 그 밖에 이에 준하는 사유로 인하여 진술할 수 없는 때에는 그 조서 및 그 밖의 서류를 증거로 할 수 있다. 다만, 그 진술 또는 작성이 특히 신빙할 수 있는 상태하에서 행하여졌음이 증명된 때에 한한다.

128) 대판 2012. 5. 17. 2009도6788.

선임한 변호사와 의사교환을 하였다면, 그러한 의사교환도 일반적으로 attorney client privilege 적용대상으로 본다.[129]

(2) 타 전문직과 달리 변호사에게 attorney client privilege가 인정되는 근거 중 하나는, 변호사가 의뢰인과 독립되어 업무를 수행한다는 것이다. 사내변호사는 독립적인 변호사의 지위와 회사의 직원으로서 지위를 모두 가지고 있기 때문에, 사내변호사에게도 attorney client privilege가 인정되는지에 대해 여러 견해가 제시되고 있다.

미국에서는 사내변호사와의 의사교환이라는 이유만으로 attorney client privilege 적용을 배제하지는 않는 것으로 보인다. 즉, 연방대법원은 (i) 사내변호사와 의뢰인(직원)간 의사소통이 법적 조언을 위한 목적으로 이루어졌고, (ii) 의사소통을 한 직원은 업무상 상사의 지시에 따라 그러한 의사소통을 하였으며, (iii) 지시한 상사는 법적 조언의 기밀유지를 요청하였고, (iv) 의사소통의 주된 쟁점이 직원의 회사에 대한 업무 범위 내이며, (v) 그 의사소통이 내용을 알 필요가 없는 사람을 제외하고는 유포되지 않았다면 attorney client privilege가 인정될 수 있다는 입장이다.[130]

---

129) Upjohn Co. v. United States, 449 U.S. 383 (1981)
130) Upjohn Co. v. United States, 449 U.S. 394–395 (1981); 정준혁·김슬기, '사내변호사에 대한 비밀유지권 도입 검토(기업범죄 억제를 위한 컴플라이언스 강화를 중심으로), 형사정책(2021. 1.), 127면.
Upjohn 사건의 사실관계는 다음과 같다. 제약업체인 Upjohn은 각국에서 의약품을 판매하였는데, 해외 자회사 중 한 곳에서 사업기회를 얻기 위해 현지 공직자에게 경제적 이익을 제공했다는 의혹이 제기되었다. 변호사 자격을 가지고 변호사협회에 등록을 한 Upjohn의 법무책임자(general counsel)는 이를 확인하기 위해 내부조사를 시작하였고, 그 과정에서 모든 해외법인의 책임자(manager)들에게 사업기회 획득을 위해 경제적 이익을 제공하는지와 관련한 자세한 질문지를 발송하고 답변지를 직접 회수하였다. Upjohn의 법무책임자는 외부변호사와 함께 위 질문지를 받은 책임자들 및 다른 회사 임직원들을 인터뷰하였다. Upjohn은 내부조사 후 미국 국세청(IRS)에 위 이익제공과 관련하여 자진신고를 하였고, IRS는 이를 바탕으로 세무조사를 하면서 위 질문지 및 인터뷰 과정에서 작성한 메모 등의 제출을 요구하였다. Upjohn은 이 자료들은 attorney client privilege 적용 대상이거나 attorney's work product라는 이유로 제출을 거부하였다.
연방 지방법원은 i) attorney client privilege가 포기되었고, ii) attorney's work product doctrine의 적용이 배제될 수 있는 중대한 필요성이 입증되었다는 이유로 Upjohn의 주장을 배척하였다. 연방 항소법원은 i) 변호사의 자문에 따라 회사의 의사결정을 할 수 있을 정도의 고위직원이 아닌 하위직원이 변호사와 의사교환한 것은, '의뢰인이 변호사와 의사교환한 것'으로 볼 수 없다는 소위 'control group test' 법리를 적용하여 하위직원이 법무책임자나 외부변호사와 의사교환한 것은 attorney client privilege 적용대상이 아니고, ii) IRS의 자료제출 요구(summon)에 대해서는 attorney's work product doctrine이 적용되지 않는다는 이유로 Upjohn의 주장을 배척하였다.
그러나 연방대법원은, i) 회사가 변호사에게 사건을 의뢰하였을 때 회사의 의사결정에 관

그러나 유럽사법재판소는, 유럽위원회 조사관들이 영국에 위치한 회사 사무실에 대하여 공정거래법위반에 대한 조사를 하면서 발견한 회사 임원과 사내변호사 간의 이메일(해당 임원이 네덜란드 변호사이자 공정거래법 전문가인 사내변호사와 교환한 것이었고 네덜란드는 attorney client privilege를 인정하고 있었음)에 대하여, 사내변호사는 의뢰인인 회사와 고용관계에 있어 외부변호사와 동일한 독립성을 갖추지 못하였다는 이유로 회사 임직원과 사내변호사간 의사교환에 대하여는 attorney client privilege가 인정될 수 없다고 판시하였다.[131]

여할 수 있는 고위직원이 변호사와 의사교환한 것만 '의뢰인과 변호사간 의사교환'으로 보고 그렇지 않은 하위직원이 변호사와 의사교환 한 것은 '의뢰인과 변호사간 의사교환'으로 보지 않는다면, 여러 직급의 임직원이 근무하는 대기업의 경우 attorney client privilege의 적용 대상인 의사교환과 그렇지 않은 의사교환을 구별하는 것이 어려워 사실상 privilege가 유명무실해지고, 회사로부터 사건을 의뢰받은 변호사가 고위직원과만 의사교환을 하여서는 제대로 된 사실관계 파악이나 법률자문을 제공하기 어렵다는 이유로, 하위직원이 변호사와 의사교환한 것도 attorney client privilege 대상에 포함될 수 있다고 보았다. 그리고 ii) IRS의 자료제출 요구에 대하여도 attorney's work product doctrine이 적용될 수 있다고 보았다.

131) Akzo Nobel Chemicals Ltd and Akcros Chemicals Ltd v. European Commission (C-550/07), 2010; 최승재, 위의 글, 187면.

제7편 피해재산의 파악, 회수를
위한 소송절차

제1장
피해재산의 소재 파악 방법

반부패범죄등으로 인한 피해재산(또는 범죄수익)이 타인에게 교부, 이전되는 등으로 은닉된 경우에는 피해회복을 위해 재산의 추적이나 소재 파악이 필요하다. 범죄행위자가 피해재산을 제3자에게 교부·이전하는 것은 범죄수익등의 가장·은닉·수수죄나 강제집행면탈죄라는 별도의 범죄가 될 수도 있고, 수사기관은 이러한 범죄의 수사를 위하여 법원의 압수수색영장을 발부받아 피해재산을 추적할 수 있다. 부패재산몰수법상의 부패재산 또는 혼합재산이 범죄피해재산에 해당하고 범죄피해자가 그 재산에 관하여 범인에 대한 재산반환청구권 또는 손해배상청구권 등을 행사할 수 없는 등 피해회복이 심히 곤란하다고 인정되는 경우에는, 검사는 범죄피해재산을 몰수, 추징하고 이를 피해자에게 환부할 수 있다.[1]

아래에서는 피해자가 피해재산의 소재를 파악하는데 사용할 수 있는 수단으로서 수사 또는 재판 절차에서 수사기관이 확보한 피해재산 정보에 대한 정보공개청구 등의 제도, 민사소송절차나 강제집행법상 절차에서의 피해재산 추적 또는 소재파악 수단에 대해 살펴본다.

제1절 수사단계의 정보공개 제도

경찰, 검찰의 수사 과정에서 파악된 피해재산에 대한 정보는 '공공기관이 보유·관리하는 정보'이므로, 피해자는 원칙적으로는 공공기관의 정보공개에 관한 법률(이하 이 책에서 '정보공개법')에 의하여 그 공개(열람, 복사, 등사 등)를 요구할 수 있다.[2]

---

1) 부패재산몰수법 제5조 제1항.
2) 정보공개법 제3조.

다만 정보공개법은 (1) 진행중인 재판에 관련된 정보와 범죄의 예방, 수사, 공소의 제기 및 유지 등에 관한 사항 등으로서 공개될 경우 그 직무수행을 현저히 곤란하게 하거나 공정한 재판을 받을 권리를 침해할 수 있는 정보, (2) 공개될 경우 국민의 생명, 신체, 재산의 보호에 현저한 지장을 초래할 우려가 있다고 인정되는 정보, (3) 해당 정보에 포함되어 있는 성명, 주민등록번호 등 개인에 관한 사항으로서 사생활 비밀 또는 자유를 침해할 수 있는 정보 등을 비공개 대상 정보로 규정하고 있다.[3] 수사단

---

3) 정보공개법 제9조(비공개 대상 정보) 제1항
　　공공기관이 보유·관리하는 정보는 공개 대상이 된다. 다만, 다음 각 호의 어느 하나에 해당하는 정보는 공개하지 아니할 수 있다.
　　1. 다른 법률 또는 법률에서 위임한 명령(국회규칙·대법원규칙·헌법재판소규칙·중앙선거관리위원회규칙·대통령령 및 조례로 한정한다)에 따라 비밀이나 비공개 사항으로 규정된 정보
　　2. 국가안전보장·국방·통일·외교관계 등에 관한 사항으로서 공개될 경우 국가의 중대한 이익을 현저히 해칠 우려가 있다고 인정되는 정보
　　3. 공개될 경우 국민의 생명·신체 및 재산의 보호에 현저한 지장을 초래할 우려가 있다고 인정되는 정보
　　4. 진행 중인 재판에 관련된 정보와 범죄의 예방, 수사, 공소의 제기 및 유지, 형의 집행, 교정(矯正), 보안처분에 관한 사항으로서 공개될 경우 그 직무수행을 현저히 곤란하게 하거나 형사피고인의 공정한 재판을 받을 권리를 침해한다고 인정할 만한 상당한 이유가 있는 정보
　　5. 감사·감독·검사·시험·규제·입찰계약·기술개발·인사관리에 관한 사항이나 의사결정 과정 또는 내부검토 과정에 있는 사항 등으로서 공개될 경우 업무의 공정한 수행이나 연구·개발에 현저한 지장을 초래한다고 인정할 만한 상당한 이유가 있는 정보. 다만, 의사결정 과정 또는 내부검토 과정을 이유로 비공개할 경우에는 제13조 제5항에 따라 통지를 할 때 의사결정 과정 또는 내부검토 과정의 단계 및 종료 예정일을 함께 안내하여야 하며, 의사결정 과정 및 내부검토 과정이 종료되면 제10조에 따른 청구인에게 이를 통지하여야 한다.
　　6. 해당 정보에 포함되어 있는 성명·주민등록번호 등 개인정보 보호법 제2조 제1호에 따른 개인정보로서 공개될 경우 사생활의 비밀 또는 자유를 침해할 우려가 있다고 인정되는 정보. 다만, 다음 각 목에 열거한 사항은 제외한다.
　　　가. 법령에서 정하는 바에 따라 열람할 수 있는 정보
　　　나. 공공기관이 공표를 목적으로 작성하거나 취득한 정보로서 사생활의 비밀 또는 자유를 부당하게 침해하지 아니하는 정보
　　　다. 공공기관이 작성하거나 취득한 정보로서 공개하는 것이 공익이나 개인의 권리 구제를 위하여 필요하다고 인정되는 정보
　　　라. 직무를 수행한 공무원의 성명·직위
　　　마. 공개하는 것이 공익을 위하여 필요한 경우로서 법령에 따라 국가 또는 지방자치단체가 업무의 일부를 위탁 또는 위촉한 개인의 성명·직업
　　7. 법인·단체 또는 개인(이하 "법인등"이라 한다)의 경영상·영업상 비밀에 관한 사항으로

계의 정보공개 관련 규정은 아래와 같다.

피의자, 사건관계인[4] 또는 그 변호인은 검사 또는 사법경찰관이 수사중인 사건에 관한 본인의 진술이 기재된 부분 및 본인이 제출한 서류의 전부 또는 일부에 대해 열람, 복사를 신청할 수 있다.[5]

피의자, 사건관계인 또는 그 변호인은 검사가 불기소결정을 하거나 사법경찰관이 불송치결정을 한 사건에 관한 기록의 전부 또는 일부에 대해 열람, 복사를 신청할 수 있다.[6]

피의자 또는 그 변호인은 필요한 사유를 소명하고 고소장, 고발장, 이의신청서, 항고장, 재항고장의 열람·복사를 신청할 수 있다.[7] 피의자, 피진정인, 피내사자, 피혐의자, 고소인, 고발인 또는 피해자, 진정인, 참고인 등의 사건관계인도 진정사건, 내사사건, 시정사건, 수사사건 및 수사 중인 사건에 관한 본인의 진술이 기재된 부분 및 본인이 제출한 서류의 전부 또는 일부에 대해 열람, 등사를 신청할 수 있다.[8]

서 공개될 경우 법인등의 정당한 이익을 현저히 해칠 우려가 있다고 인정되는 정보. 다만, 다음 각 목에 열거한 정보는 제외한다.
  가. 사업활동에 의하여 발생하는 위해(危害)로부터 사람의 생명·신체 또는 건강을 보호하기 위하여 공개할 필요가 있는 정보
  나. 위법·부당한 사업활동으로부터 국민의 재산 또는 생활을 보호하기 위하여 공개할 필요가 있는 정보
8. 공개될 경우 부동산 투기, 매점매석 등으로 특정인에게 이익 또는 불이익을 줄 우려가 있다고 인정되는 정보

4) 검사와 사법경찰관의 상호협력과 일반적 수사준칙에 관한 규정(이하 이 책에서 '수사준칙'), 경찰수사규칙(행정안전부령), 경찰수사서류 열람복사에 관한 규칙(경찰청 예규)에서는 피해자, 참고인 등을, '검찰보존사무규칙(법무부령)' 및 '사건기록 열람, 등사에 관한 업무처리지침(대검찰청 예규)'에서는 고소인, 고발인, 피해자, 참고인 등을 사건관계인이라 한다(수사준칙 제3조 제1항, 경찰수사규칙 제2조, 검찰보존사무규칙 제20조의3 제2호, 사건기록 열람, 등사에 관한 업무처리지침 제2조 제1호).
5) 수사준칙 제69조 제1항. 피의자 또는 사건관계인의 법정대리인, 배우자, 직계친족, 형제자매로서 피의자 또는 사건관계인의 위임장 및 신분관계를 증명하는 문서를 제출한 사람도 마찬가지로 신청할 수 있다(수사준칙 제69조 제5항).
6) 수사준칙 제69조 제2항, 검찰보존사무규칙 제20조의3. 피의자 또는 사건관계인의 법정대리인, 배우자, 직계친족, 형제자매로서 피의자 또는 사건관계인의 위임장 및 신분관계를 증명하는 문서를 제출한 사람도 마찬가지로 신청할 수 있다(수사준칙 제69조 제5항).
7) 이 경우 열람·복사의 범위는 피의자에 대한 혐의사실 부분으로 한정하고, 그 밖에 사건관계인에 관한 사실이나 개인정보, 증거방법 또는 고소장등에 첨부된 서류 등은 제외한다(수사준칙 제69조 제3항).
8) 수사준칙 제16조 제6항, 제69조, 사건기록 열람 등사에 관한 업무처리지침 제3조의2 제1항, 제3조의3, 검찰보존사무규칙 제20조의2 제1항. 종래 '수사사건'으로 지칭되던 사건은 검찰,

검사 또는 사법경찰관은 위와 같은 신청을 받은 경우에는 해당 서류의 공개로 사건관계인의 개인정보나 영업비밀이 침해될 우려가 있거나 범인의 증거인멸·도주를 용이하게 할 우려가 있는 경우 등 정당한 사유가 있는 경우를 제외하고는 열람·복사를 허용해야 한다.[9] 다만 사건관계인의 명예나 사생활 또는 재산권의 보호, 증거인멸의 방지, 영업비밀 침해나 사건관계인의 정당한 이익 보호 등을 이유로 열람, 복사를 제한할 수 있다.[10]

이러한 규정들에 따라 실무상 수사단계에서는 신청인 본인의 진술이나 본인의 제출자료 이외의 자료에 대해서는 대부분 열람, 등사가 제한되는 실정이다. 피의자, 사건

경찰간 수사권 조정에 따라 수사지휘제도가 폐지됨에 따라 개정 검찰사건사무규칙(2021. 1. 1. 시행 법무부령 제992호)으로 '조사사건'으로 명칭이 변경되었다.

9) 수사준칙 제69조 제6항.

10) 검찰보존사무규칙 제22조(수사서류 등의 열람·등사의 제한)의 내용은 아래와 같다. 경찰 수사서류 열람복사에 관한 규칙 제4조에도 유사한 제한규정이 있다.

① 검사는 제20조의2 및 제20조의3에 따른 수사서류 또는 불기소사건기록 등의 열람·등사의 신청에 대하여 수사준칙 제69조 제6항에 따라 다음 각 호의 어느 하나에 해당하는 경우에는 수사서류 또는 불기소사건기록 등의 열람·등사를 제한할 수 있다.

1. 다른 법률 또는 법률의 위임에 따른 명령에서 비밀이나 비공개 사항으로 규정하고 있는 경우

2. 국가안전보장이나 국방·통일·외교관계 등에 관한 사항으로 기록의 공개로 인하여 국가의 중대한 이익을 현저히 해칠 우려가 있거나 선량한 풍속 그 밖의 공공의 질서유지나 공공복리를 현저히 해칠 우려가 있는 경우

3. 기록의 공개로 인하여 사건관계인의 명예나 사생활의 비밀 또는 자유를 침해할 우려가 있거나 생명·신체 및 재산의 보호에 현저한 지장을 초래할 우려가 있는 경우

4. 기록의 공개로 인하여 공범관계에 있는 자 등의 증거인멸 또는 도주를 용이하게 하거나 관련 사건의 수사, 공소의 제기 및 유지, 재판 또는 형집행에 관한 직무수행을 현저히 곤란하게 할 우려가 있는 경우

5. 기록의 공개로 인하여 비밀로 유지할 필요가 있는 수사방법상의 기밀이 누설되는 등 범죄의 예방, 수사, 공소의 제기 및 유지 또는 재판에 관한 직무수행을 현저히 곤란하게 할 우려가 있거나 불필요한 새로운 분쟁이 야기될 우려가 있는 경우

6. 기록의 공개로 인하여 사건관계인의 영업비밀이 침해될 우려가 있거나 사건관계인의 정당한 이익을 현저히 해칠 우려가 있는 경우

7. 의사결정 또는 내부검토 과정에 있는 사항으로서 공개될 경우 업무의 공정한 수행에 현저한 지장을 초래할 우려가 있는 경우

8. 기록의 공개로 인하여 사건관계인에게 부당한 경제적 이익 또는 불이익을 줄 우려가 있거나 공정한 경제질서를 해칠 우려가 있는 경우

9. 그 밖에 기록을 공개하는 것이 적합하지 않다고 인정할 만한 현저한 사유가 있는 경우

② 특수매체기록에 대한 등사는 제1항 각 호의 사유에 해당하지 아니하고, 조사자의 명예나 사생활의 비밀 또는 생명·신체의 안전이나 생활의 평온을 해할 우려가 없는 경우에 한하여 할 수 있다.

관계인 등이 위와 같은 서류의 열람, 복사를 신청하였으나 수사기관에서 이를 거부하였다면, 신청인은 이에 대하여 열람, 복사 거부처분 취소소송(행정소송)을 제기할 수 있다.[11] 법원은 수사기록의 열람, 복사의 절차와 범위를 규정한 구 검찰보존사무규칙은 법규명령이 아닌 행정규칙에 불과하여 국민을 기속하는 효력은 없다고 보고, 정보공개법 등 법률 규정에 의거하여 열람, 복사 거부의 적법성을 판단한다.[12][13] 현행 '검찰보

---

11) 공공기관의 정보공개에 관한 법률의 목적, 규정 내용 및 취지 등에 비추어 보면, 국민의 정보공개청구권은 법률상 보호되는 구체적인 권리라 할 것이므로, 공공기관에 대하여 정보의 공개를 청구하였다가 공개거부처분을 받은 청구인은 행정소송을 통하여 그 공개거부처분의 취소를 구할 법률상의 이익이 있다 할 것이다(대판 2003. 3. 11. 2001두6425).

12) "검찰보존사무규칙이 검찰청법 제11조에 기하여 제정된 법무부령이기는 하지만, 그 중 불기소사건기록의 열람·등사의 제한을 정하고 있는 위 규칙 제22조는 법률상의 위임근거가 없는 행정기관 내부의 사무처리준칙으로서 행정규칙에 불과하므로, 위 규칙 제22조에 의한 열람·등사의 제한을 공공기관의 정보공개에 관한 법률 제4조 제1항의 '정보의 공개에 관하여 다른 법률에 특별한 규정이 있는 경우' 또는 같은 법 제9조 제1항 제1호의 '다른 법률 또는 법률이 위임한 명령(국회규칙·대법원규칙·헌법재판소규칙·중앙선거관리위원회규칙·대통령령 및 조례에 한한다)에 의하여 비밀 또는 비공개 사항으로 규정된 경우'에 해당한다고 볼 수 없다(대판 2004. 5. 28. 2001두3358; 대판 2006. 5. 25. 2006두3049 등 참조). 위 법리에 비추어 살펴보면, 원심이 검찰보존사무규칙에서 정한 열람·등사 제한사유가 이 사건 정보공개거부처분의 법적 근거가 될 수 없다고 판단한 것은 정당하다고 수긍할 수 있고, 거기에 이 부분 상고이유에서 주장하는 바와 같이 검찰보존사무규칙의 법규성에 관한 법리오해 등의 위법이 있다고 할 수 없다(대판 2012. 6. 28. 2011두16735)."

13) '진행 중인 재판에 관련된 정보로서 공개될 경우 그 직무수행을 현저히 곤란하게 하거나 형사피고인의 공정한 재판을 받을 권리를 침해하는 정보'를 공개대상에서 제외하는 것은, 판결 전에 재판기록을 공개하여 제3자가 그 당부를 논할 경우 재판의 독립성과 신뢰성에 문제가 발생할 수 있기 때문으로서 공정하고 원활한 재판을 확보하자는데 제도적 취지가 있는 것이므로, 진행 중인 재판의 내용과 관련된 모든 정보가 이에 해당한다고 볼 수는 없고, 재판 자체에 관한 정보로서 당해 정보를 공개할 경우 진행 중인 재판의 심리 또는 재판결과에 영향을 미칠 위험성이 있는 경우로 한정하여 해석해야 한다(대판 2011. 11. 24. 2009두19021; 대판 2012. 4. 12. 2010두24913).
수사에 관한 사항으로서 공개될 경우 그 직무수행을 현저히 곤란하게 한다고 인정할 만한 상당한 이유가 있는 정보를 비공개대상 정보로 규정하고 있는 취지는 수사의 방법 및 절차 등 수사상 기밀이 공개되는 것을 막고자 하는 것으로서 수사기록의 일부인 의견서, 보고문서, 메모, 법률검토, 내사자료 등이 이에 해당하지만, 공개청구대상인 정보가 의견서, 보고문서, 메모, 법률검토, 내사자료 등에 해당한다고 하여 곧바로 비공개대상정보라고 볼 것은 아니고, 의견서 등의 실질적인 내용을 구체적으로 살펴 수사의 방법 및 절차 등이 공개됨으로써 수사기관의 직무수행을 현저히 곤란하게 한다고 인정할 만한 상당한 이유가 있어야만 비공개대상 정보이다(대판 2012. 7. 12. 2010두7048).
국가정보원이 제보자 甲으로부터 A사로부터 B사로 이직한 사람이 A사의 영업비밀을 B사로 유출하였다는 제보를 받고 이를 경찰에 이첩하고 경찰이 B사에 대해 압수수색을 진행하는 등 내사를 진행하였는데 결국 무혐의로 사건이 종결되자 B사가 국가정보원을 상대로 제보자

존사무규칙'이나 '경찰 수사서류 열람복사에 관한 규칙'의 법규성에 대하여도 마찬가지로 의문이 제기될 수 있을 것으로 보인다.

제2절 형사재판 단계의 정보공개 제도

공소제기 후 증거제출 전 형사사건 기록은, (1) 피해자나 참고인은 본인 진술서류 및 본인 제출서류의 전부 또는 일부에 대해 열람, 등사를 신청할 수 있고,[14] (2) 피해

의 이름, 주소, 연락처를 공개하라는 정보공개청구를 하였고 국가정보원이 이를 거부한 사안에서, "정보공개법 제9조 제1항 단서 제6호는 '당해 정보에 포함되어 있는 이름·주민등록번호 등 개인에 관한 사항으로서 공개될 경우 개인의 사생활의 비밀 또는 자유를 침해할 우려가 있다고 인정되는 정보'를 비공개대상으로 정하여 정보공개로 인하여 발생할 수 있는 개인의 사생활의 비밀과 자유, 자신에 대한 정보통제권 등 제3자의 법익침해를 방지하고 있고, 다만 같은 규정 단서 (다)목은 '공공기관이 작성하거나 취득한 정보로서 공개하는 것이 공익 또는 개인의 권리구제를 위하여 필요하다고 인정되는 정보'는 비공개대상에서 제외하고 있으며 '공개하는 것이 개인의 권리구제를 위하여 필요하다고 인정되는 정보'에 해당하는지 여부는 비공개에 의하여 보호되는 개인의 사생활의 비밀 등의 이익과 공개에 의하여 보호되는 개인의 권리구제 등의 이익을 비교·교량하여 구체적 사안에 따라 개별적으로 판단하여야 한다(대판 2003. 12. 26. 2002두1342 등 참조). 이 사건 정보는 이 사건 제보자의 이름, 주소, 연락처로 구성되어 그 자체로 특정인을 식별할 수 있는 개인정보라고 할 것이나, 원고는 이 사건 제보에 따라 압수수색을 받고 그 내용이 사실이 아닌 것으로 밝혀진 점, 원고는 이 사건 정보를 취득하여 이 사건 제보자를 상대로 법적인 수단을 강구할 기회를 얻게 되는 점 등을 고려하면 이 사건 제보자의 신원정보 공개로 인해 그 사생활의 비밀이 침해되는 정도보다는 원고의 권리구제를 위해 정보가 공개되어야 할 필요성이 더 크다고 할 것이므로 이 사건 정보 중 이 사건 제보자의 이름, 주소에 관한 부분은 정보공개법 제9조 제1항 단서 제6호가 정한 비공개정보에 해당된다고 보기 어렵다. 다만, 원고의 권리구제 목적은 이 사건 정보 중 이 사건 제보자의 이름, 주소에 관한 부분의 공개만으로도 충분히 달성될 수 있을 것으로 보이므로, 이 사건 정보 중 이 사건 제보자의 연락처에 관한 부분은 정보공개법 제9조 제1항 단서 제6호가 정한 비공개정보에 해당한다고 봄이 상당하다."고 판시한 하급심이 있다(서울행정법원 2008. 11. 6. 2008구합26466. 1심 선고후 원고의 소취하로 종결됨).

성폭행 사건 고소인측 소송대리인이 피해자와 가해자에 대한 각 거짓말탐지기 조사결과에 대한 공개를 구한 사안에서, 위 사건에 관한 수사를 종료하여 혐의없음 처분을 하였고, 해당 정보를 공개할 경우 직무수행을 현저히 곤란하게 하거나 형사피고인의 공정한 재판을 받을 권리를 침해한다고 볼 이유가 없다는 이유로 공개를 허용한 하급심도 있다(서울행정법원 2005. 10. 7. 2005구합8221).

14) 다만 검사는 기소전 기록에 대한 것과 마찬가지로 공개로 인하여 공공의 질서유지나 공공복리를 현저히 해칠 우려 등이 있는 경우 열람, 등사를 제한할 수 있다(사건기록 열람, 등사에 관한 업무처리 지침 제4조 제1항).

자는 피해회복을 목적으로 하는 범위에 한하여 본인 제출서류 이외의 서류의 열람, 등사를 신청할 수 있다.[15]

재판 진행 중인 형사사건 기록은, 피해자(피해자가 사망하거나 그 심신에 중대한 장애가 있는 경우에는 그 배우자·직계친족 및 형제자매를 포함함), 피해자 본인의 법정대리인 또는 이들로부터 위임을 받은 피해자 본인의 배우자·직계친족·형제자매·변호사가 재판장에게 그 열람, 등사를 신청할 수 있다. 재판장은 피해자 등의 권리구제를 위하여 필요하다고 인정하거나 그 밖의 정당한 사유가 있는 경우 범죄의 성질, 심리의 상황, 그 밖의 사정을 고려하여 상당하다고 인정하는 때에는 적당한 조건을 붙여 열람 또는 등사를 허가할 수 있다.[16][17] 이 규정에 의한 열람, 등사의 대상은 공판조서, 검증조서 등 형사공판과정에서 작성된 서류 이외에 검사, 피고인 또는 변호인이 법원에 제출한 모든 증거자료 또는 참고자료도 포함한다.[18] 다만 증거자료 또는 참고자료로 법원에 제출되지 않고 검사, 피고인 또는 변호인이 보관 또는 소지하고 있는 자료는 본 조에 의한 열람등사의 대상이 되지 않는다.[19]

고소인, 고발인, 피해자는 비용을 납부하고 재판서(판결문) 또는 재판을 기재한 조서의 등본 또는 초본의 교부를 청구할 수 있다.[20]

재판이 확정된 형사사건의 기록은, (1) 누구든지 판결서, 증거목록 그 밖에 검사나 피고인 또는 변호인이 법원에 제출한 서류, 물건의 명칭, 목록 또는 이에 해당하는 정보를 보관하는 법원에 그 열람, 복사를 신청할 수 있고, (2) 누구든지 소송기록을 보관하고 있는 검찰청에 권리구제, 학술연구 또는 공익적 목적으로 그 소송기록의 열람, 등사를 신청할 수 있다.[21] 다만 사건관계인의 명예, 사생활의 비밀, 영업비밀이 침해될

---

15) 사건기록 열람, 등사에 관한 업무처리지침 제4조 제2항.
16) 형사소송법 제294조의4 제1항, 제3항, 제4항.
17) '진행 중인 재판에 관련된 정보로서 공개될 경우 그 직무수행을 현저히 곤란하게 하거나 형사 피고인의 공정한 재판을 받을 권리를 침해하는 정보'를 공개대상에서 제외하는 것은, 판결 전에 재판기록을 공개하여 제3자가 그 당부를 논할 경우 재판의 독립성과 신뢰성에 문제가 발생할 수 있기 때문으로서 공정하고 원활한 재판을 확보하자는데 제도적 취지가 있는 것이므로, 진행 중인 재판의 내용과 관련된 모든 정보가 이에 해당한다고 볼 수는 없고, 재판 자체에 관한 정보로서 당해 정보를 공개할 경우 진행 중인 재판의 심리 또는 재판결과에 영향을 미칠 위험성이 있는 경우로 한정하여 해석해야 한다(대판 2011. 11. 24. 2009두19021; 대판 2012. 4. 12. 2010두24913).
18) 주석 형사소송법 제2편, (2017.11), 189면.
19) 주석 형사소송법 제2편, (2017.11), 189면.
20) 형사소송법 제45조, 형사소송규칙 제26조 제2항.
21) 형사소송법 제59조의2 제1항, 제59조의3 제1항.

우려 등 일정한 사유가 있으면 열람, 등사가 제한될 수 있다. 열람, 등사의 제한에 대해 불복이 있으면 준항고를 제기할 수 있다.[22]

민사소송절차에서의 증거신청 제도

우리나라는 미국의 증거개시절차와 같이 민사소송절차를 통해서 광범위하게 재산을 추적하는 제도는 없다.[23]

소송계속 전 또는 소송계속 중에 특정한 증거를 미리 조사해 두었다가 본안소송에서 사실을 인정하는데 사용하기 위하여 증거보전신청을 할 수 있다. 증거보전을 신청하기 위해서는, 미리 증거조사를 하지 아니하면 그 증거를 사용하기 곤란한 사정이 존재해야 한다.[24]

민사소송 제기 후의 문서제출신청,[25] 문서송부촉탁,[26] 석명요구,[27] 조사촉탁,[28] 법

---

22) 형사소송법 제59조의2 제1항, 제6항, 제59조의3 제1항, 제4항, 제5항.

23) 미국의 증거개시제도와 한국 민사소송절차와의 전반적 차이에 대하여는, 김정환·최은정, 효율적인 증거개시·수집을 위한 제도개선방안, 사법정책연구원연구총서(2015).

24) 민사소송법 제375조. 증인이나 당사자 본인이 고령이거나 위독한 경우, 공문서 또는 소송기록이나 등기신청서류의 보존기간의 경과로 인한 폐기의 염려가 있는 경우 등이 그 예이다. 증거보전신청의 대상은 모든 증거방법이고, 증인신문뿐만 아니라 서증조사·문서제출명령·문서송부촉탁도 가능하다. 법원행정처, 법원실무제요 민사소송III, 2017, 1327면. 증거보전신청을 각하하는 결정에 대하여는 불복할 수 있다(민사소송법 제439조).

25) 민사소송법 제344조 제1항이 소위 인용문서, 인도열람청구권 존재문서, 이익문서, 법률관계문서에 대해 원칙적으로 제출의무를 부과하고 있으나, 동조 제2항에 따라 그 이외의 문서도 동조 제2항 각호의 예외사유가 없는 한 제출의무가 있다. 상대방이 어떤 문서를 가지고 있는지 잘 알 수 없는 때에는, 먼저 상대방이 가지고 있는 문서의 목록을 제출할 것을 신청할 수 있다(민사소송법 제346조). 법원은 문서제출신청에 정당한 이유가 있다고 인정한 때에는 문서를 가진 자에게 그 제출을 명할 수 있다(민사소송법 제347조 제1항). 판례는 문서제출명령신청은 서증신청방식의 하나이므로(민사소송법 제343조 후단), 해당 문서가 서증으로서 필요하지 아니하다고 인정할 때에는 민사소송법 제290조에 의거하여 제출명령신청을 받아들이지 아니할 수 있다고 한다(대결 2008. 9. 26. 2007마672). 문서제출신청에 관한 법원의 결정에 대하여는 즉시항고할 수 있다(민사소송법 제348조).

26) 문서송부촉탁은, 문서소지자에게 그 문서를 법원에 보내도록 촉탁하여 줄 것을 법원에 신청하는 것이다(민사소송법 제352조). 보통 소송 상대인이 아닌 제3자(국가기관, 법인 등)가 보관하는 문서를 증거로 제출하려 할 때 이용된다. 법원은 문서송부촉탁신청이 상당하다고 인정되면 문서소지자에게 문서송부를 촉탁한다. 문서소지자는 정당한 사유가 없는 한 그에 협력할 의무가 있고(민사소송법 제352조), 그 문서를 보관하고 있지 아니하거나 그 밖에 촉탁에 따를 수 없는 사정이 있는 때에는 법원에 그 사유를 통지해야 한다(민사소송법 제352조

원 밖에서의 증거조사[29] 등을 통해서 재산의 이동에 대하여 확인을 시도해 볼 수는 있을 것이다. 통신사실·정보금융거래정보·과세정보도 위와 같은 증거조사의 대상이다.

참고로 2016. 1.부터는 금융거래정보 중 과거 전국은행연합회, 한국여신전문금융업협회 등 업종별 협회에서 분산하여 관리하던 신용정보를 신용정보의 이용 및 보호에 관한 법률(이하 이 책에서 '신용정보법')상 신용정보집중기관[30]으로 허가받은 '한국신용정

<hr />

의2 제2항). 다만 문서소지자의 불이행에 대한 제재 수단은 없다(법원행정처, 법원실무제요 민사소송III, 2017, 1470면). 문서소지자가 개인정보 보호등의 이유로 협력하지 않거나 문서의 일부만 송부하는 경우가 있는데, 이 경우는 법원밖 서증조사(민사소송법 제297조)를 신청하거나 문서소지자가 국가기관인 경우에는 별도로 정보공개청구를 하고 이를 거부하면 거부처분에 대한 취소소송을 제기하거나, 해당 문서 작성자를 증인신청하는 것을 고려해 볼 수 있을 것이다(법원행정처, 법원실무제요 민사소송III, 2017, 1470면). 증인이 소환을 받았으나 정당한 사유없이 출석하지 아니하면 500만원 이하의 과태료가 부과될 수 있다(민사소송법 제311조 제1항).

27) 소송당사자는 필요한 경우 재판장에게 상대방에 대하여 설명을 요구하여줄 것을 요청할 수 있다(민사소송법 제136조 제3항). 이를 구문권(求問權)이라고 한다. 재판장이나 상대방이 이에 응할 의무가 있는 것은 아니지만, 상대방의 대응을 확인함으로써 간접적으로 재산의 행방을 추정하는 수단이 될 여지는 있다.

28) 실무상 '사실조회'라 한다. 법원은 공공기관, 그 밖의 단체, 개인, 외국의 공공기관에게 그 업무에 속하는 사항에 관하여 필요한 조사 또는 보관중인 문서의 능본 사본을 촉탁할 수 있다(민사소송법 제294조). 법원은 재판상 필요한 경우에는 민사소송법 제294조에 의하여 전기통신사업자에게 통신사실확인자료제공을 요청할 수 있으므로(통신비밀보호법 제13조의2), 통신내역도 사실조회 대상이 된다(법원실무제요 민사소송III, 2017, 1540면). 참고로 법원이 국가기관들을 상대로 사실을 조회하거나 문서의 제출을 요구할 수 있는 근거는 민사소송 제294조의 조사촉탁, 제347조의 문서제출명령, 제352조의 문서송부촉탁, 제297조의 법원밖에서의 증거조사 등이나, 그 대상인 금융기관, 신용정보를 처리하는 공공기관이나 단체, 세무공무원 등이 법원에 금융거래정보나 과세정보를 제출할 수 있는 근거인 금융실명법 제4조 제1항, 국세기본법 제81조의13 제1항, 지방세기본법 제114조 제1항, 신용정보법 제32조 제6항은 법원으로부터 '제출명령'을 받았을 때 정보를 제공할 수 있도록 되어있어서 용어에 차이가 있다. 법원은 '금융거래정보, 과세정보 제출명령에 관한 예규'를 통해서 위와 같은 민사소송법 규정들에 의한 정보요청 시 '금융거래정보, 과세정보 제출명령'이라는 통일된 용어와 양식을 사용하도록 함으로써 법령의 용어차이에서 발생할 수 있는 문제를 해결하고 있는 것으로 보인다.

29) 법원이 그 문서가 있는 장소에 가서 서증의 신청을 받아 증거조사를 하는 것이다(민사소송법 제297조). 해당 문서를 제3자가 가지고 있고, 문서제출명령(민사소송법 제343조)이나 문서송부촉탁(민사소송법 352조)으로 증거신청을 하기 어려운 경우에 이용된다(법원실무제요 민사소송III, 2017, 1451면). 문서를 가지고 있는 자는 정당한 사유가 없는 한 이에 협력하여야 한다(민사소송법 제352조의2 제1항).

30) 집중관리대상인 신용정보는, 대출현황, 당좌예금 개설 및 해지사실, 담보 및 채무보증현황, 신용카드발급, 해지사실, 대출금 신용카드대금 연체사실, 대위변제, 대지급 사실, 보험계약 현황, 보험금 청구 지급현황, 대출연체정보, 증자나 주식 또는 지분변동에 관한 정보 등이

보원'이 관리하고 있으므로 이 기관에 대한 사실조회 등의 증거조사를 통해서 신용정보[31]의 입수가 가능할 것으로 보인다.

다만 위 수단 중 증거보전신청을 제외하고는 민사소송을 제기한 후에야 가능하기 때문에 소송제기의 상대방이나 소송의 형태 등을 정하기 전에 모색적으로 재산을 추적하는데는 사용하기 어렵다는 단점이 있다.

제4절 민사집행법상 재산명시절차, 채무불이행자명부 등재, 재산조회 제도

'재산명시신청'이란 금전의 지급을 목적으로 하는 집행권원에 기초하여 강제집행을 개시할 수 있는 채권자가 법원을 상대로 채무자의 재산명시를 요구하여 달라고 신청하는 것이다.[32] 신청에 정당한 이유가 있는 때에는 법원은 채무자에게 재산상태를 명시한 재산목록을 제출하도록 명하고 이를 신청자(채권자) 및 채무자에게 송달하고, 재산명시기일을 정한다.[33] 채무자는 위 기일에 강제집행의 대상이 되는 재산[34]과 재산명시명령이 송달되기 전 1년 이내에 한 '부동산의 유상양도, 배우자 및 일정 범위의 친족에게 한 부동산 외 재산의 유상양도'와 재산명시명령이 송달되기 2년 전 이내에 한 재산상 무상처분을 기재한 재산목록을 제출해야 한다.[35] 채무자는 재산명시기일에 재

다(신용정보법 제25조 제4항, 동법 시행령 제21조 제3항 및 별표).

31) '신용정보'란 (1) 신용정보주체를 식별할 수 있는 정보(개인의 성명, 주소, 연락처, 법인의 상호, 사업자등록번호, 본점소재지 등), (2) 신용정보주체의 거래내용을 판단할 수 있는 정보(대출계약, 보증계약, 공제계약, 보험계약 등), (3) 신용정보주체의 신용도를 판단할 수 있는 정보(상거래와 관련한 연체, 부도, 대위변제 등, 해당기업의 과점주주 중 최다출자자로서 기업을 사실상 지배하는 자, 과점주주인 동시에 이사 또는 감사로서 해당 기업의 채무에 대해 연대보증을 한 자 등에 대한 정보 등), (4) 신용정보주체의 신용거래능력을 판단할 수 있는 정보(개인의 재산, 소득, 납세실적, 기업의 사업내용, 지분보유현황, 대표자 및 임원 현황, 재무제표 등), (5) 그 외 신용정보주체의 신용을 판단할 때 필요한 정보이다(신용정보법 제2조, 동법 시행령 제2조).

32) 민사집행법 제61조.

33) 민사집행법 제62조 제4항, 제64조 제1항.

34) 민사집행규칙 제28조에 규정되어 있다. 부동산에 대한 소유권 등 각종 권리, 등기등록 대상인 자동차등에 대한 각종 권리, 특허권 등 지적재산권, 50만원 이상의 금전, 예금, 유가증권, 채권, 금, 사무기구, 재고상품 등, 정기적으로 받는 보수 기타 수입, 30만원 이상의 시계, 보석류, 예술품, 의류, 가구, 기계, 회원권 등, 그 밖에 법원이 적을 것을 명한 재산 등이다.

산목록이 진실하다는 것을 선서하여야 하고, 채권자는 재산목록에 대한 열람복사를 신청할 수 있다.[36] 채무자가 명시기일에 불출석하거나, 재산목록제출을 거부하거나, 선서를 거부하는 경우 20일 이내의 감치에 처해지고, 거짓의 재산목록을 제출한 경우에는 형사 처벌된다.[37]

'채무불이행자명부 등재'란 채무자가 (1) 금전의 지급을 명한 집행권원이 확정된 후 또는 집행권원을 작성한 후 6개월 이내에 채무를 이행하지 아니하거나, (2) 재산명시기일 불출석, 재산목록 제출 거부, 선서 거부 또는 거짓의 재산목록제출을 하였을 때 채권자의 신청에 따라 법원의 결정으로 채무자의 인적사항을 법원이 관리하는 채무불이행자명부에 등재하는 제도를 말한다.[38] 채무를 이행하지 않는 불성실 채무자의 인적사항을 공개함으로써 명예와 신용의 훼손과 같은 불이익을 가하고, 이를 통하여 채무이행에 노력하게 하는 간접강제의 효과를 거둠과 아울러 일반인으로 하여금 거래상대방에 대한 신용조사를 용이하게 하여 거래의 안전을 도모함을 목적으로 한다.[39] 법원은 채무불이행자명부를 채무자의 주소지 시·구·읍·면의 장에게 보내야 하고, 일정한 금융기관의 장이나 금융관련단체의 장에게 보내어 신용정보로 활용하게 할 수 있으며, 누구든지 채무불이행자명부의 열람·복사를 신청할 수 있다.[40]

'재산조회제도'란 (1) 채권자가 재산명시신청절차에서 주소보정명령을 받고도 채무자의 주소를 알 수 없거나 외국으로 송달하여야 하는 경우 그 나라에 주재하는 대한민국 대사·공사·영사 또는 그 나라의 공공기관에 촉탁하여 송달할 수 없거나 그에 따라도 효력이 없을 것으로 인정되는 경우[41], (2) 재산명시절차에서 채무자가 제출한 재산목록의 재산만으로는 집행채권의 만족을 얻기에 부족한 경우, (3) 재산명시절차에

---

35) 민사집행법 제64조 제2항. 재산목록을 적을 때 권리이전에 등기, 등록, 명의개서 등이 필요한 재산은 제3자에게 명의신탁되어 있거나 신탁재산으로 되어 있는 것도 적어야 한다(민사집행규칙 제28조 제3항).

36) 민사집행법 제65조, 제67조. 재산명시신청을 한 채권자가 아니더라도 채무자에 대하여 강제집행을 개시할 수 있는 채권자는 해당서류를 첨부하여 재산목록의 열람 복사를 신청할 수 있다. 누구든지 재산조회 결과를 강제집행 외 목적으로 사용하면 형사처벌된다(민사집행법 제76조).

37) 민사집행법 제68조 제1항, 제9항.

38) 민사집행법 제70조, 제71조.

39) 대결 2010. 9. 9. 2010마779.

40) 민사집행법 제72조. 금융기관에 대한 통보는 한국신용정보원의 장에게 하도록 되어 있다(민사집행규칙 제33조 제1항).

41) 재산명시신청절차에서는 우편송달이나 공시송달을 할 수 없으므로(민사집행법 제62조 제5항), 채무자의 주소를 알 수 없어 신청이 재산명시신청이 각하될 수 있으나 이러한 경우에는 재산조회신청을 할 수 있도록 한 것이다(법원실무제요 민사집행 I, 2020. 438면).

서 명시기일 불출석, 재산목록 제출거부, 선서 거부, 거짓의 재산목록 제출이 있었을 경우, 채권자의 재산명시절차의 관할 법원이 채권자의 신청에 따라 개인의 재산 및 신용에 관한 전산망을 관리하는 공공기관·금융기관·단체 등을 상대로 채무자 명의의 재산을 조회하는 것이다. 법원은 재산조회신청이 정당하다고 인정하는 때는 재산조회를 실시한다.[42] 법원은 금융실명법 등 관련법령에 따라 금융기관으로 하여금 채무자에 대한 통보를 유예하도록 요청할 수 있다.[43] 법원은 재산조회결과를 재산목록에 준하여 관리해야 하고, 재산조회신청인 또는 채무자에 대하여 강제집행을 개시할 수 있는 채권자는 재산조회결과를 보거나 복사할 것을 신청할 수 있다.[44] 재산조회의 결과를 강제집행 외의 목적으로 사용하는 것은 형사처벌 대상이다.[45]

제5절　신용평가회사, 신용정보회사, 채권추심회사를 통한 재산확인

'신용평가회사'란 기업 등에 대한 신용상태를 평가하여 등급을 부여하고 그 신용등급을 투자자나 이해관계자 등에게 제공하는 것을 영업으로 하는 회사이다.[46] 신용평가회사가 만든 기업보고서를 통해 기업의 대표자, 사업장의 위치, 대차대조표나 손익계

---

42) 현재 조회대상이 될 수 있는 기관·단체 및 조회할 재산은, 법원행정처[토지·건물의 소유권], 국토교통부[건물의 소유권], 특허청[특허권 등], 은행법상 은행, 한국산업은행, 중소기업은행, 자본시장법에 따른 투자매매업자, 투자중개업자, 집합투자업자, 신탁업자, 증권금융회사, 종합금융회사, 명의개서 대행회사, 상호저축은행 및 상호저축은행중앙회, 지역농업협동조합 및 품목조합, 수산업협동조합 및 수산업협동조합중앙회, 신용협동조합 및 신용협동조합중앙회, 지역산림조합 산림조합중앙회, 새마을금고 및 새마을금고중앙회, 과학기술정보통신부[각 시가 50만원 이상 금융자산], 보험회사[해약환급금이 50만원 이상인 보험계약], 한국교통안전공단[자동차, 건설기계의 소유권]이다(이상 민사집행규칙 제36조, 별표). 채권자의 신청이 있는 경우 과거 2년 안에 채무자가 보유한 재산내역을 조회할 수도 있다.
43) 금융회사 등이 법원의 재산조회명령에 따라 금융정보를 제공한 때에는 금융실명법 제4조의2 제1항에 따라 10일 이내에 채무자에게 이를 통보하여야 하나, 법원은 금융실명법 제4조의2 제2항에 따라 6개월을 상한으로 채무자에 대한 통보를 유예하도록 요청할 수 있다(재산조회규칙 제3조 제1항 제9호).
44) 민사집행법 제67조, 민사집행규칙 제38조, 제29조. 채무자에 대하여 강제집행을 개시할 수 있는 채권자로서 재산조회신청을 하지 아니한 채권자가 재산조회결과에 대한 열람복사를 신청할 때에는 집행권원의 사본을 제출하여야 한다(재산조회규칙 제13조 제2항).
45) 민사집행법 제76조 제1항.
46) '신용평가업'이란 금융투자상품, 기업, 집합투자기구 등에 대한 신용상태를 평가하여 등급을 부여하고 그 신용등급을 발행인, 인수인, 투자자, 그 밖의 이해관계자에게 열람 제공하는 행위를 영업으로 하는 것이다(자본시장법 제9조 제26항).

산서와 같은 재무정보, 휴폐업 유무, 신용등급 등이 확인되는 경우가 있다.

'신용정보회사'란 개인 또는 개인사업자의 신용을 판단하는데 필요한 정보를 수집하고 그 신용상태를 평가하여 제공하는 업무(개인신용평가업, 개인사업자 신용평가업), 법인의 거래내용, 신용거래능력 등에 관한 신용정보[47]를 수집, 분석하여 제공하고 법인의 신용등급을 생성하여 제공하는 등의 업무(기업신용조회업), 제3자의 의뢰를 받아 신용정보를 조사하여 제공하는 업무(신용조사업) 중의 하나를 수행하는 회사이다.[48]

'채권추심회사'란 채권자의 위임을 받아 채무자에 대한 재산조사, 변제촉구, 변제수령을 통하여 채권을 추심하는 회사이다.[49] 채권추심의 대상이 되는 '채권'이란 (1) 상행위로 생긴 금전채권, (2) 판결 등에 따라 권원이 인정된 민사채권으로서 대통령령으로 정하는 채권,[50] (3) 특별법에 따라 설립된 조합·공제조합·금고 등의 조합원·회원 등에 대한 대출·보증, 그 밖의 여신 및 보험 업무에 따른 금전채권, (4) 다른 법률에서 신용정보회사에 대한 채권추심의 위탁을 허용한 채권을 말한다.[51] 이들 회사를 통해 재산의 소재에 대한 정보를 얻을 수 있을 것이다.

---

47) '신용정보'란 (1) 신용정보주체를 식별할 수 있는 정보(개인의 성명, 주소, 연락처, 법인의 상호, 사업자등록번호, 본점소재지 등), (2) 신용정보주체의 거래내용을 판단할 수 있는 정보(대출계약, 보증계약, 공제계약, 보험계약 등), (3) 신용정보주체의 신용도를 판단할 수 있는 정보(상거래와 관련한 연체, 부도, 대위변제 등, 해당기업의 과점주주 중 최다출자자로서 기업을 사실상 지배하는 자, 과점주주인 동시에 이사 또는 감사로서 해당 기업의 채무에 대해 연대보증을 한 자 등에 대한 정보 등), (4) 신용정보주체의 신용거래능력을 판단할 수 있는 정보(개인의 재산, 소득, 납세실적, 기업의 사업내용, 지분보유현황, 대표자 및 임원 현황, 재무제표 등), (5) 그 외 신용정보주체의 신용을 판단할 때 필요한 정보이다(신용정보법 제2조, 동법 시행령 제2조).
48) 신용정보법 제2조 제4호, 제5호.
49) 신용정보법 제2조 제10호, 제10의2호.
50) 따라서 상행위로 인한 금전채권인 경우에는 아직 집행권원이 존재하지 않더라도 신용정보회사에 채권추심 의뢰가 가능하고, 민사채권인 경우에는 집행권원을 얻은 후에 채권추심 의뢰가 가능한 것으로 보인다.
51) 신용정보법 제2조 제11호.

제2장
피해재산의 보전과 회수에 대한 민사소송절차

피해재산의 소재가 파악되면 우선 피해재산을 보유하고 있는 자를 상대방으로 그 재산이 더 이상 소비·은닉되거나 제3자에게 이전·양도되지 않도록 가압류 등의 보전처분을 하고, 다음으로 강제집행을 할 수 있는 판결문 등의 집행권원을 확보한 후, 피해재산에 대한 강제집행을 통해서 이를 회수할 수 있다. 그 과정에서 채권자대위권의 행사, 채권자 취소소송의 제기, 회사에 대한 설립취소 신청, 채무자에 대한 파산신청 등도 고려될 수 있다. 아래에서는 이 절차들에 대해 살펴보고, 피해재산을 보유하고 있는 자를 상대로 직접 청구가 가능한 사유도 알아본다.

제1절 보전처분

피해재산이 범죄행위자 명의로 남아 있는 한 예금, 주식, 채권, 동산, 부동산 등 대부분의 재산은 가압류를 할 수 있다. 피해재산이 제3자 명의로 되어 있는 경우, 피해자는 '제3자를 상대로 불법행위, 부당이득 등을 원인으로 직접 채권을 보유'하거나 '범죄행위자(채무자)에 대한 채권자대위권 혹은 채권자취소권 행사를 통해서 제3자(제3채무자)를 상대로 한 청구권을 보유하거나 보유하게 될 것이라는 사실'을 입증하여 제3자 명의로 된 피해재산에 대하여 가압류를 시도해 볼 수 있을 것이다.[52]

주식에 대한 가압류는 주권이 발행되었는지, 한국예탁결제원에 예탁되었는지에 따라 방법이 달라진다. 범죄행위자가 아직 주식인수인의 지위에 있는 경우(소위 권리주)

---

[52] 가처분은 금전채권이 아닌 특정 물건이나 권리를 대상으로 하는 청구권을 가지고 있을 때 허용되는 보전처분이어서, 범죄피해로 발생하는 금전채권인 손해배상채권이나 부당이득반환채권을 보전하기 위하여 가처분이 허용되는 경우는 많지 않을 것이다. 금전채권에 대하여는 원칙적으로 가처분이 허용되지 않는다(법원실무제요, 민사집행V 보전처분, 2020, 10면).

또는 주신인수절차가 종료하였으나 회사가 주권을 발행하지 않고 있는 경우에는, 주주가 회사에 대하여 가지는 주권교부청구권을 가압류할 수 있다.[53]

회사성립 후 또는 신주의 납입기일 후 6월의 기간이 경과하도록 회사가 주권을 발행하지 않은 경우에는, 주권 없이 주식의 양도가 가능하므로 주식 자체를 가압류할 수 있다.[54] 주권이 발행되어 있다면 유체동산 가압류에 준하여 주권을 가압류할 수 있고,[55] 증권대체결제제도에 따라 범죄자(채무자)가 투자자로서 주식을 증권회사 등의 예탁자에게 예탁하였다면 증권회사 등의 예탁자를 제3채무자로 하여 예탁유가증권지분에 관한 계좌 대체와 증권의 반환을 금지하는 명령으로 가압류를 한다.[56] 전자등록주식에

---

53) 법원실무제요 민사집행V 보전처분, 2020, 333~334면. 주권교부청구권 가압류의 주문례: 1. 채무자의 제3채무자에 대한 별지 기재 주권교부청구권을 가압류한다. 2. 제3채무자는 채무자에게 위 주권을 교부하거나 채무자의 지시에 따라 이를 채무자 이외의 자에게 교부하여서는 아니 된다. 3. 채무자는 다음 청구금액을 공탁하고 집행정지 또는 그 취소를 신청할 수 있다.

54) 법원실무제요 민사집행V 보전처분, 2020, 334면.
주식 가압류의 주문례: 1. 채무자의 제3채무자에 대한 별지 기재 주식을 가압류한다. 2. 제3채무자는 위 주식에 대한 이익배당금의 지급, 잔여재산의 분배, 기타 일체의 처분행위를 하여서는 아니 된다. 3. 제3채무자는 위 주식에 대하여 채무자의 청구에 의하여 명의개서를 하거나 채무자에게 주권을 교부하여서는 아니 된다. 4. 채무자는 다음 청구금액을 공탁하고 집행정지 또는 그 취소를 신청할 수 있다(채무자는 위 주식에 관하여 양도, 질권 설정 그 밖에 일체의 처분행위를 하여서는 아니 된다는 문구를 추가하기도 한다). 법원실무제요 민사집행V 보전처분, 2020, 334면.

55) 유가증권 중 배서가 금지되지 아니한 것은 유체동산집행의 대상이 된다(민사집행법 제189조 제2항 제3호).

56) 민사집행규칙 제214조 제1항. 피해자 회사는 제3채무자인 예탁자로 하여금 가압류명령을 송달받은 날부터 1주 안에 서면으로 1. 압류명령에 표시된 계좌가 있는지 여부 2. 제1호의 계좌에 압류명령에 목적물로 표시된 예탁유가증권지분이 있는지 여부 및 있다면 그 수량 3. 위 예탁유가증권지분에 관하여 압류채권자에 우선하는 권리를 가지는 사람이 있는 때에는 그 사람의 표시 및 그 권리의 종류와 우선하는 범위 4. 위 예탁유가증권지분에 관하여 다른 채권자로부터 압류·가압류 또는 가처분의 집행이 되어 있는지 여부 및 있다면 그 명령에 관한 사건의 표시·채권자의 표시·송달일과 그 집행의 범위 5. 위 예탁유가증권지분에 관하여 신탁재산인 뜻의 기재가 있는 때에는 그 사실을 진술하게 할 것을 법원에 신청할 수 있다(민사집행규칙 제178조).
예탁자에 대한 가압류 주문례: 1. 채무자의 제3채무자에 대한 별지 기재 예탁유가증권에 관한 공유지분을 가압류한다. 2. 채무자는 위 예탁유가증권에 관한 공유지분에 대하여 계좌대체의 청구나 증권반환의 청구 그 밖의 일체의 처분행위를 하여서는 아니 된다. 3. 제3채무자는 위 예탁유가증권에 관한 공유지분에 대하여 계좌대체를 하거나 채무자에게 이를 반환하여서는 아니 된다. 4. 채무자는 다음 청구금액을 공탁하고 집행정지 또는 그 취소를 신청할 수 있다. 법원실무제요 민사집행V 보전처분, 2020, 335면.

대하여는 계좌관리기관(증권회사 등)을 제3채무자로 하여 전자등록주식의 계좌대체와 말소를 금지하는 명령으로 가압류를 한다.[57]

제2절 채권자대위권 제도

채권자는 자기의 채권을 보전하기 위하여 채무자의 권리를 행사할 수 있다.[58] 민사집행법을 통해서 채권의 가압류, 압류, 추심명령, 전부명령 등의 강제집행 및 현금화[59]가 가능하지만, 급속을 요하여 민사집행법상 요건·절차를 갖출 수 없는 경우 채권자대위권을 행사하여 재산을 보존할 수 있는 점, 채권자대위권은 재판상 또는 재판 외의 어느 방법으로든 행사할 수 있고 형성권 행사나 재산 명의의 채무자 앞으로의 환원 또는 시효중단 등의 보전행위도 대상인 점에서 민사집행법상의 수단과 구별된다.[60] 채권자대위권은 순차 대위하여 행사할 수도 있다.[61]

---

57) 민사집행규칙 제214조의2 제1항. 채무자가 일반 투자자인 고객이라면 금지명령의 상대방은 계좌관리기관(증권회사등)이다. 전자등록주식을 가압류한 경우에도 제3채무자인 계좌관리기관으로 하여금 서면진술을 하도록 신청할 수 있다(민사집행규칙 제214조의2 제2항, 제182조의4). 계좌관리기관에 대한 가압류 주문례: 1. 채무자가 계좌관리기관에 대하여 가지는 별지 기재 전자등록주식을 가압류한다. 2. 계좌관리기관은 위 전자등록주식에 대하여 계좌대체와 말소를 하여서는 아니 된다. 3. 채무자는 다음 청구금액을 공탁하고 집행정지 또는 그 취소를 신청할 수 있다. 법원실무제요 민사집행V 보전처분, 2020, 337면.

58) 민법 제404조 제1항.

59) 민사집행법 제223조, 제229조, 제241조 등.

60) 한국사법행정학회, 주석민법 제4판 채권총칙2, 2013, 113, 160면; 우리 민법의 채권자대위권은 완비된 강제집행 절차를 두지 않았던 프랑스 민법에서 유래한 것인데, 우리 민사집행법은 독일법을 계수하여 비교적 완비된 강제집행 절차를 두고 있다고 한다. 지원림, 민법강의 제16판, 1138면.

61) 순차대위는 이전등기청구권이나 말소등기청구권과 같은 특정채권을 보전하기 위하여 인정되는 경우가 많다(대판 1989. 5. 9. 88다카15338 등). 甲 소유의 부동산이 乙, 丙을 거쳐 원고에게 순차 매도되었으나 등기명의는 아직 甲에게 남아있는 경우, 원고는 丙에 대한 등기청구권에 기하여 丙의 乙에 대한 등기청구권을 대위행사할 수 있고 다시 이에 기하여 乙의 甲에 대한 등기청구권을 대위행사할 수 있다. 이 경우에 판결주문은, "1. 별지목록 기재 부동산에 관하여, 가. 피고 甲은 피고 乙에게 X월 X일 매매를 원인으로 한, 나. 피고 乙은 피고 丙에게 Y월 Y일 매매를 원인으로 한, 다. 피고 丙은 원고에게 Z월 Z일 매매를 원인으로 한 각 소유권이전등기절차를 이행하라."와 같은 형식이 된다.
금전채권을 보전하기 위한 순차대위도 허용되는 경우가 있는 것으로 보인다. A가 B에게, B가 C에게, C가 D에게 D가 원고에게 순차 부동산을 매도하고 이전등기가 되었는데(다만 D단계에서 중간생략등기로 인해 C에서 원고에게로 바로 등기됨) 그 부동산이 귀속재산이라는 채권자대위권 행사가 가능하려면 ① 피보전채권의 존재 및 변제기 도래, ② 보전의 필요성, ③ 채무자의 권리불행사, ④ 대위할 채권의 존재 등의 요건이 요구된다.

1. 피보전채권의 존재 및 변제기 도래

채권자가 자신의 채권이 변제기에 도래하기 전에 채권자대위권을 행사하여 보존행위 이외의 행위를 하려면, 법원의 허가를 얻어야 한다.[62] 비송사건절차법에서 그에 관한 절차를 규정한다.[63] 소멸시효 중단을 위한 이행청구나 가압류, 파산절차에서의 채권신고와 같은 '보존행위'는 채권자의 채권이 변제기 전이라도 법원의 허가 없이 가능하다는 견해가 있다.[64] 명의신탁자는 신탁계약을 해지하지 않더라도 수탁자를 대위하여 원인무효등기의 말소청구 등을 할 수 있다.[65]

이유로 국가가 A, B, C, 원고를 상대로 소유권이전등기말소소송을 제기하여 모두 승소하자, 원고가 주위적으로 B, C, D가 그 부동산이 자신들의 소유가 아님을 알고서도 원고를 기망하여 이를 매도하였다는 이유로 손해배상을 청구하고, 예비적으로 D와의 매매계약을 이행불능을 이유로 해제하고 담보책임으로서 D를 상대로 손해배상을 청구하면서, D와 C가 무자력임을 이유로 D의 C에 대한 매매계약해제권과 담보책임으로서 손해배상청구권, C의 B에 대한 매매계약해제권과 담보책임으로서의 손해배상청구권을 각 순차대위하여 청구한 사안에서 예비적 청구를 인용한 사례가 있다(대판 1968. 1. 23. 67다2440). A가 B에 대한 금전채권(물품대금청구권)을 기초로 B 와 C를 순차대위하여 B와 C의 무자력을 입증하고 C에게 채무를 부담하는 E를 상대로 금전지급을 청구하여 인용된 사례도 있다(서울중앙지법 2014. 4. 4. 2012가합108219).

62) 민법 제404조 제2항.
63) 법원실무제요, 비송, 2014, 122면 이하. 채권자는 자기 채권의 기한 전에 채무자의 권리를 행사하지 아니하면 그 채권을 보전할 수 없거나 보전하는 데에 곤란이 생길 우려가 있을 때에는 재판상의 대위를 신청할 수 있다(비송사건절차법 제45조). 법원은 대위의 신청이 이유있다고 인정할 때는 담보를 제공하게 하거나 제공하게 하지 아니하고 허가할 수 있다(비송사건절차법 제48조). 대위의 신청을 허가한 재판은 법원이 직권으로 채무자에게 이를 고지하고, 채무자는 이에 대하여 즉시항고를 제기할 수 있다(비송사건절차법 제49조 제1항, 제50조 제1항).
64) 한국사법행정학회, 주석민법 제4판, 채권총칙2, 2013, 132면; 지원림, 민법강의 제16판, 1144면.
65) 판례는 종중으로부터 토지를 명의수탁받은 자나 그 승계인이 이를 함부로 제3자에게 매도한 사안에서, 명의신탁자는 수탁자에 대하여 신탁계약상의 채권이 있으므로 명의신탁계약을 해지하지 않더라도 그 채권을 보전하기 위하여 수탁자가 가지고 있는 원인무효로 인한 소유권이전등기말소절차이행청구권을 대위 행사할 수 있다고 한다(대판 1993. 5. 11. 92다52870 등). 참고로, 명의신탁자가 명의수탁자를 대위함이 없이 직접 소유권에 기한 방해배제청구권의 행사로서 현재의 등기명의자에 대하여 원인무효등기의 말소등기청구를 할 수는 없다(대판 1992. 12. 11. 92다35523).

2. 보전의 필요성

피보전채권이 금전채권인 경우 '보전의 필요성'이 인정되려면 채무자가 무자력이어야 한다.[66] 무자력이란 채무자의 일반재산(책임재산)이 총채권자들에 대한 채권을 변제하기 부족한 상황(채무초과상태)을 의미하고, 채권자가 대위행사하려고 하는 당해 권리의 가액은 채무자의 일반재산을 산정하는데 합산하지 않는다.[67] 제3자 명의로 소유권이전등기청구권보전의 가등기가 마쳐져 있는 재산은 무자력 산정시 적극재산에서 제외될 수 있다는 판례가 있다.[68] 다른 방법으로 채권보전이 가능하다고 하여 보전의 필요성이 반드시 부정되는 것은 아니다.[69] 등기청구권의 대위행사 등 (금전채권이 아닌) 특

---

66) 다만 피보전채권이 등기청구권이나 방해배제청구권과 같이 채무자의 자력과 무관한 특정(비금전)채권인 경우에는 채무자의 무자력이 요구되지 않는다. 한국사법행정학회, 주석민법 제4판, 채권총칙2, 2013, 125, 136면.

예외적으로 임차보증금반환채권의 양수인이 양수금채권을 보전하기 위하여 임대인을 대위하여 임차인에 대하여 임차목적물의 인도청구를 하는 경우(대판 1989. 4. 25. 88다카4253), 수임인이 민법 제688조 제2항 전단 소정의 대변제청구권을 보전하기 위하여 채무자인 위임인의 채권을 대위하여 행사하는 경우(대판 2002. 1. 25. 2001다52506)와 같이 피보전채권이 금전채권의 성격을 가지더라도 채무자의 무자력을 요하지 않는 경우도 있다.

67) 한국사법행정학회, 주석민법 제4판, 채권총칙2, 2013, 143면. 회사가 부도되어 채권단이 결성될 정도면 일응 무자력이 입증되었다고 볼 수 있다는 판례가 있다. 연립주택의 건설공사를 도급받은 주식회사가 건설공사의 일부씩을 제3자에게 하도급 주고 그 하도급금을 지급하지 못하여 하수급인들을 비롯한 채권자들이 채권을 확보하기 위하여 채권단까지 구성한 사실이 있다면 특별한 사정이 없는 한 일응 위 회사가 채무를 변제할 자력이 없었다고 볼 수 있을 것인데도 위와 같은 특별한 사정이 있었는지의 여부에 관하여도 전혀 심리하지 아니한 채 위 회사의 무자력을 인정할 증거가 없다고 판단한 원심판결에는 심리미진 또는 채증법칙 위반의 위법이 있다(대판 1990. 12. 7. 90다카21886).

68) 대판 2009. 2. 26. 2008다76556. 1999년 제2기 부가가치세를 체납한 A가 자신의 부동산에 대하여 2000. 2. 처(妻) B에게 매매예약을 이유로 소유권이전등기청구권보전 가등기를 경료하였고, 그 외 A가 보유하는 7 필지의 부동산에 모두 A의 친인척 명의로 소유권이전청구권 가등기가 경료되어 있던 상황에서, 조세채권자인 국가가 2007. 10. A를 대위하여 B를 피고로 하여 A와 B간의 위 매매예약이 통정허위표시로서 무효이므로 위 가등기를 말소하라고 청구한 사안이다. 대법원은 특히 임의변제를 기대할 수 없는 경우에는 강제집행을 통한 변제가 고려되어야 하므로 소극재산이든 적극재산이든 위와 같은 목적에 부합할 수 있는 재산인지 여부가 고려되어야 하고, 이미 제3자 명의로 가등기가 경료된 채무자의 재산은 강제집행을 통한 변제가 사실상 불가능하므로, 그 가등기가 가등기담보 등에 관한 법률에 정한 가등기담보로서 강제집행을 통한 매각이 가능하다는 등의 특별한 사정이 없는 한, 실질적인 가치가 없어 적극재산 산정에서 제외되어야 한다고 판단하였다.

69) A가 소유하는 미등기건물을 B에게 임대한 후 미등기 건물이 있는 토지가 원고에게 경매되자 원고가 주위적으로는 미등기건물 소유권자로서 B에게 건물명도를 구하고 예비적으로는

정채권의 보전을 위해 채권자대위가 허용되는 경우에는, 채무자의 무자력은 불필요하다.

3. 대위할 채권의 존재

채권의 공동담보에 적합한 채무자의 재산권은 원칙적으로 모두 대위의 대상이다. 따라서 물권적청구권,[70] 채권자대위권,[71] 채권자취소권,[72] 민법상의 조합탈퇴권,[73] 소

토지소유자로서 건물소유자인 A를 상대로는 건물철거를, 건물점유자인 B를 상대로는 퇴거를 청구하고 그 외에 A를 대위하여 B를 상대로 퇴거를 청구한 사안에서, 판례는 원고가 토지 소유권에 근거하여 그 토지상 건물의 임차인 B를 상대로 건물에서의 퇴거를 청구할 수 있더라도 퇴거청구와 건물의 임대인 A를 대위하여 임차인 B에게 임대차계약의 해지를 통고하고 건물의 인도를 구하는 청구는 그 요건과 효과를 달리하는 것이므로, 위와 같은 퇴거청구를 할 수 있었다는 사정이 채권자대위권의 행사요건인 채권보전의 필요성을 부정할 사유가 될 수 없다고 하였다(대판 2007. 5. 10. 2006다82700).

70) 대판 1966. 9. 27. 66다1334.
71) 대판 1968. 1. 23. 67다2440.
72) 대판 2001. 12. 27. 2000다73049.
73) 대결 2007. 11. 30. 2005마1130은 "민법상 조합원은 조합의 존속기간이 정해져 있는 경우 등을 제외하고는 원칙적으로 언제든지 조합에서 탈퇴할 수 있고(민법 제716조 참조), 조합원이 탈퇴하면 그 당시의 조합재산상태에 따라 다른 조합원과 사이에 지분의 계산을 하여 지분환급청구권을 가지게 되는바(민법 제719조 참조), 조합원이 조합을 탈퇴할 권리는 그 성질상 조합계약의 해지권으로서 그의 일반재산을 구성하는 재산권의 일종이라 할 것이고 채권자대위가 허용되지 않는 일신전속적 권리라고는 할 수 없다"고 하였다. 그러나 위 결정은 "민법 제714조는 조합원의 지분에 대한 압류는 그 조합원의 장래의 이익배당 및 지분의 반환을 받을 권리에 대하여 효력이 있다고 규정하여 조합원의 지분에 대한 압류를 허용하고 있으나, 여기에서의 조합원의 지분이란 전체로서의 조합재산에 대한 조합원 지분을 의미하는 것이고, 이와 달리 조합재산을 구성하는 개개의 재산에 대한 합유지분에 대하여는 압류 기타 강제집행의 대상으로 삼을 수 없다 할 것이다. 원심결정 이유를 기록에 비추어 살펴보면, 재항고인은 채무자에 대한 집행권원에 기하여, 채무자가 제3채무자들과 합유하는 이 사건 임야에 관하여 합유자로서 가지는 지분권에 대하여 압류명령을 신청하였고 이에 따라 집행법원은 채무자의 위 합유지분권에 대하여 압류명령을 한 사실, 그 후 재항고인은 채무자를 대위하여 제3채무자들, 즉 다른 합유자들에 대하여 채무자를 조합으로부터 탈퇴시키고자 한다는 의사표시를 한 다음, 위 합유(조합) 탈퇴의 의사표시에 따라 채무자가 이 사건 임야에 관하여 제3채무자들에게 가지게 된 합유지분 환급청구권을 추심의 대상으로 삼아 이 사건 추심명령 신청을 한 사실을 알 수 있다. 위 사실관계를 앞서 본 법리에 비추어 보면, 특정재산인 이 사건 임야에 대한 합유지분권을 대상으로 한 위 압류명령은 집행적격이 없는 권리에 대한 것이어서 부적법하므로 그 효력을 인정할 수 없고, 그 후 재항고인이 채무자를 대위하여 위 합유 내지 조합관계로부터 탈퇴의 의사표시를 하였다고 한들, 이 사건 추심명령 신청 대상 채권, 즉 그로 인하여 채무자가 제3채무자들에 대하여 가지는 이 사건 임야에 관한 합유지분 환급청구권 역시 집행적격이 없을 뿐만 아니라, 설사 이를 채

송을 통하지 않는 보존행위,[74] 형성권,[75] 가압류[76]나 가처분 신청,[77] 담보제공한 공탁금에 대한 담보취소신청,[78] 등기신청[79]도 대위의 대상이다.[80] 재산처분에 행정청의 허가가 필요한 경우 행정청에 대한 허가신청을 대위할 수 있다는 판례[81]가 있으나, 행정

무자가 제3채무자들과의 조합으로부터 탈퇴함으로써 가지는 조합원 지분의 환급청구권이라고 보더라도 이는 당초 압류명령의 대상이 된 권리가 아니므로 그 동일성을 인정할 수 없다. 따라서 이 사건 추심명령 신청은 압류되지 아니한 채권을 대상으로 하는 것으로서 부적법하다."라고 하였다.
즉, 채권자가 채권자대위권을 행사하여 채무자를 조합에서 탈퇴시킬 수는 있으나, 특정한 조합재산에 대한 채무자의 합유지분권 자체를 압류할 수는 없고, 채무자가 조합원의 지위에서 가지는 조합재산 전체에 대한 지분권을 압류할 수 있다는 취지이다.

74) 제3자 명의의 채무자 재산의 채무자 명의로의 환원, 채무자의 권리에 대한 소멸시효 중단 등이 있다.
75) 계약의 취소권(대판 1966. 6. 28. 66다569), 해제 해지권(대판 1976. 2. 24. 76다52), 환매권, 상계권, 대금감액청구권, 공유불분할청구권 등. 한편 대판 2012. 3. 29. 2011다100527은, "계약의 청약이나 승낙과 같이 비록 행사상의 일신전속권은 아니지만 이를 행사하면 그로써 새로운 권리의무관계가 발생하는 등으로 권리자 본인이 그로 인한 법률관계 형성의 결정 권한을 가지도록 할 필요가 있는 경우에는, 채무자에게 이미 그 권리행사의 확정적 의사가 있다고 인정되는 등 특별한 사정이 없는 한, 그 권리는 채권자대위권의 목적이 될 수 없다고 봄이 상당하다"고 하였다.
76) 대판 1958. 5. 29. 4290민상735.
77) 대판 1983. 3. 22. 80다1416; 대판 1988. 9. 27. 84다카2267.
78) 대결 1982. 9. 23. 82마556.
79) 부동산등기법 제28조, 대판 1962. 5. 10. 62다138; 대결 1964. 4. 3. 63마54.
80) 한국사법행정학회, 주석민법 제4판, 채권총칙2, 2013, 151면.
81) 불교재산관리법 제11조 제1항 제2호, 제9조, 같은법 시행령 제6조에 의하면 사찰재산처분허가신청권자를 반드시 사찰의 대표자에게만 제한한 것이라고 보여지지 아니할 뿐만 아니라 사찰재산의 처분을 허가해야 할 사유가 있다면 그 허가는 그 처분의 상대가 누구이든 이에 대한 처분행위를 보충하여 유효하게 하는 것이므로 사찰관리청이 처분을 허가하여야 할 사찰재산을 양수한 자가 그 사찰을 상대로 그 재산에 대한 소유권이전을 위하여 관할청의 처분허가신청절차를 이행하라는 소송을 제기하여 승소의 확정판결까지 받았다면 양수인은 사찰을 대위하여 관할청에 그 재산처분에 관한 허가신청을 할 수 있다고 할 것이다(대판 1987. 10. 28. 87누640).
강제경매절차에 있어서 최고가매수신고인은 경락기일에 경락허가를 받을 경매절차상의 권리가 있을 뿐 직접 집행채권자나 채무자에 대하여 어떠한 권리를 가진다고 할 수는 없으므로, 최고가매수신고인이 집행채무자인 학교법인을 대위하여 감독청에 대하여 기본재산의 처분에 관한 허가신청을 대위행사할 수는 없다(대판 1994. 9. 27. 93누22784). 87누640사건은 사찰재산의 양수인(전전양수인)이 대위권을 행사한 것이나 93누22784 사건은 학교법인 재산을 경락받은 자가 대위권을 행사한 것이라는 차이가 있다. 93누22784의 원심 부산고법 1993. 10. 6. 93구715 판결은 그 이유에서, 학교법인에 대한 채권자(강제집행의 집행채권자)가 경락기일 전까지 학교법인을 대위하여 강제경매에 의한 학교법인의 수익용 기본재산의 처분에 관한 관할청의 허가를 구하는 신청을 하는 것은 가능할 것이라는 취지로 판시하였으나, 93

소송은 대위 대상이 아니라는 판례가 있다.[82] 채무자와 제3채무자 사이의 소송이 계속된 이후 공격방어방법의 제출과 같은 개개의 소송행위, 상소 또는 항고의 제기, 재심의 소 제기는 대위할 수 없다.[83] 일신전속권은 대위할 수 없다.[84] 민사집행법 제246조를 비롯한 법령(국가배상법 제4조, 근로기준법 제86조, 공무원연금법 제39조 등)에 의해 압류가 금지되는 채권은 채권자의 일반담보로 할 수 없는 것이어서 대위행사할 수 없다.[85]

4. 대위권 행사의 통지

대위권행사에 채무자의 동의를 받아야 하는 것은 아니고, 채무자가 반대하더라도 대위권 행사가 가능하다.[86] 채권자가 채권자대위권을 행사하여 보전행위 이외의 권리를 행사한 때에는 채무자에게도 통지하여야 하고, 채무자가 전항의 통지를 받은 후에는 그 권리를 처분하여도 이로써 채권자에게 대항하지 못한다.[87] 이 법리는 채무자가 채권자의 채권자대위권 행사사실을 통지받지는 않았더라도 어떤 경위로든 그 사실을 알고 있었다면 마찬가지로 적용되고,[88] 소제기가 아닌 가처분도 대위권 행사에 해당하

누22784 판결에서는 이 부분에 대한 언급은 하지 않았다.

82) 대판 1956. 7. 6. 4289행상33, 한국사법행정학회, 주석민법 제4판, 채권총칙2, 2013, 151면.
83) 채권을 보전하기 위하여 대위행사가 필요한 경우는 실체법상 권리뿐만 아니라 소송법상 권리에 대하여서도 대위가 허용되나, 채무자와 제3채무자 사이의 소송이 계속된 이후의 소송수행과 관련한 개개의 소송상 행위는 그 권리의 행사를 소송당사자인 채무자의 의사에 맡기는 것이 타당하므로 채권자대위가 허용될 수 없다. 같은 취지에서 볼 때 상소의 제기와 마찬가지로 종전 재심대상판결에 대하여 불복하여 종전 소송절차의 재개, 속행 및 재심판을 구하는 재심의 소 제기는 채권자대위권의 목적이 될 수 없다(대판 2012. 12. 27. 2012다75239). 다만 대결 2011. 9. 21. 2011마1258은, 가압류·가처분에 대한 본안 제소명령 신청, 제소기간 도과에 따른 가압류·가처분 취소 신청, 사정변경에 따른 가압류·가처분 취소 신청 등은 대위 가능하다고 하였다.
84) 민법 제404조 제1항. 임대인의 임대차계약 해지권은 오로지 임대인의 의사에 행사의 자유가 맡겨져 있는 행사상의 일신전속권이 아니다(대판 2007. 5. 10. 2006다82700). 한편 주택임대차의 경우 채권자가 채무자인 임차인의 임대차계약상의 지위(예: 해지권)를 대위행사할 수는 없다는 견해가 있다(지원림, 민법강의 제16판, 1146면). 유류분반환청구권은 행사상의 일신전속성을 가진다고 보아야 하므로, 유류분권리자에게 그 권리행사의 확정적 의사가 있다고 인정되는 경우가 아니면 채권자대위권의 목적이 될 수 없다(대판 2010. 5. 27. 2009다93992).
85) 대판 1981. 6. 23. 80다1351의 이유, 한국사법행정학회, 주석민법 제4판, 채권총칙2, 2013, 157면.
86) 대판 1963. 11. 21. 63다634.
87) 민법 제405조 제2항.
88) 대판 1993. 4. 27. 92다44350. 이 사안은 A가 B에게 B가 C에게 부동산을 순차 매도하고, C가 B를 대위하여 A를 상대로 그 부동산에 대한 소유권이전등기소송을 제기한 상황에서, A

므로, 가처분사실을 알게 된 채무자는 본인의 권리를 처분하지 못한다.[89] 대위권행사의 통지가 있은 후에 다른 일반채권자에 의하여 이루어진 전부명령은 효력이 없다.[90]

가 B에게 매매계약을 해지한다는 내용증명을 보내고 매매대금으로 수령한 금전을 반환한다면서 이를 공탁하자, C가 제기한 소송의 소장 부본이 B에게 송달된 이후임에도 B가 A의 공탁한 금전을 수령한 것이다. 대법원은 채권자가 채무자에게 권리행사 사실을 통지하지 아니하였더라도 채무자가 자기의 채권이 채권자에 의하여 대위행사되고 있는 사실을 알고 있었다면 그 처분을 가지고 채권자에게 대항할 수 없다고 하면서, 매도인인 제3채무자(A)가 매매계약을 해제하려고 원상회복의 방법으로 지급받은 매매대금을 공탁한 데 대하여, 매수인인 채무자(B)가 아무런 이의 없이 공탁의 취지에 따라 공탁금을 수령함으로써 계약당사자 사이의 합의에 의하여 매매계약이 해제되는 효과를 발생하게 하는 것은 채권자(C)가 채무자를 대위하여 행사하고 있는 채무자의 제3채무자에 대한 매매계약에 따른 소유권이전등기청구권을 처분하는 것에 해당하므로, 채권자대위소송의 소장 부본이 채무자에게 송달된 이후 채무자가 제3채무자가 공탁한 매매대금을 이의 없이 수령함으로써 매매계약이 해제되는 효과를 발생하게 하더라도 이로써 채권자에게는 대항할 수 없다고 하였다.

89) 채권자가 채무자를 대위하여 [채무자와 제3채무자 사이에 체결된 매매계약에 의한 소유권이전등기청구권을 보전하기 위하여] 제3채무자의 부동산에 대한 가처분을 신청하여 처분금지가처분 결정을 받은 경우, 이는 그 부동산에 관한 소유권이전등기청구권을 보전하기 위한 것이므로 피보전권리인 소유권이전등기청구권을 행사한 것과 같이 볼 수 있어, 채무자가 그러한 채권자대위권의 행사 사실을 알게 된 이후에 그 부동산에 대한 매매계약을 합의해제함으로써 채권자 대위권의 객체인 그 부동산의 소유권이전등기청구권을 소멸시켰다 하더라도 이로써 채권자에게 대항할 수 없다(대판 1996. 4. 12. 95다54167; 대판 2007. 6. 28. 2006다85921).

90) A(대위채권자)가 B(채무자)에 대한 채권을 보전하기 위하여 B가 C(제3채무자)에게 가지는 채권을 대위행사하여 "C는 A에게 금원을 지급하라"는 판결을 받고, B가 그 사실을 알게 된 이후에 B에 대한 채권자 甲이 B의 C에 대한 위 채권에 대한 채권압류 및 전부명령을 받고, 그 이후 A에 대한 채권자 乙이 위 판결에 기한 A의 C에 대한 채권에 대하여 채권압류 및 전부명령을 받은 사안에서 대법원은, "채권자대위소송에서 직접 대위채권자에게 지급을 명하는 판결이 선고되더라도 피대위채권이 그 판결의 집행채권으로서 존재하는 것이고 대위채권자는 채무자를 대위하여 변제를 수령하게 될 뿐 자신의 채권에 대한 변제로서 수령하는 것은 아니므로 그 피대위채권이 변제 등으로 소멸하기 전이라면 채무자의 다른 채권자는 이를 압류, 가압류할 수 있으"나, 甲의 전부명령을 유효하다고 하면 A의 채권자대위권 행사가 무용지물이 되고 A와 동등한 일반채권자인 甲이 전속적으로 채권만족을 얻는 결과가 된다는 등의 이유로, "채권자대위소송이 제기되고 대위채권자가 대위권 행사사실을 통지하거나 채무자가 이를 알게 된 이후에는 민사집행법 제229조 제5항이 유추적용되어 피대위채권에 대한 전부명령은, 우선권 있는 채권에 기초한 것이라는 등의 특별한 사정이 없는 한, 무효"라고 하여 甲의 채권압류 및 전부명령은 무효라고 하였다. 또한 "대위채권자가 제3채무자로 하여금 직접 자신에게 의무를 이행하도록 청구할 수 있으나 그로 인해 피보전채권이 대위채권자에게 이전되거나 귀속되는 것은 아니므로 대위채권자의 이러한 추심권능 내지 변제수령권능 자체는 처분하여 환가할 수 없고 대위채권자가 판결에 따라 지급받는 것도 마찬가지 권능"이라는 이유로 乙의 채권압류 및 전부명령도 무효라고 하였다(대판 2016. 8. 29. 2015다236547).

그러나 채무자의 변제(급부) 수령은 처분행위라 할 수 없으므로, 대위권 행사의 고지 또는 통지 이후에도 채무자의 변제 수령은 가능하고,[91] 제3채무자는 변제로 인한 채무소멸을 채권자에게 항변할 수 있다.[92] 채무자가 자신의 채무를 불이행하여 제3채무자와의 사이의 매매계약이 해제되도록 한 것[93] 또는 채무자가 제3채무자가 신청한 지급명령에 이의를 제기하지 않아 채무자 소유 부동산에 강제경매절차가 진행되도록 한 것[94]은 처분행위가 아니라는 것이 판례이다.

5. 대위권의 행사 및 효과

채권자대위권을 행사한 효과는 채무자에게 직접 발생한다. 채권자가 소송상 채권자

---

91) 대판 1991. 4. 12. 90다9407.
92) 한국사법행정학회, 주석민법 제4판, 채권총칙2, 2013, 174면.
93) 민법 제405조 제2항의 취지는 채권자가 채무자에게 대위권 행사사실을 통지하거나 채무자가 채권자의 대위권 행사사실을 안 후에 채무자에게 대위의 목적인 권리의 양도나 포기 등 처분행위를 허용할 경우 채권자에 의한 대위권행사를 방해하는 것이 되므로 이를 금지하는 데에 있다. 그런데 채무자의 채무불이행 사실 자체만으로는 권리변동의 효력이 발생하지 않아 이를 채무자가 제3채무자에 대하여 가지는 채권을 소멸시키는 적극적인 행위로 파악할 수 없는 점, 더구나 법정해제는 채무자의 객관적 채무불이행에 대한 제3채무자의 정당한 법적 대응인 점, 채권이 압류 · 가압류된 경우에도 압류 또는 가압류된 채권의 발생원인이 된 기본계약의 해제가 인정되는 것과 균형을 이룰 필요가 있는 점 등을 고려할 때 채무자가 자신의 채무불이행을 이유로 매매계약이 해제되도록 한 것을 두고 민법 제405조 제2항의 '처분'이라고 할 수 없다. 따라서 채무자가 채권자대위권행사의 통지를 받은 후에 채무를 불이행함으로써 통지 전에 체결된 약정에 따라 매매계약이 자동적으로 해제되거나, 채권자대위권행사의 통지를 받은 후에 채무자의 채무불이행을 이유로 제3채무자가 매매계약을 해제한 경우 제3채무자는 계약해제로써 대위권을 행사하는 채권자에게 대항할 수 있다. 다만 형식적으로는 채무자의 채무불이행을 이유로 한 계약해제인 것처럼 보이지만 실질적으로는 채무자와 제3채무자 사이의 합의에 따라 계약을 해제한 것으로 볼 수 있거나, 채무자와 제3채무자가 단지 대위채권자에게 대항할 수 있도록 채무자의 채무불이행을 이유로 하는 계약해제인 것처럼 외관을 갖춘 것이라는 등의 특별한 사정이 있는 경우에는 채무자가 피대위채권을 처분한 것으로 보아 제3채무자는 계약해제로써 대위권을 행사하는 채권자에게 대항할 수 없다(대판 2012. 5. 17. 2011다87235 전원합의체).
94) 채권자가 채무자와 제3자 채무자 사이의 근저당권설정계약이 통정허위표시임을 이유로 채무자를 대위하여 그 근저당권의 말소를 구하는 소송을 제기하였는데, 그 후 채무자가 제3채무자가 신청한 지급명령에 이의를 제기하지 않아 강제경매절차에서 부동산이 매각됨으로써 위 근저당권설정등기가 말소된 경우, 채무자가 지급명령에 이의를 제기하지 않았다고 하여 채권자가 행사하고 있는 권리를 처분하였다고 할 수 없어 제3채무자는 위 근저당권설정등기의 말소로 채권자에게 대항할 수 있다(대판 2007. 9. 6. 2007다34135).

대위권을 행사하는 경우 제3채무자로 하여금 '채무자에게' 이행할 것을 청구하는 것이 원칙이나, 금전의 지급이나 물건의 인도를 목적으로 하는 채권과 같이 변제의 수령을 요하는 경우에는 '채권자에게' 직접 이행할 것을 청구할 수도 있다.[95] 대위행사할 수 있는 채권의 범위가 피보전채권의 범위로 한정되는지에 대하여 다툼이 있으나, 피대위채권이 불가분이거나 급부목적물이 불가분이라면 그 가액이 피보전채권을 초과하더라도 행사가능하다는 견해가 있다.[96] 채권자취소소송 중 소송 당사자가 아닌 채무자가 파산선고를 받으면 소송절차는 중단되고 파산관재인이 이를 수계할 수 있다는 채무자 회생 및 파산에 관한 법률(이하 이 책에서 '채무자회생법') 제406조, 제347조 제1항은, 채권자대위소송에도 유추적용된다는 것이 판례이다.[97]

채권자가 채무자의 제3채무자에 대한 금전채권을 가압류하였더라도, 채무자가 제3채무자를 상대로 해당 채권의 이행을 청구하는 소송을 제기하여 채무명의를 얻을 수는 있다.[98] 다만, 채권자가 채무자의 제3채무자에 대한 부동산소유권이전등기청구권을 가

---

95) A가 B에 대한 어음금 채권을 집행권원으로 B의 C에 대한 공사대금채권에 대하여 채권압류 및 전부명령을 받자 B에 대한 다른 채권인인 원고가 위 어음금 채권이 통정허위표시에 의한 것으로 무효이고 따라서 A는 법률상 원인없이 공사대금채권을 취득하였다고 주장하면서 무자력인 B를 대위하여 A를 피고로 삼아 부당이득반환청구소송을 제기한 사안에서 판례는, "전부명령이 확정된 후 그 집행권원인 집행증서의 기초가 된 법률행위에 무효사유가 있는 것으로 판명된 경우에는 그 무효 부분에 관하여는 집행채권자가 부당이득을 한 셈이 되므로 그 집행채권자는 집행채무자에게, 위 전부명령에 따라 전부받은 채권 중 실제로 추심한 금전 부분에 관하여는 그 상당액을 반환하여야 하고, 추심하지 아니한 나머지 부분에 관하여는 그 채권 자체를 양도하는 방법에 의하여 반환하여야 한다. 이러한 집행채무자의 채권자가 그 집행채무자를 상대로 위 부당이득금 반환채권을 대위행사하는 경우 집행채무자에게 그 반환의무를 이행하도록 청구할 수도 있지만, 직접 대위채권자에게 이행하도록 청구할 수도 있고, 이와 같이 채권자대위권을 행사하는 채권자에게 변제수령의 권한을 인정하더라도 그것이 채권자 평등의 원칙에 어긋난다거나 제3채무자를 이중 변제의 위험에 빠뜨리게 하는 것이라고 할 수 없다."고 하였다(대판 2005. 4. 15. 2004다70024).
지하도상가의 운영을 목적으로 한 도로점용 허가를 받은 자로서 그 상가의 소유자 겸 관리주체인 시에 대하여 그 상가 내 각 점포의 사용을 청구할 수 있는 권리를 가지는 자는, 시에 대한 위 각 점포사용청구권을 보전하기 위하여 시가 불법점유자들에 대하여 가지는 명도청구권을 대위행사할 수 있고, 이러한 경우 불법점유자들에 대하여 직접 자기에게 그 점포들을 명도할 것을 청구할 수도 있다(대판 1995. 5. 12. 93다59502).
96) 지원림, 민법강의 제16판, 1148면.
97) 대판 2013. 3. 28. 2012다100746.
98) 채권가압류가 된 경우, 제3채무자는 채무자에 대하여 채무의 지급을 하여서는 안 되고 채무자는 추심, 양도 등의 처분행위를 해서는 안 되지만, 이는 이와 같은 변제나 처분행위를 하였을 때에 이를 가압류채권자에게 대항할 수 없다는 것이며, 채무자가 제3채무자를 상대로 이행의 소를 제기하여 채무명의를 얻더라도 이에 기하여 제3채무자에 대하여 강제집행을

압류한 후 채무자가 제3채무자를 상대로 해당 부동산에 대하여 소유권이전등기를 청구하였다면, 법원은 가압류의 해제를 조건으로 하는 인용판결을 선고해야 한다.99)100) 부동산이 A·B·C로 순차 매도되어 C가 B를 대위하여 A를 상대로 처분금지가처분을 받은 경우에, 그 가처분이 A가 B에게 소유권이전하는 것을 금지하지는 않는다는 것이 판례이다.101)

채권자대위소송을 제기한 채권자는 채무자가 제3채무자에게 주장할 수 있는 사유만을 주장할 수 있고, 채권자가 독자적으로 제3채무자에게 가지는 사유를 주장할 수는

할 수는 없다고 볼 수 있을 뿐이고 그 채무명의를 얻는 것까지 금하는 것은 아니라고 할 것이다(대판 1989. 11. 24. 88다카25038).

99) 소유권이전등기를 명하는 판결은 의사의 진술을 명하는 판결로서 이것이 확정되면 채무자는 일방적으로 이전등기를 신청할 수 있고 제3채무자는 이를 저지할 방법이 없으므로 이와 같은 경우에는 법원은 가압류의 해제를 조건으로 하여 인용해야 한다(대판 1992. 11. 10. 92다4680 전원합의체).

가처분에 대하여도 동일 취지의 판례가 있다. 채무자가 제3채무자에 대하여 가지는 부동산 분양계약에 따른 권리를 대상으로 한 처분금지가처분이 있는 경우, 그 가처분에는 채무자의 제3채무자에 대한 소유권이전등기청구권의 추심을 금지하는 효력이 포함되어 있다고 할 것이고, 소유권이전등기를 명하는 판결은 의사의 진술을 명하는 판결로서 이것이 확정되면 채무자는 일방적으로 이전등기를 신청할 수 있고 제3채무자는 이를 저지할 방법이 없으므로, 이러한 경우에는 가처분의 해제를 조건으로 하지 아니하는 한 제3자가 부동산을 매수하였음을 원인으로 채무자를 대위하여 구하는 채무자의 제3채무자에 대한 소유권이전등기청구를 인용하여서는 안 된다(대판1998. 2. 27. 97다45532).

100) 이 법리는 채권자가 채무자를 대위하여 제3채무자를 상대로 대위소송을 제기하는 경우도 마찬가지이다(한국사법행정학회, 주석민법 제4판, 채권총칙2, 2013, 159면).

101) 부동산이 A·B·C로 순차 매도되었으나 아직 B, C로 소유권이전등기가 경료되지 않은 경우 C가 B에 대하여 가지는 이전등기청구권을 보전하기 위하여 B를 대위하여 A를 상대로 부동산 처분금지가처분결정을 받았더라도, 그 가처분은 C가 B에 대한 이전등기청구권을 보전하기 위하여 A가 B 이외의 자에게 부동산을 처분하지 못하게 하는데 목적이 있는 것으로서 대위 행사되는 피보전권리는 B의 A에 대한 이전등기청구권이고 C의 B에 대한 이전등기청구권까지 포함되는 것은 아니므로, 가처분 이후에 B가 A로부터 이전등기를 넘겨받고 다시 이를 제3자에게 이전등기하더라도 그 등기는 가처분의 효력에 위배되지 않는다는 것이 판례이다(대판 1989. 4. 11. 87다카3155, 대판 1994. 3. 8. 93다42665). 또한 판례는, 민법 제405조의 제2항은 채권자가 대위권에 기하여 일단 채무자의 권리를 행사하기 시작하였을 때 채무자에게 대위의 목적인 권리의 양도나 포기 등 처분행위를 허용하는 것은 채권자에 의한 대위권행사를 방해하는 것이므로 이를 금지하는 것이어서 대위권의 행사를 방해하는 것이 아닌 권리의 관리, 보존행위는 금지된다고 할 수 없으므로, 채권자 甲이 채무자 乙을 대위하여 乙의 제3채무자 丙에 대한 소유권이전등기청구권을 대위행사하는 권리의 관리, 보존행위는 채무자 乙의 다른 채권자 丁이 대위권의 행사로 얻은 丙에 대한 처분금지가처분명령에 의하여 금지되지 않는다고 하였다(대판 1990. 4. 27. 88다카25274).

없다.[102] 마찬가지로 제3채무자도, 자신이 채무자에 대하여 가지는 항변사유만 주장할 수 있을 뿐이고 채무자가 채권자에 대하여 가지는 항변사유를 주장할 수는 없다.[103]

채권자대위소송의 제기로 인하여 채무자가 제3채무자에게 보유하는 채권에 대한 시효중단 효과가 채무자에게 발생한다.[104] 채권자가 채무자에게 보유하는 채권에 대하여도 시효중단의 효과가 생기는지에 대하여는 학설이 엇갈린다.[105] 압류 또는 가압류

102) 대판 2009. 5. 28. 2009다4787은 피고1이 1991. 4. 26. 원고(보증보험회사)와의 사이에 보증보험계약을 체결하고 피고2가 같은 날 위 보증보험계약에 의하여 피고1이 원고에게 부담하는 구상금채무 등을 연대보증하였는데, 그 후 보험사고가 발생하여 보증채무를 이행한 원고가 피고2에 대한 구상금채권을 근거로 피고2의 무자력을 입증하고 피고2를 대위하여 피고3을 상대로 피고3을 채권자로 하여 피고2 소유 부동산에 경료된 소유권이전등기청구 가등기의 말소를 청구한 사안이다. 위 가등기는 원래 피고2가 1981. 7. 1. 소외인을 매매예약 권리자로 하여 했던 등기인데, 1991. 12. 18. 원고가 같은 부동산에 가압류등기를 경료하였고, 2006. 7. 19. 위 가등기가 피고3에게 이전되는 부기등기가 경료되었으며, 위 부기등기는 효력이 상실된 가등기를 유용한 것으로 해석될 수 있었다. 이 사건 2심은, 가등기가 효력을 상실하였다고 하더라도 그 부동산 소유자와 제3자 사이에 새로운 매매예약을 체결하고 그에 기한 소유권이전등기청구권을 보전하기 위하여 이미 효력이 상실된 가등기를 유용하기로 합의하고 실제 가등기 이전의 부기등기를 경료하였다면, 그 부기등기를 경료받은 제3자는 '가등기의 부기등기 전에 등기부상 이해관계를 가지게 된 자'를 제외하고는 가등기 유용의 합의 사실을 들어 그 가등기의 말소청구에 대항할 수 있는 것이고, 따라서 피고3은 위 가등기의 부기등기 전에 가압류를 경료함으로써 등기부상 이해관계를 가지게 된 원고를 상대로는 가등기 유용의 합의로써 대항할 수 없는 것이라는 취지로 판단하였다. 그러나 대법원은, 이 사건은 채권자인 원고가 채무자인 피고2를 대위하여 가등기 말소소송을 제기한 것이어서, 원고는 (피고2가 아닌) 원고가 직접 피고3에 대하여 가지는 사유를 주장할 수는 없는 것이고, 따라서 원고가 가등기의 부기등기 전에 등기부상 이해관계를 가지게 된 자임을 주장할 수 없다고 판시하였다.

103) 채권자의 채무자에 대한 채권이 시효소멸하였더라도 채권자 대위소송에서 제3채무자가 그 항변을 원용할 수는 없다(대판 2004. 2. 12. 2001다10515 등). 다만, 채권자가 채무자에 대한 채권을 보전하기 위하여 제3채무자를 상대로 채무자의 제3채무자에 대한 채권에 기한 이행청구의 소를 제기하는 한편, 채무자를 상대로 피보전채권에 기한 이행청구의 소를 제기한 경우, 채무자가 그 소송절차에서 소멸시효를 원용하는 항변을 하였고, 그러한 사유가 현출된 채권자대위소송에서 심리를 한 결과, 실제로 피보전채권의 소멸시효가 적법하게 완성된 것으로 판단되면, 채권자는 더 이상 채무자를 대위할 권한이 없게 된다(대판 2000. 5. 26. 98다40695; 대판 2008. 1. 31. 2007다64471).

제3채무자가 채무자의 채권자에 대한 항변을 가지고 대항할 수 없는 것은 채무자의 형성권이나 항변권의 행사에 의하여 채권자와 채무자 사이의 법률관계가 변동될 가능성이 있는 경우에 한하는 것이고, 이미 법률관계가 완성된 상태에서 피보전채권이 존재하지 않는다는 주장은 가능하다는 견해가 있다(한국사법행정학회, 주석민법 제4판, 채권총칙2, 2013, 171면).

104) 채권자대위권 행사의 효과는 채무자에게 귀속되는 것이므로, 채권자대위소송의 제기로 인한 시효중단의 효과 역시 채무자에게 생긴다(대판 2011. 10. 13. 2010다80903).

105) 한국사법행정학회, 주석민법 제4판, 채권총칙2, 2013, 180면.

에 대하여는, 채권자가 채무자의 제3채무자에 대한 채권을 압류 또는 가압류한 경우에 채권자의 채무자에 대한 채권에 관하여는 시효중단의 효력이 생기나, 채무자의 제3채무자에 대한 채권에 대하여는 민법 제168조 제2호에 준하는 확정적인 시효중단의 효력은 없고, 다만 채권자가 확정판결에 기한 채권의 실현을 위하여 채무자의 제3채무자에 대한 채권에 관하여 압류 및 추심명령을 받아 그 결정이 제3채무자에게 송달되었다면 피압류채권에 대한 민법 제174조의 최고로의 효력이 인정된다는 것이 판례이다.106)107)

채권자대위소송의 기판력은, 채무자가 어떤 경위로든 채권자대위소송이 제기된 것을 알았을 때에는 채무자에게도 미친다.108) 그 결과, 채무자가 채권자대위소송이 제기된 것을 알지 못하였을 때에는 또 다른 채권자가 채권자대위소송을 제기하는 것이 가능하다.109) 채권자가 제3채무자를 피고로 하여 대위소송에 의한 판결을 받은 경우 판

---

106) 대판 2003. 5. 13. 2003다16238.
107) 원고가 채권자대위권에 기해 청구를 하다가 당해 피대위채권 자체를 양수하여 양수금청구로 소를 변경한 사안에서, 이는 청구원인의 교환적 변경으로서 채권자대위권에 기한 구 청구는 취하된 것으로 보아야 하나, 그 채권자대위소송의 소송물은 채무자의 제3채무자에 대한 계약금반환청구권인데 위 양수금청구는 원고가 위 계약금반환청구권 자체를 양수하였다는 것이어서 양 청구는 동일한 소송물에 관한 권리의무의 특정 승계가 있을 뿐 그 소송물은 동일한 점, 시효중단의 효력은 특정승계인에게도 미치는 점, 계속 중인 소송에 소송목적인 권리 또는 의무의 전부나 일부를 승계한 특정승계인이 소송참가하거나 소송인수한 경우에는 소송이 법원에 처음 계속된 때에 소급하여 시효중단의 효력이 생기는 점, 원고는 위 계약금반환채권을 채권자대위권에 기해 행사하다 다시 이를 양수받아 직접 행사한 것이어서 위 계약금반환채권과 관련하여 원고를 '권리 위에 잠자는 자'로 볼 수 없는 점 등에 비추어 볼 때, 당초의 채권자대위소송으로 인한 시효중단의 효력이 소멸하지 않는다고 본 사례가 있다(대판 2010. 6. 24. 2010다17284).
108) 과거 판례는 민사소송 원칙상 대위소송의 당사자가 아닌 채무자에게 기판력이 미친다고 하기 어렵고 채권자의 불성실한 소송수행으로 대위소송이 패소하였을 때 소송 진행여부를 알 수 없었던 채무자에게 기판력을 미치게 하는 것은 부당하다는 이유로 채권자대위소송의 기판력이 채무자에게 미치지 않는다고 하였으나, 대판 1975. 5. 13. 74다1664(전합)은 채권자 대위소송이 파산관재인의 파산재단에 관한 소송이나 추심명령을 받은 채권자의 추심금 청구소송과 유사하므로 그 기판력이 채무자에게도 미친다고 보는 것이 타당하고 채무자가 소송진행을 알았다면 소송참가를 통해서 채권자의 불성실한 소송수행을 방지할 수 있다는 이유로, 종전 견해를 변경하였다.
109) 어느 채권자가 채권자대위권을 행사하는 방법으로 제3채무자를 상대로 소송을 제기하여 판결을 받은 경우, 어떠한 사유로든 채무자가 채권자대위소송이 제기된 사실을 알았을 경우에 한하여 그 판결의 효력이 채무자에게 미치므로, 이러한 경우에는 그 후 다른 채권자가 동일한 소송물에 대하여 채권자대위권에 기한 소를 제기하면 전소의 기판력을 받게 된다고 할 것이지만, 채무자가 전소인 채권자대위소송이 제기된 사실을 알지 못하였을 경우

결의 집행력이 당해 사건의 원고와 피고가 아닌 채무자에게는 미치지 않는다는 것이 판례이다.[110) 채권자대위소송에서 채무자에게 소송고지를 하면, 채무자에게도 참가적 효력이 미칠 수 있다.[111)

제3절 채권자 취소권 제도

채무자가 채권자를 해함을 알고 재산권을 목적으로 한 법률행위를 한 때에는 채권자는 그 취소 및 원상회복을 재판을 통해 청구할 수 있다. 그러나 그 행위로 인하여 이익을 받은 자나 전득한 자가 그 행위 또는 전득 당시에 채권자를 해함을 알지 못한 경우에는 그러하지 아니다.[112) 취소의 대상이 되는 법률행위는 계약은 물론 채무의 포기나 채무면제와 같은 단독행위, 법인의 설립과 같은 합동행위도 포함되고, 채권행위, 물권행위, 준물권행위를 모두 포함하나, 단순 부작위나 사실행위는 그 대상이 아니다.[113) 판례는 명의신탁 부동산의 처분행위와 같이 명의상 행위자(수탁자)와 실질적 행위자(신탁자)를 달리 볼 수 있는 경우에, 실질적 행위자에 대한 채권자가 그 취소를 구할 수 있다는 입장으로 보인다.[114) 채권자는 채무자와 제3자 간의 법률관계를 알기 어

에는 전소의 기판력이 (채무자에게 미치지 않고 따라서) 다른 채권자가 제기한 후소인 채권자대위소송에 미치지 않는다(대판 1994. 8. 2. 93다52808).

110) 채권자대위에 있어서 원고(채권자)가 소외인(채무자)을 대위하여 피고에게 그가 점유하는 토지를 직접 원고에게 인도하라는 청구를 하여 그 청구가 인용된 판결이 확정되었을 경우, 비록 그 확정판결의 기판력이 위 소외인인 채무자에게도 미치는 경우는 있다 하더라도 위 확정판결의 집행력만은 원·피고 간에만 생기는 것이지 원고와 위 소외인 사이에는 생기지 아니한다. 따라서 원심이 집행문부여거절에 대한 이의신청을 각하한 것은 정당하다(대결 1979. 8. 10. 79마232).

111) 민사소송법 제86조.

112) 민법 제406조 제1항 단서.

113) 한국사법행정학회, 주석민법 제4판, 채권총칙2, 2013, 233면; 대판 1975. 4. 8. 74다1700. 다만 회사설립행위에 대하여는 상법에 특별한 규정이 있으므로(우리 상법 185조에 합명회사에 대하여, 269조에 합자회사에 대하여, 552조에 유한회사에 대하여 규정이 있음) 민법상 채권자취소의 대상이 아니라는 일본판례가 있다고 한다[日最判 昭和 39(1964). 1. 23. (民集 18-1, 87)].

114) A(원고)가 B에 대한 채권자로서, B가 채무초과 상태에서 C와의 양자간 명의신탁약정에 따라 수탁자 C에게 등기명의를 신탁해 놓은 부동산을 D(피고)에게 매도한 행위가 사해행위라고 주장하여 C와 D사이의 매매계약의 취소 및 그 원상회복으로 D에 대하여 C에게 소유권이전등기의 말소등기절차를 이행할 것을 구한 사안에서, 2심은 A가 취소를 구하는 매매계약은 C와 D 사이의 법률행위이므로, B에 대한 채권자에 불과한 A가 그 취소를 구할

려우므로, 주위적으로 해당 행위가 통정허위표시로서 무효라고 주장하고, 예비적으로 사해행위라는 이유로 취소를 청구하는 경우가 있다. 채무자와 제3채무자간의 통정허위표시(민법 제108조)도 채권자취소권 대상이 되고, 채권자취소권의 대상인 법률행위라도 통정허위표시 요건을 갖춘 경우 무효라는 것이 판례이다.115) 채권자에 의한 취소와 원상회복은 모든 채권자의 이익을 위하여 그 효력이 있다.116)

1. 제소기간

채권자취소소송은 채권자가 취소원인을 안 날부터 1년, 법률행위가 있은 날로부터 5년 내에 제기해야 한다.117) '취소원인을 안 날'이란 채권자가 채권자취소권의 요건, 즉 채무자가 채권자를 해함을 알면서 사해행위를 하였다는 사실을 알게 된 날을 의미하고, 단순히 채무자가 재산의 처분행위를 하였다는 사실을 아는 것만으로는 부족하고 구체적인 사해행위의 존재를 알고 나아가 채무자에게 사해의 의사가 있었다는 사실까지 알 것을 요한다. 그러나 채권자가 수익자나 전득자의 악의까지 알아야 하는 것은 아니다.118)119)

수 없다는 이유로 사해행위취소 청구 부분은 각하하고 원상회복청구 부분은 기각하였으나, 대법원은 기록상 A가 채권자로서 신탁자 B가 수탁자 C 명의로 신탁하여 놓은 부동산을 D에게 처분한 행위에 대해 사해행위로서 취소를 구한다고 주장하였고, D도 B가 이 사건 부동산을 D에게 처분한 사실을 다투지 않고 있다. 따라서 A는 채무자인 B가 실질적 당사자로서 부동산을 D에게 처분한 행위에 대해 사해행위로 취소를 구할 수 있다고 판단하였다 (대판 2012. 10. 25. 2011다107375).

115) 대판 1998. 2. 27. 97다50985; 대판 1984. 7. 24. 84다카68.
116) 민법 제407조.
117) 민법 제406조 제2항.
118) 대법원은 사해행위취소 청구(예: 채무자와 수익자 사이의 근저당권 설정계약의 취소 청구)와 이를 통한 원상회복 청구(예: 수익자를 채권자로 하는 근저당권 설정등기의 말소청구)를 분리해서 할 수 있고, 사해행위 취소청구가 민법 제406조 제2항에 정해진 기간 안에 제기되었다면 원상회복의 청구는 그 기간이 지난 뒤에도 할 수 있다고 한다(대판 2001. 9. 4. 2001다14108). 이 사안은 원고가 1심에서 채무자와 수익자 사이에 사해행위로 체결된 근저당권설정계약 및 매매계약의 각 취소 및 동 매매계약에 따른 소유권이전등기의 말소를 구하여 승소한 후, 2심에 이르러 (민법 제406조 제2항 기간이 경과한 상태에서) 동 근저당권설정계약에 따른 근저당등기의 말소청구를 추가한 것이다.
다만, 채무자가 본인의 부동산을 매매를 원인으로 수익자에게 이전하고 그 후 수익자로부터 전득자에게로 매매예약을 원인으로 한 소유권이전등기청구권 가등기가 경료되자 채권자가 채무자와 수익자 간의 매매계약의 취소 및 수익자 앞으로 경료된 이전등기 말소를 청구하여 승소한 후 별도 소송으로 전득자 앞으로 경료된 소유권이전등기청구권 가등기의 말소

채권자 취소소송의 요건사실은 ① 채권자의 피보전채권, ② 사해행위의 존재, ③ 채무자의 사해의사, ④ 수익자, 전득자의 악의이다. ④ 요건은 추정되므로 수익자, 전득자가 자신의 선의를 증명해야 한다.

2. 채권자의 피보전채권

금전이나 금전외 불특정물의 급부를 목적으로 하는 채권이어야 하는 것이 원칙이고, 소유권이전등기청구권 등 특정물의 급부를 목적으로 하는 채권은 제외된다.[120] 사해행위 이전에 채권이 성립되어 있어야 한다.[121] 채권자가 채무자 소유 부동산에 저당권 등의 물상담보권을 가지는 경우에는 그로 인한 우선변제권이 확보되어 있는 범위 내에서는 채무자의 재산처분행위가 채권자를 해하지 않으므로 그 담보물로부터 우선변제받을 액을 공제한 나머지 채권액에 대하여만 채권자취소권이 인정된다.[122]

를 구한 사안에서, 채권자가 수익자를 상대로 하여 사해행위를 취소하는 판결을 선고받았다고 하더라도 전득자가 그 소송의 피고가 아니었다면 그 효력은 전득자에게는 미치지 않으므로, 채권자가 별도의 소송으로 전득자에 대하여 채권자취소권을 행사하여 원상회복을 구하기 위해서는 민법 제406조 제2항의 기간 안에 전득자에 대한 관계에서 채무자와 수익자 사이의 사해행위를 취소하는 청구를 했어야 한다고 하였다(대판 2005. 6. 9. 2004다 17535).

119) 대법원은, 채무초과의 상태에 빠져 있는 채무자가 그의 유일한 재산인 부동산을 채권자들 중 한 명에게 대물변제로 제공하거나 그 부동산을 매각하여 소비하기 쉬운 금전으로 바꾸는 것은 특별한 사정이 없는 한 채권자에 대하여 사해행위가 되거나 사해의사가 추정되는 것이므로, 이와 같이 채무자가 유일한 재산인 부동산을 처분하였다는 사실을 채권자가 알았다면 특별한 사정이 없는 한 채무자의 사해의사도 채권자가 알았다고 봄이 상당하다고 한다(대판 2000. 9. 29. 2000다3262).

120) 대법원은, 부동산의 제1매수인이 제2매수인 앞으로 경료된 이전등기가 사해행위라고 주장한 사안에서 부동산의 제1매수인인 채권자는 자신의 소유권이전등기청구권을 보전하기 위하여 채무자와 제2매수인 사이에 이루어진 소유권이전등기의 말소를 구하는 채권자취소권을 행사할 수 없다고 하고(대판 1996. 9. 20. 95다1965), 채권자취소권을 특정물에 대한 소유권이전등기청구권을 보전하기 위하여 행사하는 것은 허용되지 않는다고 하고(대판 1999. 4. 27. 98다56690), 신탁법 제8조의 사해신탁의 취소도 민법상의 채권자취소권과 마찬가지로 책임재산의 보전을 위한 것이므로 피보전채권은 금전채권이어야 하고 특정물에 대한 소유권이전등기청구권을 보전하기 위하여 행사하는 것은 허용되지 않는다고 하였다(대판 2001. 12. 27. 2001다카32236).

121) 대판 1996. 2. 9. 95다14503 등.

122) 대법원은 채무자가 양도한 목적물에 이미 담보권이 설정되어 있다면 그 목적물 중에서 일반 채권자들의 공동담보에 공하여지는 책임재산은 피담보채권액을 공제한 나머지 부분만이고, 피담보채권액이 목적물의 가격을 초과하고 있는 때에는 당해 목적물 양도는 사해행

3. 사해행위의 존재

재산행위가 아닌 행사상 일신전속행위, 신분행위는 원칙적으로 취소대상이 아니다. 다만, 이혼에 따르는 재산분할, 위자료 및 양육비 지급은 정도가 과다하거나 무상양도인 경우 취소대상이 될 수 있다.[123] 상속재산의 분할협의도 상속이 개시되어 공동상속인 사이에 잠정적 공유가 된 상속재산에 대하여 그 전부 또는 일부를 각 상속인의 단독소유로 하거나 새로운 공유관계로 이행시킴으로써 상속재산의 귀속을 확정시킨다는 점에서 재산권을 목적으로 하는 행위이므로 취소대상이 될 수 있다.[124] 다만 상속포기는 취소대상이 아니다.[125] 사해행위에 해당하는지 여부는, 행위 목적물이 채무자의 전체 책임재산 가운데에서 차지하는 비중, 무자력의 정도, 법률행위의 경제적 목적이 갖는 정당성 및 그 실현수단인 당해행위의 상당성, 행위의 의무성 또는 상황의 불가피성, 채무자와 수익자 간 통모의 유무와 같은 공동담보의 부족 위험에 대한 당사자의 인식의 정도 등 그 행위에 나타난 여러 사정을 종합적으로 고려하여, 그 행위를 궁극

위에 해당하지 아니한다고 하였다(대판 1997. 9. 9. 97다10864). 대판 2000. 12. 8. 2000다21017도 유사하다.

123) 대판 1984. 7. 24. 84다카68; 대판 1990. 11. 23. 90다카24762.

124) 대판 2007. 7. 26. 2007다29119. 채무자가 2001. 7. 28. 남편의 사망으로 자녀들과 함께 남편의 부동산을 상속하였다가 2005. 7.초에 상속인들 간의 협의로 채무자의 지분을 자녀 중 1명에게 귀속시키기로 약정을 체결하고 그에 따라 2005. 7. 11. 자녀 중 1명에게 '2001. 7. 28. 협의분할에 의한 상속'을 원인으로 소유권이전등기를 경료하였고, 한편 채권자는 1997. 12. 17. 채무자에 돈을 대여하고 그 일부를 변제받지 못하여 소송을 제기하여 2005. 1. 26. 승소판결을 받았던 사안이다. 법원은 이미 채무초과상태에 있는 채무자가 상속재산의 분할협의를 하면서 자신의 상속분에 대한 권리를 포기함으로써 일반채권자에 대한 공동담보가 감소한 것으로 보아 취소대상으로 보았다.

125) 상속의 포기는 포기자의 재산에 영향을 미치는 바가 없지 아니하나 [중략] 1차적으로 피상속인 또는 후순위상속인을 포함하여 다른 상속인 등과의 인격적 관계를 전체적으로 판단하여 행하여지는 '인적 결단'으로서의 성질을 가진다. [중략] 그리고 상속은 피상속인이 사망 당시에 가지던 모든 재산적 권리 및 의무·부담을 포함하는 총체재산이 한꺼번에 포괄적으로 승계되는 것으로서 다수의 관련자가 이해관계를 가지는데, 위와 같이 상속인으로서의 자격 자체를 좌우하는 상속포기의 의사표시에 사해행위에 해당하는 법률행위에 대하여 채권자 자신과 수익자 또는 전득자 사이에서만 상대적으로 그 효력이 없는 것으로 하는 채권자취소권의 적용이 있다고 하면, 상속을 둘러싼 법률관계는 그 법적 처리의 출발점이 되는 상속인 확정의 단계에서부터 복잡하게 얽히게 되는 것을 면할 수 없다. 또한 [중략] 상속의 포기가 채무자인 상속인의 재산을 현재의 상태보다 악화시키지 아니한다. 이러한 점들을 종합적으로 고려하면 상속의 포기는 민법 제406조 제1항에서 정하는 재산권에 관한 법률행위에 해당하지 아니한다(대판 2011. 6. 9. 2011다29307).

적으로 일반채권자를 해하는 행위로 볼 수 있는지 여부에 따라 최종 판단하여야 한다는 것이 판례이다.126) 사해행위취소소송에서 그 소송물은 무자력인 채무자의 재산감소

---

126) 채무초과의 상태에 있는 채무자가 적극재산을 채권자 중 일부에게 대물변제조로 양도하는 행위는 채무자가 특정 채권자에게 채무 본지에 따른 변제를 하는 경우와는 달리 원칙적으로 다른 채권자들에 대한 관계에서 사해행위가 될 수 있으나, 이러한 경우에도 사해성의 일반적인 판단 기준에 비추어 그 행위가 궁극적으로 일반채권자를 해하는 행위로 볼 수 없는 경우에는 사해행위의 성립이 부정될 수 있다(대판 2010. 9. 30. 2007다2718). 이 사안은 DVD 플레이어를 생산하는 채무자가, 최대 거래처이자 채무자에 대한 최대 채권을 보유하는 회사(피고)로부터 미지급금 변제 독촉을 받자 차량용 DVD 플레이어 판매가 활성화되면 미지급금을 변제할 수 있다고 설득하고, 피고도 채무자와의 거래가 중단되면 사업에 손실을 입을 가능성이 있어 피고가 채무자의 소외인에 대한 채무를 변제하기로 하고 채무자의 피고에 대한 채무의 변제에 갈음하여 피고가 채무자가 보유하는 전세금반환채권과 전세권을 양수하고 채무자에 대한 미지급금 회수절차의 착수를 유예한 것이다. 판례는 채무자가 이러한 방식으로 피고와의 거래관계를 유지하면서 판로를 개척하는 길만이 채무초과상태를 극복하기 위한 유일한 방안이었던 것으로 보이는 점, 채무자는 전세금반환채권과 전세권을 피고에게 양도하면서도 피고와의 합의하에 계속해서 전세권의 목적물인 건물을 사용하였던 점, 전세권 근저당권에 의해 담보되던 소외인에 대한 채무를 피고가 대신 변제한 점, 피고가 채무자에 대하여 보유하던 채권은 최소 10억 원인데 피고가 소외인에 대한 채무를 대신 갚아준 것을 감안하면 피고가 양수한 전세금반환채권과 전세권의 가치는 실질적으로 1억 원 정도인 점을 고려하면, 비록 당시 채무자가 자금사정이 매우 악화된 상황이었고 전세금반환채권과 전세권이 채무자의 유일한 재산이었더라도 전세금반환채권과 전세권 양도가 원고 등 다른 채권자들을 해하는 사해행위라고 단정할 수 없다고 하였다.
    "채무초과 상태에 있는 채무자가 그 소유의 부동산을 채권자 중의 어느 한 사람에게 채권담보로 제공하는 행위는 특별한 사정이 없는 한 다른 채권자들에 대한 관계에서 사해행위에 해당한다고 할 것이나, 계속적인 거래관계에 있는 구입처로부터 외상매입대금채무에 대한 담보를 제공하지 않으면 사업에 필요한 물품의 공급을 중단하겠다는 통보를 받고 물품을 공급받아 사업을 계속 추진하는 것이 채무 변제력을 갖게 되는 최선의 방법이라고 생각하고 물품을 공급받기 위하여 부득이 부동산을 특정 채권자에게 담보로 제공하고 그로부터 물품을 공급받았다면 이 경우에도 특별한 사정이 없는 한 채무자의 담보권설정행위는 사해행위에 해당하지 않는다."는 취지의 판례도 있다(대판 2002. 3. 29. 2000다25842).
    그러나 채권자 중 하나인 은행이 채무자 회사에 새로운 자금출연을 하지는 아니한 채 채무자 회사에 대한 경매신청 및 취하, 대출기간 연장 등의 조치를 해주는 대신 새롭게 편입된 채무자 회사의 재산에 근저당권을 설정받은 사안에서, 해당 토지 및 건물 등기부 상으로 채무자가 채무초과상태였음이 드러났던 점, 채무자 회사에게 사업의 갱생이나 계속적 추진을 위한 의도가 있었다고 하더라도 사업활동에서 실제로 활용할 수 있는 신규자금이 유입되는 것과 기존채무의 이행기의 연장 내지 채권회수조치의 유예만을 받는 것은 경제적 의미가 다른 점에서 위 근저당권 설정행위를 취소함이 상당하다고 한 판례(대판 2010. 4. 29. 2009다104564), 섬유업체를 운영하던 채무자가 공장부지를 구입하여 건물을 신축하였으나 건설업자(원고)에게 공사대금 약 2억 원을 미지급하였고 그 외에 약 7,500만 원의 임금채무와 4억 원의 별도 물품대금 채무를 부담하던 상황에서, 채무자와 평소 친하게 지내면서

행위의 취소와 그 원상회복청구권이므로 그 재산감소행위의 법률적 평가(증여, 대여 혹은 변제)가 다르더라도 그 소송물이 달라지지 않는다는 취지의 판례가 있다.[127]

근저당권설정계약을 사해행위로 취소하는 경우 경매절차가 진행되어 타인이 소유권을 취득하고 근저당권설정등기가 말소되었다면 원물반환이 불가능하므로 가액배상의 방법으로 원상회복을 구할 수 있고, 이미 배당이 종료되어 수익자가 배당금을 수령하였다면 수익자에 대하여 배당금 반환을 구할 수 있으며, 배당표가 확정되었으나 채권자의 배당금지급금지가처분으로 인하여 수익자가 배당금을 현실적으로 지급받지 못한 경우에는 배당금지급채권의 양도와 그 채권양도의 통지를 구할 수 있고, 채권자가 배당기일에 출석하여 수익자의 배당부분에 대하여 이의를 하였다면 그 채권자는 사해행위취소의 소와 병합하여 원상회복으로서 배당이의의 소를 제기할 수 있다.[128]

채무자에게 약 3억2천만 원의 물품대금채권과 3억 원의 어음금 채권을 보유하고 있는 피고에게 '빚잔치를 해야 겠다'고 상의하자 피고가 '공장부지와 신축건물을 넘겨주면 원사를 계속 공급하여주고 새로운 기계설치와 운영자금지원도 해주겠다'고 설득하여 공장부지와 신축건물을 8억 5천만 원에 피고에게 이전하되 매매대금은 피고가 위 공장부지의 담보대출금 2억 원을 인수하고, 피고에 대한 물품대금대무 3억2천만 원과 어음금채무 3억 원을 매매대금으로 상계하며, 채무자가 공장부지와 신축건물을 계속 사용함에 있어 피고에게 임차보증금 3천만 원을 지급한 것으로 하기로 한 사안에서, "채무자가 이미 채무초과에 빠져 있는 상태에서 채권자 중 한 사람과 통모하여 그 채권자만 우선적으로 채권의 만족을 얻도록 할 의도로 채무자 소유의 중요한 재산인 공장 건물과 대지를 그 채권자에게 매각하되, 현실로는 매매대금을 한푼도 지급 받지 아니한 채 그 대금 중 일부는 채권자의 기존의 채권과 상계하고 그 대지를 담보로 한 은행융자금 채무를 채권자가 인수하며 나머지대금은 채무자가 그 공장 건물을 채권자로부터 다시 임차하여 계속 사용하는데 따른 임차보증금으로 대체하기로 약정하였다면, 비록 그 채무자가 영업을 계속하여 경제적 갱생을 도모할 의도였다거나 그 매매가격이 시가에 상당한 가격이라고 할지라도 채무자의 매각행위는 다른 채권자를 해할 의사로 한 법률행위에 해당한다."고 한 판례(대판 1995. 6. 30. 94다14582)가 있다.

127) 대판 2005. 3. 25 2004다10985. 이 사안은 채무자가 채무초과 상태에서 가족 명의로 부동산을 취득한 것에 대하여 채권자가 주위적으로 명의신탁 주장을 하고 예비적으로 부동산 취득에 사용된 금전지급 행위를 취소하고 그 반환을 주장하였다가, (사해행위 취소소송 제척기간 경과 후에) 예비적 청구취지 정정신청서로 위 금전지급행위를 증여로 정정하고, 그 후 청구취지 및 청구원인 변경신청서로 위 금원지급행위를 변제로 하여 이를 취소하고 변제된 금액의 반환을 청구한다는 것을 제2 예비적 청구로 추가한 것으로, 예비적 청구가 제척기간을 도과하였는지 문제된 것이다. 대법원은 "채권자가 채무자의 어떤 금원지급행위가 사해행위에 해당된다고 하여 그 취소를 청구하면서 다만 그 금원지급행위의 법률적 평가와 관련하여 증여 또는 변제로 달리 주장하는 것은 그 사해행위취소권을 이유 있게 하는 공격방법에 관한 주장을 달리하는 것일 뿐이지 소송물 또는 청구 자체를 달리하는 것으로 볼 수 없다."고 판단하면서 예비적 청구가 제척기간이 도과하지 않았다고 하였다.

128) 대판 2004. 1. 27. 2003다6200.

4. 채무자의 사해의사

사해의사란 채무자의 행위에 의하여 채권의 공동담보에 부족이 생기거나 이미 부족상태에 있는 공동담보가 더욱 부족하게 됨으로써 채권자의 채권이 완전하게 만족할 수 없게 된다는 사실을 인식하는 것으로서, 이러한 인식은 일반채권자에 대한 관계에 서 있으면 충분하고 특정의 채권자를 해한다는 인식은 불필요하다.[129] 채권자가 채무자의 사해의사를 입증할 책임이 있으나, 이미 채무초과 상태에 빠져있는 채무자가 그의 유일한 재산인 부동산을 채권자들 중 한 명에게 대물변제로 제공하는 행위는 다른 특별한 사정이 없는 한 다른 채권자들에 대한 관계에서 사해행위가 되고 특히 채무자가 자기의 유일한 재산인 부동산을 매각하여 소비하기 쉬운 금전으로 바꾼 행위는 특별한 사정이 없는 한 채권자에 대하여 사해행위가 되어 사해의사가 추정된다.[130]

---

129) 대판 2000. 11. 24. 2000다41523. 이 사안에서 A는 1995. 1. C에게 금전채권과 그에 대한 공정증서 보유하고 있었다. C는 1996. 8. 16. 건축 중이던 자신의 건물을 동생인 E에게 매도하면서 매매대금 중 일부 추후에 받기로 약정하였다. E는 자기 앞으로 건축주명의변경 신고를 하고 건축을 마친 후 1998. 2. 10. 자신의 형인 B에게 해당 건물에 매도하기로 약정하고 1998. 9. 12. B 앞으로 이전등기를 경료하였다. 한편 A는 1998. 8. 20. 위 공정증서에 기하여 C의 E에 대한 매매대금 채권에 대한 압류 및 추심명령을 받고 그즈음 위 명령이 E에게 송달되었고, B를 피고로 하여 1998. 9. 12. B에게 경료된 소유권이전등기에 대하여 사해행위에 기한 말소등기청구 소송을 제기하였다. B는 E와 B사이의 매매계약이 체결된 후에 A의 채권압류 및 추심명령이 있었으므로 위 매매계약은 A의 추심금채권이 성립되기 전에 체결된 것이어서 A에 대한 사해행위가 될 수 없다고 주장하였다.
그러나 법원은 A가 압류 및 추심명령을 받음으로써 E에 대한 관계에서 어떤 채권을 새로이 취득한 것이 아니고 C의 E에 대한 채권을 추심할 권능을 부여받았을 뿐이고, 추심명령을 받은 채권자는 피압류채권을 추심할 권능을 가지고 있어서 특별한 사정이 없는 한 피압류채권을 추심하기 위하여 자신의 이름으로 제3채무자에 대한 채권자취소권을 행사할 수 있다고 할 것이므로, 피압류채권인 C의 E에 대한 채권이 사해행위(E와 B간의 매매계약) 이전에 존재하고 있었던 이상, C의 채권은 채권자취소권을 행사하여 보호받을 수 있는 채권이 될 수 있다고 판시하였다. 또한 채권자취소권의 주관적 요건인 채무자가 채권자를 해함을 안다는 것, 즉 사해의사는 채무자의 재산처분행위에 의하여 그 재산이 감소되어 채권의 공동담보에 부족이 생기거나 이미 부족한 상태에 있는 공동담보가 더 부족하게 됨으로써 채권자의 채권을 완전하게 만족할 수 없게 된다는 사실을 인식하는 것을 의미하고 그러한 인식은 일반채권자에 대한 관계에서 있으면 충분하고 특정의 채권자를 해한다는 인식이 있어야 하는 것은 아니므로, 채무자인 E나 B가 매매계약을 할 당시 A에게 해가 된다는 인식을 할 수 없었다고 하더라도, 추심권자인 A로서는 위 매매계약이 사해행위임을 주장하여 그 취소를 구할 수 있다고 하였다.
130) 대판 2000. 9. 29. 2000다3262; 대판 1998. 4. 14. 97다54420. 이때의 추정은 사실상 추정이다(한국사법행정학회, 주석민법 제4판, 채권총칙2, 2013, 281면).

5. 수익자, 전득자의 악의

수익자, 전득사의 악의란 수익자가 사해행위 시에, 또는 전득자가 전득 시에 사해행위의 객관적 요건을 구비하였음을 인식한 것을 의미한다. 채무자의 악의가 입증되면 수익자 및 전득자의 악의도 추정되므로 수익자 또는 전득자가 스스로 선의를 입증해야 한다는 것이 판례이다.131) 판례는 해당 행위의 전반적인 경위를 구체적으로 고려하여 악의 여부를 판단하고 있다.132)

---

131) 한국사법행정학회, 주석민법 제4판, 채권총칙2, 2013, 281, 283면; 대판 2010. 4. 29. 2009 다104564; 대판 2010. 2. 25. 2007다28819, 28826.

132) 신용보증약정상의 연대보증인인 채무자가 그의 유일한 재산인 부동산을 수익자(피고)에게 매도한 사안에서 2심은 "피고가 채무자에게 매매대금 1억 2천만 원을 지급하고 매수하였다고 하지만, 매매대금의 10%를 계약금으로 지급하는 거래관행을 벗어나 매매대금의 40%에 해당하는 5,000만 원을 계약금으로 지급하기로 하였고, 그 계약금 5천만 원과 잔금 중 2천만 원을 현금으로 지급하였다고 하면서도 그 자금의 출처를 분명히 밝히지 못할 뿐만 아니라, 전혀 모르는 피고로부터 현금을 수령한 채무자나 중개인도 이를 정확하게 세어보지 아니하였으며, 계약금 영수증도 채무자의 날인이 없고 발행일이 정정되어 있는 등의 제반 사정"에 비추어 피고가 선의였음을 인정할 증거가 부족하다고 판시하였다. 그러나 대법원은, "피고는 결혼을 앞두고 있는 막내아들이 거주할 집을 구하러 공인중개사무소를 방문하였다가 이 사건 부동산을 둘러보고 마음에 들어 구입하기로 결정한 것으로서 실수요자로서 부동산중개사무소를 통하여 통상적인 거래에 의하여 매수한 사실, 매매대금 1억 2천만 원은 적정한 시가인 사실, 피고는 부동산을 매수하는 과정에서 비로소 채무자를 알게 되었을 뿐이고 이들 사이에 친인척 등의 인적 관계나 다른 거래관계 등은 전혀 없었던 사실, 매매를 중개한 중개인도 매도인의 일반적인 재산상태 또는 신용상태는 물론이고 이 사건 연대보증채무의 부담 등에 대하여 알지 못하였고, 따라서 중개인이 피고에게 그러한 사정을 전할 여지도 없는 사실, 이 사건 매매 당시 부동산의 등기부등본에는 약 9년 전에 경료된 채권최고액 1,800만 원의 근저당권설정등기 외에 다른 담보에 관한 등기나 가압류 또는 압류등기 등이 경료되어 있지 아니하여 매도인채무자의 신용상태를 의심할 만한 다른 사정은 보이지 아니하는 사실, 피고는 채무자에게 매매대금 1억 2천만 원을 전부 제대로 지급하였고, 채무자도 곧바로 부동산을 피고에게 인도한 것으로 보이는 사실, 피고는 매매계약이 체결되기 몇 개월 전에 자기 소유의 다른 부동산을 1억 2,400만 원에 매도하여 그 대금을 수령한 바 있고, 피고가 운영하는 식당도 번창하여 신용카드나 현금영수증으로 드러나는 매출 외에 현금으로 거래되는 실제 매출이 더 있을 것이어서, 피고가 계약금 5천만 원과 잔금 중 2천만 원을 현금으로 지급하였다고 하더라도 그 자금출처를 특히 의심할 만한 다른 사정은 찾아볼 수 없는 사실, 계약금의 영수증에 채무자의 날인이 없거나 발행일이 정정되어 있다고 하더라도 이는 공인중개사의 실수 등으로 인한 것으로 보일 뿐이고 피고나 채무자 등이 이를 허위로 작성할 이유는 찾아볼 수 없는 사실, 피고는 사해행위에 해당함을 알면서도 부동산을 매수할 만한 동기나 이유가 없을 뿐만 아니라 채무자와 잘 아는 사이라면 굳이 부동산중개수수료 등을 부담하고 공인중개사를 통하여 매매계약을 체결할 필요까지는 없었을 것으로 보이는 사실" 등을 종합하여 보면, 피고는 매매

회사 법인격 부인 및 회사 사해설립 취소 제도

1. 법인격부인론

회사가 외형상 법인이지만 실질적으로 완전히 그 법인격의 배후에 있는 지배주주의 개인기업에 불과하거나 배후자에 대한 법률적용을 회피하기 위한 수단으로 함부로 이용되는 경우에는, 배후자가 회사에게만 법적 효과가 귀속됨을 주장하면서 배후자의 책임을 부정하는 것이 신의성실의 원칙에 위반되는 법인격의 남용에 해당될 수 있고, 이 경우 회사의 행위에 대한 책임을 그 배후자에 대하여도 물을 수 있다.[133]

계약 당시 채권자인 원고를 해함을 알지 못하였다고 봄이 상당하다고 판시하였다(대판 2011. 3. 10. 2010다102632).

부동산을 중개업소를 통하지 않고 시가보다 약간 저렴하게 매매한 사안에서, 전득자가 수익자 또는 채무자와 친인척관계 혹은 거래관계에 있지 않아 채무자의 채권채무관계나 재산상태에 대하여 알기 어려운 상태였고 사해행위임을 알고서도 이를 매수할만한 동기나 이유가 없는 점, 채무자가 수익자에게 매도 및 소유권이전등기를 한 후 2년이 지나 수익자가 전득자에게 매도한 점, 매매대금지급 등 계약이행이 정상적으로 이루어진 점을 고려하여, 전득자가 선의였다고 봄이 상당하다고 한 사례가 있다(대판 2010. 2. 11. 2009다80484).

133) 토지(사업부지) 소유자 B는 주식회사 C를 설립하여 토지 상에 지하 5층 및 지상 17층 규모의 오피스텔을 건축하여 분양하려고 하다가 자금부족으로 포기하였고, A는 과거 여러 회사를 사실상 지배하면서 그 회사들 또는 A 명의로 빌딩이나 오피스텔등을 분양하는 사업을 하던 중 B로부터 C회사의 주식을 사실상 전부 인수하고 C회사의 대표이사가 되었다. 원고는 C회사로부터 위 오피스텔 중 한 호실을 분양받는 계약을 체결하고 계약금 및 중도금 일부를 지급하였다. C회사는 분양대금으로 오피스텔 공사대금을 충당하려 하였으나 분양실적이 저조하여 자금난을 겪었고, 시공사 D에게 공사대금을 제대로 지급하지 못하여 공사가 장기간 중단되었다. A는 C회사에 입금된 분양대금 약 78억 원 중 약 30억 원을 인출하여 B에게 토지대금을 지급하고 토지를 A 앞으로 등기했고 나머지 분양대금의 사용처는 정확히 밝혀지지 않았으며, 위 오피스텔 일부를 은행에 분양해주고 그와 관련한 담보로 위 토지를 은행에 근저당권설정해주고 A가 위 은행에 연대보증인 되기도 하였다. 시공사가 공사대금 확보책으로 위 토지에 근저당권설정을 요구하자 A는 시공사의 강제집행을 피하기 위하여 위 토지에 대하여 허위로 제3자 앞으로 가등기를 경료해 주기도 하였다. C회사는 공사중인 위 오피스텔 외에는 자산이 없고, 회사의 이사회나 주총결의는 대표이사 선임 등의 경우에만 형식적으로 이루어졌다. C회사의 공사대금 미지급으로 수년간 공사가 중지되어 수분양자들의 피해가 발생했음에도 A는 그 책임을 C회사에 미루었고 본인 앞으로 이전된 토지를 C회사 앞으로 이전하지도 않았으며, 위 오피스텔 공사발주액은 약 166억 원임에도 C회사의 자본금은 5천만 원이었고, C회사의 사무실은 폐쇄된 상황이었다. 대법원은 A가 C회사의 법인격을 남용한 배후자로서, C회사와 연대하여 원고에게 분양계약해제에 따른 매매대금반환의무를 부담한다고 판시하였다(대판 2001. 1. 19. 97다21604).

회사가 그 배후자를 위한 도구에 불과한지는, 원칙적으로 문제가 되고 있는 행위시점을 기준으로 하여 회사와 배후자 사이에 재산과 업무가 구분이 어려울 정도로 혼용되었는지, 주주총회나 이사회를 개최하지 아니하는 등 법률이나 정관에 규정된 의사결정절차가 생략되었는지, 회사자본의 부실 정도, 영업의 규모 및 직원의 수 등에 비추어 회사가 이름뿐이고 실질적으로는 개인 영업 내지 배후자를 위한 영업체에 지나지 아니하는 상태로 될 정도로 형해화되었는지 등을 고려하여 판단한다.[134] 그리고 법인

---

134) 대판 2016. 4. 28. 2015다13690은 아래와 같다. A사는 인터넷뉴스 및 정보제공, 사이트구축 및 서비스제공사업 등을 목적으로 하는 주식회사이다. 甲은 2007. 1.경 A사를 인수하여 대표이사로 취임한 후 회사를 운영하여 왔는데 자신이 보유한 특허권을 A사의 영업을 위하여 사용하게 하였다. A사의 주식 대부분을 甲과 그의 처 乙이 보유하고 있고 甲이 A사 대표이사로 재직하는 동안 乙이 그 감사로 재직하였다. A사 직원 丙은 2007.경부터 양평에 있는 甲의 집에 거주하면서 甲과 출퇴근을 같이하며 A사의 관리, 행정업무를 같이하였고 2007. 11.경 A의 이사가 되었다. 甲은 자신과 A사의 예금계좌는 물론 丙의 예금계좌도 A사 운영에 사용하였다. 원고는 2008. 7.경 합계 7,000만 원을 A사에 대여하였다가 그중 6,450만 원을 변제받지 못하여 2011. 6. A사를 상대로 지급명령을 신청하여 확정되었다. B사는 2010. 3. 3. A사와 동일한 소재지에서 A사와 동일한 목적으로 설립되었고, B사 설립당시 주식은 전부 乙이 취득하였고, 같은 날 丙은 B사의 유일한 사내이사, 乙은 B의 감사로 각 취임하였다. 丙과 乙은 2012. 6.경까지 A사의 이사와 감사 시위도 유시했다. A사의 주소지 변동내역은, 법인등기부상으로는 B사 주소지 변동과 차이가 있으나 A사의 인터넷사이트 표시상으로는 거의 일치한다. A사는 2010. 3. 5.경 A의 주요자산으로 보이는 '마이키시스템'을 B사에 양도하였으나 B사가 그 양도대금 약 4억5천만 원을 A사에 지급했다는 객관적인 자료가 제출되지 않았고, A사가 사용하던 甲의 특허권을 B사가 그대로 영업을 위해 사용하였다. B사는 2010. 3. 4. 甲으로부터 甲이 보유한 다른 특허권에 대하여 전용실시권을 부여받고 甲에게 선급금 100억 원과 별도의 경상사용료를 지급하기로 하는 내용의 계약을 체결했는데, B사가 甲에게 그러한 선급금과 경상사용료를 지급했다는 객관적 자료가 제출되지 않았다. A사는 B사가 설립된 2010.경부터 직원 수가 급격히 감소하고 영업이 축소되어 사실상 폐업상태이다. 甲은 B사의 실질적 대표로서 B사를 실질적으로 운영해온 것으로 보이고, 丙은 2010. 5. B사의 유상증자로 주식 일부를 취득하였고, 乙이 보유하던 B사 주식은 甲에게 양도되었다가 2012. 2.경 丙이 이를 양수하였는데, 丙은 법정에서 그 주식취득자금의 출처를 명확히 밝히지 못하였다. 원고는 법인격이 부인됨을 주장하여 甲과 B사를 상대로 대여금반환을 청구하였다.
대법원은 원고의 甲에 대한 청구에 대하여는, A사 주식 대부분을 甲과 乙이 보유하고 있고 甲이 A사 대표이사로 재직하는 동안 乙이 감사로 재직하였다는 사정은 소규모 주식회사에서 드물지 아니하게 볼 수 있고, A사 이사들 중 丙을 제외한 나머지 이사들과 甲이 특별한 관계라는 점이 밝혀지지 않은 점, 원고에 대한 대여금 변제기인 2010. 이후 A사 규모가 급격히 줄어들기는 하였으나 A사가 원고로부터 돈을 빌린 2008. 7.은 A사의 직원이 가장 많았던 시기이고 2009.에도 비슷한 수준의 직원을 유지하고 있었던 점, A사와 甲 사이에 금전거래가 있었음에도 A사의 주주총회나 이사회가 개최된 사실이 없고 甲과 乙의 계좌와 A사 계좌가 혼용되어 사용되기도 한 것으로 보이나 A사의 규모와 입출금내역 등에 비추어

격이 형해화될 정도에 이르지 않더라도 그 배후자가 해당 회사의 법인격을 남용한 경우에는 배후자에 대하여도 책임을 물을 수 있는데, 이 경우 그 남용행위 시점을 기준으로 배후자가 해당 회사를 마음대로 이용할 수 있는 지배적 지위에 있고, 그러한 지위를 이용하여 법인제도를 남용하는 것이 요구되며, 법인제도를 남용하였는지 여부는 법인격 형해화의 정도 및 거래상대방의 인식이나 신뢰 등 제반사정을 종합적으로 고려하여 판단한다.135)

기존회사가 채무를 면탈할 목적으로 기업의 형태와 내용이 실질적으로 동일한 신설회사를 설립하고 그것이 채무면탈이라는 위법한 목적달성을 위하여 회사제도를 남용한 것이라고 평가된다면, 기존회사의 채권자에 대하여 두 회사가 별개의 법인격을 가지고 있음을 주장하는 것은 신의성실의 원칙상 허용될 수 없고 채권자는 두 회사 어느 쪽에 대하여도 채무의 이행을 청구할 수 있다.136) 기존회사의 채무를 면탈할 목적으로 다른 회사의 법인격이 이용되었는지는, 기존회사의 폐업당시 경영상태나 자산상황, 기존회사에서 다른 회사로 유용된 자산의 유무와 정도, 기존회사에서 다른 회사로

이러한 사정들만으로는 A사가 형해화되어 그 법인격을 부인하여야 할 정도에 이르지는 않았다고 판단하고, 원고의 甲에 대한 청구는 이를 인용하지 않았다. 그러나 원고의 B사에 대한 청구에 대하여는, A사와 B사가 甲이 사실상 지배하는 동일한 회사로서 甲이 A사의 채무를 면탈할 목적으로 B사를 설립한 것으로 볼 수 있어, 원고에게 B사가 A사와 별개의 법인격을 가지고 있음을 주장하는 것은 신의성실의 원칙상 허용될 수 없고, B사 설립당시부터 丙이 B사의 유일한 이사로 등기되어 있고 丙이 2012. 2.경 甲으로부터 B사 주식을 양수하여 丙이 B사의 유일한 주주로 등재되어 있다고 하여 달리 볼 수 없다고 하면서 원고의 B사에 대한 청구를 인용하였다.

135) 대판 2013. 2. 15. 2011다103984; 대판 2010. 2. 25. 2008다82490; 대판 2008. 9. 11. 2007다90982 참조. 이 판결들은 법인격 형해화나 배후자에 의한 법인격 남용이 입증되지 않았다고 판단하였다.

136) B사는 오피스건물 신축공사를 수행하는 A사로부터 전기공사를 하청받아 수행하다가 부도에 이르렀고, A사로부터 전기공사를 계속 시공해 줄 것을 권유 및 독촉받자, B사의 지배주주 및 대표이사인 甲 등은 새로이 C사를 설립하였다. C사의 모든 주주 및 이사는 B사의 이사이거나 직원이었던 자들이었고 그 중에는 甲의 아들인 乙이 포함되어 있었다. 甲은 C사의 배후에서 이를 실질적으로 운영하면서, B사가 A사로부터 하도급받아 시공하던 다른 현장(아파트 현장들)의 잔여공사도 C사 이름으로 수주하여 그 공사현장을 지휘, 감독하였고, B사가 공사하던 때나 C사가 공사하던 때나 A사로부터 받은 공사대금은 사실상 甲이 관리, 집행하였고 B사가 부도로 인해 A사에 반환하지 못한 선급금 상당액을 C사가 A사로부터 받을 공사대금 채권에서 공제하기도 하였다. 대법원은, B사를 상대로 공사대금 채권을 가지는 원고는 B사뿐만 아니라 C사에 대하여도 이를 청구할 수 있다고 하였다(대판 2006. 7. 13. 2004다36130). 소위 편의치적과 관련하여 법인격을 부인한 사례로는 대판 1988. 11. 22. 87다카1671; 대판 1989. 9. 12. 89다카678이 있다.

이전된 자산이 있는 경우 그 정당한 대가가 지급되었는지 여부 등 제반사정을 종합적으로 고려하여 사안에 따라 개별적으로 판단하여야 한다.[137]

---

137) 대판 2011. 5. 13. 2010다94472는 아래와 같다. A사와 B사는 공동시행사로서 사업부지 위에 아파트 신축사업을 추진하였다. A사는 2003. 8. 8.경 사업부지 중 일부 지분을 소유하는 원고로부터 그 지분을 이전받고 대가로 B사가 원고에게 장차 건설될 아파트 중 88평형대 한 채를 원고에게 분양하기로 약정하였고, B사도 원고에게 동일한 내용으로 약정했으며, A사는 원고의 분양권을 담보하기 위해 원고에게 액면금 5억 2,500만 원 당좌수표를 발행하였다. 원고는 그 무렵 자신의 지분을 A사 앞으로 이전등기하였다. A사는 아파트 공사 진행 중인 2004. 11. 25.경 사업부지 중 A사가 보유하는 지분에 대해 매매예약을 원인으로 C사 앞으로 소유권이전등기청구권 가등기를 하였고, 원고는 사업이 지연되다 2005. 8. 11. 사업부지 중 A사 지분에 대하여 가압류를 하였다. C사의 가등기에 관해 2006. 2. 28. D사 앞으로, 2007. 11. 24. E사 앞으로 각 이전하는 가등기의 부기등기가 경료되었다. E사는 2008. 1. 18. 가등기에 의한 본등기를 경료하였고, E사는 아파트 건축이 완료되자 2008. 5. 21. 아파트 각 세대를 E사 앞으로 소유권보존등기한 후 같은 날 신탁을 원인으로 F사 앞으로 소유권이전등기를 하였다. 원고는 A, B, C, D, E사가 사실상 甲이 지배하는 회사로서 법인격을 남용한 경우로서 원고는 A, B, C, D, E 어느 회사를 상대로도 분양을 청구할 수 있고 위 소유권이전청구권가등기, 부기등기 및 그에 의한 본등기는 통정허위표시이므로 무효라는 이유로, 원고가 E사에 대해 보유하는 소유권이전등기청구권을 보전하기 위해 E사를 대위해서 F신탁회사를 상대로 소유권이전등기말소청구를 하였다. A, B, C, D, E사 모두 부동산개발, 운영 및 그 부대사업을 주목적으로 하는 회사로서 A사는 1990. 6. 21., B사는 2001. 10. 9., C사는 1997. 7. 4., D사는 2001. 9. 7., E사는 2001. 5. 25. 각 설립되었다. B사의 2003. 5. 21.까지 본점은 A사의 2003. 5. 13.이후 본점과, A사의 1999. 10. 5.부터 2003. 5. 13.까지 본점은 C사의 1998. 5. 22.부터 같은 해 12. 14.까지 본점, 2001. 5. 25. 등기된 E사의 본점과, B사의 2003. 5. 23.부터 2004. 8. 11.까지 본점은 C사의 2003. 4. 25.부터 2004. 8. 21.까지 본점, 2004. 8. 11.부터 2005. 8. 30.까지 D사의 본점, 2003. 5. 31.부터 2005. 8. 30.까지 E사 본점과 각 주소가 같았고, 甲은 A사의 대표이사 또는 지배인, 2003. 4. 29.부터 2004. 8. 11.까지 B사 대표이사, 2003. 4. 25. 이후 C사 감사, 2002. 10. 28. 이후 D사 대표이사로, 甲의 처인 乙은 1995. 7. 14.부터 2003. 5. 13. 까지 A사 대표이사, 2004. 6. 18. 이후 C사 이사, 2004. 8. 11. 이후 D사 이사로, 각 재직하였다. 이에 대하여 하급심은, 상당수 회사들이 원고와 분양약정 체결 전부터 존재하였던 점, A사와 B사가 2003. 8. 11.까지 각 50% 지분으로 하여 사업부지를 모두 취득하고 금융권으로부터 합계 50억 원을 대출받아 그 담보로 사업부지에 근저당권을 설정해 주었는데 2004. 6. 1. B사 대표이사 丙이 투자금담보용으로 교부받아 소지하던 액면 3억 5천만 원의 약속어음을 지급제시하여 A사가 부도에 이르고, 2004. 11. B사도 부도에 이르자 금융권이 대출금 상환을 요구한 점, 그러자 A, B사가 위 대출채무 중 일부인 30억 원을 C사가 인수하게 하고 부지를 C사에게 매도한 점, C사가 사업부지에 대하여 매매계약에 따른 가등기를 마친 후 위 대출채무 전체 50억 원을 인수한 점, C사가 위 대출채무 중 30억 원에 대한 2003. 12. 30.부터 2007. 2. 27.까지 이자 약 4억7천만 원을, 위 대출채무 중 20억 원에 대한 2004. 12. 30.부터 2007. 3. 5.까지 이자 약 3억1천만 원을 지급함으로써 A사는 2005. 4. 9.부터, B사는 2004. 12. 30.부터 대출금이자를 납부하지 않은 점, C사는 자금사정이 악화되어 2006. 2. 28. D사에게 위 사업권을 양도하고, D사도 자금사정 악화로 사업

권을 E사에 양도한 점에 비추어 A, B, C, D, E사가 甲의 개인기업에 불과할 정도로 법인격이 형해화되거나 원고에 대한 채무면탈 수단으로 법인격을 남용하였다고 보기 어렵고, 위 회사들 사이의 가등기, 부기등기, 본등기가 통정허위표시라고 보기도 어렵다고 판단하였다.

그러나 대법원은, 기존회사가 채무면탈 목적으로 형태, 내용이 실질적으로 동일한 신설회사를 설립한 후 두 회사가 별개의 법인격을 보유한다고 주장하는 것이 신의성실의 원칙상 허용되지 않는다는 법리는 채무면탈 목적으로 이미 설립된 다른 회사를 이용한 경우에도 적용될 수 있고, 기존회사의 채무를 면탈할 의도로 다른 회사의 법인격이 이용되었는지 여부는 기존회사의 폐업당시 경영상태나 자산상황, 기존회사에서 다른 회사로 유용된 자산의 유무와 정도, 기존회사에서 다른 회사로 이전된 자산이 있는 경우 그 정당한 대가가 지급되었는지 여부 등 제반사정을 종합적으로 판단하여야 한다고 하면서, A, B, C, D, E사의 영업목적이 동일하고 법인 본점이 상당부분 일치하는 점, 원고와의 분양 약정당시 B사 대표이사 甲이 A, B사를 사실상 지배하고 있었고, 甲이 C, D, E사 역시 사실상 지배하고 있었던 점, A, B사는 사업부지 외에 별다른 자산이 없었던 것으로 보이고 이미 부도가 발생하였거나 임박하여 사업부지와 사업권을 정당한 대가를 받지 않고 C사에 양도한 것으로 보이는 점, C사에서 D, E사로 사업부지와 사업권이 이전되는 과정에서도 정당한 대가가 지급된 자료가 없는 점, A, B사는 C사에게 사업부지와 사업권을 양도하면서 원고에 대한 분양계약상 채무는 부도난 A, B사에 남겨둔 점을 종합하면, A, B, C, D, E사는 갑이 지배하는 사실상 동일한 회사로서 A, B사가 원고에 대한 채무를 면탈하기 위해 위 회사들의 법인격을 내세운 것으로 볼 수 있고, C, D, E사의 설립일이 원고에 대한 채무 발생일 이전이라거나 C사가 A, B사로부터 인수한 대출금 채무의 이자 일부를 지급한 사정이 있다고 하여 달리 볼 수 없다고 판시하였다.

대판 2008. 8. 21. 2006다24438은 아래와 같다. A사는 대표이사 甲이 사주인 의약품 제조 판매 등을 목적으로 하는 회사로서, B은행에 대한 약 6억 2천만 원의 대출채무를 비롯한 다수의 채무를 부담하던 중 1997. 6. 부도에 이르렀고, B은행은 A사의 부동산과 기계류 등에 대하여 임의경매를 신청하고 A사에 대한 채권을 원고에게 양도하였다. C사는 A사와 주소지와 영업목적이 동일하고 2000. 5. 9. 설립된 회사로서, 주주와 임원진 등이 甲의 처 또는 자녀이거나 甲의 부하직원이었다. C사는 A사의 부동산과 기계류 등에 대한 경매에 참가하여 10억 4,500만 원에 이를 낙찰받았고, 낙찰대금 중 약 5억 5,700만 원을 C사가 금융기관으로 대출받고, 약 2억 5,800만 원은 낙찰받을 부동산을 담보로 금전을 차용하였다. C사는 2001. 12. 17. A사로부터 제조시설과 제조에 관한 제법 일체, 의약품 제조업 허가 등을 1억 5천만 원에 양수하기로 하고, 그에 따라 식약청장으로부터 의약품제조업 허가사항 변경허가를 받았으며, 위 대금 중 7,500만 원만을 A회사가 부담하는 의약품제조 관련 과징금을 대납하는 방식으로 지급하고 나머지 대금은 면제받았다. C사는 A사의 근로자들을 대부분 그대로 고용하고, 약사자격이 있는 甲을 품질관리자로 하여 A사 생산하던 것과 동일한 의약품들을 생산하였으며, A사의 경리과장은 별다른 자금력이 없는데도 주도적으로 C사를 설립하여 위와 같이 A사의 부동산 등을 낙찰받고, 그 경영권을 공익근무요원 근무 중인 甲의 아들 丙에게 모두 넘겨주었고, 위 부동산 등에 대한 낙찰대금 중 금융기관 대출금을 제외한 나머지 경매비용이나 C사 법인설립비용 등 일련의 과정에서 그 자금출처가 분명하지 않았으며, 丙을 제외한 C사의 주주들은 甲의 처 또는 자녀들로서 별다른 수입원이 없었다. 이에 대해 항소심은, C사는 실질적으로 A사와 동일한 회사로서 甲이 A회사의 채무를 면탈 판례는 특수목적회사나 모회사-자회사 사이에 대하여는 법인격부인론을 적용에 신중을 기하는 입장이다.[138] 권리관계의 공권적 확정과 신속한 실현을 도모하기 위하

하기 위해 세운 것으로서, C사도 A사의 B은행에 대한 채무를 지급해야 한다고 판단하였다. 그러나 대법원은, A, C사가 모두 甲에 의해 지배되는 회사이지만, A사 부동산 등에 대한 낙찰대금 10억 4,500만 원 중 약 8억 3,700만 원이 C사 명의로 대출받거나 C사가 차용한 금원으로 지급되었고, C사가 의약품 제조허가권 등과 관련하여 A사에게 7,500만 원을 대금으로 지급하였으므로, 이에 불구하고 C사가 A사의 채무를 면탈하기 위해서 신설된 것으로 인정하려면, 의약품 제조허가권 등에 대한 가액평가나 대금의 일부 면제가 부당하게 이루어졌거나, A사의 거래처를 비롯한 영업권이 아무런 대가없이 C사에게 이전되었거나, 그밖에 A사 자산이 C사의 설립비용 등의 자금으로 유용되었다는 사실 등 A사의 채권자에게 불리한 결과를 초래하는 채무면탈에 대한 사정이 인정될 수 있어야 한다는 이유로, C사의 책임을 인정하지 않았다.

즉 대법원은, A사 부도 후 甲이 가족 등을 내세워 C사를 신설하여 사실상 동일한 영업을 하였더라도, 회사제도상 그것만으로 C사가 독립된 법인격을 주장하는 것이 신의칙에 반한다고 하기는 어렵다고 판단한 것으로 보이고, C사 설립과정에서 A사의 채권자가 어떤 식으로 해를 입었는지(A, C사가 회사간 거래를 통해 어떤 식으로 B은행의 채권행사를 어렵게 하였는지) 증명이 필요하다고 판단한 것으로 보인다. 따라서 C사가 사실상 A사의 부담을 통해 낙찰대금을 조달하였거나, A사의 의약품 제조허가권 등과 관련하여 C사가 부담한 7,500만 원이 공정한 가치보다 낮다는 것 등이 입증되었다면, C사가 책임이 인정될 수도 있었을 것으로 보인다.

[138] 특수목적회사(SPC)는 일시적인 목적을 달성하기 위하여 최소한의 자본출자요건만을 갖추어 인적, 물적 자본 없이 설립되는 것이 일반적이다. 따라서 특수목적회사가 그 설립목적을 달성하기 위하여 설립지의 법령이 요구하는 범위 내에서 최소한의 출자재산을 가지고 있다거나 특수목적회사를 설립한 회사의 직원이 특수목적회사의 임직원을 겸임하여 특수목적회사를 운영하거나 지배하고 있다는 사정만으로는 특수목적회사의 독자적인 법인격을 인정하는 것이 신의성실의 원칙에 위배되는 법인격의 남용으로서 심히 정의와 형평에 반한다고 할 수 없으며, 법인격 남용을 인정하려면 적어도 특수목적회사의 법인격이 배후자에 대한 법률적용을 회피하기 위한 수단으로 함부로 이용되거나, 채무면탈, 계약상 채무의 회피, 탈법행위 등 위법한 목적달성을 위하여 회사제도를 남용하는 등의 주관적 의도 또는 목적이 인정되는 경우라야 한다(대판 2010. 2. 25. 2007다85980).

친자회사는 상호간에 상당 정도의 인적, 자본적 결합관계가 존재하는 것이 당연하므로, 자회사의 임직원이 모회사의 임직원 신분을 겸유하고 있었다거나 모회사가 자회사의 전 주식을 소유하여 자회사에 대해 강한 지배력을 가진다거나 자회사의 사업 규모가 확장되었으나 자본금의 규모가 그에 상응하여 증가하지 아니한 사정 등만으로는 모회사가 자회사의 독자적인 법인격을 주장하는 것이 자회사의 채권자에 대한 관계에서 법인격의 남용에 해당한다고 보기에 부족하고, 적어도 자회사가 독자적인 의사 또는 존재를 상실하고 모회사가 자신의 사업의 일부로서 자회사를 운영한다고 할 수 있을 정도로 완전한 지배력을 행사하고 있을 것이 요구되며, 구체적으로는 모회사와 자회사 간의 재산과 업무 및 대외적인 기업거래 활동 등이 명확히 구분되어 있지 않고 양자가 서로 혼용되어 있다는 등의 객관적 징표가 있어야 하며, 자회사의 법인격이 모회사에 대한 법률 적용을 회피하기 위한 수단으로 사용되거나 채무면탈이라는 위법한 목적 달성을 위하여 회사제도를 남용하는 등의 주관적 의도

여 절차적 안정을 중시하는 소송절차 및 강제집행절차에서는, 법인격부인론을 통한 기판력 및 집행력의 범위 확장이 인정되지 않는다는 것이 판례이다.[139]

2. 사해설립취소 제도

회사설립행위가 사해행위일 때 그 취소를 구하는 방식은 상법에 별도의 규정이 있다. 합명회사의 사원이 그 채권자를 해할 것을 알고 회사를 설립한 때에는 채권자는 그 사원과 회사에 대한 소로 회사의 설립취소를 청구할 수 있다.[140] 위 소는 회사성립의 날로부터 2년 이내에 제기해야 한다.[141] 설립취소의 소 심리 중에 원인이 된 하자가 보완되고 회사의 현황과 제반사정을 참작하여 설립을 취소하는 것이 부적당하다고 인정한 때에는 법원은 그 청구를 기각할 수 있다.[142] 설립취소 판결은 제3자에게도 효력이 있으나 판결확정 전에 생긴 회사와 사원 및 제3자 간의 권리의무에 영향을 미치지는 않는다(즉, 대세효는 있으나 소급효는 없다).[143] 설립취소 판결이 확정된 때에는 해산의 경우에 준하여 청산해야 하나, 설립취소 판결의 원인이 특정한 사원에 한한 것인 때에는 다른 사원 전원의 동의로써 회사를 계속할 수 있다.[144] 합자회사, 유한책임회사, 유한회사에 대하여도 위 규정들이 준용된다.[145] 주식회사는, 합명회사에 대한 설립무효의 소송 규정들을 준용하면서도 사해설립취소의 소 규정인 상법 제185조는 준용하지 않는다.[146]

또는 목적이 인정되어야 한다(대판 2006. 8. 25. 2004다26119).

139) 대판 1995. 5. 12. 93다44531 승계집행문부여 사건.
140) 상법 제185조.
141) 상법 제184조 제1항.
142) 상법 제189조.
143) 상법 제190조.
144) 상법 제193조, 제194조.
145) 상법 제269조, 제287조의6, 제552조. 다만 유한회사에서는 회사계속 규정인 상법 제194조는 준용하지 않는다(상법 제552조 제2항).
146) 상법 제328조 제2항. 아마도 주식회사는 많은 발기인 내지 주주로 구성될 것이 예정되어 있고 주주와 회사와의 연결관계가 가장 희박하기 때문에 설립취소로 인한 법적 안정성 저해를 방지하기 위한 취지로 보인다.

파산신청 제도

1. 파산신청

채권자는 채권의 존재 및 채무자에게 지급불능의 상태 등 파산원인이 있음을 소명하고, 파산절차에 소요되는 비용을 납부한 후, 채무자에 대한 파산신청을 할 수 있다.147) 일정금액 이상의 채권을 가지는 채권자는, 채무자에게 파산의 원인인 사실이 생길 염려가 있음을 소명하고, 회생절차에 소요되는 비용을 납부한 후, 채무자에 대한 회생절차개시를 신청할 수도 있다.148) 이하에서는 파산절차에서 피해재산 회수와 관련하여 의미를 가질 수 있는 파산신청, 채권신고, 부인권, 환취권 제도를 간단히 살펴본다.

파산신청이 있으면 법원은 채무자 등을 구인할 수 있고, 이해관계인의 신청에 의하거나 직권으로 채무자의 재산에 관하여 가압류, 가처분 그밖에 필요한 보전처분을 명할 수 있다.149) 법원은 필요한 경우 이해관계인 등의 신청에 의하거나 직권으로 채무자의 재산 및 신용에 관한 전산망을 관리하는 공공기관·금융기관·단체 등에 채무자 명의의 재산에 관하여 조회할 수 있고, 이해관계인은 법원에 파산회생 사건기록의 열람복사를 청구할 수 있다.150) 파산재단151)에 속하는 재산에 관하여 파산선고 당시 법원에 계속되어 있는 소송은 파산관재인 또는 상대방이 이를 수계할 수 있다.152) 파산채권153)에 기하여 파산재단에 속하는 재산에 대하여 행하여진 강제집행, 가압류 또는

---

147) 채무자회생법 제294조, 제302조, 제305조.
148) 채무자회생법 제34조 제2항, 제38조. 참고로, 일정 금액 이하의 채무를 지는 개인채무자로서 급여소득자이거나 영업소득자인 자는, 통상의 회생절차가 아니라 '개인회생절차'를 이용할 수 있는데, 개인회생절차는 채무자 본인만 신청할 수 있다(채무자회생법 제579조, 제588조). 개인회생절차는 비교적 소액의 채무를 부담하면서 고정적 수입이 있는 채무자에게 더 간이하고 저렴한 절차로 회생을 도모할 수 있도록 하는 절차로서, 개인회생절차개시의 결정이 있으면 회생절차나 파산절차는 중단된다(채무자회생법 제600조 제1항 제1호).
149) 채무자회생법 제322조, 제323조. 회생절차개시의 신청이 있는 때에도 법원은 채무자의 재산에 대한 가압류, 가처분 등의 보전처분을 하거나, 채무자에 대한 소송이나 강제집절차 등의 중지 등을 명할 수 있다(같은 법 제43조, 제44조, 제45조).
150) 채무자회생법 제29조, 제28조.
151) '파산재단'이란 파산선고 당시에 채무자가 가진 모든 재산을 말한다(채무자회생법 제382조 1항). 다만 생계비 등 일정한 재산은 제외된다(같은 법 제383조).
152) 채무자회생법 제347조. 회생절차개시결정이 있을 때에도 채무자의 재산에 관한 소송절차는 중단되고, 수계된다(같은 법 제59조).
153) 채무자에 대하여 파산선고 전의 원인으로 생긴 재산상의 청구권을 '파산채권'이라 하고(채무자회생법 제423조), 파산채권자의 공동이익을 위하여 소요되는 재판상 비용에 대한 청구

가처분은 파산재단에 대하여는 효력을 잃고, 파산관재인은 파산재단을 위하여 강제집행절차를 속행할 수 있다.[154]

파산선고가 되면 파산채권자가 개별적으로 권리행사를 하는 것이 금지되고, 파산절차에 참가하여서만 그 만족을 얻을 수 있다.[155] 따라서 파산채권자가 파산절차에서 배당을 받기 위해서는 채권신고를 해야 한다.[156] 법원은 파산선고와 동시에 채권신고기간, 제1회 채권자집회기일, 채권조사기일 등 절차를 정하여 이를 공고하고,[157] 법원이 선임한 파산관재인이 채무자의 재산을 관리, 환가하여 파산채권자들에게 분배하는 업무를 수행한다.[158] 파산채권자가 파산절차에서 채권을 신고하면 채권자집회 의결권,[159] 채권조사기일에서의 이의신청권,[160] 배당수령권[161] 등이 인정된다. 파산한 개인 채무자가 법원으로부터 면책허가를 받으면, 조세채무, 벌금이나 추징금 등의 채무, 채무자가 고의로 가한 불법행위로 인한 손해배상채무 등 일정한 채무를 제외하고는 파산채권자에 대한 채무 전부에 대하여 그 책임이 면제된다.[162] 파산채권자 등 이해관계인

권 등과 같이 파산절차에 의하지 아니하고 별도로 수시 변제받도록 함이 타당한 채권을 이와 구별하여 '재단채권'이라 한다(같은 법 제473조, 제475조). 채무자에 대하여 회생절차 개시 전의 원인으로 생긴 재산상의 청구권 등을 '회생채권', 회생채권이나 회생절차개시 전의 원인으로 생긴 채무자 이외의 자에 대한 재산상의 청구권으로서 회생절차개시 당시 채무자의 재산에 존재하는 유치권, 질권, 저당권, 양도담보권, 가등기담보권, 동산채권 등의 담보에 관한 법률에 따른 담보권, 전세권 또는 우선특권으로 담보된 범위의 것을 '회생담보권'이라 하고(같은 법 제118조, 제141조), 회생채권자, 회생담보권자 등의 공동의 이익을 위하여 한 재판상 비용청구권과 같이 그 성격상 또는 사회정책적 이유로 회생채권자 등이 공동으로 부담하는 것이 바람직한 비용으로서 성질을 갖는 채무자에 대한 청구권을 '공익채권'이라 한다(같은 법 제179조 제1항).

154) 채무자회생법 제348조 제1항.
155) 채무자회생법 제424조. 회생절차의 경우에도, 회생절차가 개시되면 채무자의 재산관리처분권이 법원이 선임한 관리인에게 전속된다(같은 법 제56조, 제64조).
156) 파산채권자가 채권신고를 하지 않으면 파산절차를 통해 배당을 받을 수는 없으나 그 채권자체가 소멸하는 것은 아니다(전대규, 채무자회생법, 2020, 1081면). 다만 개인채무자가 파산으로 인해 면책되면 일정한 채무가 소멸된다(채무자회생법 제566조). 회생채권자, 회생담보권자가 회생절차에서 배당을 받기 위해서도 마찬가지로 채권신고를 해야 한다. 회생채권자나 회생담보권자가 채권신고를 하지 않고 채권자목록에도 그 채권이 기재되지 않으면 권리가 소멸된다.
157) 채무자회생법 제312조, 제313조.
158) 채무자회생법 제384조.
159) 채무자회생법 제373조.
160) 채무자회생법 제458조, 제463조.
161) 채무자회생법 제505조.
162) 채무자회생법 제556조, 제564조, 제566조.

은 면책허가결정에 대해 즉시항고를 할 수 있고, 채무자가 사기파산으로 유죄의 확정 판결을 받은 때 또는 부정한 방법으로 면책을 받은 때에는 면책이 취소될 수 있다.163)

2. 부인권(否認權)

파산관재인은, 채무자가 파산선고 전에 파산채권자들을 해하는 행위를 한 경우에는 이를 부인할 수 있다.164) 부인권은 채무자가 행위시에 채무초과상태였을 필요가 없고, 사해행위뿐만 아니라 편파행위165)도 포함하며, 소송상 행사뿐만 아니라 항변으로도 주장할 수 있다는 점에서, 채권자취소권보다 광범위하게 행사할 수 있다.166) 다만, 파산채권자에게 유해한 행위일지라도 사회적으로 상당하고 불가피하여 일반 파산채권자가 파산재단의 감소나 불공평을 감수해야 한다고 볼 수 있는 예외적인 경우에는, 부인되지 않는다.167) 부인권에는 4가지 종류가 있다.

첫째, 채무자가 파산채권자를 해하는 것을 알고 한 행위이다.168) 행위가 언제 있었는지는 상관이 없고, 편파행위도 포함된다.169) 수익자가 선의인 경우에는 부인권을 행

---

163) 채무자회생법 제564조 제4항, 제569조.
164) 채무자회생법 제391조 이하.
165) 총채권자의 공동담보가 되는 채무자의 일반재산을 절대적으로 감소시키는 것은 아니지만, 특정한 채권자에 대한 변제나 담보의 제공과 같이 그 행위가 채무자의 재산관계에 영향을 미쳐 특정한 파산채권자를 배당에서 유리하게 하고 다른 파산채권자와의 공평에 반하는 것을 '편파행위'라 한다(대판 2014. 9. 25. 2014다214885 이유 참조). 회생절차상의 부인권 (채무자회생법 제100조 제1호) 대상에 편파행위도 포함된다는 판례로는 대판 2016. 1. 14. 2014다18131 등.
166) 채무자회생법 제396조 제1항. 법률행위뿐만 아니라 변제나 채무의 승인, 채권양도의 통지나 승낙, 부동산등기 등과 같이 법률상의 효과를 발생시키는 일체의 행위, 재판상의 자백을 비롯한 소송행위, 나아가 공법상 행위 및 부작위도 부인의 대상이 된다. 법률상 유효한 행위일 필요가 없고, 통정허위표시, 착오, 반사회적 법률행위 등과 같이 무효 또는 취소사유가 있는 행위도 대상이다(전대규, 위의 책, 321, 334면).
167) 이러한 사정의 주장, 증명책임은 수익자에게 있다(대판 2014. 9. 25. 2014다214885 등).
168) 채무자회생법 제391조 제1호.
169) 채무자회생법 제391조 제1호는 다른 각호와 달리 행위시점에 대한 언급이 없다. 소외1(채권자)가 소외2(채무자)를 상대로 사해행위취소소송을 제기하고 소외2의 파산관재인(원고)가 소외1로부터 소송을 수계한 사안에서 대법원은, "채무자가 강제집행을 회피할 목적으로 자신의 사실상 유일한 재산을 제3자에게 무상으로 양도한 행위는 다른 파산채권자들과의 관계에서 사해행위가 되고, 그 제3자가 양수채권을 추심하여 그 돈을 채무자에게 주었다고 하더라도 그 금액 상당을 원상회복이나 가액반환의 금액에서 공제할 것은 아니다."라고 하였다(대판 2013. 4. 11. 2012다211). 따라서 사해행위 뿐만아니라 편파행위도 이 부인권 대상이 된다(전대규, 위의 책, 982면).

사할 수 없으나, 수익자의 악의는 추정되므로 수익자가 자신의 선의를 증명할 책임이 있다.170)

둘째, 채무자가 지급정지 또는 파산신청 후에 파산채권자를 해하거나 담보를 제공하거나 채무를 소멸시킨 행위이다.171) 부인권을 행사하려면 수익자도 지급정지 또는 파산신청이 있었음을 알고 있었어야 하고, 파산관재인이 수익자의 악의를 증명할 책임이 있다.

셋째, 채무자가 지급정지나 파산신청이 있기 전 60일 시점 이후에 담보를 제공하거나 채무를 소멸시킨 것으로서, 채무자의 의무에 속하지 않거나 그 방법 또는 시기가 채무자의 의무에 속하지 않는 행위이다.172) 부인권을 행사하려면 수익자도 지급정지 또는 파산신청이 있었거나 파산채권자를 해하는 사실을 알고 있었어야 하고, 수익자의 악의는 추정되므로 수익자가 자신의 선의를 증명할 책임이 있다. 채무자가 의무에 속하지 않은 행위를 하였다는 점에서 채무자회생법 제391조 제2호 행위보다 폐해가 크므로, 지급정지 내지 파산신청 전 60일까지 적용시기를 확대하고, 선의의 증명책임도 수익자에게 부담시키는 것이다.173)

넷째, 채무자가 지급정지나 파산신청이 있기 전 6월 시점 이후에 한 무상행위 및 이와 동일시할 수 있는 유상행위이다.174) '무상행위'란 채무자가 대가를 받지 않고 적

---

170) 대판 2011. 10. 13. 2011다56637. 회생절차의 부인권에 대한 동일취지 판례로 대판 2014. 7. 10. 2014다24112. 한편, 수익자로부터 재산을 이전받은 전득자에 대하여 부인권을 행사하기 위해서는 전득자가 그 전자(前者)인 수익자 내지 중간 전득자에 대하여 각각 부인의 원인이 있음을 알아야 하고, 특별한 사정이 없는 한 이러한 전득자의 악의에 대한 증명책임은 부인권을 행사하는 관리인에게 있다(대판 2011. 5. 13. 2009다75291, 회생절차에 대한 판례임).

171) 채무자회생법 제391조 제2호.

172) 채무자회생법 제391조 제3호. 채무자의 의무에 속하지 않는 예로는 채무자가 기존의 채무에 관하여 사전에 담보권설정계약을 체결한 사실이 없음에도 특정채권자에게 담보제공을 하는 것, 방법이 의무에 속하지 않는 예로는 본래채무의 변제에 갈음하여 대물변제를 하는 것, 시기가 의무에 속하지 않는 예로는 변제기 전에 변제를 하는 것을 들 수 있다[전대규, 위의 책, 338면(회생절차상 부인권에 대한 설명 부분)]. 파산 전 회사가 자금을 융통하면서 '채권보전상 필요하다고 인정되는 때에는 청구에 의하여 곧 채권자가 승인하는 담보나 추가담보를 제공하겠으며, 보증인을 추가로 세우겠음. 일정한 예치금을 담보로 제공하겠음'이라고 약정하였더라도 이는 채무자에게 일반적, 추상적 담보제공의무를 부담시키는 것에 불과하고 구체적인에 담보제공의무를 부담시키는 것은 아니므로, 이에 따른 담보제공은 '파산자의 의무에 속하는 행위'라고 할 수 없어 부인권의 대상이 된다는 판례가 있다(구 파산법에 대한 판례임. 대판 2002. 2. 8. 2001다55116).

173) 전대규, 위의 책, 983면.

174) 채무자회생법 제391조 제4호.

극재산을 감소시키거나 소극재산을 증가시키는 일체의 행위로서 증여, 권리포기, 의무 없이 타인을 위하여 보증 또는 담보를 제공한 경우 등이고, '이와 동일시 할 수 있는 유상행위'란 상대방이 반대급부로 출연한 대가가 지나치게 근소하여 사실상 무상행위 와 다름없는 경우이다.[175] 파산채권자에 대한 폐해가 크므로, 채무자나 수익자의 고의 (악의)는 필요하지 않다.

전득자에 대한 부인, 상대방이 특수관계인인 경우의 부인 등에는 특칙이 있다.[176] 파산관재인이 부인권을 행사하지 않을 경우, 파산채권자는 법원에 부인권행사명령을 할 것을 신청할 수 있다.[177]

3. 환취권(還取權)

채무자가 제3자의 재산을 단순히 점유 내지 관리하고 있을 뿐이라면, 설사 채무자 에 대하여 파산선고가 되더라도 제3자는 이를 파산재단으로부터 돌려받을 수 있어야 할 것이다.[178] 재산의 소유자가 자신의 재산을 파산재산으로부터 돌려받을 수 있는 권 리를 환취권이라고 칭한다. 채무자회생법은 그 외에도 재산을 환취할 수 있는 특별규 정을 두고 있다.[179]

소유권(예: 소유자가 임대차 기간 종료 후 임차인을 상대로 목적물 반환을 청구할 수 있는 권리)뿐만 아니라 사해행위취소권과 같은 채권적 청구권도 환취권의 기초가 될 수 있 다. 따라서 채무자의 사해행위로 인하여 채무자의 재산이 수익자 또는 전득자에게 이 전되고 수익자 또는 전득자에게 파산절차가 개시된 경우, 채권자는 수익자 또는 전득 자의 파산관재인을 상대로 사해행위 취소소송을 제기할 수 있을 것이다.[180] 환취권은 파산절차와 관계없이 행사할 수 있으므로 행사의 방법이나 절차에 특별한 제한이 없어

---

175) 대판 2014. 5. 29. 2014다756. 정리회사가 계열사인 주채무자를 위하여 보증한 것이 채권 자의 주채무자에 대한 출연의 직접적 원인이 되었다고 하더라도 정리회사의 보증행위와 채권자의 출연 사이에는 사실상의 관계가 있음에 지나지 않고 정리회사가 취득하게 될 구 상권이 언제나 보증의 대가로서의 경제적 이익이라고 볼 수도 없으므로, 정리회사가 달리 직접적이고 현실적인 경제적 이익을 받지 않는 한 이러한 보증은 무상행위이다(대판 2008. 11. 27. 2006다50444).
176) 채무자회생법 제403조, 제392조.
177) 채무자회생법 제396조 제2항.
178) 채무자회생법 제407조.
179) 채무자회생법 제407조의2 내지 제410조. 회생절차의 환취권은 동법 제70조 내지 제73조.
180) 회생절차에 대한 판례로는 대판 2014. 9. 4. 2014다36771.

재판상 또는 재판외 방법으로 행사할 수 있고, 항변으로 주장할 수도 있다.[181)

제6절 관련자에 대한 직접청구

직접 범죄 행위자가 아닌 제3자이더라도, 민법상 공동불법행위자로 볼 수 있거나 부당이득을 한 것으로 볼 수 있는 자에 대하여는 손해배상이나 부당이득반환 청구를 하여 해당 제3자 소유재산에 대해 직접 강제집행을 할 수 있을 것이다.

1. 과실에 의한 공동불법행위 책임

수인이 공동의 불법행위로 타인에게 손해를 가한 경우 연대하여 배상할 책임이 있고, 교사·방조자의 경우도 마찬가지이다.[182) 민법은 형법과 달리 손해의 전보를 목적으로 하여 과실을 원칙적으로 고의와 동일시하고 있으므로, 민법상 불법행위에 있어 '과실에 의한 방조'도 가능하고 여기서 '방조'란 불법행위를 용이하게 하는 직·간접의 모든 행위를 가리키는 것으로서 작위의무 있는 자가 그것을 방지해야 할 제반조치를 취하지 아니하는 부작위로 인하여 불법행위자의 실행행위를 용이하게 하는 경우도 포함된다.[183) 공동불법행위에 있어서 행위자 상호간에 의사의 공통이나 공동의 인식을 필요로 하지 아니하고, 객관적으로 각 그 행위에 관련공동성이 있으면 족하고, 그 관련공동성 있는 행위에 의하여 손해가 발생하였다면 공동불법행위가 성립한다.[184)

회사경리직원이 공금을 횡령하면서 이를 친족에게 송금한 사안에서, 정상적이 아닌 부정한 방법으로 금원을 마련하여 송금하는 사정을 미필적으로나마 인식하고 있으면서

---

181) 전대규, 위의 책, 316, 997면.
182) 민법 제760조 제1항, 제3항.
183) 다만 타인의 불법행위에 대하여 과실에 의한 방조로서 공동불법행위의 책임을 지우기 위해서는 방조행위와 불법행위에 의한 피해자의 손해발생 사이에 상당인과관계가 인정되어야 하며, 상당인과관계가 있는지 여부를 판단할 때에는 과실에 의한 행위로 인하여 해당 불법행위를 용이하게 한다는 사정에 관한 예견 가능성과 아울러 과실에 의한 행위가 피해발생에 끼친 영향, 피해자의 신뢰 형성에 기여한 정도, 피해자 스스로 쉽게 피해를 방지할 수 있었는지 등을 종합적으로 고려하여 그 책임이 지나치게 확대되지 않도록 신중을 기하여야 한다. 대판 1998. 12. 23. 98다31264; 대판 2010. 2. 11. 2009다80026; 대판 2015. 1. 15. 2012다84707.
184) 대판 1998. 11. 10. 98다20059; 대판 2012. 8. 17. 2010다28390.

도 이를 계속하여 묵인한 채 송금을 받는 경우 횡령행위에 대한 방조 또는 장물취득 행위에 해당한다는 이유로 송금받은 친족에게 공동불법행위 책임을 인정한 사례가 있다.[185]

횡령, 사기 등의 범죄로 금융계좌에 존재하던 예금이 불법적으로 인출되고 해당 계좌의 개설이나 거래 과정에서 금융기관의 과실 또는 계좌 명의자의 과실이 개입된 경우, 금융기관 또는 계좌 명의자가 그로 인한 손해에 대하여 과실에 의한 공동불법행위 책임을 지는지 문제된다. 이때 예금 계좌 소유자는 금융기관에 대한 예금채권이 여전히 존재함을 근거로 예금반환청구를 하고,[186] 금융기관은 예금 지급이 민법 제470조의 채권의 준점유자에 대한 유효한 변제가 되어 예금반환의무가 없다고 다투는 경우가 있다. A가 가계수표를 발행할 자격을 취득하기 위하여 자신의 주민등록증과 도장을 알선업자에게 맡기고, 알선업자는 A 행세를 하면서 A 명의의 예금계좌를 개설하고 사채업자에게 '예금실적을 인정받기 위해 필요하니 A의 계좌로 금전을 송금해 주면 단기간내에 반환하겠다'고 거짓말한 후 이에 속은 사채업자가 A의 예금계좌로 금전을 송금하자

---

185) 대판 2001. 5. 8. 2001다2181. 사실관계는 다음과 같다. A가 원고회사의 경리직원으로 근무하면서 약 1년 6개월간 44회에 걸쳐 합계 3억원 상당을 횡령하여 이중 모친 B에게 28회에 걸쳐 약 2,100만원, 사실혼 남편 C의 3개의 계좌로 20회에 걸쳐 합계 약 7,690만원을 송금하였고 1회 송금액이 A의 월급의 몇 배에 해당하는 경우가 많았다. A는 B와 함께 지방에 거주하다가 혼자 서울로 올라와 원고회사에 입사하여 장부정리, 경리업무 등을 담당하면서 월 90만원 정도의 급여를 받았고, 별도의 부업은 하지 않았다. A는 위 급여로 월세, 식대, 기본생활비 등을 충당하고 남는 돈이 별로 없었고, B, C도 그러한 사정을 알고 있었다. A는 가족들로부터 돈을 보내달라는 전화를 수시로 받았다. A는 원고회사에 입사전 다른 회사에 약 3년간 경리로 근무하면서 직원들의 노임 등 1,200만원을 횡령하여 B가 이를 보상하였다. 위와 같이 송금받은 이유에 대하여, B는 A의 혼수비용으로 지출한 것을 돌려받은 것이라고 주장하였고, C는 자신이 고물상을 운영하여 얻은 수익금을 A에게 맡겨둔 것을 돌려받았다고 주장하였으나 그에 대한 증거를 제출하지는 않았다. 대법원은 B와 C가 A의 횡령행위에 구체적으로 공모하지는 않았더라도, A가 비정상적인 방법으로 금원을 마련하여 B, C에게 송금하는 사정을 미필적으로나마 인식하고 있으면서도 이를 계속하여 묵인한 채 송금받은 것이어서 원고에게 대하여 A와 함께 공동불법행위 손해배상책임을 진다고 하였다.

186) 예금채권자로서 금융기관에 대하여 예금채권의 반환을 구하는 경우 채권자는 예금사실만 주장, 입증하면 되고 채무자인 금융기관이 그 지급을 면하기 위해 예금채권이 정당하게 인출되어 소멸하였음을 입증하여야 하며, 제3자나 금융기관의 임, 직원 등 권한없는 자에 의해 예금계좌가 해지되거나 그 계좌의 예금이 인출되어 형식상 예금계좌가 해지되거나 잔고가 없는 것으로 처리되었다고 하더라도 그와 같은 사유만으로 예금채권자의 예금채권은 소멸하지 않고 그대로 존속하므로 여전히 예금채권자는 금융기관에 대하여 예금채권의 반환을 구할 수 있다(대판 2010. 5. 27. 2010다613).

알선업자가 이를 함부로 인출해 간 사안에서, 은행은 예금계좌 개설 과정에서 예금개설명의인의 본인 확인을 게을리한 과실이 있어 채권의 준점유자에 대한 변제를 인정받을 수 없어 A에게 예금을 반환해야 하고, A는 자신의 주민등록증이 알선업자의 범죄행위에 사용되도록 방치된 과실, 사채업자는 계좌비밀번호 등을 제대로 관리하지 못한 과실이 있어 은행의 피해에 대해 공동불법행위 책임이 있다고 판단한 사례가 있다.187)

---

187) 대판 1998. 11. 10. 98다20059 및 원심인 대구고법 1998. 3. 25. 97나5733의 사실관계를 단순화하면 다음과 같다. A가 광고를 보고 가계수표를 발행할 자격을 취득하기 위하여 자신의 주민등록증과 도장을 알선업자 B에게 수일간 교부하였다. B는 A 행세를 하면서 甲은행에 폰뱅킹이 가능한 A의 예금계좌(1) 개설을 요구하였고 甲은행 창구직원 乙은 B의 신원을 제대로 확인하지 않고 A 명의 예금계좌(1)를 개설하여 주었다. B의 부탁을 받은 사채업자 C는 A의 주민등록증과 도장을 이용하여 A 행세를 하면서 甲은행의 다른 지점에서 A 명의 예금계좌(2)를 개설한 후, A의 거래실적(평시잔고)을 올려 계좌주 A가 가계수표를 발행할 수 있도록 예금계좌(2)에 금 1억원을 송금하였다. B는 C가 예금계좌(2)를 개설할 때 사용한 비밀번호와 예금계좌(2)의 계좌번호를 부정한 방법으로 알아내어 폰뱅킹을 이용하여 C가 예금계좌(2)에 입금한 돈을 즉시 출금하여 갔고, 위 1억원을 C에게 변제하지 않았다. C는 A로부터 예금계좌(2)에 대한 예금채권을 양수한 후 甲은행을 상대로 예금반환청구 소송을 제기하였다. 이에 대해 은행은, 예금계좌(2)에 입금된 돈이 폰뱅킹 과정에서 예금주, 비밀번호 등의 확인절차를 거쳐 반환된 것이므로, 진실한 예금채권자라고 믿게 할 만한 외관을 지닌 채권의 준점유자에 대한 지급으로서 유효한 예금반환이라고 주장하였고, 또한 C가 예금계좌(2)의 비밀번호를 제대로 관리하지 않아 B에 의한 예금인출이 발생한 것이므로 C에 대한 불법행위 손해배상채권을 자동채권으로 하여 C의 예금채권과 상계한다고 주장하였다.
대법원은 "폰뱅킹에 의한 자금이체신청의 경우 은행창구직원이 직접 손으로 처리하는 경우와는 달리 그에 따른 자금이체가 기계에 의하여 순간적으로 이루어지지만, 그것이 채권의 준점유자에 대한 변제로서 은행에 대하여 요구되는 주의의무를 다하였는지 여부를 판단함에 있어서는, 자금이체시의 사정만을 고려할 것이 아니라 그 이전에 행하여진 폰뱅킹의 등록을 비롯한 제반 사정을 총체적으로 고려하여야 하며, 한편 은행이 거래상대방의 본인여부를 확인할 필요가 있는 경우에 담당직원으로 하여금 그 상대방이 거래명의인의 주민등록증을 소지하고 있는지 여부를 확인하는 것만으로는 부족하고 그 직무수행상 필요로 하는 충분한 주의를 다하여 주민등록증의 진정여부 등을 확인함과 아울러 그에 부착된 사진과 실물을 대조하여야 할 것인바, 만일 실제로 거래행위를 한 상대방이 주민등록증의 본인과 다른 사람이었음이 사후적으로 밝혀졌다고 한다면, 특별한 사정이 없는 한 은행으로서는 위와 같은 본인확인의무를 다하지 못한 과실이 있는 것으로 사실상 추정된다"고 하면서 은행의 과실이 있으므로 채권의 준점유자에 대한 변제를 인정할 수 없다고 하였다.
甲은행의 상계주장에 대하여는, 주민등록법상 주민등록증은 주민의 신원 및 거주관계 등을 확인시켜주는 공적인 증표로서 발급받은 자는 상시 이를 소지하여야 하고 금융실명제하에서 금융기관이 개인에 대하여 원칙적으로 주민등록증으로 그 실명을 확인함을 원칙으로 삼고 있어 타인으로 하여금 자신 명의의 금융거래를 하도록 위탁함에 있어 부득이 그 실명확인수단으로 자신의 주민등록증을 교부하더라도 우선 그 상대방의 신원을 확실히 파악하고 곧바로 그 주민등록증을 반환받아 다시 소지해야 할 주의의무가 있음에도 불구하고 A는 비정상적인 방법으로 가계수표를 발행할 자격을 취득하기 위해 주민등록증과 도장을 알선업자에게 수일간 교부한 결과 甲은행을 상대로 한 B의 범죄행위가 초래되게 한 과실이 있고, C는 예금계좌(2)를 개설함에 있어 비밀번호를 제대로 관리하지 못한 과실이 있으므로, A와 C는 甲은행의 피해에 대하여 B와 공동불법행위 책임이 있다는 이유로 甲은행의 상계 주장을 인정하였다. 다만 피해자인 甲은행도 예금계좌 개설시 본인확인의무를 다하지 않은 과실이 인정되었으므로, 결과적으로 甲은행의 피해 중 일부에 대하여만 상계가 인정되었다. 그러나 대판 2015.6.24. 2014다231224는 은행 예금자가 평소에 비밀번호를 제대로 관리하지 않은 것 등을 예금자의 과실로 인정하지 않았다. 2014다231224의 사실관계는 다음과 같다. 원고 A는 82세 여성으로서 기억력 감퇴를 우려하여 인감도장에 예금계좌의 비밀번호를 표시해 두고, 집사 역할을 하는 B와 평소 자주 드나드는 다방 주인 C에게 가끔 비밀번호를 알려주면서 피고은행 남서초지점에 개설된 A의 예금에 대한 인출 심부름을 시켰다. D는 B를 통하여 A의 계좌에 예금 약 6억원이 있다는 것을 알고, A의 예금을 몰래 인출하기로 B, E, F와 공모하였다. D는 B로부터 A의 주소, 주민등록번호, 예금계좌의 잔고와 예금계좌번호 중 일부, 비밀번호를 건네받고, E로 하여금 A와 비슷한 연령의 여성사진을 부착하고 그 밖의 인적사항은 A와 동일하게 기재하는 방법으로 A의 주민등록증을 위조하게 하고, A의 휴대전화가입신청서를 위조하여 A 명의 휴대전화를 개통하였다. D는 2012. 4. 2. F로 하여금 A행세를 하도록 하면서 F와 함께 피고은행 남양주지점을 방문하여 A명의 예금통장 및 인감의 분실신고를 하였다. 그 과정에서 D와 F가 분실한 예금계좌의 계좌번호 일부를 알지 못한다고 하지 은행직원은 의심없이 계좌번호를 알려주었고, D와 F는 통장은 재발급받고 인감을 변경하였으며, 곧바로 위 휴대전화를 이용한 텔레뱅킹 신청을 하였다. 같은 날 D등은 피고은행 양재동 소재 지점에 가서 변경된 인감을 이용하여 예금계좌에서 3억원을 D의 하나은행 계좌로 이체하고 6천만원을 수표로 인출하고, 그날부터 2012. 5. 19.까지 텔레뱅킹을 이용하여 20회에 걸쳐 2억 8,600만원을 D의 하나은행 계좌로 이체하였다. A는 피고은행을 상대로 예금반환청구소송을 제기하였고, 피고은행은 "통장 및 인감분실신고, 텔레뱅킹 서비스 신청 과정에서 피고은행 직원이 주민등록증 진위확인, ARS 서비스 이용, 비밀번호 입력요청 등을 통해 충분히 본인확인을 하였으므로 민법 제470조의 채권의 준점유자에 대한 변제로서 예금채권이 소멸하였다"고 주장하였다.

1심, 2심은, 분실신고와 재발급신청이 동시에 행해지는 것은 통상적일수 있으나 통장뿐 아니라 인감에 대하여도 분실신고와 재발급신청이 동시에 있었던 점, 이전에는 이용한 적이 없는 텔레뱅킹 서비스를 신청하면서 휴대전화 번호도 새로이 등록한 점, 계좌 개설은 남서초지점이나 분실신고를 한 곳은 남양주지점으로서 거리가 멀고 A가 기존에 은행거래를 한 적이 없는 지점인 점, F가 계좌번호를 정확히 기억하지 못하여 예금액과 계좌번호 일부를 제시하지 못하였는데 피고은행 직원이 계좌번호를 알려준 점, F가 서류작성을 제대로 하지 못하여 D가 전부 작성하고 F는 이름만 기재한 점, 남양주지점에서 이러한 행위를 한 후 같은 날 다시 지점을 옮겨 양재동 소재 지점에서 3억6,000만원의 인출 및 계좌이체를 한 점, 양재동 소재 지점 또한 A의 주거래 지점이 아니고 A가 한번도 거래하지 않은 지점인 점, 2012. 4. 2.경부터 2012. 5. 19.경까지 행해진 2억8,600만원 계좌이체는 2,000만원이라는 특정금액을 반복적으로 13회 거래한 것이고, 입금계좌인 D의 계좌는 이전에 A가 입금계좌로 지정한 적이 없는 계좌인 점 등을 고려하면 이 사건은 예금지급청구자에게 정당한 변제 수령권한이 없을 있다는 의심을 할 만한 특별한 사정이 있어 피고은행이 예금자인 A의 의 그러나 사기범죄자가 피해자의 명의를 모용하여 은행계좌를 개설한 후 피해자로 하여금 그 계좌로 금전을 입금하도록 한 후 이를 출금하여 편취한 사안에서, 타인의 명의를 모용하여 계좌가 개설되는 과정에서 금융기관이 본인확인절차 등을 제대로 거치지 아니하였다는 이유만으로 금융기관에게 그 입출금된 금전 상당에 대하여 손해배상책임을 지우기 위해서는 금융기관의 주의의무 위반과 피모용자 또는 제3자의 손해 발생 사이에 상당인과관계가 있음이 인정되어야 하고, 상당인과관계는 일반적인 결과 발생의 개연성은 물론 본인확인 주의의무를 지우는 법령 기타 행동규범의 목적과 보호법익, 계좌를 이용한 불법행위의 내용 및 불법행위에 대한 계좌의 기여도, 계좌 이용자 및 계좌 이용 상황에 대한 상대방의 확인 여부, 피침해이익의 성질 및 피해의 정도 등을 종합적으로 고려해야 한다는 판례도 있다.[188]

사를 확인하는 등의 방법으로 예금인출권한 여부를 조사해야 할 업무상 의무가 있다고 보았다. 이에 따라 피고은행의 채권의 준점유자에 대한 변제 항변을 배척하고 피고은행의 원고에 대한 예금반환의무를 인정하였으나, A가 대리인을 통한 은행거래를 빈번히 하면서 비밀번호를 타인에게 노출시킨 과실, 금융거래 후 전표를 제대로 관리하지 아니하여 B에게 계좌번호 일부와 계좌잔액을 노출시킨 과실, 개인정보를 제대로 관리하지 않아 신분증을 위조할 수 있는 기회를 제공한 과실행위는 D등의 피고은행에 대한 불법행위(사기행위)와 공동불법행위가 된다는 이유로 피고은행이 A에게 부담하는 예금반환의무 중 일부금액에 대하여 A가 피고은행에 부담하는 손해배상 의무와 상계하였다.

그러나 A가 피고은행에 대하여 공동불법행위 책임이 있는지에 대하여 대법원은, "A가 다른 사람에게 자신의 예금인출 심부름을 시킨 일이 있다거나 인감도장에 비밀번호를 표시해 두는 등의 행위를 하였더라도 이러한 행위로 인하여 자신이 알지도 못하는 D 등이 사기행위를 저지를 것으로 구체적으로 예견할 수 있었다고 보기 어렵고, 오히려 이 사건 사기행위는 D 등이 A의 주민등록증 등을 위조하고 F를 A로 사칭하게 하여 예금통장 및 인감의 분실신고를 한 후 피고은행으로부터 예금통장을 재발급받고 인감을 변경하자마자 당일 거액의 예금을 인출하였음에도 불구하고 피고은행이 거래상대방의 본인확인 의무를 다하지 못한 과실로 인하여 초래되었다고 보일 뿐이므로 피고은행이 입은 손해와 A의 위 행위사이에 상당인과관계가 있다고 보기 어렵다"는 이유로 A가 공동불법행위 책임을 지지 않는다고 판단하였다.

188) 대판 2016. 5. 12. 2015다234985 사건의 주요 사실관계는 다음과 같다. A는 예천군 공무원으로서 지인인 원고 B에게 군유지를 불하받게 해주겠다면서 입찰서 작성에 필요하다면서 B의 주민등록증과 인감도장을 교부받았다. A는 C은행 출장소에서 그 직원인 D에게 B의 주민등록증과 인감도장을 제시하고 거래신청서에 B의 인감도장을 날인하여 제출하고 B 명의의 예금계좌를 개설하였다. D는 평소에 A, B와 안면이 있었다. D는 그 과정에서 A에게 B의 위임장과 인감증명서를 요구하지 않는 등 적법한 위임여부에 대하여 확인하지 않았고, A의 요청에 따라 계좌의 B 성명란 아래부분에 '(예천군)'이라는 부기를 해 주었다. A는 위 계좌 중 거래도장과 예금주가 표시된 면을 복사하고 백지에 예천군청 민원실 직인을 날인한 후 이를 오려내어 위와 같이 복사한 통장사본의 거래도장란에 붙인 다음 이를 다시 복사하여 거래도장란에 예천군청 민원실 직인이 날인된 통장사본을 만들었다. A는

이렇게 만든 통장사본을 B에게 예천군청의 법인통장이라고 하면서 이 계좌에 군유지 매매대금을 입금하라고 하였다. B는 본인의 거래은행에서 수신인을 예천군으로 기재한 입금의 뢰서를 제출하면서 돈 5억원을 위 C은행 계좌로 입금하려 하였으나 B의 거래은행 담당자는 수신계좌의 예금주가 '예천군'이 아닌 'B'이고 타행송금 1회 거래한도가 1억원이라는 이유로 송금이 곤란하다고 설명하였고 그 후 B의 동의를 얻어 수신인을 B로 변경하여 그 계좌로 5억원을 송금하였다. B가 돈을 입금하자, A는 C은행 출장소에서 위 계좌의 개설신청 당시 미리 B의 인감도장을 찍어 놓았던 출금전표를 이용하여 위 계좌에서 5억원을 출금하여 편취하였다.

원심인 대구고법(2015. 8. 13. 2014나22414)은, C은행 출장소는 대리인을 자처하는 자에게 예금계좌를 개설하면서 위임장과 인감증명서를 제출받고 대리인의 신분증을 확인하는 등의 조치를 취하지 않은 과실이 있고, 그러한 은행의 과실과 B가 그와 같이 모용된 계좌에 군유지 불하대금을 송금하여 편취당한 손해와 상당인과관계가 있다고 보았다.

그러나 대법원(대판 2016. 5. 12. 2015다234985)은, "타인의 명의를 모용하여 계좌가 개설된 경우에, 그 과정에서 금융기관이 본인확인절차 등을 제대로 거치지 아니하였다는 사정만으로 모용계좌를 통하여 입출금된 금전 상당에 대하여 언제나 손해배상책임을 져야 한다고 볼 수는 없고, 손해배상책임을 인정하기 위해서는 금융기관의 주의의무 위반과 피모용자 또는 제3자의 손해 발생 사이에 상당인과관계가 있음이 인정되어야 하며, 상당인과관계는 일반적인 결과 발생의 개연성은 물론 본인확인 주의의무를 지우는 법령 기타 행동규범의 목적과 보호법익, 계좌를 이용한 불법행위의 내용 및 불법행위에 대한 계좌의 기여도, 계좌 이용자 및 계좌 이용 상황에 대한 상대방의 확인 여부, 피침해이익의 성질 및 피해의 정도 등을 종합적으로 고려하여야 한다. 금융기관이 본인확인절차 등을 제대로 거치지 아니하여 개설된 모용계좌가 불특정 다수인과의 거래에 이용되는 경위나 태양은 매우 다양함에도 모용계좌를 이용하여 범죄행위가 이루어졌다는 사정만으로 그로 인하여 발생한 피해에 대한 책임을 금융기관에 부담시킨다면, 불특정 다수인이 자신의 책임하에 행하여야 할 거래상대방에 관한 본인확인이나 신용조사 등을 잘못하여 이루어진 각양각색의 하자 있는 거래관계나 불특정 다수인을 상대로 행하여진 다양한 형태의 재산권 침해행위 등으로 인하여 발생한 손해에 대해서까지 무차별적으로 금융기관에 책임을 추궁하는 결과가 되어 금융기관의 결과 발생에 대한 예측가능성은 물론 금융기관에게 본인확인의무 등을 부과한 행동규범의 목적과 보호법익의 보호범위를 넘어서게 되므로, 이러한 사정을 고려하여 본인확인절차 등을 제대로 거치지 아니하여 모용계좌를 개설한 금융기관의 잘못과 다양한 태양의 가해행위로 인한 손해 발생 사이의 상당인과관계를 판단하여야 한다. (중략) 원심이 인정한 것과 같이 D에게 이 사건 계좌 개설 당시 B 본인의 의사를 제대로 확인하지 못한 과실이 있다고 하여도, D에게 이 사건 사기행위에 대한 방조 책임을 지우기 위해서는, D가 이 사건 계좌를 개설하여 이 사건 통장을 발급하여 주었다는 사정만으로는 부족하고, D가 이 사건 계좌를 개설할 때에 이 사건 계좌를 통하여 위와 같은 사기행위가 이루어지며 이 사건 계좌가 그 사기행위를 용이하게 한다는 점에 관한 예견가능성과 아울러 이 사건 사기행위에 이르게 된 경위, 이 사건 계좌가 이 사건 사기행위에 관한 B의 신뢰 형성에 기여한 정도, B가 스스로 쉽게 피해를 방지할 수 있었는지 등의 여러 사정들에 비추어 상당인과관계가 인정될 수 있어야 한다. 원심판결 이유 및 원심이 채택한 증거들에 의하더라도, D가 이 사건 계좌를 통하여 입·출금이 이루어지리라는 것을 넘어서서, A가 이 사건 계좌의 예금주인 B를 상대로 그 계좌가 예천군의 법인계좌라고 기망하여 그 계좌

범인이 위조된 주민등록증, 등기필증, 인감증명서 등을 이용하여 건물주 행세를 하면서 해당 건물을 담보로 제공하고 금전을 차용한 사건에서, 대가를 받고 금전차용을 알선한 자, 차용 알선에 관여하고 건물의 근저당권설정등기를 위임받아 처리한 법무사, 그 법무사사무실 직원이 해당 근저당권이 말소되고 대여금을 회수하지 못함으로써 피해를 입은 금전대여자를 피해자로 하는 공동불법행위책임이 있다고 판단한 사례가 있다.189) 범인들이 이미 사망한 토지소유자를 대상자로 한 서울시장 명의의 '개인별 주

로 군유지 불하대금 명목으로 돈을 입금받는 등으로 이 사건 계좌 및 통장이 이 사건 사기행위 과정에서 예천군과 사이의 진정한 토지불하거래인 것으로 믿게 하는 기망수단으로 이용될 것을 구체적으로 예견할 수 있었다고 인정하기 어렵고, 이는 이 사건 통장의 예금주가 엄연히 B이고 그 거래도장란에 B의 인감도장이 날인되어 있었다는 점에서 D가 이 사건 계좌 개설 당시 A의 요구에 따라 이 사건 통장의 예금주란 아래에 '(예천군)'을 부기하였다고 하여 달리 볼 것이 아니다. 또한 B에게 제시된 이 사건 통장사본의 예금주는 B 본인인 반면 거래도장란에는 예천군 소유 토지의 불하업무와 관련 없는 예천군 민원실 직인이 날인되어 있으므로 B는 이 사건 계좌가 실제 예천군 법인계좌가 아닐 수 있다는 의심을 충분히 가질 수 있었고, 나아가 B가 이 사건 계좌로 5억 원을 송금할 무렵에는 거래은행 직원으로부터 이 사건 계좌의 예금주가 예천군이 아니라 B 본인이라는 설명까지 들었으므로 B로서는 5억 원을 송금하기 전에 이 사건 계좌가 실제 예천군 법인계좌인지 여부를 확인해 볼 수 있었음에도 불구하고 이에 관하여 제대로 확인하지 아니하였다. 따라서 B로서는 A의 이 사건 사기행위 당시 약간의 주의를 기울였더라면 5억 원의 손해를 입는 것을 쉽게 방지할 수 있었다고 보인다. 위와 같은 사정들을 앞서 본 법리에 비추어 보면, 이 사건 계좌 개설 당시 D에게 B 본인의 의사를 제대로 확인하지 아니한 과실이 있다고 하더라도 그 과실과 A의 이 사건 사기행위로 원고 B가 입은 손해 사이에 상당인과관계가 인정된다고 보기 어렵다."고 하면서 원심을 파기하였다.

한편, 원고 B는 환송전 원심에서 C은행과 D의 공동불법행위를 원인으로 손해배상청구를 하였다가 환송후 항소심(대구고법 2018.2.22. 2016나22401)에서 C은행에 대한 예금청구를 선택적 청구로 추가하였다. 환송후 항소심은 A가 B의 대리인으로서 위 C은행 계좌에 송금된 5억원을 인출하는 과정에서 C은행의 담당직원 D가 B의 주민등록증, 위임장과 인감증명서를 요구하거나 제시받지 않았고 영업점장의 사전결재를 받지 않은 것은 금융실명법 및 C은행의 내부규정에 비추어 과실에 해당하므로 C은행이 A의 요구에 따라 5억원을 인출한 것은 채권의 준점유자에 대한 변제로 볼 수 없어 C은행은 여전히 원고 B에게 5억원의 예금을 반환할 의무가 있다는 취지 판단하였다. (다만, 원고 B가 환송전 1심 및 환송전 원심 판결에 불복하지 않아 B 패소부분이 확정되고 예금청구소송이 소멸시효가 도과하는 바람에 결과적으로 B의 예금채권은 인정되지 않았다)

189) "법무사법에 의하면 법무사가 사건의 위촉을 받은 경우에는 위촉인에게 법령에 의하여 작성된 인감증명서나 주민등록증 등을 제출 또는 제시하게 하거나 기타 이에 준하는 확실한 방법으로 위촉인이 본인 또는 그 대리인임이 상위 없음을 확인하여야 하고 그 확인 방법 및 내용 등을 사건부에 기재하여야 한다고 규정하고 그 취지는 법무사가 위촉인이 본인 또는 대리인임을 확인하기 위하여 주민등록증이나 인감증명서를 제출 또는 제시받도록 하여 특별히 의심할 만한 사정이 발견되지 아니하는 경우에는 그 증명서만으로 본인임을 확

민등록표'를 위조하고 거기에 범인 중 한 명의 사진을 오려 붙이고, 마치 위 망인이 기존 주민등록지에서 전출하는 것처럼 기존 주민등록지 동장 명의의 '주민등록표 송부전'을 위조하여 이 문서들을 등기우편으로 전입지 동장에게 발송하자, 이를 송부받은 전입지 동의 주민등록전입 담당자가 위 문서들의 위조여부를 제대로 확인하지 않고 그 주민등록표를 해당 동사무소에 비치하였고, 이를 기화로 범인들이 전입지 동사무소에서 망인 행세를 하면서 망인의 인감증명서 총 18부를 발급받아 망인의 토지 분할 및 매도에 이용하고 토지매매대금으로 받은 돈을 가로챈 사안에서, 전입지 동사무소 담당자의 사용인 시(市)가 범인들과 공동불법행위자로서 손해배상책임이 있다고 판단한 사례도 있다.[190]

인할 수 있을 것이나, 그와 같은 확인 과정에서 달리 의심할 만한 정황이 있는 경우에는 가능한 여러 방법을 통하여 본인 여부를 한층 자세히 확인할 의무가 있다고 할 것이다. 사채알선업자와 사채업자와의 법률관계는 민법상의 위임관계와 같으므로 알선업자는 선량한 관리자의 주의로써 의뢰받은 알선업무를 처리하여야 할 의무가 있어서, 사채알선업자로서는 담보로 제공되는 부동산의 소유자와 사채이용자가 동일인인지의 여부를 조사 확인할 의무가 있다(대판 1996. 5. 14. 95다45767)." 이 사건에서 사채알선업자와 법무사 사무실 직원은 해당건물의 임차인에게 건물주의 인상착의를 물어보고 건물주 행세를 한 자의 얼굴과 비교하거나 건물수 행세를 하는 자가 제시하는 주민등록증의 사진과 그 행세를 한 자의 인상착의를 비교하는 등의 조치는 취하였다. 다만, 해당 건물은 시가 약 10억원으로 아무 제한물건도 없었는데 급히 돈을 차용하겠다고 하였고, 이러한 이유로 금전차용을 알선한 자가 "이런 좋은 담보물을 가지고 왜 사채를 쓰느냐"고 물은 적이 있으며, 위 알선업자와 법무사 사무실 직원이 서로 간에 "담보물이 너무 좋아서 사기당하는 것이 아닌지 좀 의심스럽다"는 대화를 나누기도 하였다. 또한 위조된 인감증명서의 동장 직인과 주민등록등본의 동장 직인이 육안으로 보아 서로 다른 점, 위조된 등기필증의 작성일 당시에는 '사법서사'라는 용어가 사용되었음에도 불구하고 등기필증에 '법무사'라는 용어가 기재되어 있던 점 등에 대하여는 주의를 기울이지 않았다.

190) 범인들은 이와 별도로 망인의 인적사항이 기재되고 범인 중 1명의 사진이 부착된 주민등록증 1매를 위조하여 망인 행세를 하였다. 범인들의 행위 직전에 내무부는 주민등록업무 취급을 담당하는 제 기관의 감독관청으로서 위조된 주민등록표를 이용하여 부정하게 인감증명서를 발급받아 행해지는 사기행위를 방지하기 위하여 전국의 읍, 면, 동장에게 지정우체국 현황을 작성, 배포하면서, 퇴거신고자의 주민등록표를 신거주지의 읍, 면, 동장에게 등기우편으로 이송할 때에는 반드시 지정우체국을 통하여 발송하도록 하고, 각 읍, 면, 동장은 주민등록표의 이송담당공무원을 지정하여 지정우체국에 통보한 후 담당공무원만이 주민등록표를 이송할 수 있도록 지정우체국과 협조체제를 이루어나가도록 조치하고, 이송된 주민등록표를 접수할 때에는 지정우체국에서 발송되었는지를 확인하여 위조주민등록표의 색출에 철저를 기하라는 지시공문을 전국 시, 도에 하달한 바 있었고, 범인들이 위조된 주민등록표를 발송할 당시 이용한 우체국은 위와 같이 퇴거지 동이 거래하기로 지정된 우체국이 아니었음에도 전입지 동 담당자는 위 서류들이 그와 같은 지정우체국을 통해서 발송된 것인지 확인하지 않았다(대판 1994. 6. 14. 93다39973). 대판 1993. 7. 13. 93다

2. 법령위반으로 인한 공동불법행위 책임

범죄행위 관련자가 범죄행위 자체에 가담하지 않았더라도, 범죄행위와 관련하여 다른 법령의 위반행위를 하였다는 것을 이유로 그에 대하여 공동불법행위에 기한 손해배상책임을 물을 수 있을지 문제된다.

공무원의 직무상 의무 위반행위에 대하여 국가가 배상책임을 부담하는지와 관련하여, 공무원에게 부과된 직무상 의무의 내용이 단순히 공공 일반의 이익을 위한 것이거나 행정기관 내부의 질서를 규율하기 위한 것인 경우에는 직무상 의무 위반과 피해자의 손해 사이에 상당인과관계가 인정되지 않으나,[191] 그 직무상의 의무의 내용이 전적으로 또는 부수적으로 사회구성원 개인의 안전과 이익을 보호하기 위하여 설정된 것이라면, 공무원의 직무상 의무 위반과 피해자가 입은 손해 사이에 상당인과관계가 인정되는 범위 내에서 국가가 배상책임을 진다는 것이 판례이다.[192]

15250도 유사하다.

191) 대판 2010. 9. 9. 2008다77795 등.

192) 대판 2003. 4. 25. 2001다59842 등. 2001다59842 사건의 사실관계는 다음과 같다. A는 자신의 호적등본에 마치 서울가정법원으로부터 개명허가를 받은 것과 같은 허위의 내용을 기입하고 위조된 서미인(書尾印)을 날인하는 등의 방법으로 자신의 성명 A를 'B'의 성명과 동일하게 변조하고, 자신의 주소지를 옮긴 다음 강남구청 산하 역삼1동 사무소에서 그와 같이 변조된 호적등본을 첨부하여 주민등록상의 성명정정신고를 하였다. 그러한 사정을 알지 못하는 동사무조 직원 C는 A의 주민등록표원본 및 인감대장상의 이름을 변조된 호적등본의 내용에 따라 'B'로 정정한 후 A에게 'B'명의로 된 허위내용의 주민등록증을 발급하였는데 그 과정에서 A의 본적지 구청장에게 주민등록사항 정정내용을 통보하지 않았다. A는 허위의 주민등록증을 이용하여 'B'명의로 된 허위의 인감증명서 17통과 주민등록등·초본을 발급받고, D로부터 약속어음을 할인받으면서 그 담보로 위 허위의 인감증명서 등을 이용하여 B 소유의 고양시 소재 부동산에 관하여 D앞으로 근저당권설정등기를 경료하여 주었다. B는 D를 상대로 근저당권말소등기청구소송을 제기하여 승소한 후 서울 강남구를 상대로 소송비용 등 에 대한 손해배상을 청구하였다. 1심은 공무원에게 직무상 의무를 부과한 법령의 보호목적이 사회 구성원 개인의 이익과 안전을 보호하기 위한 것이 아니고 단순히 공공의 이익이나 행정기관 내부의 질서를 규율하기 위한 것이라면 가사 공무원이 그 직무상 의무를 위반한 것을 계기로 하여 제3자가 손해를 입었다 하더라도 공무원이 직무상 의무를 위반한 행위와 제3자가 입은 손해 사이에는 상당인과관계가 없다고 전제하고, 주민등록법령상 규정들은 모두 주민등록사항과 호적의 기재내용을 일치시켜 주민등록의 정확성을 유지함으로서 공공 일반의 이익을 증진하는데 그 목적이 있을 뿐 사회 구성원 개인의 이익과 안전을 보호하기 위한 것이 아니라고 보았다.
그러나 대법원은, "(주민등록법 등 관련) 법령이 본적지와 다른 주민등록지에서 주민의 성명 등과 같은 중요한 기본적 신분사항을 신규등록하거나 이를 사후적으로 변경할 경우에 주민등록지의 관할관청에게 본적지의 관할관청에 대한 통보의무 및 본적지의 관할관청에 피해자 회사의 대표이사가 회사의 자금을 횡령하고 대표이사의 지인들이 대표이사의 부탁을 받고 횡령한 고액권 수표를 현금 또는 소액권 수표로 바꾸어 전달 또는 보관한 사안에서, 대표이사의 지인들이 횡령행위에 공모하지는 않았더라도 대표이사가 부당하게 취득한 고액권 수표를 은닉하려고 한다는 사정을 인식하면서 이를 현금 또는 소액권 수표로 세탁하여 전달, 보관한 것은 횡령자금에 대한 피해자 회사의 피해회복을 곤란 또는 불가능하게 함으로써 횡령으로 인한 손해가 지속되게 한 것이므로, 대표이사의 지인들은 피해자 회사에 대하여 관여한 자금세탁 액수만큼 대표이사와 공동불법행위 책임이 있다고 한 사례가 있다.[193)]

게 그 등록사항에 관한 확인대조의무와 상이한 사항에 관한 통보의무를 각기 부과하는 한편 그 사무처리과정에 있어서 관련 장부의 비치와 기재, 관계공무원의 날인 등과 같은 사무처리방식을 엄격하게 규율하고 있는 취지는, 사람의 신분사항을 기재한 기초적인 공부로서 그 기재 내용이 진실에 부합되는 것으로 추정을 받고 있는 호적부의 기재사항을 중심으로 주민등록의 신분사항을 일치시키고 만일 그 주민등록에 있어서의 신분사항이 불법적으로 변조 또는 위조되는 사태가 발생하게 되면 그것을 기초로 하여 발급된 허위내용의 주민등록등·초본, 인감증명서나 주민등록증이 부정사용됨으로써 국민 개개인이 신분상·재산상의 권리에 관하여 회복할 수 없는 손해를 입게 될 개연성이 높을 것이기 때문에 그와 같은 사태의 발생을 예방하기 위하여 각 관할관청에게 그러한 통보, 대조의무 등을 부과하고 그 사무처리과정에서의 책임소재를 명확하게 하고자 함에 있다고 할 것이다. 따라서 주민등록사무를 담당하는 공무원으로서는 만일 개명과 같은 사유로 주민등록상의 성명을 정정한 경우에는 위에서 본 바와 같은 법령의 규정에 따라 반드시 본적지의 관할관청에 대하여 그 변경사항을 통보하여 본적지의 호적관서로 하여금 그 정정사항의 진위를 재확인할 수 있도록 할 직무상의 의무가 있다고 할 것이고, 이러한 직무상 의무는 단순히 공공 일반의 이익을 위한 것이거나 행정기관 내부의 질서를 규율하기 위한 것이 아니고 전적으로 또는 부수적으로 사회구성원 개인의 안전과 이익을 보호하기 위하여 설정된 것이라고 할 것"이라는 이유로 국가배상책임을 인정하였다.

193) 대판 2016. 4. 12. 2013다31137. 사실관계: 코스닥 상장회사인 피해자 회사의 대표이사 C는, 회사 자금을 횡령한 후 해외 도피자금을 마련할 목적으로 합계 33억 3,000만원을 회사의 은행계좌에서 1억원권 수표 내지 2,000만원권 수표로 인출하였다. C는 고향 친구인 J에게 횡령자금의 세탁을, 세무사인 후배 F에게 횡령한 자금을 장모 E, 누나 G에게 전달해 줄 것을 부탁하였다. J는 D에게, D는 다시 B에게, B는 다시 I, H 등을 통하여 아래와 같이 자금세탁을 하였다.
  1) I는 B로부터 부탁을 받고 2009. 12. 1.경 J로부터 받은 횡령자금 10억 2천만원(2,000만원권 수표 30장, 4억 2,000만원권 수표 1장)를 모은행에서 모두 현금으로 교환하고,
  2) B는 2009 12. 2.경 J로부터 받은 횡령자금 10억원(1억원권 수표 10장)을 모은행에서 5,000만원을 지인 N 명의로 예치하고 나머지 9억 5천만원을 100만원권 수표로 바꾸고,
  3) B는 L을 통해서 H에게 부탁하여 2009. 12. 3.경 모은행에서 횡령자금 중 11억원(1억원권 수표 10장, 2,000만원권 수표 5장)을 모두 현금화하였다.
  그 과정에서 수수료 명목으로, B는 1억 250만원(N 계좌로 예치한 5,000만원 포함), D는

전자금융거래의 접근매체를 소유하는 자가 이를 양도하고 해당 접근매체가 범행에 사용되었을 경우, 피해자가 접근매체를 양도해준 자를 상대로 전자금융거래법을 위반하였다는 것을 이유로 하여 접근매체를 이용한 범죄로 발생한 피해에 대하여 불법행위 손해배상청구를 할 수 있는지도 문제된다.[194)]

1,000만원, F는 3,000만원, I는 4,000만원, H는 6,800만원을 각 교부받았다. F는 2019. 12. 1.경 세탁한 자금 중 9억 1,800만원과 2009. 12. 3.경 세탁한 자금 중 10억 3,000만원을 E에게 교부하고, 2009. 12. 2.경 세탁한 자금 중 4억원을 G에게 교부하고, 장모 E와 누나 G는 횡령 자금의 은닉 등에 관한 정황을 알면서 이를 C에게 전달하기 위하여 위와 같이 교부받아 보관하였다. C는 횡령 및 범죄수익법위반으로, B, D, E, F, G, H, I는 범죄수익법위반으로 각 형사처벌되었다.

1심 판단: 공동불법행위에서 방조라 함은 불법행위를 용이하게 하는 직접, 간접의 모든 행위를 가리키는 것이기는 하나, C의 횡령행위가 이미 완료된 이후 범죄수익의 은닉, 수수에 관여한 것을 횡령행위를 용이하게 하는 방조행위라고 보기 어렵고, C의 횡령으로 인한 손해는 C가 피해자 회사의 통장에서 자금을 인출하여 횡령죄가 기수에 이른 시점에 실질적으로 발생하였다 할 것이고, 다른 피고들의 행위로 말미암아 횡령으로 인한 손해가 확정되었다거나 횡령행위 이후에 추가로 손해가 발생하였다는 점에 대해서는 원고(피해자 회사)가 입증하지 못하였다는 이유로, C 이외의 피고들(B, D, E, F, G, H, I, J)의 피해자 회사에 대한 손해배상 책임을 인정하지 않았다.

2심 및 대법원 판단: B 등이 C의 횡령행위에 구체적으로 공모를 하지는 않았더라도 C가 부당하게 취득한 고액 수표를 은닉하려고 한다는 사정을 인식하면서 이를 현금 또는 소액의 수표로 세탁하거나 세탁된 자금을 전달, 보관한 것이고, C가 횡령한 돈은 1억원권 내지 2,000만원권의 고액수표로 인출된 것이었으므로 이를 그 상태로 사용하기는 곤란하였고, C가 이를 현금화 또는 소액화하지 못하였다면 피해자 회사는 수표번호를 추적하여 피사취신고 등을 통해 수표의 지급을 막거나 C에 대한 횡령고소 등을 통해 이를 압수하도록 하여 피해자환부-받는 등의 방법으로 회수할 수 있었을 것이므로, B 등의 행위가 결과적으로 피해회복을 어렵게 하고 손해가 지속되도록 하는 손해를 발생시킨 것이고, 그 손해는 피해자 회사의 피해회복이 곤란하게 된 은닉자금액 상당이라고 보았다. 이에 따라 위 B, D는 C와 연대하여 B, D가 가담한 위 1), 2), 3) 은닉행위의 손해 31억 2,000만원에 관하여, I는 C, B, D와 연대하여 I가 가담한 위 1) 은닉행위의 손해 10억 2,000만원에 관하여, H는 C, B, D와 연대하여 H가 가담한 위 3) 은닉행위의 손해 11억원에 관하여, F는 C 등과 연대하여 F가 E에게 전달한 19억 4,800만원, G에게 전달한 4억원, 수수료로 받은 3,000만원 합계 23억 7,800만원에 관하여, E는 C, F와 연대하여 E가 전달받아 보관한 19억 4,800만원에 관하여, G는 C, F와 연대하여 G가 전달받아 보관한 4억원에 관하여, 각 공동불법행위 책임을 부담한다는 취지로 판시하였다.

194) 누구든지, 다른 법률에 특별한 규정이 없는 한, 접근매체를 양도·양수하거나, 대가를 수수·요구·약속하면서 접근매체를 대여·보관·전달·유통해서는 아니 된다(전자금융거래법 제6조 제3항 제1호, 제2호). '접근매체'라 함은, 전자금융거래에 있어서 거래지시를 하거나 이용자 및 거래내용의 진실성과 정확성을 확보하기 위하여 사용되는 전자식 카드 및 이에 준하는 전자적 정보, 전자서명법에 따른 전자서명생성정보 및 인증서, 금융회사 또는 전자금융업자에 등록된 이용자번호, 이용자의 생체정보, 이를 사용하는데 필요한 비밀번호를

판례는, 접근매체를 통하여 전자금융거래가 이루어진 경우에 그 전자금융거래를 매개로 이루어진 개별적인 거래가 불법행위에 해당한다는 이유로 접근매체를 양도한 명의자에게 '과실에 의한 방조'로 인한 손해배상책임을 지우기 위해서는, 개별적인 거래가 불법행위에 해당한다는 점과 그 불법행위에 접근매체를 이용하게 함으로써 그 불법행위를 용이하게 한다는 점을 명의자가 예견할 수 있어 접근매체의 양도와 접근매체를 이용하여 발생한 불법행위로 인한 손해 사이에 상당인과관계가 인정되어야 한다고 한다.[195]

결국 법령위반행위를 하였다는 이유만으로 일률적으로 과실 방조에 의한 공동불법행위책임을 지우기는 어려운 것으로 보이고, 불법행위를 용이하게 한다는 점에 대한 예견가능성, 법령위반 행위와 불법행위로 인한 손해 사이의 상당인과관계 유무 등을 구체적으로 판단하여야 할 것으로 보인다.

위와 같은 법리는 금융거래에서 수수된 재산이 범죄수익이라는 사실을 알면서도 범죄수익법 제5조에 따른 신고를 하지 않은 금융기관이나 피해재산과 관련하여 금융실

의미한다(전자금융거래법 제2조 제10호).

195) 대판 2007. 7. 13. 2005다21821. 예견가능성이 있는지 여부는 접근매체를 양도하게 된 목적 및 경위, 그 양도 목적의 실현 가능성, 양도의 대가나 이익의 존부, 양수인의 신원, 접근매체를 이용한 불법행위의 내용 및 그 불법행위에 대한 접근매체의 기여도, 접근매체 이용 상황에 대한 양도인의 확인 여부 등을 종합적으로 고려하여 판단하여야 한다(대판 2015. 1. 15. 2012다84707; 대판 2015. 12. 23. 2015다53568).
피고가 일자리를 알아보던 중 "채용이 되면 급여통장, 출입카드를 만들어야 하는데 이를 위해서는 통장사본, 현금카드 및 비밀번호가 필요하다."는 성명불상자의 말에 속아 성명불상자가 보낸 퀵서비스 직원에게 본인 명의의 통장사본, 현금카드 및 비밀번호를 건네주었고 그것이 전화금융사기 범행에 이용된 사안에서, 원심은 "피고가 접근매체를 성명불상자에게 건네줄 당시 위 접근매체가 성명불상자에 의하여 전화금융사기 범행에 사용될 수 있다는 것을 예견할 수 있었고, 비록 피고가 이 사건 전화금융사기 범행에 적극적으로 가담하지 않았더라도 성명불상자에게 접근매체를 제공함으로써 성명불상자의 위 범행을 용이하게 하여 이를 방조하였다"고 인정하여, 과실에 의한 방조로 인한 피고의 공동불법행위책임을 인정하였으나, 대법원은 "피고는 성명불상자의 말에 속아 원심이 인정한 것과 같이 취업을 목적으로 접근매체를 넘겨준 피해자로 볼 수 있고, 피고가 이와 관련하여 어떠한 대가를 받았다거나 위 접근매체를 피고를 위한 취업 목적을 넘어서서 자유롭게 사용하도록 허락하였음에 관한 자료도 없다. 이 사건 전화금융사기 범행에 대한 상당인과관계를 인정하여 피고에게 과실에 의한 방조책임을 지우기 위해서는, 피고가 접근매체를 성명불상자에게 넘겨주었다는 사정만으로는 부족하고, 피고가 성명불상자에게 위 접근매체를 넘겨줄 때에 이를 통하여 위 범행과 같은 불법행위에 해당하는 거래가 이루어지며 이 사건 접근매체가 그 불법행위를 용이하게 한다는 점에 관하여 예견할 수 있었다는 사정이 인정되어야 한다."는 이유로 피고의 과실방조에 의한 손해배상 책임을 부정하였다(대판 2014. 12. 24. 2013다98222).

명법 제3조 제3항에 위반한 차명금융거래를 한 자가 공동불법행위 손해배상책임을 지는 지에도 동일하게 적용될 여지가 있을 것이다.

3. 부당이득반환 책임

금전을 횡령한 자가 그 금전을 제3자에게 증여하거나 채무변제를 위해 지급한 경우, 그 제3자가 횡령된 자금을 수령한다는 점에 대하여 악의이거나 중대한 과실이 있으면, 횡령 피해자는 제3자에 대하여 직접 부당이득반환청구를 할 수 있다.[196] 다만 제3자가 그 금전을 계좌이체 등으로 지급받은 경우에는 해당 자금이 실질적으로 제3자에게 귀속된 경우에만 위 법리의 적용이 문제될 것이고, 횡령 행위자가 제3자의 예금계좌를 사실상 자신의 계좌처럼 사용하거나 제3자가 해당 자금을 횡령 행위자에게

---

[196] 대한석탄공사의 출납담당과장으로 근무하는 A는 주식투자 실패로 경제적 어려움에 처하자 위 공사의 자금을 횡령하였고, 횡령자금을 처 B, 누나 C, 고교동창 D, 위 공사의 주거래은행 직원 E에게 송금하였다. D는 수년간 차용증도 없이 수천만원을 A에게 빌려줄 정도로 A와 친한 사이였고, E는 차용증이나 계약서 없이 A에게 수천만원의 주식투자금을 맡길 정도의 사이였다. B, C, D, E에게 송금된 돈의 송금의뢰인은 A 개인 명의가 아니라 대한석탄공사로 되어 있었고 송금받는 사람도 B, C, D, E가 아닌 다른 상호명이 기재되어 있었으나, B, C, D, E는 별다른 확인조치는 하지 않았다. 대법원은 A가 주식투자 실패로 인해 어려운 사정을 B, C, D, E에게 숨겼고, B는 송금받은 돈을 다시 A에게 송금하였고, C, D, E도 송금받은 돈의 전부 또는 일부를 주식에 투자해 달라며 다시 A에게 맡긴 사정에 비추어 B, C, D, E가 A와 가까운 사이라는 이유만으로 이들이 횡령 사실을 알았다고 볼 수 없고, 송금의뢰인 및 송금받는 자의 명의가 다르다는 것을 가볍게 생각하고 확인하지 않은 점만으로는, B, C, D, E가 위 금전을 취득한 것에 중대한 과실이 있다고 볼 수 없다는 이유로 대한석탄공사의 B, C, D, E에 대한 부당이득반환청구를 인정하지 않았다(대판 2003. 6. 13. 2003다8862).

A는 화성시에서 과오납 세금의 환부 업무를 담당하면서 과오납 환급사유가 없는 망인이나 관외 거주자 등에 대해 과오납 사유가 있는 것처럼 서류를 작성하여 올케 B, 부친 C, A가 주요고객인 백화점 매장직원 D, 지인 E, 공범 F의 지인 G, H 등의 계좌로 과오납금을 송금하는 방식으로 12억여 원을 횡령하였다. B, C, D는 A가 세무공무원이라는 사실을 알고 있었고, B, C, D, E, G, H에 대한 송금의뢰인은 A 개인명의가 아니라 '화성시' 또는 '화성시 동부출장소'로 되어있었고, A는 6년 이상 횡령을 하면서 공범 F를 제외하고는 누구의 도움도 받지 않고 범행을 저지르고 누구에게도 발각되지 않았다. D는 A가 씀씀이가 큰 것은 알고 있었지만 공무원 신분에 과소비를 하는 것이 알려지면 곤란할까봐 차명계좌를 사용하는 것으로 짐작하였고, D에게 송금된 자금 중에는 송금의뢰인이 A인 경우도 있었다. 대법원은 이러한 사정을 고려할 때 B, C, D, E, G, H가 A가 화성시의 금원을 횡령한 사실을 알았거나 중대한 과실로 알지 못했다고 볼 수 없다는 이유로, 화성시의 B, C, D, E, G, H에 대한 부당이득반환청구를 인정하지 않았다(대판 2012. 1. 12. 2011다74246).

바로 반환한 경우에는 해당 자금이 실질적으로 제3자에게 귀속되었다고 볼 수 없어 제3자가 부당이득을 하였다고 볼 수 없다.[197]

---

[197] 위 대판 2003. 6. 13. 2003다8862에서 A가 횡령금 5,620만원을 퇴직금 중간정산금으로 받은 것이라면서 그 보관을 부탁하며 처 B의 예금계좌로 송금하였고 B는 그날 A에게 처분용도를 문의하여 A의 지시에 따라 2회에 걸쳐 5,600만원은 A의 예금계좌로 송금하고 나머지 20만원은 A에게 교부하였다. 대법원은 위 돈의 송금 및 반환 경위에 비추어 볼 때 B가 실질적으로 이익의 귀속자가 되었다고 보기는 어려우므로, B의 악의 내지 중과실을 따지기 전에 B가 부당이득이 인정되기 위한 전제인 '이득'을 얻은 것으로 볼 수 없다고 보았다.

위 대판 2012. 1. 12. 2011다74246에서 G와 H는 F의 부탁을 받고 본인 명의의 은행계좌를 개설하여 통장과 현금카드를 F에게 주고 비밀번호도 알려주었고, F는 이를 A에게 전달하였다. 그 후로 A와 F가 위 통장을 관리하면서 횡령범죄에 이용하였다. 법원은 이러한 통장 사용경위에 비추어 볼 때 A가 횡령하여 G, H계좌에 입금한 돈을 G, H가 실질적으로 취득하였다고 보기 어려우므로, G, H의 부당이득은 인정되지 않는다고 하였다.

제3장
사례 검토

아래 사례를 통해서 반부패범죄 등으로 인한 피해재산의 보전·회수를 위한 여러 가지 수단에 대해 검토해 본다.

〈예시 사례〉 A가 피해자를 상대로 횡령 내지 배임행위를 하였다. A는 횡령 내지 배임으로 얻은 범죄수익을 이용하여, (1) 친족 B 명의로 고가 자동차를 구입하고, (2) B 명의로 주식을 구입하고, (3) B 명의로 은행 예금을 하고, (4) 가족 C 명의로 임대차계약을 체결하여 임차보증금을 지급하고, (5) 지인 D 명의로 부동산을 구입하고, (6) A가 설립한 E회사에 금전을 대여하였고, 그 외 A의 명의로 된 재산이 없는 것으로 확인되었다. 피해자는 위 피해재산을 회수하고자 한다.

제1절 명의신탁 법리

피해재산이 타인명의로 이전된 경우, 소유권이 실제로 이전된 것인지 아니면 명의신탁된 것인지에 따라 회수를 위한 법절차가 달라질 수 있다. 일반적으로 명의신탁이란 대내적 관계에서는 신탁자가 소유권을 보유하고 이를 관리, 수익하면서, 단지 공부상의 소유명의만을 수탁자로 하여 두는 것을 말한다.[198]

판례는 처음에 부동산의 소유권을 타인 명의로 해 두는 것에 대해 명의신탁을 인정하였으나 명의신탁 인정대상을 점차 확장하였다.[199] 자동차의 매수인이 타인 명의로 승용차를 구입하고 자동차등록원부에 그 타인 명의로 소유권을 등록한 경우,[200] 주식

---

198) 한국사법행정학회, 주석민법 제5판, 물권2, 2019, 491면.
199) 한국사법행정학회, 주석민법 제5판, 물권2, 2019, 500면.
200) 대판 1996. 6. 25. 96다12009; 대판 2007. 1. 11. 2006도4498; 대판 2012. 4. 26. 2010도

에 관한 주주명의를 신탁한 경우,[201] 컴퓨터프로그램 저작권,[202] 합명회사의 지분(무한 책임사원의 지위),[203] 합자회사의 지분권,[204] 유한회사의 지분(사원권),[205] 골프회원권[206] 등에 대하여도 명의신탁을 인정한다. 부동산에 대한 명의신탁계약은 부동산실명법에 따라 그 사법적 효력이 부정되지만, 그 밖의 재산에 대한 명의신탁에는 부동산실명법이 적용되지 않아 명의신탁 약정이 유효할 수 있다.[207]

　명의신탁이 성립하기 위해서는 명의신탁자와 명의수탁자 간에 명의신탁설정에 관한 합의가 있어야 한다. 이러한 합의는 묵시적으로 성립할 수 있고,[208] 사실상 추정될 수도 있다.[209] 명의신탁 약정 사실은 이를 주장하는 자가 증명할 책임이 있다.[210]

　　11771; 대판 2013. 2. 28. 2012도15303.

201) 대판 1992. 10. 27. 92다16386(주주명의를 신탁한 사람이 수탁자에 대하여 명의신탁계약을 해지하면 바로 주주의 권리가 명의신탁자에게 복귀하는 것이지, 주식의 양도를 위하여 새로운 법률행위를 하여야 하는 것은 아니므로, 원고가 주권발행 전의 주식에 관한 주주명의를 피고에게 신탁하였다가 회사성립 후 또는 신주의 납입기일 후 6월이 경과한 다음에 명의신탁계약을 해지하였다고 하더라도, 원고가 그와 같은 사실을 증명하여 회사를 상대로 주주명부상의 명의개서를 청구하지 아니하고 수탁자인 피고를 상대로 명의개서절차의 이행을 소구하는 것은 소의 이익이 없다); 대판 1998. 6. 12. 97다38510; 대판 2013. 2. 14. 2011다109708(주주명부에 등재된 형식상의 주주명의인이 실질적인 주주의 주주권을 다투는 경우에 그 실질적인 주주가 주주명부상의 주주명의인을 상대로 주주권의 확인을 구할 이익이 있고, 이는 그 실질적인 주주의 채권자가 자신의 채권을 보전하기 위하여 그 실질적인 주주를 대위하여 명의신탁계약을 해지하고 그 주주명의인을 상대로 주주권의 확인을 구하는 경우에도 마찬가지이다); 이상 한국사법행정학회, 주석민법 제5판, 물권2, 2019, 501면.
202) 대판 2013. 3. 28. 2010도8467.
203) 대판 1989. 9. 29. 89도113.
204) 대판 1989. 11. 28. 88다카33626.
205) 대판 1997. 6. 27. 95다20140[유한회사의 지분(사원권)에 관한 명의신탁 해지의 경우 사원의 변경을 가져오므로 사원총회의 특별결의가 있어야 그 효력이 생기고, 해지의 의사표시만에 의하여 수탁된 지분이 바로 명의신탁자에게 복귀하는 것은 아니다].
206) 대판 1987. 4. 28. 86누486.
207) 한국사법행정학회, 주석민법 제5판, 물권2, 2019, 495면.
208) 부부인 A와 B가 공동으로 마련한 자금으로 매수한 부동산에 관하여 B의 단독명의로 소유권이전등기가 경료된 후 약 3년동안 아무런 이의가 없었던 경우(대판 1995. 2. 3. 94다42778).
209) 매수인들이 상호 출자하여 공동사업을 경영할 것을 목적으로 하는 조합이 조합재산으로서 부동산의 소유권을 취득하였다면 민법 제271조 제1항의 규정에 의하여 당연히 그 조합체의 합유물이 되고, 다만 그 조합체가 합유등기를 하지 아니하고 그 대신 조합원 1인의 명의로 소유권이전등기를 하였다면 이는 그 조합원에게 명의신탁한 것으로 보아야 한다(대판 1997. 5. 30. 95다4957).
210) 대판 2016. 8. 29. 2014다53745 등.

명의신탁자와 명의수탁자 사이의 내부관계에서는 명의신탁자가 소유권을 보유하고 목적물을 사용, 수익, 처분할 권리를 가진다. 대외적인 관계에서는 명의 수탁자가 소유권을 취득한다. 따라서 명의수탁자의 일반채권자는 명의신탁재산에 대하여 강제집행할 수 있으나, 명의신탁자의 채권자는 명의신탁재산에 대하여 강제집행할 수 없다.[211]

명의신탁자는 특별한 약정이 없는 한 언제든지 일방적 의사표시로 명의신탁계약을 해지할 수 있다. 명의신탁자의 일반채권자는 명의신탁자에 대한 채권의 보전을 위하여 명의신탁자의 명의수탁자에 대한 해지권을 대위행사하여 신탁재산을 명의신탁자 명의로 환원시킬 수 있다.[212]

제2절 자동차 관련 문제

자동차에 대한 소유권의 득실변경은 등록을 함으로써 그 효력이 생기지만, 당사자 사이에서는 명의신탁관계가 인정될 수 있다.[213] 위 예시사례에서 B 명의 차량과 관련하여, (1) A가 명의신탁자로서 차량을 명의수탁자인 B 앞으로 등록한 것이라면, 피해자는 채무자 A의 무자력을 입증하고 A를 대위하여 명의신탁약정을 해지한 후 A 앞으로의 등록이전 및 차량의 인도를 명하는 판결을 받은 후, 강제집행을 시도해 볼 수 있을 것이다. (2) A가 B에게 금전을 증여하여 B가 차량을 구입한 것이라면, 피해자는 채권자 취소권을 행사하여 증여를 취소하고 수익자인 B를 피고로 하는 금전반환 판결을 받은 후 이를 집행권원으로 B 명의의 차량에 대한 강제 집행을 시도해 볼 수 있을 것이다.[214]

---

211) 한국사법행정학회, 주석민법 제5판, 물권2, 2019, 551면.

212) 대판 1960. 4. 21. 4292민상483.

213) 자동차관리법 제6조. 자동차에 대한 소유권의 득실변경은 등록을 함으로써 그 효력이 생기고 등록이 없는 한 대외적 관계에서는 물론 당사자의 대내적 관계에서도 소유권을 취득할 수 없는 것이 원칙이지만, 당사자 사이에 소유권을 등록명의자 아닌 자가 보유하기로 약정하였다는 등의 특별한 사정이 있는 경우에는 그 내부관계에 있어서는 등록명의자 아닌 자가 소유권을 보유하게 된다고 할 것이다(대판 2003. 5. 30. 2000도5767; 대판 2007. 1. 11. 2006도4498; 대판 2012. 4. 26. 2010도11771도 같은 취지임).

214) A가 B에게 금전을 대여하여 B가 외제차를 구입한 것이라면, (i) 그 대여금의 변제기가 도래하였다면 피해자가 A를 대위(채권자 대위)하여 B를 피고로 한 금전반환 판결을 받고, (ii) 대여금의 변제기가 도래하지 않았다면 채권자 취소권을 행사하여 B를 피고로 한 금전반환 판결을 받아, 이를 집행권원으로 B의 외제차에 대하여 강제집행을 시도해 볼 수 있을 것이다. 피해자로서는 사실관계를 모르는 경우가 많을 것이므로, 여러 사실관계를 전제

주식에 대하여 당사자 사이에서는 명의신탁이 인정된다고 보는 것이 일반적이다.[215] 회사에 대한 주주권 행사에 관하여는, 주주명부에 등재된 주주만이 이를 행사할 수 있다는 것이 판례이다.[216] 명의신탁자가 명의신탁계약을 해지하면, 대내적인 관계에서는 주주의 권리가 명의신탁자에게 복귀한다.[217]

로 주위적 예비적 청구나 선택적 청구 등의 방법을 사용하게 될 것이다.

215) 주식에 대한 명의신탁관계가 성립할 수 있음을 전제로 한 것으로 보이는 판결로는 대판 2013. 2. 14. 2011다109708; 대판 1989. 10. 24. 88다카15505; 대판 2015. 2. 26. 2014다 37040 등; 지원림, 민법강의 제16판, 655면.
주주명부에 주주로 등재되어 있는 사람은 그 회사의 주주로 추정되며 이를 번복하기 위해서는 그 주주권을 부인하는 측에 증명책임이 있으므로, 주주명부의 주주 명의가 신탁된 것이고 그 명의차용인으로서 실질상의 주주가 따로 있음을 주장하려면 그러한 명의신탁관계를 주장하는 측에서 명의차용사실을 증명하여야 한다(대판 2016. 8. 29. 2014다53745 등). 주식취득자금의 출처, 주주로서 권리행사의 유무, 배당금의 수령주체, 관련 세금 납부 주체 등의 여러 사정을 종합하여 명의신탁 여부가 판단될 것이다.

216) 대판 2017. 3. 23. 2015다248342(전원합의체). 이 판결은 상장회사의 주주명부상 주주인 원고가 주주총회결의 부존재확인 등의 소송을 제기한 것인데, 원심은 주금납입 경위 등에 비추어 원고는 실질주주에 명의만을 대여한 자이므로 주주로 볼 수 없다는 이유로 소를 각하하였으나 대법원은 상법이 주주명부제도를 둔 것은 주주구성이 변동하는 단체법 법률 관계의 특성상 회사가 다수의 주주와 관련된 법률관계를 형식적 획일적인 기준에 의하여 처리할 수 있도록 하기 위한 것이라는 이유 등으로, 주식을 양수하였으나 아직 주주명부에 명의개서를 하지 아니하여 주주명부에는 양도인이 주주로 기재되어 있는 경우 뿐만 아니라 주식을 인수하거나 양수하려는 자가 타인의 명의를 빌려 주식을 인수하거나 양수하고 그 타인의 명의로 주주명부 기재가 마쳐진 경우에도 회사에 대한 관계에서는 주주명부 상 주주만이 주주로서 의결권 등 주주권을 행사할 수 있다고 판단하였다. 위 판결은 이러한 취지에 배치되는 범위에서, 회사가 명의개서를 하지 아니한 실질상의 주주를 주주로 인정하는 것은 무방하다고 한 판결(대판 2001. 5. 15. 2001다12973 판결 등), 회사가 주주 명부상 주주가 형식주주에 불과하다는 것을 알았거나 중대한 과실로 알지 못하였고 또한 이를 용이하게 증명하여 의결권 행사를 거절할 수 있었음에도 의결권 행사를 용인하거나 의결권을 행사하게 한 경우에 그 의결권 행사가 위법하게 된다는 판결(대판 1998. 9. 8. 96다45818 등) 등을 변경하였다.

217) 명의신탁자가 명의신탁계약을 해지하면 바로 주주의 권리가 명의신탁자에게 복귀하는 것이고, 회사성립 후 또는 신주발행 후 6월이 경과하도록 주권이 발행되지 않은 경우 당사자의 의사표시만으로 주식을 양수한 사람은 특별한 사정이 없는 한 양도인의 협력을 받을 필요 없이 단독으로 자신이 주식을 양수한 사실을 증명하여 회사에 대해 명의개서를 청구할 수 있으므로, 이러한 경우 명의신탁자가 명의수탁자를 상대로 주주명부에 대한 명의개서절차의 이행을 구할 소의 이익은 없다(대판 1992. 10. 27. 92다16386).
다만 주권발행 전 주식에 대하여 명의수탁자로 지칭되는 자가 명의신탁 여부에 대하여 다회사가 주식을 발행한 때에는 주주명부에 주주의 성명, 주소, 주식수 등을 기재하고 주주나 회사채권자가 열람할 수 있도록 해야 하고,[218] 주식의 양도는 주권이 발행된 경우 주권을 교부하여야 한다.[219] 주권이 발생되지 않은 경우에는 지명채권 양도에 관한 일반원칙에 따라 당사자의 의사표시만으로 주식양도의 효력이 발생한다.[220] 다만 주주명부에 이를 기재하지 않으면 회사에 대항하지 못한다.[221] 자본시장법에 따라 예탁결제원에 예탁된 상장주식 등에 관하여 작성된 실질주주명부에의 기재는 주주명부에의 기재와 같은 효력을 가진다.[222] 주식의 이중양도행위가 배임행위에 이른 경우 사회질서에 반하여 무효라는 판례가 있다.[223]

튼다면 명의수탁자를 상대로 확인의 소를 청구할 수 있다. 주주명부에 등재된 형식상 주주명의인이 실질적인 주주의 주주권을 다투는 경우에 실질적인 주주가 주주명부상 주주명의인을 상대로 주주권의 확인을 구할 이익이 있다. 이는 실질적인 주주의 채권자가 자신의 채권을 보전하기 위하여 실질적인 주주를 대위하여 명의신탁계약을 해지하고 주주명의인을 상대로 주주권의 확인을 구하는 경우에도 마찬가지이고, 그 주식을 발행한 회사를 상대로 명의개서절차의 이행을 구할 수 있다거나 명의신탁자와 명의수탁자 사이에 직접적인 분쟁이 없다고 하여 달리 볼 것은 아니다(대판 2013. 2. 14. 2011다109708).

218) 상법 제352조 제1항, 제396조.
219) 상법 제336조 제1항.
220) 대판 1995. 5. 23. 94다36421.
221) 상법 제337조 제1항.
222) 자본시장법 제316조 제2항.
223) 대판 2006. 9. 14. 2005다45537. 이 사안에서 A회사의 대표이사 甲이 자신의 A회사 주식 4,200주와 피고회사 주식 1,500주를 각 원고에게 매도하고 자금을 차용하면서 매도한 위 주식들의 시가가 하락하면 환매해 주기로 하였는데, 그 주식들의 시세가 하락하자 원고와의 사이에 위 주식들과 甲이 보유하는 또 다른 피고회사 주식 13,500주를 교환하기로 하였다. 甲은 그 전후로 다수인을 상대로 피고회사 주식을 양도하는 약정을 체결하여 결과적으로 자신이 보유하는 피고회사 주식 총수를 훨씬 넘는 주식을 양도하는 약정들을 체결하였고, 그 양수인들을 위하여 원고보다 앞선 일자에 피고회사에 대한 양도통지를 하고 피고회사는 그에 따른 주주명부 명의개서를 이행하였다. 원고보다 늦게 주식을 매수하고도 원고보다 먼저 양도통지 및 명의개서가 이루어진 양수인 중에는 A회사와 피고회사를 사실상 지배하는 乙도 포함되어 있었는데, 乙은 원고가 甲으로부터 피고회사 주식을 매수하거나 피고회사에 그에 대한 명의개서를 요청할 때 피고회사의 대표이사였고, 피고회사는 원고가 제기한 소송에서 '甲이 보유주식을 초과하여 매도하여 양수인들로부터 명의개서요청을 받고 있으므로 그 선택 기준이 없어 법원의 결정에 따르겠다'는 준비서면을 제출한 적이 있었으며, 乙은 위 소송 진행 중에 피고회사의 대표이사직에서 퇴임한 후 '甲과의 기존채무 등에 대한 대물변제' 명목으로 甲으로부터 피고회사 주식 10,000주를 양도받기로 한 것이었고, 甲으로 하여금 피고회사에 그에 대한 주식양도통지를 하도록 하여 피고회사가 甲의 통지에 따라 乙 앞으로 해당 주식의 명의개서를 하였고, 그 당시 피고회사의 대표이사는 乙의 아들이었다. 대법원은 甲이 주식 양도인으로서 양수인인 원고에 대하여 명의개서절차가 이행될 수 있도록 협력할 임무가 있음에도 이를 타인에게 양도하고 그 대항요건을 갖

위 예시사례에서 (1) A가 주식을 B 앞으로 명의신탁한 것이라면 피해자는 A의 무자력을 입증하고 A를 대위하여 명의신탁계약을 해지하고, 주식 발행회사를 상대로 명의신탁 사실과 그 해지 사실을 입증하여 A 앞으로 명의개서할 것을 청구한 후 그 주식에 대하여 강제집행하는 것을 시도해 볼 수 있을 것이다. (2) A가 B에게 금전을 증여하여 B가 주식을 구입한 것이라면 피해자는 채권자 취소권을 행사하여 증여를 취소하고 수익자인 B를 피고로 하는 금전반환 판결을 받은 후 이를 집행권원으로 B 명의의 주식을 강제 집행하는 것을 시도해 볼 수 있을 것이다.[224]

제4절 예금 관련 문제

실명이 확인된 계좌에 보유하고 있는 금융자산은 명의자 소유로 추정한다.[225] 판례는 금융기관을 상대로 예금반환청구권을 보유하는 예금계약의 당사자 확정과 관련하여, 금융실명법에 따라 실명확인절차를 거쳐 예금계약을 체결한 경우에는 예금계약서에 당사자로 기재되어 있는 자를 당사자로 보아야 하고, 예금명의자가 아닌 자금 출연자 등을 예금계약의 당사자로 볼 수 있는 것은 금융기관과 자금 출연자 등의 사이에 예금명의자와의 예금계약을 부정하여 예금명의자의 예금반환청구권을 배제하고 자금 출연자 등과 예금계약을 체결하여 자금 출연자 등에게 예금반환청구권을 귀속시키겠다

추어 주어 원고 앞으로 명의개서를 불가능하게 한 것은 임무에 위배한 배임행위이고 乙은 甲의 배임행위를 잘 알고 있으면서도 이에 적극 가담하였다는 원심의 판단을 받아들이면서, "주식양수인이 회사 외의 제3자에 대하여 양도사실을 대항하기 위해서는 지명채권 양도에 준하여 확정일자 있는 증서에 의한 양도통지 또는 승낙이 필요하다는 점을 고려할 때, 양도인은 그와 같은 양도통지를 해 줄 의무를 부담한다. 따라서 양도인이 그러한 양도통지를 하기 전에 제3자에게 이중으로 양도하고 회사에게 확정일자 있는 양도통지를 하는 등 대항요건을 갖추어 줌으로써 양수인이 그 제3자에게 대항할 수 없게 되었고 이러한 양도인의 배임행위에 제3자가 적극 가담한 경우라면 제3자에 대한 양도행위는 사회질서에 반하는 법률행위로써 무효"라고 판시하였다.

224) A가 B에게 금전을 대여하여 B가 주식을 구입한 것이라면, (i) 그 변제기가 도래하였다면 피해자가 A를 대위(채권자대위)하여 B에 대하여 금전반환 판결을 받고, (ii) 그 변제기가 도래하지 않았다면 피해자가 채권자 취소권을 행사하여 대여를 취소하고 B를 피고로 하는 금전반환 판결을 받아, 이를 집행권원으로 B의 주식에 대해 강제집행을 시도해 볼 수 있을 것이다. 피해자로서는 사실관계를 모르는 경우가 많을 것이므로, 여러 사실관계를 전제로 주위적 예비적 청구나 선택적 청구 등의 방법을 사용하게 될 것이다.

225) 금융실명법 제3조 제5항.

는 명확한 의사의 합치가 충분하고 명확하며 구체적이고 객관적인 증거에 의하여 입증되는 예외적인 경우에 한한다고 한다.[226]

다만 신탁자(자금 출연자)와 수탁자(예금 명의자) 사이의 내부관계에 있어서는 예금주에 대한 명의신탁이 인정될 수 있다. 명의신탁관계는 명시적 계약뿐만 아니라 묵시적 합의에 의해서도 성립될 수 있고, 그 경우 수탁자인 예금 명의자는 신탁자의 요구가 있을 때에는 금융기관에 대한 예금채권을 신탁자에게 양도할 의무가 있다.[227] 신탁자

---

226) 대판 2009. 3. 19. 2008다45828(전원합의체). 이 사안은 원고의 남편이 저축은행에 원고 명의로 4,200만원의 정기예금을 하였다가 위 은행이 예금지급을 정지하는 사고를 일으키자 예금보험공사에서 원고의 남편이 위 정기예금의 실제 예금자라고 판단하고 예금자보호법에 따라 원고의 남편에게 보험금을 지급한 것에 대하여, 원고는 자신이 남편으로부터 위 4,200만원을 증여받아 남편과 같이 은행에 방문하여 정기예금을 하였으므로 원고가 진정한 예금주라는 이유로 예금보험공사를 피고로 하여 예금반환청구를 한 사안이다. 1, 2심은 위 정기예금에 소요된 돈을 원고의 남편이 출연한 점(같은 날 원고 남편의 증권계좌 및 은행계좌에서 인출한 돈이 사용됨), 원고의 남편이 정기예금거래신청서를 작성한 점, 거래인감으로 원고 남편의 도장이 등록 사용된 점, 비밀번호가 원고 남편의 정기예금계좌 비밀번호와 동일한 점, 매달 지급되는 이자가 원고 남편 명의 계좌로 자동 이체되도록 신청되었고 원고 남편 명의의 다른 정기예금 계좌의 이자도 같은 계좌로 이체신청된 점을 고려하면 위 예금은 원고의 남편이 예금자보호법상의 보호를 받기 위하여 원고 명의로 개설 관리해 오던 것이어서 '특별한 사정으로 예금의 출연자와 금융기관 사이에 예금 명의인이 아닌 출연자에게 예금반환채권을 귀속시키기로 하는 명시적 또는 묵시적 약정'이 인정될 수 있다는 종래의 판결(대판 2005. 6. 24. 2005다17877)에 따라 원고의 남편을 예금주로 보았고, 원고 주장과 같이 위 정기예금 당시 원고가 남편과 함께 은행에 방문하여 주민등록증을 제시하였고 원고의 다른 금융거래가 원고의 남편 명의 계좌를 통해 이루어지고 있다고 하더라도 그와 달리 볼 수 없다고 하였다.
    그러나 대법원은, 처분문서에 표시된 의사표시 해석에 대한 법리, 금융실명제의 입법 취지, 대량 반복적으로 이루어지는 예금거래의 특수성, 예금명의자와 금융기관의 의사 및 신뢰보호 필요성 등을 고려하여, 예금명의자 본인이 금융기관에 출석하여 예금계약을 체결하였는지 예금명의자의 위임에 의하여 자금 출연자 등의 제3자가 대리인으로서 예금계약을 체결하였는지에 상관없이, 예금명의자가 아닌 자를 예금계약의 당사자로 인정할 수 있는 경우는 극히 예외적으로 인정되어야 한다고 판시하면서, 그와 달리 명시적 또는 묵시적 약정에 의하여서도 예금 명의자가 아닌 출연자 등에게 예금반환청구권이 귀속될 수 있다고 본 기존 판례(대판 2005. 6. 24. 2005다17877 등)를 변경하였다.
227) 대판 2001. 1. 5. 2000다49091; 대판 2015. 7. 23. 2014다212438; 대판 2012. 2. 23. 2011다86720.
    2000다49091 사건은 원고회사 임원 A가 원고회사 명의의 약속어음과 당좌수표를 함부로 위조하여 할인한 후 그 할인금을 개인적으로 유용하면서 그 자금을 A의 처와 자녀 명의의 증권계좌에 입금하여 주식거래를 하였는데 A의 처와 자녀들이 위 증권계좌에 보유된 주식과 예탁금을 A로부터 증여받은 것인지 아니면 A로부터 명의신탁 받은 것인지, 명의신탁 받았다면 원고회사가 채권자대위권을 행사하여 A의 처와 자녀들을 상대로 위 증권계

좌의 주식 및 예탁금반환청구권을 원고회사에 양도하고 양도통지를 하라고 요구할 수 있는 것인지가 쟁점이었다.

명의신탁 여부에 대하여 대법원은, A가 범행이 발견되자 해외로 도주하였고, 약 1개월 후 A의 처와 자녀가 위 증권계좌에 신고된 인감을 A의 인감에서 자신들의 인장으로 변경 신고하였으며, 그 무렵 A의 처가 수사기관에서 A는 회사 일에 대하여 저에게 이야기를 하지 않기 때문에 저는 잘 모르나 다만 원고 회사의 돌아가신 회장이 있을 때부터 회장의 자금을 관리하면서 주식투자 등을 하였는데 한 사람의 명의로 하기 어려워 여러 사람의 명의를 빌려 하면서 저나 저의 자식들 명의를 빌린 것으로 알고 있으며, 예금에 대하여도 전혀 알지 못한다고 진술한 점을 적시하면서, 달리 A가 증여했다고 볼 만한 뚜렷한 자료가 없고 명의신탁관계는 반드시 명시적 계약에 의하여서만 성립되는 것이 아니라 묵시적 합의에 의해서도 성립될 수 있는 것이므로, A가 처와 자녀에게 위 증권계좌의 주식과 예탁금을 증여했다기보다는 명의를 신탁한 것으로 봄이 상당하다고 판단하였다.

채권자대위권 행사방법에 대하여는, 원심은 금융실명제가 비실명 또는 차명계좌에 의한 금융거래를 방지하고자 하는 입법취지를 가지고 있는 점을 고려할 때, 설사 명의신탁관계가 인정된다 하더라도 차명계좌 개설과 관련한 명시적 합의가 없는 이상 당사자들의 의사는 A가 처와 자녀의 계좌를 이용하여 주식거래와 예탁금거래를 하는 것을 처와 자녀가 용인하는 것으로 보아야 하고, 금융기관에 대한 관계에서는 처와 자녀들이 거래당사자의 지위에 있으므로 A가 처와 자녀를 대리하거나 A의 요청에 따라 처와 자녀가 금융기관과 거래한다는 의사였으며, 처와 자녀는 A의 요구가 있으면 계좌에 예탁된 주식을 찾아 A에게 반환하거나 주식을 매도하고 그 예탁금을 인출하여 A에게 반환할 의무가 있을 뿐 계좌에 입금된 주식과 예탁금에 대한 반환청구권 자체를 A에게 양도하고 증권회사에 양도통지를 하기로 하는 의무가 있다고 볼 수 없다고 판단하였다. 그러나 대법원은 금융실명거래 및 비밀보장에 관한 긴급재정명령(1993. 8. 12. 대통령 긴급재정경제명령 제16호) 제3조 제3항은 효력규정이 아닌 단속규정이라는 점에 비추어 명의신탁약정의 신탁자의 요구가 있을 경우 수탁자는 금융기관에 대한 예금반환채권을 신탁자에게 양도하고 양도통지를 할 의무가 있다고 판시하였다.

2011다86720 사건의 사실관계는 다음과 같다. A가 자녀 B, C, D, E, F, G를 둔 상태에서 2002. 12.경 A의 자금으로 F의 자녀(A의 손자)인 원고 명의로 증권회사로부터 투자신탁수익증권을 매수하고, 증권회사에서 실명확인을 하는 과정에서 투자신탁신청서에 원고의 성명과 주민등록번호를 기재하고 거래인감으로 A의 도장을 사용하여 A의 도장이 날인된 통장을 발급받았으며, A가 그 통장과 도장을 함께 보관하며 관리하다가 2007. 4경 사망하였다. F는 A의 유품을 정리하다가 위 통장과 도장을 발견하여 이를 가지고 증권회사에 방문하여 원고 명의의 수익증권을 전부 매도하고 그 매도대금을 같은 증권회사에 개설된 F의 계좌에 입금하였다. 원고는 F를 상대로 소송을 제기하여, A가 생전에 원고에게 재산을 증여하기 위해 원고 명의로 투자신탁계약을 체결하고 수익증권을 매수하였으므로 원고가 투자신탁계약상 권리를 가지고, F가 A 사망 후 원고 명의의 통장과 A의 도장을 가지게 된 것을 기화로 위 수익증권 매도대금을 권한없이 취득하고 원고에게 손해를 가하였으므로 원고에게 부당이득을 반환해야 한다고 주장하였다. F는 A가 비과세혜택을 받기 위해 원고의 명의를 차용하여 투자신탁계약을 체결하였으므로, A가 실질적으로 투자신탁계약의 당사자이고 따라서 수익증권 매도대금은 A의 사망으로 인한 상속재산일 뿐 원고의 소유가 아니라고 주장하였다.

와 수탁자 사이의 예금주 명의신탁이 사해행위에 해당하여 취소될 경우, 그에 따른 원상회복은 원칙적으로 수탁자에 대하여 예금채권을 신탁자에게 양도하고 금융기관에 대하여 양도통지를 할 것을 명하는 방법으로 해야 한다.[228]

명의신탁된 예금계좌에서 돈이 인출, 사용되었으나 명의신탁자와 명의수탁자 중 누가 인출, 사용했는지 명확하지 않은 상황에서는, 명의수탁자가 '명의신탁자가 해당 자금을 인출, 사용하였음'을 증명하지 못하면, 명의수탁자가 인출, 사용한 것으로 보아야 한다는 판례가 있다.[229]

원심인 서울고법은 2008다45828(전원합의체) 판결의 법리에 의할 때 금융실명법에 따라 실명확인 절차를 거쳐 예금계약을 체결하고 그 실명확인 사실이 예금계약서 등에 명확히 기재되어 있는 경우에는, 일반적으로 그 예금계약서에 예금주로 기재된 예금명의자나 그를 대리한 행위자 및 금융기관의 의사는 예금명의자를 예금계약의 당사자로 보려는 것이라고 해석하는 것이 합당하고, 예금 계약의 체결 후에 출연자 등이 예금명의자에게 예금통장 및 거래 인감도장 등을 교부하지 않고 이를 소지하면서 예금의 이자나 원금 등을 인출하여 왔다는 사정은, 예금계약 체결 당시 금융기관으로서는 명확히 알 수 없었던 사정이므로 이를 가지고 예금계약 체결 당시 금융기관이 그 출연자 등과 예금계약을 체결할 의사가 있었다고 단정해서는 아니된다고 하였다. 따라서 원고가 위 투자신탁계약상 권리를 가지고, F가 법률상 원인 없이 이를 매도하고 매도대금을 취득하였으므로 F는 원고에게 부당이득금을 반환해야 한다고 판시하였다.

그러나 대법원은, A가 위와 같이 원고 명의의 수익증권 계좌를 개설하고 사망하기까지 그 계좌와 인장을 관리하면서 증권회사로부터 그 계좌에 입금된 돈을 인출하기도 한 사실, A는 원고 명의 계좌 개설 전후로 위 증권회사를 포함한 투자증권사들에 C의 부부 명의로도 실명확인을 거쳐 수개의 수익증권계좌나 예금계좌를 개설한 뒤 A의 자금을 입금하였는데, 그 계좌들 역시 A의 인장을 이용하여 개설되었고 A가 사망하기까지 A가 그 계좌와 통장을 관리해온 사실, A가 원고에게 원고 명의 증권 매수와 관련된 자금이나 권리를 증여하였다고 볼 뚜렷한 자료가 없는 사실 등을 고려하면 A가 적어도 원고에게 묵시적으로나마 계좌의 명의를 신탁한 것이고, A가 사망함에 따라 증권회사는 계좌의 통장과 인장을 소지한 A의 공동상속인 중 하나인 F에게 수익증권의 매도대금을 유효하게 변제하였다고 볼 여지가 충분히 있으므로, 그 변제된 매도대금은 출연자인 A와 예금명의자의 명의신탁약정상 원고에 대한 관계에서 A의 공동상속인들에게 귀속되었다고 할 것이어서 원고는 F를 상대로 부당이득반환을 구할 수 없다는 취지로 판단하였다.

228) 대판 2015. 7. 23. 2014다212438.
229) 출연자와 예금주인 명의인 사이의 예금주 명의신탁 계약이 사해행위에 해당하여 취소되는 경우, 예금계좌에서 예금이 인출되어 사용된 경우에는 원상회복이 불가능하므로 가액반환 여부가 문제될 것이다. 이 경우 신탁자가 수탁자의 통장과 접근매체 등을 교부받아 사용하는 등 사실상 수탁자의 계좌를 지배, 관리하고 있을 때에는 신탁자가 통상 예금을 인출, 사용한 것이라고 볼 수 있다. 그러나 신탁자가 사실상 수탁자의 계좌를 지배, 관리하고 있음이 명확하지 않은 경우에는 신탁자가 명의인의 예금계좌에서 예금을 인출하거나 이체하여 사용했다는 점을 수탁자가 증명하지 못하면 수탁자가 예금을 인출, 사용한 것으로 보아야 한다. 예금을 인출, 이체하는데 명의인 본인 확인이나 본인인증 등을 거쳐야 한다는 점

채무자인 금전 소유자가 이를 친족 등의 계좌로 송금하였을 때 해당 송금이 채권자의 추적을 회피하기 위한 목적이라는 이유만으로 증여로 볼 수는 없고, 금전 수령 계좌를 실제로 누가 관리하였는지, 해당 계좌에서 인출된 금전을 누가 어떻게 사용하였는지 등 수령 계좌의 관리, 사용에 대한 구체적인 사정을 고려하여야 한다.[230]

위 예시사례에서 B의 예금이 예금주 명의신탁인지 아니면 A가 해당 금전을 B에게 증여한 것인지는, B의 계좌를 누가 관리하였는지, 해당 계좌에서 인출된 금전을 누가 어떻게 사용하였는지 등 구체적인 사정을 고려하여 판단해야 할 것이다. (1) 예금주 명의신탁이라면, 피해자는 A의 무자력을 입증하고 A를 대위하여 명의신탁 약정을 해지하고[231] '예금채권을 A에게 양도하고 금융기관에 채권양도통지를 하라'는 판결을 받

에 비추어 일반적으로는 명의인이 예금을 사용했다고 보는 것이 보다 자연스럽기 때문이다(대판 2018. 12. 27. 2017다290057).

230) 대판 2012. 7. 26. 2012다30861. 금전 송금이 사해행위의 요건에 해당하면, 사해행위취소를 청구하여 원상회복으로서 '예금채권을 A에게 양도하고 금융기관에 채권양도통지를 하라'는 판결을 청구할 수도 있을 것이다.

대판 2018. 12. 27. 2017다290057에서 A는 2010. 3. 26. 본인 토지를 매매하고 그 대금 12억 6천만 원을 본인의 농협계좌와 수표로 받은 후 이를 자신의 국민은행 계좌 2곳에 나누어 입금했나가 그 중 8억 원을 사신의 다른 국민은행 계좌로 이제하였다. A는 2010. 8. 30. 8억 원이 입금된 국민은행 계좌를 해약하고 해약금 중 약 7억 원을 처 명의 계좌로, 약 1억 원을 아들 명의 계좌로 이체했다. 원고인 국가는 주위적으로 A가 세금체납자로서 처 및 아들 명의 계좌로 위와 같이 금전을 이체한 것이 증여에 해당한다는 이유로 사해행위 취소소송을 제기하였다.

대법원은, A는 2010. 8.경 처에게 그 명의 계좌를 개설해 달라고 요청하여 처로부터 처 명의의 통장과 계좌를 건네받은 점, A의 처는 2006년경 뇌출혈로 쓰러진 다음 경제활동을 거의 하지 못하고 자녀와 함께 생활하였으나 A는 2010년과 2011년 수차 해외에 출입국하고 주민등록상 주소도 수차 이전하면서 경제활동을 한 것으로 보이는 점, A의 처 계좌에 입금된 7억 원은 2010. 8. 30.부터 2010. 12. 29.까지 수차 출금되어 잔액이 5만 원이 되었고 A가 위 돈을 소비한 것으로 보이는 점, A의 가족들인 A의 처와 아들 등의 신규계좌들은 대부분 같은 국민은행 지점에서 A가 위 토지 매매대금을 송금받은 자신 계좌를 해지하면서 동시에 개설된 것에 비추어 A는 자신의 자금을 분산투자하거나 관리할 목적으로 처와 아들 계좌를 비롯한 가족명의 계좌를 일시적으로 사용하거나 임의 개설하였을 가능성이 높은 점, A의 아들 계좌의 해지에 따른 해약금 중 이자 약 1백만 원은 A의 국민은행 계좌로, 원금 중 일부인 6천만 원은 A가 전적으로 관리한 것으로 보이는 A의 처 명의 계좌로 이체되었던 것을 감안하면 A가 자금관리 목적으로 아들 명의 계좌를 이용한 것으로 보이는 점 등을 고려할 때, A가 위와 같이 2010. 8. 30. 약 7억 원을 처 명의 계좌로, 1억 원을 아들 명의 계좌로 이체한 것을 A가 위 돈을 처와 아들에게 증여한 것으로 볼 수 없다고 판단하였다.

231) 채권자취소권 행사 요건이 충족되면, 채권자 취소권을 행사하여 명의신탁약정을 해지시킬 수도 있을 것이다.

아 이를 은행에 제시한 후 A의 명의로 복귀된 예금채권에 강제집행을 시도해 볼 수 있을 것이다. (2) 예금주 명의신탁이 인정되지만 B의 예금이 현금으로 인출되는 등으로 더 이상 남아 있지 않은 경우, A가 위 계좌를 지배, 관리하면서 예금을 인출한 것이라면 B를 상대로 금전반환판결을 받기는 어려울 것이나, B가 예금을 인출, 사용한 것이라면 A를 대위하여 명의신탁약정을 해지하고 B를 상대로 금전반환(가액반환)판결을 청구해 볼 수 있을 것이다. (3) A가 금전을 B에게 증여하였고 B가 이를 예금하였다면, 피해자는 채권자취소권을 행사하여 증여를 취소하고 B를 상대로 금전반환 판결을 받아 이를 집행권원으로 B의 예금채권에 강제집행을 시도해 볼 수 있을 것이다.[232)

제5절 임차보증금반환채권 관련 문제

A가 불법수익을 이용하여 가족인 C 명의로 임대차계약을 체결하고 임차보증금을 지급한 경우, 우선 위 임대차계약의 임차인을 누구로 취급할 것인지 문제된다. 계약을 체결하는 행위자가 타인 이름으로 법률행위를 한 경우, 우선 행위자와 상대방의 의사가 일치한 경우에는 그 일치한 의사대로 계약 당사자를 확정하고, 행위자와 상대방의 의사가 일치하지 않는 경우에는 그 계약의 성질, 내용, 목적, 체결 경위 등 그 계약체결 전후의 구체적인 제반 사정을 토대로 상대방이 합리적인 사람이라면 행위자와 명의자 중 누구를 계약 당사자로 이해할 것인가에 의해 당사자를 결정한다는 것이 판례이다.[233) 즉, 계약 당사자의 확정은 의사해석에 대한 사실인정의 문제이다.[234)

---

232) A가 B에게 금전을 대여하여 B가 예금한 것이라면, (i) 그 변제기가 도래하였다면 피해자가 A를 대위(채권자대위)하여 B에 대하여 금전반환 판결을 받고, (ii) 그 변제기가 도래하지 않았다면 피해자가 채권자 취소권을 행사하여 대여를 취소하고 B를 피고로 하는 금전반환 판결을 받아, 이를 집행권원으로 B의 예금에 대해 강제집행을 시도해 볼 수 있을 것이다. 피해자로서는 사실관계를 모르는 경우가 많을 것이므로, 여러 사실관계를 전제로 주위적 예비적 청구나 선택적 청구 등의 방법을 사용하게 될 것이다.

233) 대판 2003. 12. 12. 2003다44059; 대판 2019. 9. 10. 2016다237691; 대판 1983. 11. 22. 82다카1696 등.

234) 참고로, 당사자간 계약을 해석하는 것이 아니라 법령상 용어의 의미를 해석하는 경우에는, 법적 안정성을 저해하지 않는 범위내에서 구체적 타당성을 찾아야 하고, 그 과정에서 입법 취지와 목적, 제정, 개정 연혁, 법질서 전체와의 조화, 다른 법령과의 관계 등을 고려하는 체계적, 논리적 해석방법을 추가로 사용해야 한다는 것이 판례이다. 구 임대주택법(2005. 7. 13. 법률 제7598호로 개정되기 전의 것) 제15조 제1항에서 규정하는 '임차인'이란 어디까지나 그 법률이 정한 요건과 절차에 따라 임대주택에 관하여 임대사업자와 임대차계약

따라서 위 예시사례에서 (1) 임대인, A, C가 실제 임차인을 A로 인식하면서 임대차계약서에만 C를 임차인으로 기재하였다면, 피해자는 A에 대한 채권자로서 임차인 A를 대위하여 임대인에게 임차보증금반환청구할 수 있을 것이다.[235] (2) A가 C에게 금전을 증여하고 C가 이를 보증금으로 지불하고 직접 임대차계약을 체결한 것이라면, 피해자는 채권자 취소권을 행사하여 증여계약을 취소하고 C를 피고로 하는 금전반환 판결을 받은 후 이를 집행권원으로 C의 임대차보증금반환채권에 대한 강제 집행을 시도해 볼 수 있을 것이다.[236]

을 체결한 당사자 본인으로서의 임차인을 의미하고, 이와 달리 당사자 일방의 계약목적, 경제적 부담이나 실제 거주사실 등을 고려한 '실질적 의미의 임차인'까지 포함한다고 해석할 수 없다(대판 2009. 4. 23. 2006다81035).

[235] 甲이 피고 소유의 건물을 임차하면서 신용금고로부터 융자받은 채무를 담보하기 위하여 신용금고 직원인 乙을 임차인으로 기재하여 임대차계약서를 작성하였고, 원고가 甲에 대한 약속어음 채권에 기하여 위 임대차계약에 따른 보증금반환청구채권을 압류 및 전부받은 사안에서, 이러한 채권 압류 및 전부가 유효하고 처분문서의 법리에 위배되는 것도 아니라고 본 사례가 있다(대판 1983. 11. 22. 82다카1696).
한편 대판 1993. 4. 27. 92다55497 판결의 사실관계는 다음과 같다. A가 1989. 4. 7. B 명의로 임차기간을 1991. 4. 9.까지로 하여 C로부터 점포를 임차하고 B로 하여금 음식점을 운영하게 하고, B는 1989. 7. 10. A에게 '실질적 임차인은 A이고, B는 단지 명의상 임차인임을 인정하고 임차인으로서의 권리 일체를 A에게 환원하겠다'고 약정하였다. 원고는 1991. 3. 23. A에 대한 채권에 기하여 A를 채무자, C를 제3채무자로 하여 A의 C에 대한 임차보증금반환채권을 가압류하고, 1991. 11. 15. A에 대한 집행권원(확정판결)에 기하여 가압류된 임차보증금반환채권을 본압류로 전이하고 전부명령을 받았다. C는 1991. 4. 9.경 B와 임대기간을 1992. 4. 9.까지 연장하기로 계약하고, 임대차계약의 상대방은 B라는 이유로 위 채권압류 및 전부명령에 따르지 않겠다고 원고에게 통보하였다. C는 1992. 4.경 B와 임대기간을 1993. 4. 9.까지 다시 연장하기로 계약하였고 B는 이에 기하여 위 점포에서 음식점을 계속 운영하였다. 원고는 위 전부명령에 기하여 C를 대위하여 B를 상대로 '점포를 C에게 명도하라'는 채권자대위소송을 제기하였다. 대법원은, "A가 C에 대하여 임차보증금반환채권을 취득하기 위하여 임대차계약서상의 임차인 명의를 A 앞으로 갱신할 필요까지는 없다 하더라도, 적어도 당초의 임차명의인인 B가 위 약정사실(명의신탁 약정)을 C에게 통지하였다거나 C가 임차인의 변경을 승낙하였어야 한다. A와 B 사이의 약정은 그들 내부관계의 사정에 불과하여 이 약정만으로 A가 C에 대하여 임대차보증금반환채권을 가지게 되었다고 할 수 없다."고 판시하였다.

[236] A가 C에게 금전을 대여한 것이라면, (i) 그 변제기가 도래하였다면 피해자가 A를 대위(채권자대위)하여 C에 대하여 금전반환 판결을 받고, (ii) 그 변제기가 도래하지 않았다면 피해자가 채권자 취소권을 행사하여 대여를 취소하고 C를 피고로 하는 금전반환 판결을 받아, 이를 집행권원으로 C의 임대차보증금반환채권에 대해 강제집행을 시도해 볼 수 있을 것이다. 피해자 회사로서는 사실관계를 모르는 경우가 많을 것이므로, 여러 사실관계를 전제로 주위적 예비적 청구나 선택적 청구 등의 방법을 사용하게 될 것이다.

부동산 관련 문제

부동산실명법에 따라 부동산에 관한 물권에 대한 명의신탁약정은 원칙적으로 무효이고,[237] 명의신탁약정에 따른 등기에 의한 물권변동도 원칙적으로 무효이다.[238] 다만 그 무효는 제3자에게 대항하지 못한다.[239] 여기서 '제3자'란 명의신탁사실에 대한 선의, 악의 여부를 불문한다고 해석하는 것이 일반적인 것으로 보이나,[240] 판례는 '명의수탁자가 물권자임을 기초로 명의수탁자와의 사이에 새로운 이해관계를 맺은 사람'을 말하는 것이고, 사실은 명의신탁자와 부동산에 관한 권리를 취득하기로 계약하고 등기명의만 수탁자로부터 경료받은 것 같은 외관을 갖춘 자는 해당하지 않는다는 입장이다.[241] 명의신탁에 따른 법률관계는 일반적으로 3가지로 유형으로 구분하여 논의된다.

---

237) 부동산실명법 제4조 제1항.
238) 부동산실명법 제4조 제2항 본문.
239) 부동산실명법 제4조 제3항.
240) 지원림, 민법강의 제16판, 672면.
241) 원고는 A회사에 대한 채권자이고, A회사는 자사 대표이사 B에 대한 채권이 존재하였으나 이를 행사하지 않고 있었으며, B는 자기 소유 부동산에 대하여 C와 명의신탁약정을 하고 이를 C에게 이전등기하고, 그 부동산은 순차로 B의 처, D에게 이전등기 되었다. 원고는 A회사에 대한 채권에 기해 A회사와 B를 순차 대위하여 C, B의 처, D를 피고로 소유권이전등기말소청구를 하였고, B의 처는 실제로 C와 매매계약을 한 것이 아니라 B와의 거래에 기인하여 소유권이전등기를 받았음을 자인하였다. 대법원은, 부동산실명법 제4조 제1항 및 제2항 본문에 따라 명의신탁에 따른 물권변동이 무효라는 것을 제3자에게 대항하지는 못하지만, 여기서 말하는 '제3자'란 수탁자가 물권자임을 기초로 수탁자와의 사이에 새로운 이해관계를 맺은 사람을 말하는 것이고 오로지 신탁자와 부동산에 관한 권리를 취득하기로 계약하고 등기명의만 수탁자로부터 경료받은 것 같은 외관을 갖춘 자는 해당하지 않는다는 취지로 판시하였다. 또한 명의신탁에 터잡은 제3자 명의의 후속등기는, 제3자가 수탁자의 처분행위에 적극 가담함으로써 사회질서에 반한다고 판단되는 등의 특별한 사정이 있는 경우에는 (명의신탁에 따른 물권변동이 무효라는 점을 제3자에게 대항할 수 없다는 부동산실명법 제4조 규정에도 불구하고) 무효가 될 수 있다는 취지로 판시하였다. 그러면서 해당 사안에 대하여, 당사자들의 지위와 관계, 등기경료에 이르게 된 경위, B, C, B의 처, D의 경제적 여건과 자금조달 능력, 매매대금 지급과 관련된 증거, 해당 부동산의 활용현황 등을 고려하면 C, B의 처, D의 각 등기는 B가 부도위기에 직면하여 강제집행을 면탈할 목적으로 이들과 각기 새로운 명의신탁약정을 맺고 그들의 명의를 빌려 C 명의 등기에 이어 순차 경료한 등기임이 인정되므로 C, B의 처, D의 등기는 부동산실명법 제4조 제2항을 적용하더라도 (C, B의 처, D가 위 규정에서 말하는 제3자에 해당하지 않으므로) 모두 무효이고, B의 처는 강제집행면탈 목적을 고려했을 때 부동산실명법 제8조의 적용대상도 아니라는 취지로 판단하였다(대판 2004. 8. 30. 2002다48771).
"부동산실명법 제4조 제3항에서 제3자라고 함은 명의신탁 약정의 당사자 및 포괄승계인 이외의 자로서 명의수탁자가 물권자임을 기초로 그와의 사이에 직접 새로운 이해관계를

1. 양자간 등기명의신탁

신탁자 명의 등기가 되어 있는 부동산을 명의신탁약정에 의하여 수탁자에게 이전 등기한 경우이다. 수탁자 명의로 경료된 이전등기는 무효이지만 명의신탁 약정도 무효 이므로, 신탁자는 명의신탁약정이 유효함을 전제로 하는 '명의신탁해지를 원인'으로 한 소유권이전등기말소나 소유권이전등기청구를 할 수는 없으나,[242] '소유권에 기한 방해 배제청구권을 행사'하여 수탁자 명의 등기의 말소를 구할 수 있다.[243] 수탁자가 부동 산을 임의로 제3자에게 처분하고 부동산실명법 제4조 제3항에 따라 제3자가 유효하게 소유권을 취득하면 신탁자는 소유권을 상실하나,[244] 신탁자는 수탁자를 상대로 불법행 위에 기한 손해배상 또는 부당이득반환을 청구할 수 있다.[245]

위 예시 사례에서 A가 본인 소유의 부동산을 양자간 등기명의신탁 방식으로 수탁 자 D에게 이전하였다면, 피해자는 A의 무자력을 입증하고 A의 소유권에 기한 방해배 제청구권을 대위행사하여 D 명의 등기의 말소를 시도해 볼 수 있을 것이다. D가 부동

맺은 사람을 말한다고 할 것이므로, 명의수탁자로부터 명의신탁된 부동산의 소유명의를 이어받은 사람이 위 규정에 정한 제3자에 해당하지 아니한다면 그러한 자로서는 부동산 실명법 제4조 제3항의 규정을 들어 무효인 명의신탁등기에 터 잡아 마쳐진 자신의 등기 의 유효를 주장할 수 없고, 따라서 그 명의의 등기는 실체관계에 부합하여 유효라고 하 는 등의 특별한 사정이 없는 한 무효라고 할 것이고, 등기부상 명의수탁자로부터 소유권 이전등기를 이어받은 자의 등기가 무효인 이상, 부동산등기에 관하여 공신력이 인정되지 아니하는 우리 법제 아래서는 그 무효인 등기에 기초하여 새로운 법률원인으로 이해관계 를 맺은 자가 다시 등기를 이어받았다면 그 명의의 등기 역시 특별한 사정이 없는 한 무 효임을 면할 수 없다고 할 것이므로, 이렇게 명의수탁자와 직접 이해관계를 맺은 것이 아니라 부동산실명법 제4조 제3항에 정한 제3자가 아닌 자와 사이에서 무효인 등기를 기 초로 다시 이해관계를 맺은 데 불과한 자는 위 조항이 규정하는 제3자에 해당하지 않는 다고 보아야 한다"(대판 2005. 11. 10. 2005다34667).
부동산실명법 제4조 제3항에서 물권변동의 무효를 대항할 수 없는 '제3자'란 명의신탁 약 정의 당사자 및 포괄승계인 이외의 자로서 수탁자가 물권자임을 기초로 그와의 사이에 직 접 새로운 이해관계를 맺은 사람을 말한다고 할 것이므로, 수탁자의 일반 채권자는 위 조 항에서 말하는 제3자에 해당하지 아니한다(대판 2007. 12. 27. 2005다54104).
242) 대판 1999. 1. 26. 98다1027; 대판 1997. 5. 1. 97마384.
243) 지원림, 민법강의 제16판, 667면.
244) 따라서 소유권을 상실한 신탁자는 소유권에 기한 물권적 청구권인 말소등기청구권이나 진 정명의 회복을 원인으로 한 이전등기청구권을 행사할 수 없다. 그리고 수탁자가 우연히 제 3자로부터 해당 부동산의 소유권을 다시 취득하였다고 하더라도 신탁자가 소유권을 상실 한 점에는 변함이 없으므로 여전히 신탁자의 물권적 청구권은 인정되지 않는다(대판 2013. 2. 28. 2010다89814).
245) 지원림, 민법강의 제16판, 667면.

산을 제3자에게 처분한 경우는, (1) 부동산실명법 제4조 제3항에 따라 제3자가 유효하게 소유권을 취득하면, 피해자는 A의 무자력을 입증하고 A를 대위하여 A가 D에 대하여 보유하는 불법행위 손해배상청구권이나 부당이득반환청구권을 행사해 볼 수 있을 것이고,[246] (2) A가 강제집행면탈을 목적으로 제3자와 새로운 명의신탁약정을 맺고 D에서 제3자에게로 이전등기를 한 경우와 같이 부동산실명법 제4조 제3항이 적용되지 않아 제3자에 대하여도 이전등기가 무효로 인정되는 경우에는, 피해자는 A의 무자력을 입증하고 A의 소유권에 기한 방해배제청구권을 대위행사하여 D와 제3자 명의 등기의 말소를 시도해 볼 수 있을 것이다.[247]

2. 3자간 등기명의신탁

명의신탁자가 매도인으로부터 부동산을 매입한 후 등기 명의만을 수탁자 앞으로 한 경우이다.[248] 명의신탁약정이 무효이므로 수탁자는 소유권을 취득하지 못한다.[249]

---

246) 피해자는 우선 A(신탁자)가 D(수탁자)를 상대로 가지는 손해배상채권이나 부당이득반환채권을 가압류한 후, 압류 및 추심명령(또는 전부명령)을 받아 D에게 이행을 청구하는 방식으로 D의 책임재산을 상대로 강제집행을 시도해 볼 수 있을 것이다.

247) 대판 2004. 8. 30. 2002다48771 참조.

248) 명의신탁약정이 3자간 등기명의신탁인지 계약명의신탁인지의 구별은 계약당사자가 누구인가를 확정하는 문제로 귀결되는데, 계약명의자가 명의수탁자로 되어 있다 하더라도 계약당사자를 명의신탁자로 볼 수 있다면 이는 3자간 명의신탁이다(대판 2010. 10. 28. 2010다52799). 이 사안은 신용협동조합이 부동산을 매도함에 있어서 매수인 1이 뇌손상으로 인한 국가유공자 1급 장애인으로 지능이 낮은 것을 알고 매수인 1 단독 명의로 매매계약을 체결할 경우 의사능력으로 흠결로 인한 법적문제가 발생할 것을 우려하여 공동매수인을 추가할 것을 요구하였고, 이에 매매대금을 모두 매수인 1이 지급함에도 불구하고 매매계약서상에는 매수인 1과 매수인 2가 각 1/2 지분을 매입하는 것으로 기재하고 그러한 사정 및 매수인 1, 2의 관계를 매도인인 신용협동조합이 알고 있었다.

타인을 통하여 부동산을 매수함에 있어 매수인 명의를 그 타인 명의로 하기로 하였다면 이때의 명의신탁관계는 그들 사이의 내부적인 관계에 불과하므로, 설령 계약의 상대방인 매도인이 그 명의신탁관계를 알고 있었다고 하더라도, 계약명의자인 명의수탁자가 아니라 명의신탁자에게 계약에 따른 법률효과를 직접 귀속시킬 의도로 계약을 체결하였다는 등의 특별한 사정이 인정되지 않는 한, 그 명의신탁관계는 계약명의신탁관계로 보아야 함이 원칙이다(대결 2013. 10. 7. 2013스133).

249) 부동산실명법 제4조 제2항 본문이 적용되어 수탁자인 채무자 명의의 소유권이전등기가 무효인 경우에는 그 부동산은 채무자의 소유가 아니기 때문에 이를 채무자의 일반 채권자들의 공동담보에 공하여지는 책임재산이라고 볼 수 없고, 채무자가 이에 관하여 제3자와 근저당권설정계약을 체결하고 근저당권등기를 경료하였더라도 그로써 채무자의 책임재산에 감소를 초래한 것이라고 할 수 없으므로, 이를 채무자의 일반 채권자들에 대한 사해행위라

매도인과 신탁자 사이의 매매계약이 무효가 되는 것은 아니고 명의신탁 약정과 그에 기한 등기가 무효로 되는 결과 부동산은 매도인 소유로 복귀하므로, 매수인인 신탁자는 소유권이전등기청구권을 보전하기 위하여 매도인을 대위해서 수탁자 명의로 된 등기의 말소를 청구할 수 있다.[250] 다만, 수탁자가 신탁부동산을 임의로 처분하는 등의 이유로 제3자가 유효하게 소유권을 취득하는 경우에는, 매도인의 신탁자에 대한 소유권이전등기의무는 이행불능이 되고 그 결과 신탁자는 신탁부동산의 소유권을 이전받을 권리를 상실하는 손해를 입게 되므로, 수탁자는 신탁부동산 임의처분 등으로 얻은 이익을 신탁자에게 부당이득으로 반환할 의무가 있다.[251]

위 예시 사례에서 A가 제3자 등기명의신탁 방식으로 D 명의로 부동산을 구입하였다면, 피해자는 A의 무자력을 입증하고 A 및 매도인을 순차 대위하여 D를 상대로 이전등기말소청구를 해 볼 수 있을 것이다. D가 부동산을 제3자에게 처분하고 제3자가 유효하게 소유권을 취득한 경우에는, A의 무자력을 입증하고 A가 D에 대하여 가지는 부당이득반환청구권을 대위행사해 볼 수 있을 것이다.

3. 계약 명의신탁

명의수탁자가 직접 당사자로서 나서서 부동산 매도인과 매매계약을 체결하고 명의수탁자 앞으로 이전등기를 한 경우이다. 매도인이 악의인 경우에는 등기가 무효이고, 매도인이 선의인 경우에는 등기가 유효하다.[252] 부동산실명법 시행 전에 계약 명의신탁 약정과 그에 따른 물권변동이 이루어지고 동법 제11조의 유예기간 내에 실명 전환

할 수 없다(대판 2000. 3. 10. 99다55069).

250) 대판 2002. 11. 22. 2002다11496. 한편, 3자간 등기명의신탁의 경우 신탁자는 매도인에 대하여 소유권이전등기청구권을 보유하고 있어 손해를 입었다고 볼 수 없고, 부동산 소유권이 매도인에게 복귀된 마당에 신탁자가 무효의 등기명의인인 수탁자를 상대로 그 이전등기를 구할 수도 없다고 보아야 하므로, 신탁자는 수탁자를 상대로 부당이득반환을 원인으로 한 소유권이전등기를 구할 수 없다(대판 2008. 11. 27. 2008다55290).

251) 수탁자가 신탁부동산을 임의로 처분하거나 강제수용이나 공공용지 협의취득 등을 원인으로 제3자 명의로 이전등기가 마쳐지면 특별한 사정이 없는 한 제3자는 유효하게 소유권을 취득하므로(부동산실명법 제4조 제3항), 그로 인하여 매도인의 신탁자에 대한 소유권이전등기의무는 이행불능으로 되고 그 결과 신탁자는 신탁부동산의 소유권을 이전받을 권리를 상실하는 손해를 입게 되는 반면 수탁자는 신탁부동산의 처분대금이나 보상금을 취득하는 이익을 얻게 되므로, 수탁자는 신탁자에게 그 이익을 부당이득으로 반환할 의무가 있다(대판 2011. 9. 8. 2009다49193).

252) 부동산실명법 제4조 제2항 단서.

을 하지 않았으나 유예기간 내에 신탁자 명의로 등기하는데 법률상 장애가 없었던 경우에는, 부동산 자체를 부당이득 반환으로 구할 수 있다.[253] 부동산실명법 시행 이후에 계약 명의신탁 약정을 하였다면, 신탁자는 애초부터 해당 부동산의 소유권을 취득할 수 없었으므로, 수탁자를 상대로 신탁자가 부담한 매수자금에 대한 부당이득반환을 구할 수 있을 뿐이다.[254]

---

253) 부동산실명법 시행 전에 계약 명의신탁에 따라 명의신탁 약정이 있다는 사실을 알지 못하는 소유자로부터 수탁자 앞으로 소유권이전등기가 경료되고 같은 법 제11조의 유예기간이 경과하여 수탁자가 당해 부동산의 완전한 소유권을 취득한 경우, 위 유예기간이 경과하기 전까지는 신탁자는 언제라도 명의신탁 약정을 해지하고 당해 부동산에 관한 소유권을 취득할 수 있었던 것이므로, 수탁자는 부동산실명법 시행에 따라 당해 부동산에 관한 완전한 소유권을 취득함으로써 당해 부동산 자체를 부당이득하였다고 보아야 할 것이고, 부동산실명법 제3조, 제4조가 신탁자에게 소유권이 귀속되는 것을 막는 취지의 규정은 아니므로 수탁자는 신탁자에게 자신이 취득한 당해 부동산을 부당이득으로 반환할 의무가 있다(대판 2002. 12. 26. 2000다21123). 이와 같이 수탁자가 신탁자에게 자신이 취득한 부동산을 부당이득으로 반환할 의무가 있음에도 이를 제3자에게 처분하여 부동산 자체를 반환할 수 없게 된 경우에는, 수탁자는 부동산의 가액인 처분당시의 시가상당액을 부당이득으로 반환하여야 한다(서울고법 2007. 9. 13. 2007나10513).
다만 부동산실명법 전에 계약 명의신탁에 따라 명의신탁 약정이 있다는 사실을 알지 못하는 소유자로부터 수탁자 앞으로 부동산에 대한 이전등기가 경료되었더라도, 신탁자가 부동산인 농지에 대한 취득 자격이 없었던 경우와 같이 당해 부동산을 등기 이전하는데 법률상 장애가 있었던 경우에는, 신탁자는 당해 부동산의 소유권을 취득할 수 없었으므로 신탁자가 입은 손해는 부동산 자체가 아니라 신탁자가 제공한 매수자금이다(대판 2008. 5. 15. 2007다74690).

254) 부동산실명법 제4조 제1항, 제2항에 의하면, 계약 명의신탁 약정을 맺고 수탁자가 당사자가 되어 명의신탁약정을 알지 못하는 소유자와의 사이에 부동산 매매계약을 체결하고 수탁자 명의로 등기를 마친 경우에는, 명의신탁약정의 무효에도 불구하고 수탁자는 부동산의 완전한 소유권을 취득하게 되고 다만 신탁자에 대하여 부당이득반환의무를 부담하게 될 뿐인데, 계약명의신탁 약정이 부동산실명법 시행 후인 경우에는 신탁자는 애초부터 당해 부동산의 소유권을 취득할 수 없었으므로 신탁자가 입은 손해는 부동산 자체가 아니라 수탁자에게 제공한 매수자금이라 할 것이고, 수탁자는 신탁자로부터 제공받은 매수자금을 부당이득하였다고 할 것이다(대판 2005. 1. 28. 2002다66922).
또한 대법원은, 채권자인 원고가 채무자 A가 그 명의 부동산을 처남 B에게 매도한 행위를 사해행위로 취소를 구하자 채무자 A가 위 부동산은 장인 C로부터 계약명의신탁 방식으로 수탁받아 취득한 부동산으로서, C의 요청에 따라 그가 지정하는 처남(C의 아들) B에게 이전한 것은 명의신탁에 따른 기존채무의 이행 또는 소유 명의의 회복에 불과하여 부동산실명법이 금지하는 행위가 아니고 사해행위에도 해당하지 않는다고 주장한 사건에서, 계약명의신탁의 경우에는 신탁자와 수탁자 사이의 명의신탁 약정의 무효에도 불구하고 수탁자는 부동산의 완전한 소유권을 취득하게 되고 다만 신탁자에 대하여 그로부터 제공받은 매수자금 상당액의 부당이득반환의무를 부담하게 되므로, 수탁자가 취득한 부동산은 수탁자의 일반 채권자들의 공동담보에 제공되는 책임재산이 되고 신탁자는 수탁자에 대한 위 예시사례에서 (1) A와 D 사이에 부동산실명법 이후에 계약 명의신탁 약정이 있었다면, 피해자는 A의 무자력을 입증하고 A를 대위하여 D를 상대로 매수자금에 대한 부당이득반환청구를 시도해 볼 수 있을 것이다. (2) A가 D에게 자금을 증여하고 D가 그 자금으로 부동산을 취득한 것이라면, 피해자는 A에 대한 채권자로서 채권자취소권을 행사하여 증여계약을 취소하고 D를 상대로 금전반환을 청구해 볼 수 있을 것이다.[255]

제7절 대여금 관련 문제

위 예시사례에서 대여금에 대하여는, A가 E회사에 대해 가지는 채권의 변제기가 도래한 경우 피해자는 A를 대위하여 E회사를 상대로 대여원리금의 반환을 청구하거나, 변제기 도래와 상관없이 A의 금전대여가 사해행위에 해당함을 입증하여 E회사를 상대로 채권자취소소송을 하여 대여약정을 취소하고 금전을 반환할 것을 청구해 볼 수 있을 것이다. 절차적으로는 채권자대위의 경우 먼저 A의 E에 대한 채권을 가압류한 후, 압류 및 추심명령(또는 전부명령) 신청, 추심금(전부금) 청구소송을 순차 제기하고, 채권자 취소의 경우 채권자취소청구 소송을 제기하게 될 것이다. 그리고 E회사의 책임재산을 확보하기 위하여 채권자대위권 또는 채권자취소권에 근거하여 E소유의 재산에 대하여 먼저 가압류를 할 수 있을 것이다.

금전채권자 중 한 명에 지나지 않으므로, 수탁자가 채무초과 상태에서 위 부동산을 신탁자 또는 그가 지정하는 자에게 양도하는 행위는 특별한 사정이 없는 한 수탁자에 대한 다른 채권자에 대한 사해행위가 된다고 판단하였다(대판 2008. 9. 25. 2007다74874).

255) A가 D에게 금전을 대여하여 D가 부동산을 구입한 것이라면, (i) 그 변제기가 도래하였다면 피해자가 A를 대위하여 D에 대하여 금전반환 판결을 받고, (ii) 그 변제기가 도래하지 않았다면 피해자가 채권자 취소권을 행사하여 대여를 취소하고 D를 피고로 하는 금전반환 판결을 받아, 이를 집행권원으로 D의 부동산 기타 재산에 대해 강제집행을 시도해 볼 수 있을 것이다. 피해자로서는 사실관계를 모르는 경우가 많을 것이므로, 여러 사실관계를 전제로 주위적 예비적 청구나 선택적 청구 등의 방법을 사용하게 될 것이다.

저자 약력

홍탁균

서울대학교 정치학과 졸업

New York University School of Law, LLM

UC Irvine School of Law, 방문연구원

성균관대학교 대학원 법학박사

제38회 사법시험 합격

수원지검 성남지청, 청주지검, 청주지검 영동지청 검사

미국 뉴욕주 변호사

현재 법무법인 세종 변호사

반부패법

초판발행	2023년 8월 10일
지은이	홍탁균
펴낸이	안종만·안상준
편 집	장유나
기획/마케팅	최동인
표지디자인	이솔비
제 작	고철민·조영환
펴낸곳	(주) 박영사
	서울특별시 금천구 가산디지털2로 53, 210호(가산동, 한라시그마밸리)
	등록 1959. 3. 11. 제300-1959-1호(倫)
전 화	02)733-6771
f a x	02)736-4818
e-mail	pys@pybook.co.kr
homepage	www.pybook.co.kr
ISBN	979-11-303-4470-6 93360

정 가   19,000원